COURS COMPLET

ET GRADUÉ

DE THÈMES GRECS.

DEUXIÈME PARTIE.

COURS COMPLET ET GRADUÉ
DE THÈMES GRECS,

ADAPTÉS A LA MÉTHODE DE M. BURNOUF;

DEUXIÈME PARTIE,

Contenant des Thèmes sur la Syntaxe générale, accompagnés du texte des règles et de rapprochements avec la Grammaire latine de Lhomond ; précédés d'un Traité théorique et pratique sur l'Accentuation et l'Orthographe grecques ; et suivis de quelques morceaux d'Histoire, de Mythologie et de Morale, en latin et en français, extraits de César ; d'Ovide et de Cicéron, où l'on met en parallèle la Syntaxe grecque, latine et française ;

Par E. P. M. LONGUEVILLE.

DEUXIÈME ÉDITION,
REVUE ET AUGMENTÉE.

———

A L'USAGE DES PROFESSEURS.

———

Τὸ περὶ τῶν ὀνομάτων οὐ σμικρὸν τυγχάνει ὂν μάθημα. Plat. *Crat.* 1.

PARIS.

IMPRIMERIE ET LIBRAIRIE CLASSIQUES
DE JULES DELALAIN ET Cⁱᵉ,
Fils et Successeurs d'Auguste Delalain,

RUE DES MATHURINS-SAINT-JACQUES, Nº 5, PRÈS LA SORBONNE.

———

M DCCC XXXIX.

PRÉFACE.

Nous avons exposé notre plan dans la première partie de ce Cours. Il ne nous reste que peu de mots à dire sur celle que nous publions.

M. Burnouf, dans sa Syntaxe Générale, pose les principes fondamentaux de la langue grecque. Il nous a paru nécessaire de le suivre surtout ici pas à pas, et de multiplier les exemples et les applications. De là l'étendue assez considérable qu'a prise cette deuxième partie.

Une autre cause encore a contribué à cette augmentation. La spécialité de notre travail exigeait l'addition de règles particulières à la traduction du français en grec. Sans sortir du cadre tracé par M. Burnouf, nous avons cru pouvoir, et même devoir donner ces règles, pour rendre notre Cours d'un usage plus général, et satisfaire entièrement au nouveau besoin que fait naître l'introduction du thème grec dans l'enseignement universitaire: heureuse innovation, que nous avions depuis longtemps appelée de nos vœux et secondée de nos efforts.

Dans ces suppléments, qui, la plupart, ne sont proprement que des développements des principes de M. Burnouf, nous avons suivi l'usage le plus commun des bons auteurs, et nous nous sommes conformé aux décisions des meilleurs critiques modernes, les Dawes, les Hermann, les Matthiæ, etc. Toutefois, nous devons avertir que nous sommes loin de considérer ces règles comme sans exceptions. La lecture des auteurs en présente de très-nombreuses, que MM. les Professeurs connaissent aussi bien que nous. La langue grecque a été parlée si long-temps, à des époques et dans des contrées si différentes; de plus, les monuments littéraires qui nous sont parvenus, ont eu tant à souffrir de l'injure des temps, qu'il est facile de s'expliquer, par ces seules considérations, combien il a dû se faire d'infractions aux principes que les grammairiens ont établis d'après l'usage le plus commun des auteurs les plus purs. Mais ces exceptions, toutes nombreuses qu'elles peuvent être, ne détruisent point les règles générales, et ce sont ces règles seules que nous avons dû présenter aux élèves. Nous avons, à cet égard, suivi l'exemple des auteurs de nos meilleures grammaires latines élémentaires, dont les principes sont souvent mis en défaut par les premiers écrivains de Rome.

Pour rendre plus faciles et plus sensibles les rapprochements entre la syntaxe des deux langues, nous avons constamment rappelé les règles et les exemples de la Grammaire latine de Lhomond, dont les formules et l'usage sont familiers aux élèves.

Il est indispensable de connaître l'orthographe de la langue dans laquelle on écrit. Nous avons mis des Exercices orthographiques en tête de cette seconde partie. Les élèves de nos écoles restent, en général, trop étrangers à ces détails, et particulièrement aux règles de l'accentuation grecque : rien de plus préjudiciable à leurs progrès. Les accents grecs sont pour nous les signes d'une prononciation qui n'est plus, mais qui fut celle de la plus belle et de la plus harmonieuse des langues; ils la retracent à nos yeux, s'ils ne la rendent plus à notre oreille : c'est une sorte de consolation dont tout homme de goût, tout ami éclairé des lettres antiques ne consentirait point à se priver.

Mais les accents ont encore une utilité plus positive et plus directe. Ils servent puissamment à indiquer la valeur métrique des syllabes, connaissance si intéressante pour la lecture et l'étude des poëtes; ils préviennent les équivoques nombreuses qui pourraient résulter de la similitude des mots (1), ils en font mieux saisir et reconnaître les formes grammaticales.

Ces avantages n'ont point échappé à MM. les professeurs, qui font maintenant observer dans leurs classes les règles de l'accentuation grecque, comme une conséquence et un complément nécessaires de la traduction dans la langue d'Athènes. Nous avons donc senti la nécessité de donner à MM. les maîtres un moyen d'exercer aussi leurs élèves sur une partie aussi importante de l'orthographe grecque, qu'ils ne peuvent ignorer sans préjudice pour leurs études. On trouvera ici de nombreux exercices d'accentuation, dans lesquels nous nous sommes appliqué à prévoir et à réunir tous les cas que l'usage peut présenter. Nous croyons avoir eu des raisons solides pour les placer en tête de l'ouvrage. L'élève, suffisamment exercé sur

---

(1) Qu'il nous soit permis d'en citer ici un exemple entre bien d'autres. Strabon dit en parlant du silphium : Ὁμορεῖ τῇ Κυρηναίῃ ἡ τὸ σίλφιον φέρουσα, καὶ τὸν ὀπὸν τὸν Κυρηναϊκὸν, ὃν ἐκφέρει τὸ σίλφιον ὀπισθέν. (*Lib.* XVII, p. 837 = 1194 Alm.) Ce qui signifie : *A la Cyrénaïque confine le pays où vient le silphium, d'où l'on tire par incision le suc dit cyrénaïque.* Le savant de Brequigny, de l'Académie des Inscriptions, traduit : *Le benjoin cyrénaïque, que le silphium produit au revers de ses feuilles;* et il ajoute : ὀπισθέν, *quasi* ὀπισθόγραπτον. Cette étrange méprise résulte de la confusion de l'adverbe ὄπισθεν, *retro,* avec ὀπισθέν, partic. aor. passif de ὀπίζω, *exprimer un suc par incision.* La seule différence de l'accent suffisait pour faire éviter cette erreur, ainsi que l'observe M. Letronne, *Traduction française de Strabon,* t. V, p. 486, note 3.

tout le système des déclinaisons et des conjugaisons dans la première partie de notre Cours, arrivé à celle-ci, possède toutes les notions grammaticales qu'exige l'application des règles de l'accentuation grecque : c'est le moment favorable pour l'y exercer, si l'on veut la lui rendre familière. Nous avons vu aussi dans nos Exercices orthographiques un moyen de faire passer une seconde fois sous les yeux des jeunes gens les formes principales des mots, et les règles fondamentales données dans la première partie de la Méthode.

Nous connaissons toutes les difficultés qu'on élève sur la question qui nous occupe. A quoi bon les accents grecs? demande-t-on. Nous croyons avoir déjà répondu à cette objection : mais ne pourrions-nous pas demander aussi à notre tour, avec autant de raison et de justesse, à quoi bon l'étude des quantités latines? D'autres personnes, remplies d'un docte scrupule, rejettent les accents comme trop modernes, et s'autorisent de l'anathème porté contre ces signes malheureux par un critique célèbre, Brunck, qui a dit : *Universam de accentibus doctrinam non assis facio.* (*Analect. vet. poet. gr.*, t. III; *Lect. et Em.*, p. 13). Il nous semble cependant qu'une invention qui remonte à Aristophane de Byzance, 200 ans avant J.-C., présente une antiquité assez respectable, et que le savant qui traite les accents grecs avec un si superbe dédain, en les conservant toutefois soigneusement dans ses ouvrages, se montre peu d'accord avec lui-même. N'aurions-nous pas droit de reprocher la même légèreté à ceux qui, rejetant les accents grecs, dont l'utilité est incontestable et la théorie fixée par les plus célèbres grammairiens de l'antiquité, ne laissent pas de hérisser les mots latins de signes aussi inutiles qu'arbitraires? Voy. J. Gottl.

Heineccii *Fundam. styli cultior.*, p. 19., IV, éd. de 1776 ;
et Aug. Matthiæ, *Gram. gr.*, §. 33, Rem. 2, p. 100 et suiv.
de notre traduction.

Nous sommes aussi entré, sur les accents, dans quelques développements qui nous ont paru nécessaires pour rendre l'application des règles plus sûre, plus facile, et l'enseignement plus
complet. Nous n'avons pas oublié que, désormais, la pratique
devait être jointe à la théorie, dont jusqu'alors on s'était con-
tenté.

Notre travail, dans cette seconde édition, a subi beaucoup
de changements importants, que nous ont indiqués le temps
et l'expérience (1). Nous avons ajouté des règles et nous en
avons rectifié d'autres. Des exemples mieux appropriés ont été
substitués aux anciens, et nous en avons donné un assez grand
nombre de nouveaux, pour multiplier davantage les applications des principes.

Comme nous n'avons pas l'avantage d'être né à Athènes et
contemporain de Platon, nous ne nous donnons jamais comme
autorité, et nous citons toujours scrupuleusement les auteurs
dont nous tirons des passages. On ne verra là, nous l'espérons,
qu'une garantie de plus pour les règles que nous posons, et une
preuve de notre zèle consciencieux. On ne peut nous accuser
d'avoir voulu faire une vaine parade d'érudition avec ces cita-
tions continuelles : la nature et l'objet même de notre ouvrage
suffisent seuls pour nous mettre à l'abri d'un pareil soupçon.

---

(1) Nous y joignons, avec reconnaissance, les avis et les conseils
de notre savant ami, M. Fr. Gail, qui nous a communiqué, sur notre
travail, plusieurs remarques qui nous ont bien utilement servi pour
l'améliorer.

Cette nouvelle édition contient une addition assez considérable, mais qui nous a paru nécessaire à l'unité de notre ouvrage. Nous terminons cette seconde partie de notre Cours, comme la première et la troisième, par une récapitulation composée d'exercices généraux, où nous mettons en parallèle les syntaxes des trois langues. César, Ovide et Cicéron sont les sources pures où nous avons puisé, pour la langue latine, la plupart des éléments de cette triple comparaison.

Le Vocabulaire que nous avons ajouté dans l'édition destinée aux Classes, est rédigé de telle sorte, qu'il rappelle sans cesse à l'élève les règles si importantes des déclinaisons, et surtout des conjugaisons, en le forçant d'y recourir toutes les fois qu'il pourra hésiter sur la formation régulière des noms et des verbes.

Persuadé que la correction est, pour les ouvrages de cette nature, un des premiers titres à la confiance et à l'approbation de MM. les Professeurs, nous n'avons épargné ni temps ni attention, afin que cette réimpression, purgée des fautes qui s'étaient glissées dans la première édition, n'en contînt pas de nouvelles. Malgré tous nos soins, il nous faut encore invoquer l'indulgence du lecteur pour quelques inexactitudes que nous lui signalons à la fin du volume, et pour celles qu'il pourra découvrir lui-même. C'est dans ces matières surtout qu'on peut dire avec le comique latin :

> *Qui cavet, ne decipiatur, vix cavet, cum etiam cavet ;*
> *Etiam cum cavisse ratus, sæpe is cautor captus est.*

Paris, janvier 1839.

COURS
DE THÈMES GRECS.

DEUXIÈME PARTIE.

COURS DE THÈMES.

DEUXIÈME PARTIE.

EXERCICES PRÉLIMINAIRES
SUR L'ORTHOGRAPHE GRECQUE.

EXERCICES SUR LES ACCENTS.

Remarques générales sur ces exercices : 1°. Parmi plusieurs mots, celui qui ne porte pas d'accent est l'objet de la règle. 2°. Nous indiquons l'accent du nominatif, qui n'est soumis, en général, à aucune

DE L'ACCENT TONIQUE.
Méthode, §. 395.

On ne peut prononcer un mot d'une certaine longueur sans appuyer plus fortement sur une syllabe que sur les autres. Cette élévation de la voix était très-sensible dans la langue toute musicale des Grecs, qui la désignaient par le mot τόνος, *tension,* probablement à cause de l'effort que fait l'organe vocal pour la produire. Dans les langues modernes, on l'appelle *accent tonique.* Pour les développements et les applications de ce principe, voyez ici la *Méthode.*

En grec, l'accent porte sur une des trois dernières syllabes, sans pouvoir reculer *plus loin que la troisième à gauche,* quelle que soit la longueur du mot.

SIGNES APPELÉS ACCENTS.

On appelle, par extension, *accents,* les signes destinés à noter *l'accent tonique.*

Ils sont au nombre de trois : *l'aigu* ('), le *grave* (`), et le *circonflexe* (~), composé de l'aigu et du *grave* ("), réunis et et arrondis à leur sommet.

Ces signes servent souvent aussi à distinguer les significations d'un même mot, différentes suivant la position de l'accent ;

COURS DE THÈMES.

DEUXIÈME PARTIE.

EXERCICES PRÉLIMINAIRES
SUR L'ORTHOGRAPHE GRECQUE.

EXERCICES SUR LES ACCENTS.

règle fixe. 3°. Il faut prendre garde de confondre l'*esprit* (') ou
('), avec l'*accent* ('), ou (`), où ($\tilde{}$).

DE L'ACCENT TONIQUE.
Méthode, §. 395.

Sur la dernière : ποταμός. Le mot ainsi accentué se prononce
tout-à-fait à la manière française.

Sur la seconde : ἡμέρα. L'*α* est très-faible, et l'*ε* sonne à peu
près comme *è* dans *ils aimèrent.*

Sur la troisième : ἄνθρωπος, πολυπραγμονέστατος. Ici la voix
s'élève sur *αν* et sur *νε*, et se rabaisse sur θρωπος et στατος,
comme dans l'italien *amabile*, elle s'élève sur *ma*, et se rabaisse
sur *bile.*

Après l'accent, toute syllabe de rabaissement est censée
marquée du *grave.*

SIGNES APPELÉS ACCENTS.

ex. : Θεοτόκος, *mère de Dieu,* Θεότοκος, *fils de Dieu;* βίος, *vie,*
βιός, *arc;* δῆμος, *peuple,* δημός, *graisse;* Θεά, *déesse,* Θέα,
spectacle; ληνός, *pressoir,* λῆνος, *laine;* δόκος, *opinion,* δοκός,
poutre, etc., etc.

Les grammairiens grecs ont donné aux mots diverses déno-
minations d'après leur accent. Les voici :

Ὀξύτονον, *oxyton,* c.-à-d., à ton aigu, ou avec la dernière
aiguë : Θεός, ποταμός. * I

Περισπώμενον, *périspomène*, ou contracte, avec la dernière circonflexe : φιλῶ.

Βαρύτονον, *baryton*, à ton grave, avec la dernière sans accent, mais supposée marquée du grave : τύπτω.

Παροξύτονον, *paroxyton*, ou presque aigu, avec l'avant-dernière aiguë : λόγος, τετυμμένος.

§. 396.

VALEUR ET PLACE DE L'ACCENT AIGU.

RÈGLE. L'*aigu* est le véritable signe de l'accent tonique. Il peut affecter soit des brèves, καλός; soit des longues, ποιμήν. Il peut, en outre, comme on vient de le voir, occuper les trois places. Mais pour qu'il soit sur la troisième, il faut absolument que la dernière soit brève : ἅγιος, ἄνθρωπος, ἀλήθεια; ce qui est fondé sur cette loi de la prononciation grecque :

Après la syllabe frappée de l'accent tonique, il ne peut y avoir plus de deux syllabes de rabaissement, renfermant deux ou trois temps au plus.

Dans ἅγιος, équivalent de ἅγιὸς, l'ᾰ tonique est suivi des deux syllabes brèves γιος, qui valent deux temps ($\cup\cup$); mais dans ἄνθρωπος, pour ἄνθρὼπὸς, ᾰν est suivi de deux syllabes valant trois temps, θρω, long, pour θροο ($\cup\cup$), et πος, bref ($\cup$).

Il résulte de là que, si l'on écrivait ἅγιων, on aurait par le fait trois syllabes de rabaissement après ᾰ, puisque ἅγιων équivaudrait à ἅγιὸὸν; il faut donc écrire ἁγίων, représentant ἁγίὸὸν. En accentuant ἄνθρωπων, avec l'aigu sur l'antépénultième, on aurait quatre syllabes, ou quatre temps de rabaissement après

---

EXERCICES SUR L'ACCENT AIGU.

Dernière syllabe, ou *oxyton*. ὁ ἵππος ὁ ὀξύς. μέγας λιμήν. ὁ λύκος ὁ λευκος. ἡ τέχνη ἡ καλη. ὁ Θεοῦ λεως. ὁ ἀγαθὸς ἀδελφος. ὁ Δάφνιδος αὐλος. ὁ σοφὸς ἀσκεῖ τὴν ἀρετην. ὁ Θεὸς τῶν σπουδαίων ἀρηγων. ὁ πολύφθογγος ψιττακος. ὁ χειρόπλαστος κηρος.

Deuxième syllabe, ou *paroxyton*. ὁ ποικιλος αἴλουρος. ὁ ἁπλοος ἄνθρωπος. τὸ βιβλιον λεκτεον. τὸ φιλητεον τεκνιον. ὁ ἀργαλεος πονος. ἡ βαρεῖα δουλεια. ἡ Θεοτοκος παρθενος. μυριοι οἱ κοσμοι. ὁ τῆς ἡδονῆς ὀλιγος χρονος.

---

(1) Quand, pour abréger, nous employons ici les signes prosodiques (˘) (¯), nous devons faire observer qu'il ne faut pas en conclure que la nature de la quantité soit la même relativement à

Προπαροξύτονον, *proparoxyton*, propr. *propenacutus*, avec l'antépénultième ou la troisième aiguë : ἄνθρωπος.

Προπερισπώμενον, *propérispomène*, ou précontracte, avec la seconde ou pénultième circonflexe : σῶμα, φιλοῦσα.

Pour abréger, nous nous servirons de ces termes techniques.

§. 396.

VALEUR ET PLACE DE L'ACCENT AIGU.

ἄν ; savoir : ἄνθρὸὸπὸν, ce qui serait également contraire à la loi précédente et à la règle générale du §. 395. Il faut donc écrire, en reculant l'accent à droite, ἀνθρώπων, représentant ἀνθρὸὸπὸν.

Ce principe est applicable aussi aux diphthongues finales qui, comme les simples voyelles longues, représentent deux temps, équivalant pour la durée à deux syllabes. Il faut donc accentuer ἀγίους, ἀνθρώπους, comme ἀγίων, ἀνθρώπων.

On sent qu'il est nécessaire, pour marquer l'accent, de connaître la quantité de la dernière syllabe du mot. En voici les *règles générales* :

ε, ο, toujours brefs.

η, ω, toujours longs.

οι, αι, diphthongues finales des *noms*, toujours brèves.

αις, οις, αιν, οιν, ου, ους, toujours longs.

— α, souscrit, toujours long.

Pour les *règles particulières* des cas et les exceptions, ou nous renvoyons à la Méthode, §. 396, ou nous marquons des signes ordinaires (˘) (¯) les finales qui, dans les exercices suivants, ont une quantité présumée inconnue à l'élève (1).

EXERCICES CORRIGÉS.

Dernière syllabe, ou *oxyton*. ὁ ἵππος. ὁ ὀξύς. μέγας λιμήν. ὁ λύκος ὁ λευκός. ἡ τέχνη ἡ καλή. ὁ Θεοῦ λεώς. ὁ ἀγαθὸς ἀδελφός. ὁ Δάφνιδος αὐλός. ὁ σοφὸς ἀσκεῖ τὴν ἀρετήν. ὁ Θεὸς τῶν σπουδαίων ἀρηγών. ὁ πολύφθογγος ψιττακός. ὁ χειρόπλαστος κηρός.

Deuxième syllabe, ou *paroxyton*. ὁ ποικίλος αἴλουρος, ὁ ἁπλόος ἄνθρωπος. τὸ βιβλίον λεκτέον. τὸ φιλητέον τεκνίον. ἀργαλέος ὁ πόνος. ἡ βαρεῖα δουλεία. ἡ Θεοτόκος παρθένος. μυρίοι οἱ κόσμοι. ὁ τῆς ἡδονῆς ὀλίγος χρόνος.

---

l'accent et à la prosodie. Telle syllabe, en effet, qui serait brève ou longue pour l'accent, peut ne l'être pas pour le mètre.

Troisième syllabe, ou *proparoxyton*. ὁ οὐράνιος ἄγγελος, *angelus cœlestis*, τοῦ οὑρανιου ἀγγελου, οἱ οὐράνιοι ἀγγελοί. ὁ δίκαιος ἀνήρ, *justus vir*, τοῦ δικαιου ἀνδρός, τοῖς δικαιοις ἀνδράσι. ὁ φιλαργυρος, τῷ φιλαργυρῳ. ὁ βεβαιος φίλος, *firmus amicus*, τῶν βεβαιων φίλων, τοὺς βεβαιους φίλους. ἡ τραπεζα, τῆς τραπεζης, τὴν τραπεζαν, αἱ τραπεζαι, ταῖς τραπεζαῖς. ἡ θαλασσα, τῆς θαλασσης. ἡ εὐσέβειᾰ, τῆς εὐσεβειᾶς, τῇ εὐσεβεια, τὴν εὐσεβειαν. ὁ καμηλος, τοὺς καμηλους, τοῖν καμηλοιν. ὁ φιλοσοφος, τῶν φιλοσοφων. ὁ δακτυλος, τοῦ δακτυλου, τὸν δακτυλον, οἱ δακτυλοι, τῶν δακτυλων, τὼ δακτυλω, τοῖν δακτυλοιν. ὁ κονδυλος, τοῦ κονδυλου, τῷ κονδυλῳ, τὸν κονδυλον, οἱ κονδυλοι, τοῖς κονδυλοις, τὼ κονδυλω, τοῖν κονδυλοιν. ἡ θυελλα, τῆς θυελλας, τὰ θυελλᾱ (au nom. duel). ἡ μελισσα, τὴν μελισσαν, τὰ μελισσα (à l'acc. duel).

§. 397.

VALEUR ET PLACE DE L'ACCENT GRAVE.

RÈGLE. Le *grave* n'est point un accent particulier; il se met à la place de l'aigu, quand la syllabe accentuée est, comme en ποιμήν et καλός, la dernière du mot, et que ce mot est joint par la prononciation à ceux qui le suivent : ὁ καλὸς ποιμήν, καλός reçoit le grave parce qu'il est au milieu de la phrase. S'il était à la fin et que ποιμήν fût au milieu, καλός garderait l'aigu, et ποιμήν prendrait le grave : ὁ ποιμὴν ὁ καλός.

Ce changement de l'aigu en grave avertit, non de baisser la voix sur la syllabe qui en est marquée, mais de lui donner une élévation moindre que si elle gardait l'aigu. Tel est le seul usage de ce signe appelé *accent grave*, et on ne le trouvera jamais que sur la dernière syllabe d'un mot.

REMARQUES. I. L'usage le plus général, surtout parmi les an-

EXERCICES SUR L'ACCENT GRAVE.

Ὁ ἀγαθος ἀνηρ. ἡ καλη γυνη. ὁ ἐμπειρικος ἰατρος. ὁ σοφος ἱερευς. ὁ ἀνηρ ὁ ἀγαθος. ἡ γυνη ἡ καλη. ὁ ἰατρος ὁ ἐμπειρικὸς. ὁ ἱερευς ὁ σοφος. ὁ Θεος ὁ πανόπτης, πανοπτης ὁ Θεος. βραχυς ὁ τῶν ἀνθρώπων αἰων. ὁ τῶν ἀνθρωπων αἰὼν ἐστι βραχυς. ὠκυπετης μὲν ὁ ἀετος· ὠκύτερος δὲ ὁ καιρος. τί τιμιώτερον ἡ ἀρετη; ὡς ἔστι μέγας ὁ Θεος!

Troisième syllabe, ou *proparoxyton*. ὁ οὐράνιος ἄγγελος, τοῦ οὐρανίου ἀγγέλου, οἱ οὐράνιοι ἄγγελοι. ὁ δίκαιος ἀνήρ, τοῦ δικαίου ἀνδρός, τοῖς δικαίοις ἀνδράσι. ὁ φιλάργυρος, τῷ φιλαργύρῳ. ὁ βέβαιος φίλος, τῶν βεβαίων φίλων, τοὺς βεβαίους φίλους. ἡ τράπεζα, τῆς τραπέζης, τὴν τράπεζαν, αἱ τράπεζαι, ταῖς τραπέζαις. ἡ θάλασσα, τῆς θαλάσσης. ἡ εὐσέβεια, τῆς εὐσεβείας, τῇ εὐσεβείᾳ, τὴν εὐσέβειαν. ὁ κάμηλος, τοὺς καμήλους, τοῖν καμήλοιν. ὁ φιλόσοφος, τῶν φιλοσόφων. ὁ δάκτυλος, τοῦ δακτύλου, τὸν δάκτυλον, οἱ δάκτυλοι, τῶν δακτύλων, τῷ δακτύλῳ, τοῖν δακτύλοιν. ὁ κόνδυλος, τοῦ κονδύλου, τῷ κονδύλῳ, τὸν κόνδυλον, οἱ κόνδυλοι, τοῖς κονδύλοις, τὼ κονδύλω, τοῖν κονδύλοιν. ἡ θύελλα, τῆς θυέλλας, τὰ θύελλα. ἡ μέλισσα, τὴν μέλισσαν, τὰ μέλισσα.

---

§. 397.

VALEUR ET PLACE DE L'ACCENT GRAVE.

ciens éditeurs, est de marquer du *grave* le mot *oxyton* suivi d'une simple virgule; mais beaucoup de bons critiques modernes emploient l'*aigu* dans ce cas; et cette accentuation paraît plus fondée en raison, puisque le mot, sans liaison alors avec le suivant, dont il est séparé par une pause, laisse l'accent tonique reprendre toute sa force propre et naturelle. Devant toute autre marque de ponctuation, l'*aigu* se change régulièrement en *grave*, ainsi que devant les *enclitiques*, dont il sera question plus bas.

II. Un mot *oxyton*, quoique construit au milieu d'une phrase, garde l'*aigu*, lorsqu'il en est détaché et pris isolément pour le sens. Ex. : Τὸ Ἀχιλλεύς ὄνομα, *le nom Achille.* Ἡ ἀπό πρόθεσις, *la préposition* ἀπό.

EXERCICES CORRIGÉS.

Ὁ ἀγαθὸς ἀνήρ. ἡ καλὴ γυνή. ὁ ἐμπειρικὸς ἰατρός. ὁ σοφὸς ἱερεύς. ὁ ἀνὴρ ὁ ἀγαθός. ἡ γυνὴ ἡ καλή. ὁ ἰατρὸς ὁ ἐμπειρικός. ὁ ἱερεὺς ὁ σοφός. ὁ Θεὸς ὁ πανόπτης. πανόπτης ὁ Θεός. βραχὺς ὁ τῶν ἀνθρώπων αἰών. ὁ τῶν ἀνθρώπων αἰών ἐστι βραχύς. ὠκυπετὴς μὲν ὁ ἀετός· ὠκύτερος δὲ ὁ καιρός. τί τιμιώτερον ἢ ἀρετή; ὡς ἔστι μέγας ὁ Θεός!

§. 398.

VALEUR ET PLACE DE L'ACCENT CIRCONFLEXE.

Règles. I. Le *circonflexe* élève et abaisse la voix sur la même syllabe. Il ne peut donc affecter que des sons qui aient deux temps, c'est-à-dire des diphthongues ou des voyelles longues par nature.

II. Le *circonflexe* peut aller sur la dernière et la seconde syllabe, mais jamais sur la troisième. En effet, la longue qui le reçoit est produite, ou censée produite, par l'union de deux brèves : ὁρῶμεν vient de ὁράομεν; σῶμα est réputé venir de σόομα; πρᾶγμα, de πράαγμα; en sorte que toute voyelle ou diphthongue marquée du *circonflexe*, équivaut à deux voyelles séparées, dont la première aurait *l'aigu* et la seconde le *grave* (1), ἀὸ -ῶ; ἀὰ -ᾶ, ἑὲ -ῆ; ἐὸ -οῦ, etc. Si donc on écrivait ὁρῶμεθα, σῶματα, ce serait la même chose que ὁράομεθα, σόοματα, et *l'aigu* aurait contre la règle (voy. p. 4) trois syllabes après lui. On écrira donc ὁρώμεθα, σώματα, πράγματα.

EXERCICES SUR L'ACCENT CIRCONFLEXE.

Dernière syllabe, ou *périspomène* : βους, βασιλεις, ὑς, γραυς, πυρ, ναυς, δρυς, οὐς, *auris*, παῖς, νυν.

Deuxième syllabe, ou *propérispomène* : τὸ θαῦμα, τῷ θαυματῐ, τῶν θαυματων. ὁ προφήτης, οἱ φροφιται. τὸ δρᾶμᾰ, τοῦ δραματος, τῶν δραματων. ὁ πολίτης, οἱ πολῑται. τὸ χρωμᾰ, τοῖς χρωμασῐ. τὸ μηλον, τῶν μηλων. ἡ νησος, ταῖς νησοις, αἱ νησοι. ὁ οἶκος, τοῦ οἴκου, τῷ οἴκῳ, οἱ οἶκοι. τὸ χρημᾰ, τὰ χρηματᾰ, τοῖν χρηματοιν. ἡ στήλη, αἱ στηλαι, ταῖν στηλαις. ὁ ὁπλῑτης, οἱ ὁπλῑται, τοὺς ὁπλιτᾶς. ἡ πῖδᾰξ, τῆς πιδᾰκος, τῶν πιδακων, τὰς πιδακᾶς. ἡ αὐλᾰξ (2), τὴν αὐλᾶκα, τῶν αὐλακων. ἡ καλαῦρὸψ, τῇ καλαυροπῐ, ταῖς καλαυροψῐ, τῶν καλαυροπων. τὸ κῦδος, τῷ κυδει. τὸ κᾱλον, *lignum*, τῷ καλῳ. ὁ κακοῦργος, τοῖς κακουργοις. τὸ πρᾶγμα, τοῖς πραγμασῐ, τῶν πραγματων. ὁ ὁδῑτης, οἱ ὁδιται, τοὺς ὁδιτᾶς, τὼ ὁδιτᾱ (au nom. duel). ἡ νῑκη, αἱ νικαι. ὁ ναύτης, οἱ ναυτᾱι, τοὺς ναυτας. τὸ μῖσος, τῷ μισει. τὸ σῦκον, τῶν συκων, τὰ συκα. ἡ πρᾶξῐς, ταῖς πραξεσῐ, τὴν πρᾱξῐν. ὁ Τιτάν, τοῦ Τιτᾶνος, τὸν Τιτανᾰ, οἱ Τιτανες, τῶν Τιτανων. ὁ Ἀκαρνάν, τοῦ Ἀκαρνᾶνος, τὸν Ἀκαρνανᾰ. ὁ Κάρ, τὸν Κᾱρᾰ, οἱ

---

(1) Voyez plus haut, p. 3 et p. 4, §. 396.

§. 398.

VALEUR ET PLACE DE L'ACCENT CIRCONFLEXE.

III. Par la même raison, il ne peut y avoir de *circonflexe* sur la *seconde*, quand la *dernière* est *longue*. Ainsi l'on écrira θήρα, *la chasse*, et non θῆρα, qui équivaudrait à θέερα.

IV. Mais si la dernière est brève et la seconde longue, cette seconde, en supposant d'ailleurs qu'elle doive être accentuée, aura toujours le *circonflexe* : μοῖρα, δῆλος, δοῦλος, σῶμα, μᾶλλον.

C'est donc surtout à la dernière syllabe qu'il faut faire attention pour déterminer la nature et la place de l'accent.

La connaissance de la quantité de la pénultième dans les douteuses, α, ι, υ, est nécessaire aussi pour l'emploi du *circonflexe*. Dans πολίτης, par exemple, l'ι étant long, prendra le *circonflexe* au pluriel πολῖται, d'après la règle précédente.

Nous indiquerons ici la quantité des pénultièmes et des finales par les signes prosodiques ordinaires (˘) (¯), placés sur les douteuses. L'élève devra y faire attention pour l'exacte application des règles dans les exercices suivants.

EXERCICES CORRIGÉS.

Dernière syllabe, ou *périspomène* : βοῦς, βασιλεῖς, ὖς, γραῦς, πῦρ, ναῦς, δρῦς, οὖς, *auris*, παῖς, νῦν.

Deuxième syllabe, ou *propérispomène* : τὸ θαῦμα, τῷ θαύματι, τῶν θαυμάτων. ὁ προφήτης, οἱ προφῆται. τὸ δρᾶμα, τοῦ δράματος, τῶν δραμάτων. ὁ πολίτης, οἱ πολῖται. τὸ χρῶμα, τοῖς χρώμασι. τὸ μῆλον, τῶν μήλων. ἡ νῆσος, ταῖς νήσοις, αἱ νῆσοι. ὁ οἶκος, τοῦ οἴκου, τῷ οἴκῳ, οἱ οἶκοι. τὸ χρῆμα, τὰ χρήματα, τοῖν χρημάτοιν. ἡ στήλη, αἱ στῆλαι, ταῖς στήλαις. ὁ ὁπλίτης, οἱ ὁπλῖται, τοὺς ὁπλίτας. ἡ πῖδαξ, τῆς πίδακος, τῶν πιδάκων, τὰς πίδακας. ἡ αὖλαξ, τὴν αὔλακα, τῶν αὐλάκων. ἡ καλαῦροψ, τῇ καλαύροπι, ταῖς καλαύροψι, τῶν καλαυρόπων. τὸ κῦδος, τῷ κύδει. τὸ κᾶλον, *lignum*, τῷ κάλῳ. ὁ κακοῦργος, τοῖς κακούργοις. τὸ πρᾶγμα, τοῖς πράγμασι, τῶν πραγμάτων. ὁ ὁδίτης, οἱ ὁδῖται, τοὺς ὁδίτας, τῶ ὁδίτα. ἡ νίκη, αἱ νῖκαι. ὁ ναύτης, οἱ ναῦται, τοὺς ναύτας. τὸ μῖσος, τῷ μίσει. τὸ σῦκον, τῶν σύκων, τὰ σῦκα. ἡ πρᾶξις, ταῖς πράξεσι, τὴν πρᾶξιν. ὁ Τιτάν, τοῦ Τιτᾶνος, τὸν Τιτᾶνα, οἱ Τιτᾶνες, τῶν Τιτάνων. ὁ Ἀκαρνάν, τοῦ Ἀκαρνᾶνος, τὸν Ἀκαρνᾶνα. ὁ Κάρ, τὸν Κᾶρα,

---

(2) Sur la quantité et l'accentuation particulières de ces mots, voyez la *Méthode*, §. 398, note 2, p. 317.

Κάρες. ὁ ψάρ, τὸν ψᾶρᾰ. ἡ βαλβίς, τῆς βαλβῖδος. ἡ σφραγίς, τῆς σφραγῖδος, τῇ σφραγῖδῐ, τὴν σφραγιδᾰ, αἱ σφραγιδες, τῶν σφραγιδων, τὰς σφραγιδᾶς, τὰ σφραγιδε. ὁ δελφίν, τοῦ δελφῖνος, τὸν δελφινα, τῶν δελφινων, αἱ δελφινες. ἡ κνημίς, τῆς κνημῖδος, τὴν κνημιδᾰ, τῇ κνημιδῐ, αἱ κνημιδες, τῶν κνημιδων, ταῖς κνημισῐ.

§ 399.

ACCENTS DANS LES DÉCLINAISONS.

RÈGLES. On ne peut connaître que par l'usage et les dictionnaires l'accent *premier* d'un nom , c'est-à-dire l'accent du nominatif. Cependant, voici quelques notions générales propres à faciliter l'acquisition de cette connaissance.

I. *Première syllabe à droite,* ou *oxyton.*

Sont *oxytons,* ou marqués de *l'aigu* sur la *dernière,* les mots terminés :

1°. En σμος et en μος, comme : ἁγιασμός, ἑορτασμός, παραλογισμός, ἑλληνισμός, γραμμισμός, ὀστρακισμός, οἰκτιρμός, φραγμός, etc.
Excepté κόσμος.

2°. En κος et en κη, comme : δραστικός, διδακτικός, πραγματικός : ἡ ῥητορική, ἡ γραμματική, s.-ent. τέχνη, *art.*

3°. En υς, pour les adjectifs et les substantifs, comme : ὀξύς, δριμύς, πολύς; ἡ χλαμύς, -ύδος, *chlamys,* ἡ ἐδητύς, -ύος, *nourriture.*
Excepté les composés, tels que δριμύς, ἄδριμυς, τραχύς, ἄτραχυς.

4°. En ευς, comme : βασιλεύς, ἱερεύς, γραμματεύς.

5°. En ας, gén. -αδος, comme : λαμπάς, -άδος, Ἑλλάς, -άδος, πεδιάς, -άδος, φυγάς, -άδος.

6°. En ις, gén., ιδος, comme : ἀσπίς, -ίδος, ἐλπίς, -ίδος, πατρίς, -ίδος, συμμαχίς, -ίδος, βασιλίς, -ίδος.

7°. En οιος et en γος, composés de ποιέω, *facio,* et de ἄγω, *duco,* comme : εἰρηνοποιός, σιτοποιός, ἀλλαντοποιός, ἀρτοποιός, ὀψοποιός; λιθουργός, γεωργός, αὐτουργός, etc.

8°. En ων, exprimant le *lieu,* la *retraite,* la *plantation,* comme : περιστερεών, *le colombier,* νυμφών, *la chambre nuptiale,* ἀνδρών, -ῶνος, *l'appartement des hommes;* ἀμπελών, *vinetum,* le vignoble ; ἐλαιών, *olivetum,* la plantation d'oliviers.

οἱ Κᾶρες. ὁ ψάρ, τὸν ψᾶρα. ἡ βαλβίς, τῆς βαλβῖδος. ἡ σφραγίς, τῆς σφραγῖδος, τῇ σφραγῖδι, τὴν σφραγῖδα, αἱ σφραγῖδες, τῶν σφραγίδων, τὰς σφραγῖδας, τὰ σφραγῖδε. ὁ δελφίν, τοῦ δελφῖνος, τὸν δελφῖνα, τῶν δελφίνων, οἱ δελφῖνες. ἡ κνημίς, τῆς κνημῖδος, τὴν κνημῖδα, τῇ κνημῖδι, αἱ κνημῖδες, τῶν κνημίδων, ταῖς κνημῖσι.

§. 399.

ACCENTS DANS LES DÉCLINAISONS.

9°. En εδων et ηδων, comme : μελεδών, ἀχθηδών, ἀλγηδών, Καρχηδών, *Carthage*, ἀηδών, etc.

10°. En αν, comme : Τιτάν, Παιάν, πελεκάν.

11°. En ην et en ιν, comme : ποιμήν, σωλήν, αὐχήν, δελφίν.

Excepté 1°. Ἕλλην, εἴρην ; 2°. les composés et les adjectifs, tels que νεόμην, *nova luna;* ἐριαύχην, *qui collo elato est;* τέρην, *tener.*

12°. Tous les noms de terminaison étrangère, tels que : Ἀβραάμ, Μιχαήλ ; φαρμενώθ, φαρμουθί, *mars* et *avril*, en langue égyptienne, Τιβιτί, *Vesta*, dans la langue des Scythes.

Remarque. Aucun nom neutre en ον n'a l'accent aigu sur la dernière, excepté ὠόν, *ovum*, et τὸ καλόν, *le beau*, adj. pris substantivement, de καλός.

II. *Deuxième syllabe à gauche*, ou *paroxyton.*

Sont *paroxytons*, ou marqués de l'*accent* sur la *pénultième* :

1°. Les noms en α pur, comme : φιλία, σοφία, ὁμιλία, παιδεία, στρατεία (1). La raison en est que cet α final est long.

Excepté, 1°. Le fém. du partic. parf. actif en υῖα, qui est toujours *propérispomène.* 2°. Les subst. γαῖα, μαῖα, μυῖα.

---

(1) *Excepté*, 1°. Quelques noms substantifs formés d'autres noms, et qui sont tous *oxytons*, comme: παιδιά, *lusus*, de παῖς, *puer;* στρατιά, *exercitus*, de στρατός; λαλιά, *loquacitas*, de λάλος, *loquax;* καλιά, *nidus*, de κᾶλον, *lignum;* γενεά, *generatio*, de γένος, *genus*, etc.

2°. Les substantifs féminins en εια, formés d'adjectifs en ης; ils sont tous *proparoxytons*, comme : ἀλήθεια, *veritas*, de ἀληθής, *verus;* εὐσέβεια, *pietas*, de εὐσεβής, *pius*, etc.

3°. Les substantifs féminins et les noms propres de ville en εια, formés de masc. en ευς; ils sont *proparoxytons;* tels que : ἱέρεια, *prétresse*, de ἱερεύς; βασίλεια, *regina*, de βασιλεύς; Φιλαδέλφεια, *Philadelphie*, de Φιλαδελφεύς; Ἀντιόχεια, *Antioche*, de Ἀντιοχεύς; Ἀλεξάνδρεια, *Alexandrie*, de Ἀλεξανδρεύς, *Alexandrin*, etc. Mais ces mêmes noms, dérivés de verbes en ευω, rentrent dans la règle, et sont *paroxytons*, comme : βασιλεία, *regnum*, de βασιλεύω, *regno;* δουλεία, *servitus*, de δουλεύω, *servio*, etc.

2°. Les noms féminins en υνη, comme : δικαιοσύνη, σωφροσύνη, κορύνη.

3°. Les noms masculins verbaux en ος, formés du parfait moyen, comme : λόγος, de λέλογα, τόμος, de τέτομα, βόλος, de βέβολα ; et leurs composés, tels que : θεολόγος, σπερματολόγος, ῥιζοτόμος, ῥιζοβόλος, ἡμεροδρόμος, etc., etc.

4°. Les diminutifs, 1°. en ισκος, ισκη, χνη, κνη, ξ, comme : νεανίσκος, *adolescentulus* ; ἀνθρωπίσκος, *homuncio* ; κυνίσκος, *catulus* ; παιδίσκη, *ancillula* ; πολίχνη, *oppidulum* ; πιθάκνη, *doliolum* ; φύσιγξ, *vesicula*. 2°. En ιον, s'ils se forment d'un primitif dont le datif singulier a l'aigu ou le circonflexe sur la dernière, ou s'ils commencent par une longue, comme : θηρίον, *parva fera*, de θηρί, dat. de θήρ, *fera* ; παιδίον, *puerulus*, de παιδί, dat. de παῖς, *puer* ; στρουθίον, *passerculus*, de στρουθῷ, dat. de στρουθός, *passer* ; ψωμίον, *offula*, de ψωμῷ, dat. de ψωμός, *offa* ; σχοινίον, *funiculus*. Mais si ces diminutifs neutres en ιον ne dérivent point de primitifs oxytons, ou si leurs trois dernières syllabes sont brèves, alors ils ont l'accent sur l'antépénultième ; comme : θυγάτριον, *filiola*, de θυγάτηρ, *filia* ; κόριον, *puellula*, de κόρη, *virgo* ; μόριον, *particula*, de μόρῳ, μόρος, *pars* (1).

5°. Les adjectifs en λεος, οος, et les noms verbaux en τέος, τεον, comme : ἀργαλέος, *difficilis* ; διψαλέος, *sitibundus* (2) ; ἁπλόος (3), *simplex* ; λεκτέος, *dicendus* ; οἰστέον καὶ ἐλπιστέον, *ferendum et sperandum*. Voy. plus bas, p. 32, Règle IV.

6°. Les noms neutres en ος et en μα de la 3°. déclin., et les fém. en ις, gén. -ιος, -εως, qui n'ont pas plus de deux syllabes, et dont la pénultième est brève de sa nature ; si elle est longue,

---

4°. Les noms propres féminins en εια dérivés d'une forme en η, comme Πηνελόπεια, de Πηνελόπη ; Μήδεια, de Μήδη.

5°. Les noms fém. en τειρα et τρια, formés de masc. en ηρ et en της : tous sont *proparoxytons*, comme : σώτειρα, *servatrix*, de σωτήρ, *servator* ; μαθήτρια, *discipula*, de μαθητής, *discipulus*, etc.

6°. Les féminins en οια, composés de νοῦς, *mens*, ῥοῦς, *fluxus*, πλοῦς, *navigatio*, πνοῦς, *flatus* : ils sont *proparoxytons*, comme : πρόνοια, ἄγνοια ; εὔροια, ἀπόρροια ; ὁμόπλοια ; ἄπνοια, σύμπνοια, etc.

(1) Excepté ἐπιστόλιον, *parva epistola*, de ἐπιστολή, *epistola*.

(2) Excepté δαιδάλεος, κονισάλεος. Arcadius les fait *paroxytons*.

(3) Excepté ὄγδοος et ὀλοός.

ils prennent le circonflexe. *Exemples* : τὸ κέρδος, τὸ στόμα ; ἡ ἕξις, ἡ πέψις (1) : τὸ νῖκος, ἡ λῆσις, τὸ πῶμα.

7°. Les adjectifs en ωδης, οεις, νεις, ιεις, ων, de la 3ᵉ. déclin., ainsi que les noms patronymiques en αδης, ιδης, ιων ou η. *Exemples* : κρυόεις, αἰγλήεις, χαρίεις, εὐδαίμων, ἐπιστήμων : Πηληϊάδης, Νεστορίδης, Κρονίων, Ἰκαριώνη, Νηρίνη (2).

8°. Les noms imparisyllabiques en ας, gén. -ατος et αντος, ceux en ης, gén. ητος. *Exemples* : κέρας, -ατος, Αἴας, -αντος ; ἰσότης, ητος (3). Mais γῆρας, qui a la pénultième longue, est *propérispomène*.

9°. Les noms verbaux en μων et en τωρ, comme : ὁ γνώμων, *index* ; οἰκτίρμων, *misericors* ; ὁ ῥήτωρ, *orator* ; κτήτωρ, *possessor*.

10°. Les noms en ιψ et en εψ, tels que : χέρνιψ, οἰκότριψ, βοΐκλεψ, κατώβλεψ.

III. *Troisième syllabe*, ou *proparoxyton*.

Sont *proparoxytons*, ou marqués de l'accent sur l'antépénultième :

1°. Les noms verbaux en ις, qui ne font point leur génit. en ιδος, comme : ποίησις, -εως, δύναμις, -εως.

2°. Les neutres en τηριον, τρον, μα, ος, comme : βουλευτήριον, ποτήριον, δίδακτρον, μήνυτρον, νόσημα, ἁμάρτημα, νίκημα, μέγεθος.

3°. Les féminins en α, tels que ἡ μέριμνα, ἡ ἔχιδνα, ἡ τράπεζα, ἡ θάλασσα, ἡ μάχαιρα, et ἀπόπειρα, ἀπόμοιρα, de πεῖρα, μοῖρα, qui ont la dernière brève, etc.

Excepté, 1°. Le noms en ρα de la 1ʳᵉ. déclin., qui n'ont qu'une voyelle devant cette finale, cas auquel ils sont *paroxytons* ; comme : ἡ ἡμέρα, ἑσπέρα, πορφύρα (4). La raison en est que α final est long dans cette terminaison. — 2°. Les substantifs en ρα, dérivés d'un verbe ou d'un nom en ρός, comme :

---

(1) Ajoutez ὄπις, *ultio*, quoiqu'il fasse au génitif ὄπιδος. Hésiod. Ἔργ. *v.* 251, et Hérod. VIII, 143.

(2) Joignez-y les noms propres de personnes en ων, comme : Κάτων, Πλάτων. Mais les noms de ville de cette terminaison sont *oxytons*, comme : Αἰσών.

(3) Parmi les noms en ας, gén. -αντος, il faut excepter ἱμάς, *lorum*, ἀλλᾶς, -άντος, *botulus* ; et parmi le fémin. en ης, -ητος, les quatre suivants : ἀνδροτής (ou ἀδροτής), -ῆτος, βραδυτής, -ῆτος, δηϊοτής, -ῆτος, ταχυτής, -ῆτος, qui fait aussi ταχύτης.

(4) *Excepté* γέφυρα, ἄγκυρα, Κέρκυρα.

ἀγορά, de ἀγείρω; πενθερά, *belle-mère*, de πενθερός, *beau-père*; περιστερά, *colombe*, de περιστερός, *pigeon*.

4°. Les adjectifs en ειος, ιος, ιμος, comme : τέλειος, ἅγιος, χρήσιμος.

5°. Les adjectifs en ος, marquant la matière, comme : λίθινος, *lapideus*; ξύλινος, *ligneus*, etc.; etc.

6°. Les noms de nombres ordinaux, s'ils ont plus de deux syllabes, et les noms de nombre cardinaux en κοντα, κοσιοι. *Exemples :* τέταρτος, *quartus;* δέκατος, *decimus;* τριάκοντα, *triginta;* τριακόσιοι, *trecenti,* etc.

Mais les noms de nombre ordinaux au-dessous de *dix,* qui n'ont pas plus de deux syllabes, ont l'accent sur la pénultième : τρίτος, πέμπτος, ἔκτος, etc.

Les ordinaux en στος, sont *oxytons :* εἰκοστός, τριακοστός, etc.

7°. Les neutres en ιον, qui ne sont pas diminutifs, comme : Ἴλιον, εἴριον, ποίμνιον, etc.

Excepté ἡνίον, *habena.*

8°. Les adjectifs composés de la particule ζα, comme : ζάκοτος, ζάθεος, ζάχρειος, ζάπυρος, etc.

9°. Presque tous les mots en λα : ἄελλα, δίκελλα, Σίβυλλα.

10°. Beaucoup d'adjectifs composés en ος, en ις et en υς, et dérivés de substantifs, tels que δωσίδικος, μισοτύραννος, μονόλιθος, ἐπίχρυσος, ἄπολις, ὁμόπολις, πολύδακρυς, etc.

IV. Sont *périspomènes,* ou marqués du circonflexe sur la dernière :

1°. Les substantifs des trois déclinaisons dont la désinence contracte renferme l'*aigu* et le *grave :* Ex. : συκῆ, γῆ, μνᾶ, Ἀθηνᾶ, Ἑρμῆς, contr. de συκέη, γέα, μνάα, Ἀθηνάα, Ἑρμέας. Νοῦς, πλοῦς, ὀστοῦν, contr. de νόος, πλόος, ὀστέον. Κῆρ, ἦρ, λᾶς, contr. de κέαρ, ἔαρ, λᾶας.

2°. Les adjectifs contractes, tels que χρυσοῦς, ἀργυροῦς, ἁπλοῦς, sur lesquels voy. §. 178.

3°. Les mots terminés en ευ et en ου, quand cette finale est affectée de l'accent; comme : εὖ, βασιλεῦ, πανταχοῦ.

Excepté ἰδού, *ecce;* ἰού, interjection de douleur.

4°. Les mots devenus monosyllabes par un retranchement initial (*aphérèse*) ou final (*apocope*), quand la syllabe restante est longue, comme : φῆν, *dixi,* φῆς, *dixisti,* φῆ, *dixit,* pour ἔφην, ἔφης, ἔφη ; φῦν, φῦς, φῦ, *naturâ sum, es, est comparatus*, pour ἔφυν, ἔφυς, ἔφυ ; δῶ, pour δῶμα, *domus*.

Excepté χρή, de χρῆμι.

V. Sont *propérispomènes*, ou marqués du circonflexe sur la pénultième :

1°. Les substantifs neutres en ειον, surtout s'ils expriment le lieu et la retraite, comme : σημεῖον, *signe*, πανδοχεῖον, *auberge*; χαλκεῖον, *atelier de forgeron* ; παιδαγωγεῖον, *école d'enfants*; βαλανεῖον, *bain*, etc.

2°. Les neutres en αιον, simples et marquant le lieu. *Exemple :* Ἡραῖον, *Junonis templum*, et tous les autres mots de cette espèce, tels que Ἀραχναῖον, Πυθαῖον (1).

Mais les composés des noms de cette nature sont presque toujours *proparoxytons*, comme : κατάγαιον, *souterrain*.

3°. Les adjectifs de plus de deux syllabes en αιος et οιος, comme : ἀναγκαῖος, ἀρχαῖος, εἰρηναῖος, χερσαῖος, etc.; ἀλλοῖος; ἑτεροῖος, παντοῖος, etc.

Excepté : βέβαιος, βίαιος, βαιός, ἠβαιός, δίκαιος, γεραιός, παλαιός, κράταιος, μάταιος, ὅμοιος (2); et les adjectifs formés de noms propres ou appellatifs, tels que Λύαιος, Ὕλαιος, etc.

Mais les adjectifs de cette terminaison qui n'ont que deux syllabes, sont *oxytons* σκαιός, βαιός, φαιός, γλοιός, φλοιός.

Excepté, οἷος, *tel*, et οἶος, *seul*.

4°. Les mots de deux syllabes de la 3e. déclinaison imparisyllabique en μα, et ceux en ις et en ος, génitif en ο pur, qui ont la pénultième longue, comme : σῶμα, χρῶμα, γνῶσις, -ιος-εως, στῆθος, -εος, τεῖχος, -εος (3).

5°. La plupart des mots de deux syllabes de la 1re. déclinaison en α non pur, dont la pénultième est longue, comme : γλῶσσα, μοῦσα ; et tous les partic. parf. actifs fém. en υῖα : λελυκυῖα, etc.

---

(1) Excepté Ἀθήναιον, *temple de Minerve*, pour le distinguer de Ἀθηναῖον, neutre de Ἀθηναῖος, *Athénien*. Τρόπαιον, *tropæum*, mais attiq. τροπαῖον.

(2) Qui fait régulièrement ὁμοῖος, chez les Attiques.

(3) Les noms féminins en ις, -ιδος, formés de masc. en ης, *paroxytons*, sont aussi *propérispomènes*, s'ils ont la pénultième longue, comme πρωθῆβις, πολῖτις, πλανῆτις, πρεσβῦτις, ἠεροφοῖτις. Excepté les mots féminins composés de πωλεῖν, *vendre*. et κοῖτος, *somnus, cubile*, tels que ἀρτόπωλις, ἀλφιτόπωλις, *boulangère*, παράκοιτις, *épouse*. Ces mots composés sont *proparoxytons*.

§. 399.

ACCENTUATION DES CAS INDIRECTS.

RÈGLE I. L'accent reste sur la même syllabe qu'au nomi- *mément aux règles*

EXERCICES. Ὁ χρόνος, τῷ χρονῳ, τὸν χρονον. τὸ ἔργον, τὰ ἔργα, τῶν ἔργων, τοῖς ἔργοις. ἡ φιλία, τῇ φιλια. ἡ ῥαψῳδία, τὴν ῥαψῳδιαν. ὁ κόλαξ, τῷ κολακι, τοῖς κολαξι. ὁ λιμήν, τοῦ λιμενος, τὸν λιμενα, τῶν λιμενων. ὁ ῥήτωρ, τοῦ ῥητορος, οἱ ῥητορες, τοῖς ῥητορσι. ἡ πεδιάς, τῆς πεδιαδος, τῇ πεδιαδι, ταῖς πεδιασι. ἡ μυριάς, τῇ μυριαδι, αἱ μυριαδες. ἡ ἑσπερίς, τῇ ἑσπεριδι, αἱ ἑσπεριδες. ἡ ἑσπέρα, τῇ ἑσπερᾳ. ἅρπαξ, τοῖς ἁρπαξι.

RÈGLE II. Les variations occasionnées dans l'accentuation:

1°. A changer le *circonflexe* en *aigu*, quand la dernière

EXERCICES. Ἡ γλῶσσα, τῇ γλωσσῃ, αἱ γλωσσαι, ταῖς γλωσσαις, τὰς γλωσσας. ὁ οἶκος, τοῦ οἰκου, τῷ οἰκῳ, τὸν οἰκον, οἱ οἰκοι, τοὺς οἰκους. ὁ πῶλος, τῶν πωλων. ἡ μοῖρα, τῇ μοιρα. ἡ παῦλα, τῆς παυλης, τὴν παυλᾰν, αἱ παυλαι, ταῖς παυλαις. ὁ σωλήν, τοῦ σωληνος, τῷ σωληνι, τὸν σωλῆνᾰ, οἱ σωληνες, τῶν σωλῆνων, τοὺς σωλῆνᾰς. ὁ πώγων, τὸν πωγωνα, οἱ πωγωνες, τῶν πωγωκων, τοῖς πωγωσι. οἱ πολῖται, τοῖς πολιτάις. τὸ μῆλον, τῷ μηλῳ, τὰ μηλα, τῶν μηλων, τοῖς μηλοις. ἡ νῆσος, τῆς νησου, αἱ νησοι, τὰς νησους. ἡ ἧττα, τῇ ἡττῃ, αἱ ἡτται, ταῖς ἡτταις, τὰς ἡττᾱς. ὁ ἧλος, τῷ ἡλῳ, οἱ ἡλοι, τῶν ἡλων.

2°. A rapprocher l'*aigu* vers la fin,

Ὁ σίδηρος, τῷ σιδηρῳ, τὸν σιδηρον. ὁ ζέφυρος, τοῦ ζεφυρου, οἱ ζεφυροι, τῶν ζεφυρων, τοὺς ζεφυρους. ἡ δικελλα, τῇ δικελλῃ, αἱ δικελλαι, ταῖς δικελλαις. ἄρρην, ἄρρενος, τῷ ἄρρενι, τῶν ἀρρενων, τοὺς ἄρρενας. τέρην, τερενι, τερενων. ἡ εὐσέβεια, τῆς εὐσεβειᾱς, τῇ εὐσεβειᾳ, τὴν εὐσεβειαν. τὸ θέαμα, τοῦ θεάματος, τῶν θεαματων, τοῖς θεαμασι. ὁ ἱέραξ, τῷ ἱερακι, τῶν ἱερακων, τοὺς ἱερακᾱς. τὸ στρατήγημα, τῷ στρατηγηματι, στρατηγηματων. ὁ Ἄραψ, τῶν Ἀραβων, τοῖς Ἀραψι. ἡ θύελλα, τῆς θυελλης. ἡ μέριμνα, τῇ μεριμνῃ, τὴν μεριμναν, αἱ μεριμναι, ταῖς μεριμναις. τὸ εὐεργετημα, τῷ εὐεργετηματι, τῶν εὐεργετηματων. ὁ σύμμαχος, τοῖς συμμαχοις. ἡ εὐγένεια, τῆς εὐγενειας, τῇ εὐγενειᾳ, τὴν εὐγενειᾰν. τὸ δῆγμα, τῶν δηγματων.

§. 399.

ACCENTUATION DES CAS INDIRECTS.

natif, si la quantité de la dernière ne s'y oppose point, confor-
précédentes, §. 396, p. 4, 5, et §. 398, p. 8, 9.

EXERCICES CORRIGÉS. Ὁ χρόνος, τῷ χρόνῳ, τὸν χρόνον. τὸ
ἔργον, τὰ ἔργα, τῶν ἔργων, τοῖς ἔργοις. ἡ φιλία, τῇ φιλίᾳ. ἡ
ῥαψῳδία, τὴν ῥαψῳδίαν. ὁ κόλαξ, τῷ κόλακι, τοῖς κόλαξι. ὁ
λιμήν, τοῦ λιμένος, τὸν λιμένα, τῶν λιμένων. ὁ ῥήτωρ, τοῦ ῥήτορος.
οἱ ῥήτορες, τοῖς ῥήτορσι. ἡ πεδιάς, τῆς πεδιάδος, τῇ πεδιάδι, ταῖς
πεδιάσι. ἡ μυριάς, τῇ μυριάδι, αἱ μυριάδες. ἡ ἑσπερίς, τῇ ἑσπερίδι,
αἱ ἑσπερίδες. ἡ ἑσπέρα, τῇ ἑσπέρᾳ. ὁ ἅρπαξ, τοῖς ἅρπαξι.

par la quantité de la dernière consistent :
devient longue. *Voy.* p. 5.

EXERCICES CORRIGÉS. Ἡ γλῶσσα, τῇ γλώσσῃ, αἱ γλῶσσαι,
ταῖς γλώσσαις, τὰς γλώσσας. ὁ οἶκος, τοῦ οἴκου, τῷ οἴκῳ, τὸν οἶκον,
οἱ οἶκοι, τοὺς οἴκους. ὁ πῶλος, τῶν πώλων. ἡ μοῖρα, τῇ μοίρᾳ. ἡ
παῦλα, τῆς παύλης, τὴν παῦλαν, αἱ παῦλαι, ταῖς παύλαις. ὁ σωλήν,
τοῦ σωλῆνος, τῷ σωλῆνι, τὸν σωλῆνα, οἱ σωλῆνες, τῶν σωλήνων, τοὺς
σωλῆνας. ὁ πώγων, τὸν πώγωνα, οἱ πώγωνες, τῶν πωγώνων, τοῖς
πώγωσι. οἱ πολῖται, τοῖς πολίταις. τὸ μῆλον, τῷ μήλῳ, τὰ μῆλα, τῶν
μήλων, τοῖς μήλοις. ἡ νῆσος, τῆς νήσου, αἱ νῆσοι, τὰς νήσους. ἡ
ἧττα, τῇ ἥττῃ, αἱ ἧτται, ταῖς ἥτταις, τὰς ἥττας. ὁ ἧλος, τῷ ἥλῳ,
οἱ ἧλοι, τῶν ἥλων.

quand la dernière devient longue.

Ὁ σίδηρος, τῷ σιδήρῳ, τὸν σίδηρον. ὁ ζέφυρος, τοῦ ζεφύρου,
οἱ ζέφυροι, τῶν ζεφύρων, τοὺς ζεφύρους. ἡ δίκελλα, τῇ δικέλλῃ, αἱ
δίκελλαι, ταῖς δικέλλαις. ἄρρην, ἄρρενος, τῷ ἄρρενι, τῶν ἀρρένων,
τοὺς ἄρρενας. τέρην, τέρενι, τερένων. ἡ εὐσέβεια, τῆς εὐσεβείας,
τῇ εὐσεβείᾳ, τὴν εὐσέβειαν. τὸ θέαμα, τοῦ θεάματος, τῶν θεαμάτων,
τοῖς θεάμασι. ὁ ἱέραξ, τῷ ἱέρακι, τῶν ἱεράκων, τοὺς ἱέρακας. τὸ
στρατήγημα, τῷ στρατηγήματι, τῶν στρατηγημάτων. ὁ Ἄραψ,
τῶν Ἀράβων, τοῖς Ἄραψι. ἡ θύελλα, τῆς θυέλλης. ἡ μέριμνα, τῇ
μερίμνῃ, τὴν μέριμναν, αἱ μέριμναι, ταῖς μερίμναις. τὸ εὐεργέτημα,
τῷ εὐεργετήματι, τῶν εὐεργετημάτων. ὁ σύμμαχος, τοῖς συμμάχοις.
ἡ εὐγένεια, τῆς εὐγενείας, τῇ εὐγενείᾳ, τὴν εὐγένειαν. τὸ δῆγμα,
τῶν δηγμάτων.

Thèm. Gr. IIme Part. Corrigés. 2

REMARQUE I. L'ω des génitifs *ioniens* en εω, comme Πηληϊάδεω (§. 176), et des terminaisons *attiques* εως, εων, comme Μενέλεως, ἀνώγεων (§. 18), πόλεως (§. 23), quoique finissant par une longue, ne rapproche cependant pas l'accent à droite, contrairement à la règle, §. 396, p. 4, parce que, dans la prononciation, l'ε qui précède l'ω, ne fait pas un temps, mais se fond avec cet ω en une seule syllabe, ce qui est prouvé

EXERCICES. Ἀμύντης, Ἀμυντεω. Μίδης, Μιδεω. Ἀρισταγόρης, Ἀρισταγορεω. ὁ νεηνίης (ionien, pour νεανίας, *le jeune homme*), τοῦ νεηνιεω. — Ἡ ἕξις, τῆς ἕξεως. ἡ κτῆσις, τῆς κτησεως, τῶν κτησεων. ἡ ἄφιξις, τῆς ἀφιξεως, τῶν ἀφιξεων. ἡ αἴσθησις, τῆς αἰσθησεως, τῶν αἰσθησεων. ἡ πίστις, τῆς πιστεως. ἡ σύνταξις, τῆς συνταξεως, τῶν συνταξεων. — Τυνδάρεως, Τυνδαρεω. Πρωτεσίλεως, Πρωτεσιλεων. — Ὁ δικερως τράγος, *caper bicornis*, τὸν δικερων τράγον, τοὺς δικερως τράγους. ὁ πολυγελως παῖς, *l'enfant rieur*. ὁ ἐχθρὸς ὁ ὑβριγελως, *l'ennemi au rire insultant*, τοῦ ἐχθροῦ τοῦ ὑβριγελω. ἡ εὔγεως νῆσος, *l'île fertile*, τῇ εὐγεω νήσῳ, τὴν εὔγεων νῆσον. ἡ τετρακερως ἔλαφος, *le cerf à quatre cornes*, τὴν τετρακερων ἔλαφον. τὸ τρικερων καὶ τετρακερων πρόβατον, τὰ τρικερω καὶ τετρακερω πρόβατα. Πρίαμος ὁ βαθυγηρως, *le vieux Priam*. οἱ ἐσχατογηρω γέροντες.

REMARQUE II. Les diphthongues finales οι, αι, étant réputées brèves (*voy.* p. 5), ne changent rien à la place de l'accent, et n'empêchent pas la seconde de prendre un *circonflexe*.

EXERCICES. Ἡ γέρανος, αἱ γερανοι. ὁ πλούσιος, οἱ πλουσιοι. ὁ τράχηλος, οἱ τραχηλοι. ὁ δάκτυλος, οἱ δακτυλοι. ὁ οἶνος, οἱ οἰνοι. ἡ θήκη, αἱ θηκαι. ἡ στήλη, αἱ στηλαι. ἡ φήμη, αἱ φημαι. ὁ χρήστης, οἱ χρησται. ὁ χλούνης, οἱ χλουναι. ὁ ὁπλίτης (ι long), οἱ ὁπλιται.

REMARQUE III. Le *circonflexe* se change en *aigu* quand la devient longue, conformément

EXERCICES. Τὸ τραῦμα, τοῦ τραυματος, τῶν τραυματων. ὁ Ἀθηναῖος, τῷ Ἀθηναιω. τὸ θαῦμα, τῷ θαυματι. ὁ οἶκος, τῶν οἰκων. ὁ πῶλος, τοῖς πωλοις. τὸ πρᾶγμα, τοῖς πραγμασι. ἡ πρᾶσις, τῇ πρασει. ὁ φαῦλος, τοὺς φαυλους.

RÈGLE III. Tout mot de la 1re. et de la 2e. déclinaison qui a l'*aigu* sur la dernière, prend le *circonflexe* au génitif et au datif des trois nombres. *Voy.* § 15 *et suiv.*, κεφαλή, ποιητής, ὁδός.

par la mesure des vers où se rencontrent ces terminaisons.

Il en est de même des adjectifs composés de κέρας, *corne*, γῆρας, *vieillesse*, γέλως, *rire*, comme : εὔκερως, βαθύγερως, φιλόγελως, qui, quoique terminés par une longue, sont *pro-paroxytons. Excepté :* ἀγήρως, *expers senii*, qui rentre dans la règle générale.

Exercices corrigés. Ἀμύντης, Ἀμύντεω. Μίδης, Μίδεω. Ἀρισταγόρης, Ἀρισταγόρεω. ὁ γεννίης (ionien , pour νεανίας , *le jeune homme*), τοῦ γεννίεω.—Ἡ ἕξις, τῆς ἕξεως. ἡ κτῆσις, τῆς κτήσεως, τῶν κτήσεων. ἡ ἄφιξις , τῆς ἀφίξεως , τῶν ἀφίξεων. ἡ αἴσθησις, τῆς αἰσθήσεως , τῶν αἰσθήσεων. ἡ πίστις, τῆς πίστεως. ἡ σύνταξις , τῆς συντάξεως , τῶν συντάξεων. — Τυνδάρεως, Τυνδάρεω. Πρωτεσίλεως, Πρωτεσίλεων.—Ὁ δίκερως τράγος, *caper bicornis*, τὸν δίκερων τράγον, τοὺς δίκερως τράγους. ὁ πολύγελως παῖς. ὁ ἐχθρὸς ὁ ὑβρίγελως, τοῦ ἐχθροῦ τοῦ ὑβρίγελω. ἡ εὔγεως νῆσος, *l'île fertile*, τῇ εὐγέῳ νήσῳ, τὴν εὔγεων νῆσον. ἡ τετράκερως ἔλαφος, *le cerf à quatre cornes*, τὴν τετράκερων ἔλαφον. τὸ τρίκερων καὶ τετράκερων πρόβατον , τὰ τρίκερω καὶ τετράκερω πρόβατα. Πρίαμος ὁ βαθύγηρως. οἱ ἐσχατόγηρῳ γέροντες.

Exceptez : οἴκοι, adverbe, *domi*, *à la maison*, pour le distinguer de οἱ οἶκοι, *les maisons*, et aussi parce que οἴκοι, adv., est l'ancienne forme du datif pour οἴκῳ.

Exercices corrigés. Ἡ γέρανος, αἱ γέρανοι. οἱ πλούσιος, οἱ πλούσιοι. ὁ τράχηλος, οἱ τράχηλοι. ὁ δάκτυλος, οἱ δάκτυλοι. ὁ οἶνος, οἱ οἶνοι. ἡ θήκη, αἱ θῆκαι. ἡ στήλη , αἱ στῆλαι. ἡ φήμη, αἱ φῆμαι. ὁ χρήστης, οἱ χρῆσται. ὁ χλούνης, οἱ χλοῦναι. ὁ ὁπλίτης, οἱ ὁπλῖται.

syllabe accentuée devient la troisième, ou que la dernière à la règle, §. 398, II, p. 8.

Exercices corrigés. Τὸ τραῦμα, τοῦ τραύματος, τῶν τραυμάτων. ὁ Ἀθηναῖος, τῷ Ἀθηναίῳ. τὸ θαῦμα, τῷ θαύματι. ὁ οἶκος, τῶν οἴκων, ὁ πῶλος, τοῖς πώλοις. τὸ πρᾶγμα, τοῖς πράγμασι. ἡ πρᾶσις , τῇ πράσει. ὁ φαῦλος, τοὺς φαύλους.

Excepté le génitif singulier des formes attiques , λεώς, νεώς, gén. λεώ, νεώ, §. 18.

* 2

Exercices. Ὁ στρατηγός, ὦ στρατηγε, τοῦ στρατηγου, τὸν στρατηγου, τῷ στρατηγῳ : οἱ στρατηγοι, τῶν στρατηγων, τοῖς στρατηγοις,
τοὺς στρατηγους : τὼ στρατηγω, τοῖν στρατηγοιν. ὁ κριτής, τοῦ κριτοῦ,
τῷ κριτῃ, τὸν κριτην : οἱ κριται, τῶν κριτων, τοῖς κριταις, τοὺς κριτας :
τὼ κριτα, τοῖν κριταιν. ὁ ὀφθαλμός, τοῖς ὀφθαλμοις. ὁ δικαστής, τῷ δι-
καστη, τοῖς δικασταις. ὁ ποταμός, τοῦ ποταμου, τῷ ποταμῳ. ἡ ψυχή,
τῆς ψυχης, τῶν ψυχων, τὴν ψυχην, τὰς ψυχας, ταῖς ψυχαις. ἡ ἀρετή,
τῇ ἀρετη. ὁ στρατός, τῷ στρατῳ. — Ὁ λαγώς, τοῦ λαγω; ὁ ταώς, τοῦ
ταω.

Règle IV. Le génitif pluriel de la 1re. déclinaison ayant
été primitivement en έων ou άων (§ 176), a toujours le *circonflexe*, quel que soit l'accent des autres cas ; la raison en est

Exercices. Ἡ τράπεζα, τῶν τραπεζων. ἡ μέριμνα, τῶν μεριμνων.
ἡ ἄελλα, τῶν ἀελλων. ὁ πολίτης, τῶν πολιτων. ὁ ὁπλίτης, τῶν ὁπλι-
των. ἡ οἰκία, τῶν οἰκιων. ὁ στρατιώτης, τῶν στρατιωτων. ἡ θάλασσα,
τῶν θαλασσων. ἡ ἄρουρα, τῶν ἀρουρων.

Exceptez les adjectifs féminins dont le masculin est en ος
et qui ont *l'aigu* sur la seconde : ξένη, ξένῶν, de ξένος; ἁγία,

Exercices. Δικαία, *justa*, δικαιων, *justarum*. φίλη, *amica*,
φιλων, *amicarum*. ἡ χρησίμη βίβλος, τῶν χρησιμων βίβλων. ἡ καλλίστη
παρθένος, *pulcherrima virgo*, τῶν καλλιστων παρθένων, *pulcherrimarum virginum*. ἡ ἐρρωμένη γυνή, *valida mulier*, τῶν ἐρρω-
μενων γυναικῶν, *validarum mulierum*. ἡ γραφομένη ἐπιστολή,
scripta epistola, τῶν γραφομενων ἐπιστολῶν, *scriptarum epistolarum*.

Règle V. Les accusatifs en όα-ώ, des féminins en ώ, §. 27,
ώς, comme αἰδώς,

Exercices. Λητώ, Λητοα, Λητω. ἡ πειθώ, τὴν πειθοα, πειθω.
ἡ Ἀργώ, τὴν Ἀργοα, Ἀργω. λεχώ, λεχοα, λεχω. ἡ ἠώς, τὴν ἠοα, ἠω.

Règle VI. Les monosyllabes de la 3e. déclinaison prennent
l'accent sur la désinence au génitif et au datif des trois nombres; partout ailleurs ils le conservent sur la syllabe radicale :

Exercices. Ἡ φλέψ, τῆς φλεβος, τῇ φλεβι, τὴν φλεβα : αἱ φλεβες,
τῶν φλεβων, τὰς φλεβας, ταῖς φλεψι : τὰ φλεβε, ταῖν φλεβοιν. ἡ νύξ,
τῆς νυκτος, τῇ νυκτι, τὴν νυκτα : αἱ νυκτες, τῶν νυκτων, ταῖς
νυξι. ἡ χείρ, τῆς χειρος, τῇ χειρι, τὴν χειρα : αἱ χειρες, τῶν χει-
ρων, ταῖς χερσι, τὰς χειρας : τὰ χειρε, ταῖν χειροιν. ὁ πούς, τοῦ
ποδος, τοῖς ποσι, τοὺς ποδας, τῶν ποδων. ἡ αἴξ, τῆς αἰγος, τὴν

EXERCICES CORRIGÉS. Ὁ στρατηγός, ὦ στρατηγέ, τοῦ στρατηγοῦ, τὸν στρατηγόν, τῷ στρατηγῷ: οἱ στρατηγοί, τῶν στρατηγῶν, τοῖς στρατηγοῖς, τοὺς στρατηγούς : τὼ στρατηγώ, τοῖν στρατηγοῖν. ὁ κριτής, τοῦ κριτοῦ, τῷ κριτῇ, τὸν κριτήν : οἱ κριταί, τῶν κριτῶν, τοῖς κριταῖς, τοὺς κριτάς : τὼ κριτά, τοῖν κριταῖν. ὁ ὀφθαλμός, τοῖς ὀφθαλμοῖς. ὁ δικαστής, τῷ δικαστῇ, τοῖς δικασταῖς. ὁ ποταμός, τοῦ ποταμοῦ, τῷ ποταμῷ. ἡ ψυχή, τῆς ψυχῆς, τὴν ψυχήν, τῶν ψυχῶν : τὰς ψυχάς, ταῖς ψυχαῖς. ἡ ἀρετή, τῇ ἀρετῇ. ὁ στρατός, τῷ στρατῷ. — Ὁ λαγώς, τοῦ λαγώ; ὁ ταώς, τοῦ ταώ.

que ce génitif présente réellement une contraction, qui contient la fusion de l'*aigu* et du *grave* : τῶν μουσάων, -ῶν, τῶν θαλασσέων, -ῶν. *Voy.* plus bas, de l'Accent dans la contraction.

EXERCICES CORRIGÉS. Ἡ τράπεζα, τῶν τραπεζῶν. ἡ μέριμνα, τῶν μεριμνῶν. ἡ ἄελλα, τῶν ἀελλῶν. ὁ πολίτης, τῶν πολιτῶν. ὁ ὁπλίτης, τῶν ὁπλιτῶν. ἡ οἰκία, τῶν οἰκιῶν. ὁ στρατιώτης, τῶν στρατιωτῶν. ἡ θάλασσα, τῶν θαλασσῶν. ἡ ἄρουρα, τῶν ἀρουρῶν.

ἁγίων, de ἅγιος. Exceptez encore χρήστης, χρήστων, χλούνης, χλούνων, ἐτησίαι, ἐτησίων.

EXERCICES CORRIGÉS. Δικαία, *justa*, δικαίων, *justarum*. φίλη, *amica*, φίλων, *amicarum*. ἡ χρησίμη βίβλος, τῶν χρησίμων βίβλων. ἡ καλλίστη παρθένος, *pulcherrima virgo*, τῶν καλλίστων παρθένων, *pulcherrimarum virginum*. ἡ ἐῤῥωμένη γυνή, *valida mulier*, τῶν ἐῤῥωμένων γυναικῶν, *validarum mulierum*. ἡ γραφομένη ἐπιστολή, *scripta epistola*, τῶν γραφομένων ἐπιστολῶν, *scriptarum epistolarum*.

conservent l'*aigu* malgré la contraction : ἠχόα, ἠχώ. Ceux en prennent le *circonflexe :* αἰδόα, αἰδῶ.

EXERCICES CORRIGÉS. Λητώ, Λητόα, Λητώ. ἡ πειθώ. τὴν πειθόα, πειθώ. ἡ Ἀργώ, τὴν Ἀργόα, Ἀργώ. λεχώ, λεχόα, λεχώ. ἡ ἠώς, τὴν ἠόα, ἠῶ.

Exemples : ὁ θήρ, τοῦ θηρός, τῷ θηρί, τὸν θῆρα ; οἱ θῆρες, τῶν θηρῶν, τοῖς θηρσί ; τὼ θῆρε, τοῖν θηροῖν.

EXERCICES CORRIGÉS. Ἡ φλέψ, τῆς φλεβός, τῇ φλεβί, τὴν φλέβα : αἱ φλέβες, τῶν φλεβῶν, τὰς φλέβας, ταῖς φλεψί : τὰ φλέβε, ταῖν φλεβοῖν. ἡ νύξ, τῆς νυκτός, τῇ νυκτί, τὴν νύκτα : αἱ νύκτες, τῶν νυκτῶν, ταῖς νυξί. ἡ χείρ, τῆς χειρός, τῇ χειρί, τὴν χεῖρα : αἱ χεῖρες, τῶν χειρῶν, ταῖς χερσί, τὰς χεῖρας : τὰ χεῖρε, ταῖν χειροῖν. ὁ ποῦς, τοῦ ποδός, τοῖς ποσί, τοὺς πόδας, τῶν ποδῶν. ἡ αἴξ, τῆς αἰγός, τὴν αἶγα, ταῖς αἶξι. τὸ φῶς, τῷ φωτι. ἡ φλόξ, τὴν φλογα, τῇ φλογι, τῶν φλογων, τὰς φλογας, ταῖς φλοξι. ὁ μήν, τῷ μηνι, τὸν μηνα, οἱ μηνες, τῶν μηνων. ὁ μῦς, τῶν μυων, τοῖς μυσι.

Exceptions. 1°. Les participes monosyllabes, comme ὤν, θείς, δούς, gardent partout l'accent sur le radical : ὤν, ὄντος, etc. *Voy.* §. 64.

2°. Πᾶς, *tout*, qui fait au génitif et au datif pluriel, πάντων, πᾶσι.

3°. Les neuf noms suivants prennent au génitif pluriel

Exercices. Στάς, σταντι, σταντων. θείς, θεντων. φθάς, φθαντι, φθαντων, φθᾶσι. φύς, φυντος, φυντι, φυντων, φῦσι. πᾶς ὁ παῖς θείς, παντος τοῦ παιδος θεντος, παντι τῷ παιδι σταντι, παντες οἱ παιδες φθαντες, παντων τῶν παιδων θεντων, πασι τοῖς παισι στασι, παντας τοὺς παιδας θεντας. πᾶν τὸ οὖς τῶν κρατων, παντα τὰ ὦτα τῶν Τρωων, παντων των ὠτων, πασι τοῖς ὠσι. τὸ φῶς πασης δᾳδος, τὰ φωτα πασων τῶν δᾳδων. οἱ δμωες τῶν παντων Τρωων; αἱ δᾳδες τῶν δμωων. φθὰς ὁ θώς, φθαντος τοῦ θωος, φθαντων τῶν θωων. ἔκλαμπρόν πᾶν τὸ φῶς, ἐκλαμπρου παντος τοῦ φωτος, ἐκλαμπρων παντων τῶν φωτων, ἐκλαμπροις πασι τοῖς φωσι (1).

ACCENT DANS LA CONTRACTION.

Règle. Les syllabes qui, à partir de la gauche, n'ont point d'accent marqué, sont censées avoir le grave, parce que la voix, après l'élévation indiquée par l'accent, va toujours s'abaissant, inflexion à laquelle est assigné l'accent grave. Ἄνθρωπος, par exemple, est pour ἄνθρὼπὸς, φιλέω, pour φιλέὼ.

I. Si donc, dans la contraction, on joint une syllabe qui soit marquée d'un aigu (´), avec la suivante, qu'on suppose affectée du grave (`), de ces deux accents il résulte un circonflexe, qui n'est qu'un composé des deux, et qui même

EXERCICES SUR LES ACCENTS DANS LA CONTRACTION.

Ὁ ἀφελής, τοῦ ἀφελέος, ἀφελους, τῷ ἀφελέϊ, ἀφελει : οἱ ἀφελέες, ἀφελεῖς, τῶν ἀφελέων, ἀφελων, τοὺς ἀφελέας, ἀφελεις. ὁ αὐτάρκης, τοῦ

(1) Pour l'accentuation particulière de κύων, gén. κυνός; γυνή, gén. γυναικός; ἀνήρ, ἀνδρός, qui s'accentuent, d'ailleurs, comme les monosyllabes, voy. la *Méthode*, §§. 29 et 185. Mais il faut observer que le datif

αἶγα, ταῖς αἰξί· τὸ φῶς, τῷ φωτί. ἡ φλόξ, τὴν φλόγα, τῇ φλογί, τῶν φλογῶν, τὰς φλόγας, ταῖς φλοξί. ὁ μήν, τῷ μηνί, τὸν μῆνα, οἱ μῆνες, τῶν μηνῶν. ὁ μῦς, τῶν μυῶν, τοῖς μυσί.

l'accent sur le radical; ils sont réguliers à tous les autres cas : παῖς, παίδων; δμώς, *serviteur*, δμώων ; Τρώς, *Troyen*, Τρώων; Θώς, *chacal*, Θώων ; οὖς, *oreille*, ὤτων ; κρᾶς, *tête*, κράτων ; δάς, *flambleau*, δάδων; φῶς, *lumière*, φώτων ; φώς, *brûlure*, φώδων.

4°. Ἦρ (contr. de ἔαρ), *ver ;* κῆρ (contr. de κέαρ), *cor,* font ἦρος, κῆρος, pour ἔαρος, κέαρος.

Exercices corrigés. Στάς, στάντι, στάντων. Θείς, Θέντων, φθάς, φθάντι, φθάντων, φθᾶσι. φύς, φύντος, φύντι, φύντων, φῦσι. πᾶς ὁ παῖς Θείς, παντὸς τοῦ παιδὸς Θέντος, παντὶ τῷ παιδὶ στάντι ; πάντες οἱ παῖδες φθάντες, πάντων τῶν παίδων Θέντων, πᾶσι τοῖς παισὶ στᾶσι, πάντας τοὺς παῖδας Θέντας. πᾶν τὸ οὖς τῶν κράτων, πάντα τὰ ὦτα τῶν Τρώων, πάντων τῶν ὤτων, πᾶσι τοῖς ὠσί. τὸ φῶς πάσης δαδός, τὰ φῶτα πασῶν τῶν δάδων. οἱ δμῶες τῶν πάντων Τρώων. αἱ δᾶδες τῶν δμώων. φθάς ὁ Θώς, φθάντος Θωός, φθάντων τῶν Θώων. ἔκλαμπρον πᾶν τὸ φῶς, ἐκλάμπρου παντὸς τοῦ φωτός, ἐκλάμπρων πάντων τῶν φώτων, ἐκλάμπροις πᾶσι τοῖς φωσί.

———

ACCENT DANS LA CONTRACTION.

originairement se marquait par la réunion de ces deux lignes (ˆ), que depuis on a arrondies ainsi (˜). D'où il suit que νόος, contracté, s'accentuera νοῦς, γέα, contracté, γῆ; φιλέω, contracté, φιλῶ; φιλέετον, φιλεῖτον.

II. D'après ce principe, si la contraction se fait autrement que d'un aigu et d'un grave, il ne peut en résulter cette figure (˝); et partant, l'accent restera le même qu'auparavant, comme dans φιλεοίμην, φιλοίμην, φίλεε, φίλει, πλήρεες, πλήρεις, ἑσταώς, ἑστώς, γεγαώς, γεγώς, δαΐς, δᾴς.

EXERCICES CORRIGÉS.

Ὁ ἀφελής, τοῦ ἀφελέος, ἀφελοῦς, τῷ ἀφελέϊ, ἀφελεῖ : οἱ ἀφελέες, ἀφελεῖς, τῶν ἀφελέων, ἀφελῶν, τοὺς ἀφελέας, ἀφελεῖς : ὁ αὐτάρκης;

———

pluriel des mots en ηρ reçoit l'accent sur α et non sur αι : πατράσι, ἀνδράσι. *Excepté* ἄστρασι.

Δημήτηρ, *Cérès,* fait Δήμητρος, Δήμητρι, Δήμητρα, en reculant l'accent à gauche. On le recule aussi dans θύγατρα pour θυγατέρα, θύγατρες pour θυγατέρες. Du reste, on dit : θυγατρός, -τρί, -τρῶν, -τράσι.

αὐτάρκεος, αὐτάρκους, τῷ αὐτάρκεϊ, αὐτάρκει : οἱ αὐτάρκεες, αὐτάρκεις, τῶν αὐταρκέων, αὐτάρκων, τοὺς αὐτάρκεας, αὐτάρκεις. ἡ στολὴ
ποδήρης, *stola talaris*, τῆς στόλης ποδήρεος, ποδήρους : αἱ στολαι
ποδήρεες, ποδήρεις, τῶν στολῶν ποδηρέων, ποδήρων. ὁ ἥμισυς, *dimi-*
dius, τοῦ ἡμίσεος, ἡμίσους. ὁ βραβεύς, τῷ βραβεῖ, βραβει : τοὺς βραβέας, βραβεις. ὁ μῦς, *mus*, τοὺς μύας, μυς. αἱ δρύες, δρυς. ἡ πίτυς,
τὰς πίτυᾶς, πιτυς, αἱ πίτυες, πιτυς. τὸ γέρας, *praemium*, τοῦ
γέρατος, γέραος, γερως : τὰ γέρατα, γέραα, γερα. τὸ γῆρας, *senium*,
τῷ γήρατι, γήραϊ, γηρα. τὸ ἄνθος, τοῦ ἄνθεος, ἄνθους, τῷ ἄνθεϊ,
ἄνθει : τὰ ἄνθεα, ἄνθη, τῶν ἀνθέων, ἀνθων. ὁ ἀμείνων, *melior* ;
οἱ ἀμείνονες, ἀμείνοες, ἀμεινους, τοὺς ἀμείνονας, ἀμείνοας, ἀμείνους. ὁ βελτίων, *melior*, τὰ βελτίονα, *meliora*, τὰ βελτίοα, βελ-
τιω. ὁ τιμήεις, τιμης, τοῦ τιμήεντος, τιμηντος, τῶν τιμηέντων,
τιμηντων, τοὺς τιμήεντας, τιμηντας.

Ὁ ποιέων, *faciens*, ποιων, τῷ ποιέοντι, ποιουντι. ὁ ἀποτελέων,
perficiens, τῶν ἀποτελεόντων, ἀποτελουντων, τοῖς ἀποτελεόντεσι,
ἀποτελεουσι, ἀποτελουσι. ποιέει, ποιει, *facit* ; ποίεε, ποιει, *fac*. ἀπο-
τελέει, ἀποτελει, *perficit*, ἀποτέλεε, ἀποτελει, *perfice* ; ἀποτελέομεν,
ἀποτελουμεν, *perficimus* ; ἀπετελεόμην, ἀπετελουμην, *perficiebar* ;
ἀπετελεόμεθα, ἀπετελουμεθα. εὔχεσο, εὔχεο, εὐχου, *precare*. ὀρχέεσο,
ὀρχεεο, ὀρχεου, ὀρχου, *salta*. χράεσο, χραεο, χραου, χρω, *utere*. ἀποπατέεσθαι, ἀποπατεισθαι. ἐγράψασο, ἐγράψχο, ἐγραψω, *scripsisti*.
βοάω, βοω, βοάεις, βοας, βοάει, βόα, βοάομεν, βοωμεν ; ἐβόαον,
ἐβοων, ἐβόαες, ἐβοας (1), ἐβόαε, ἐβοα : ἐβοάομεν, ἐβοωμεν, ἐβοάετον,
ἐβοατον, ἐβοαέτην, ἐβοατην ; βόαε, βόα. ζηλόω, ζηλω, ζηλόεις, ζηλοις,
ζηλόει, ζηλοι, ζηλόομεν, ζηλουμεν ; ἐζήλοες, ἐζηλους, ἐζήλοε, ἐζηλου ;
ζήλοε, ζηλου, ζηλόετε, ζηλουτε, ζηλοέτων. ζηλουτων, ζηλόετον, ζηλου-
τον. βεβαώς, βεβώς, βεβωτος (2). τεθνηως, τεθνώς, τεθνωτος (3).

---

§. 400.

ACCENT PREMIER DANS LES MOTS COMPOSÉS.

Règle. Les mots composés reculent l'accent sur la troi-
φιλόσοφος ; ὁδός, σύνοδος.

Exercices. Δεσμός, *lien, jonction*, συνδεσμος, *conjonction*,
τοῦ συνδεσμου ; σοφός, *sage*, ἄσοφος, *insensé* ; Χριστός, *Christ*, Ἀντι-
χριστος, *Antechrist*, τοῦ Ἀντιχριστου ; καλός, *beau*, φιλοκαλος, *ami*
du beau ; ἑκών, *volens*, ἀεκων, *invitus* ; ἀρετή, *vertu*, φιλαρε-

---

(1) Toute lettre, comme toute syllabe, qui renferme une contraction,
est nécessairement longue.

τοῦ αὐτάρκεος, αὐτάρκους, τῷ αὐτάρκεϊ, αὐτάρκει : οἱ αὐτάρκεες, αὐτάρκεις, τῶν αὐταρκέων, αὐταρκῶν, τοὺς αὐτάρκεας, αὐτάρκεις. ἡ στολὴ ποδήρης, *stola talaris*, τῆς στολῆς ποδήρεος, ποδήρους : αἱ στολαὶ ποδήρεες, ποδήρεις, τῶν στολῶν ποδηρέων, ποδηρῶν. ὁ ἥμισυς, *dimidius*, τοῦ ἡμίσεος, ἡμίσους. ὁ βραβεύς, τῷ βραβεῖ, βραβεῖ : τοὺς βραβέας, βραβεῖς· ὁ μῦς, *mus*, τοὺς μύας, μῦς. αἱ δρύες, δρῦς· ἡ πίτυς, τὰς πίτυας, πίτυς, αἱ πίτυες, πίτυς. τὸ γέρας, *præmium*, τοῦ γέρατος, γέραος, γέρως : τὰ γέρατα, γέραα, γέρα. τὸ γῆρας, *senium*, τῷ γήρατι, γήραϊ, γήρᾳ. τὸ ἄνθος, τοῦ ἄνθεος, ἄνθους, τῷ ἄνθεϊ, ἄνθει : τὰ ἄνθεα, ἄνθη, τῶν ἀνθέων, ἀνθῶν. ὁ ἀμείνων, *melior*, οἱ ἀμείνονες, ἀμείνοες, ἀμείνους, τοὺς ἀμείνονας, ἀμείνοας, ἀμείνους. ὁ βελτίων, *melior*, τὰ βελτίονα, *meliora*, βελτίοα, βελτίω. ὁ τιμήεις, τιμῆς, τοῦ τιμήεντος, τιμῆντος, τῶν τιμηέντων, τιμήντων, τοὺς τιμήεντας, τιμῆντας.

Ὁ ποιέων, *faciens*, ποιῶν, τῷ ποιέοντι, ποιοῦντι. ὁ ἀποτελέων, *perficiens*, τῶν ἀποτελεόντων, ἀποτελούντων, τοῖς ἀποτελεόντεσι, ἀποτελέουσι, ἀποτελοῦσι. ποιέει, *facit*, ποιεῖ; ποίεε, ποίει, *fac.* ἀποτελέει-εῖ, *perficit;* ἀποτέλεε-ει, *perfice;* ἀποτελέομεν, ἀποτελοῦμεν, *perficimus;* ἀπετελεόμην, ἀπετελούμην, *perficiebar;* ἀπετελεόμεθα, ἀπετελούμεθα. εὔχεσο, εὔχεο, εὔχου, *precare.* ὀρχέεσο, ὀρχέεο, ὀρχέου, ὀρχοῦ, *salta.* χράεσο, χράεο, χράου, χρῶ, *utere.* ἀποπατέεσθαι, ἀποπατεῖσθαι. ἐγράψασο, ἐγράψαο, ἐγράψω, *scripsisti.* βοάω, βοῶ, βοάεις, βοᾷς, βοάει, βοᾷ, βοάομεν, βοῶμεν; ἐβόαον, ἐβόων, ἐβόαες, ἐβόας, ἐβόαε, ἐβόα, ἐβοάομεν, ἐβοῶμεν, ἐβοάετον, ἐβοᾶτον, ἐβοαέτην, ἐβοάτην; βόαε, βόα. ζηλόω, ζηλῶ, ζηλόεις, ζηλοῖς, ζηλόει, ζηλοῖ, ζηλόομεν, ζηλοῦμεν; ἐζήλοες, ἐζήλους, ἐζήλοε, ἐζήλου; ζήλοε, ζήλου, ζηλόετε, ζηλοῦτε, ζηλοέτων, ζηλούτων, ζηλόετον, ζηλοῦτον. βεβαώς, βεβώς, βεβῶτος. τεθνηώς, τεθνώς, τεθνῶτος.

---

§. 400.

ACCENT PREMIER DANS LES MOTS COMPOSÉS.

sième, autant que la quantité de la dernière le permet : σοφός, Gén. : φιλοσόφου, συνόδου.

EXERCICES CORRIGÉS. Δεσμός, σύνδεσμος, τοῦ συνδέσμου; σοφός, ἄσοφος; Χριστός, Ἀντίχριστος, Ἀντιχρίστου. καλός, φιλόκαλος; ἑκών, ἄκων; ἀρετή, φιλάρετος; ἡδονή, φιλήδονος; ὀφθαλμός, πολυ-

---

(2) Partic. parf. contr. de βαίνω, pour βεβηκώς.
(3) Partic. parf. contr. de θνήσκω, pour τεθνηκώς.

τος, *ami de la vertu;* ἡδονή, *volupté,* φιλήδονος, *ami de la volupté;* ὀφθαλμός, *œil,* πολυοφθαλμος, *qui a beaucoup d'yeux;* λιμήν, *port,* εὐλιμενος, *qui a un bon port :* πτωχός, *pauvre,* μισοπτωχος, *qui hait les pauvres :* καταλογος, *dénombrement;* ἀριδακρυς, *fondant en larmes;* λευκοφρυς, *aux sourcils blancs;* μισοτυραννος, *qui hait les tyrans;* χρυσός, *or,* ἐπιχρυσος, *doré;* ἀσυμφωνος, *qui ne s'accorde pas, discordant;* ἑκατομπυλος, *à cent portes.*

EXCEPTION I. Les noms verbaux en α et en η qui sont

fero) ; γραφή, ἀπογραφή, *de-*

EXERCICES. Εὐχή, *preces,* προςευχη, *supplicatio;* φορά, *latio;* διαφορα, *differentia ;* φθορά, *corruptio,* διαφθορα, *pernicies;* ἀλλαγή, *mutatio,* συναλλαγη, *commutatio.*

EXCEPTION II. Les adjectifs en ης de la troisième déclinaison : ἀκριβής, *exact ;* ὑπερακριβής, *trop exact.* Tels sont encore la plus part des adjectifs en ης, composés d'un verbe ou qui n'ont pas de simple, comme ἀσφαλής, *non lubricus, tutus,* de ἀ priv.

EXERCICES. Σαφής, *clair,* ἀσαφης, *obscur;* ἀληθής, *vrai,* ἀναληθης, *faux;* φιλοψευδης, *ami du mensonge;* ἀνωφελης, *inutile ;* λυσιτελης, *avantageux,* πολυτελης, *coûteux.* ἀλυσιτελης, *désavantageux.* αὐτοσφαγης, *qui s'égorge soi-même;* εὐηθης, κακοηθης, *d'un bon, d'un mauvais caractère.*

EXCEPTION III. Les composés de ποιέω et ἄγω, qui sont

composés de οὖρος, ὦρος, *custos :*

EXERCICES. Κυνηγος, *chasseur* (κύων, *chien,* ἄγω, *je conduis*); στρατηγος, *général* (στρατός, *armée*) ; χορηγος, *chef de chœur de danse;* παιδαγωγος, *précepteur* (παῖς, *enfant*) ; ἀρχηγος, *auteur* (ἀρχή, *principium*); μελοποιος, *auteur de chants poétiques* (μέλος, *vers et chants,* ποιῶ, *je fais*); θαυματοποιος, *faiseur de prestiges* (θαῦμα, *miraculum*); εἰρηνοποιος, *pacificateur* (εἰρήνη, *paix*); κηπουρος, *garde-jardin;* σκοπιωρος, *gardien d'une tour.*

EXCEPTION IV. Les noms en ος, composés de ἔργον, *ouvrage,* et pris substantivement, cas dans lequel ils sont *oxytons :* ἀγαθοεργός, *beneficus,* συνεργός, *cooperator.*

EXERCICES. Λειτουργός, *entrepreneur de travaux publics* (λεώς, *peuple,* ἔργον, *ouvrage*); χειρουργός, *qui fait, exécute de ses mains* (χείρ, *main*); μελιτουργός, *qui travaille au miel;* θαυματουργός, *qui fait des miracles, thaumaturge;* δραματουργός, *qui fait des drames, dramaturge;* δημιουργός, *qui travaille pour le public, artisan.*

ὀφθαλμός, λιμήν; εὐλίμενος : πτωχός, μισόπτωχος : κατάλογος, ἀρίδακρυς, λεύκοφρυς, μισοτύραννος; χρυσός, ἐπίχρυσος; ἀσύμφωνος; ἑκατόμπυλος.

oxytons; comme φορά, συμφορά, *calamitas* (σύν, *cum*, φέρω, *scriptio* (ἀπό, *de*, γράφω, *scribo*).

Exercices corrigés. Εὐχή, προςευχή; φορά, διαφορά; φθορά, διαφθορά; ἀλλαγή, συναλλαγή.

et σφάλλω, *je fais glisser, tomber;* πολυμαθής, *qui sait beaucoup*, de πολύς et de μανθάνω. Mais ceux qui sont composés d'un nom, sont *paroxytons*, comme φιλαλήθης, *ami de la vérité*, de φιλος et de ἀλήθεια. Voy. plus bas, p. 30, *Except.* 1°.

Exercices corrigés. Σαφής, ἀσαφής; ἀληθής, ἀναληθής; φιλοψευδής; ἀνωφελής; λυσιτελής, πολυτελής, ἀλυσιτελής; αὐτοσφαγής; εὐήθης, κακοήθης.

oxytons d'après la règle donnée p. 10, 7°. Ajoutez - y les πυλουρός, ou πυλωρός, *portæ custos, janitor*.

Exercices corrigés. Κυνηγός; στρατηγός; χορηγός; παιδαγωγός; ἀρχηγός; μελοποιός; θαυματοποιός; εἰρηνοποιός; κηπουρός; σκοπιωρός.

Mais ces mêmes noms, composés de παρά ou de περί, et pris adjectivement, sont *proparoxytons :* πάρεργος, *accessoire*, περίεργος, *curieux;* ἡμίεργος, *à demi fait* (1).

Exercices corrigés. Λειτουργός; χειρουργός; μελιτουργός; θαυματουργός; δραματουργός; δημιουργός.

---

(1) Ajoutez πανοῦργος, *callidus*, pour παντόεργος, et κακοῦργος, *maleficus*, pour κακόεργος.

EXCEPTION V. Les noms en ος, formés de βάλλω, *jacio*, χέω, *fundo*, et πολέω, *versor* : composés d'un nom ou d'un adverbe, ils sont *paroxytons;* composés d'une préposition, ils sont *proparoxytons :* comme ἐκηβόλος, *longè jaculans* (ἑκάς,

EXERCICES. Ῥιζοβολος, *qui pousse, qui jette des racines* (ῥίζα, *racine*, βάλλω, *je jette*); δισκοβολος, *qui lance le disque, discobole;* δικτυοβολος, *qui jette le filet, pécheur;* λιθοβολος, *qui jette des pierres;* ἀκτινοβολος, *qui lance des rayons:* παρα-βολος, *hasardeux, téméraire* (παρά, *trans*, βάλλω); ἀμφιβολος, *douteux.* Ὑδροχοος, *qui verse de l'eau;* προχοος, *espèce d'ai-guière* (πρό, *præ*, et χέω). Μελιττοπολος, *qui élève des abeilles,* (μέλιττα, *apis*, πολέω, *versor*); θεμιστοπολος, *juge* (θέμις, *loi, justice*); πυρπολος, *qui existe dans le feu* (πῦρ, *feu*); προπολος (πρό, *præ*), *præstans;* περιπολος (περί, *circùm*), *circumstans, famulus;* προςπολος (πρός, *ad*), *adstans, famulus, minister.*

EXCEPTION VI. Les mots en ος, formés d'un nom et d'un parfait second : pris activement, ils sont *paroxytons*, et passi-vement, *proparoxytons;* comme θεοτόκος, *Dei genitrix*, ou

EXERCICES. Πατροκτονος, *parricide*, πατροκτονος, *qui a été tué par son père;* πρωτοτοκος, *qui a enfanté pour la première fois*, πρωτοτοκος, *mis au monde le premier, premier-né;* ξενοδοκος, *qui reçoit un étranger, qui donne l'hospitalité*, ξενοδοκος, *qui reçoit l'hospitalité;* λιθοβολος, *qui lapide*, λιθοβολος, *qui est lapidé;* ἀρτιτοκος, *qui a récemment enfanté*, ἀρτιτοκος, *récem-ment enfanté;* ἀρτιτομος, *qui a nouvellement coupé*, ἀρτιτομος, *nouvellement coupé;* ῥινοβολος, *qui frappe le nez*, ῥινοβολος, *jeté, lancé par le nez:* ξιφοκτονος, *qui tue avec l'épée*, ξιφόκτονος, *tué avec l'épée;* λαοτροφος, *qui nourrit le peuple*, λαοτροφος, *nourri par le peuple.*

§. 400.

ACCENT PREMIER DANS LES ADJECTIFS.

RÈGLE I. L'accent de l'adjectif, au féminin, reste sur la même syllabe où il se trouve au génitif masculin. Exemples : ἐλεύθερος, *gén.* ἐλευθέρου, *fém.* ἐλευθέρα; τέλειος, *gén.* τελείου, *fém.* τελεία; ἡδύς, *gén.* ἡδέος, *fém.* ἡδεῖα; ποιέων, *gén.* ποιέοντος, *fém.* ποιέουσα.

La dernière syllabe du nominatif féminin est brève, si celle *longè*); οἰνοχόος, *pincerna* (οἶνος, *vinum*); ὀνειροπόλος, *somnio-rum interpres* (ὀνείρατα, *somnia*); ἀμφίπολος, *minister* (ἀμφί, *circùm*).

EXERCICES CORRIGÉS. Ῥιζοβόλος ; δισκοβόλος ; δικτυοβόλος ; λιθοβόλος; ἀκτινοβόλος ; παράβολος ; ἀμφίβολος. Ὑδροχόος; πρόχοος. Μελιττοπόλος ; θεμιστοπόλος; πυρπόλος; πρόπολος; περίπολος; πρόσπολος.

Deipara ; mais θεότοκος, *a Deo genitus, Dei natus,* de θεός, *deus,* et τέτοκα, parf. second de τίκτω, *pario.*

Dans ces composés le verbe doit être le dernier.

EXERCICES CORRIGÉS. Πατροκτόνος, πατρόκτονος; πρωτοτόκος, πρωτότοκος ; ξενοδόκος, ξενόδοκος; λιθοβόλος, λοθόβολος; ἀρτιτόκος, ἀρτίτοκος ; ἀρτιτόμος, ἀρτίτομος; ῥινοβόλος, ῥινόβολος; ξιφοκτόνος, ξιφόκτονος ; λαοτρόφος, λαότροφος.

<hr>

§ 400.

ACCENT PREMIER DANS LES ADJECTIFS.

du génitif masculin est brève; et réciproquement elle sera longue, si le génitif masculin est long : comme ὀξύς, *gén.* ὀξέος, fém. ὀξεῖα; δίκαιος, *gén.* δικαίου, fém. δικαία.

Exceptez les trois adjectifs suivants : πότνιος, *vénérable,* ποτνίου, fém. πότνια; δῖος, *divin,* δίου, fém. δῖα; εἷς, ἑνός, *un,* fém. μία, neut. ἕν.

Exercices. Χρήσιμος-ου, χρησιμη; ἥμερος-ου, ἥμερα; ἀρχαῖος-ίου, ἀρχαια; δριμύς-εος, δριμεια; χερσαῖος-ίου, χερσαια; ἰθύς-έος, ἰθεια. λέγων-οντος, λεγουσα; τελέων-οντος, τελεουσα, τελῶν-οῦντος, τελουσα. χρυσόων-οντος, χρυσοουσα, χρυσῶν-οῦντος, χρυσουσα, χρυσουσης. γράψας, γράψαντος, γραψασα.

Règle II. L'adjectif au neutre conserve l'accent sur la syllabe où il se trouve au masculin; mais il change de nature suivant la quantité de la pénultième et de la dernière, d'après les règles du §. 398. Exemples : ἀγαθός, ἀγαθόν; ποικίλος, ποικίλον; χρήσιμος, χρήσιμον; ἀρχαῖος, ἀρχαῖον; χαρίεις, χαρίεν; πυρώδης, πυρῶδες.

Excepté, 1°. Les adjectifs composés *paroxytons*, en ης, dont le neutre rejette l'accent sur l'antépénultième : αὐτάρκης, neutre, αὔταρκες.

Excepté ποδάρκης, qui fait ποδαρκές, d'après Arcadius, p. 117, 27.

Exercices. Ἱκανός, ἱκανον; λευκός, λευκον; ὀργίλος, ὀργιλον; ὀνήσιμος, ὀνησιμον; νεκρώδης, νεκρωδες; γυναικώδης, γυναικωδες; αἱματώδης, αἱματωδες; γεώδης, γεωδες; εὐώδης, εὐωδες; ἐξώλης, πανώλης, ἐξωλες, πανωλες.

1°. Εὐμήκης, εὐμηκες; κακοήθης, κακοηθες; μεγακήτης, μεγακητες; τανυήκης, τανυηκες; αὐθάδης, αὐθαδες; κατάντης, καταντες; προςάντης, προςαντες.

2°. Εὐδαίμων, εὐδαιμον; αἰδήμων, αἰδημον; πολυρρήμων, πολυρρημον; πολυαίμων, πολυαιμον : γλυκύς, *dulcis*, γλυκίων, *dulcior*, γλυκιον, *dulcius*; ταχύς, *celer*, ταχίων, ταχιον; βραδύς, *tardus*, βραδίων, βραδιον.

Règle III. Les adjectifs en ης et en ων, qui reculent l'accent au neutre, le reculent aussi au vocatif, comme αὐτάρκης, ὦ αὔταρκες; εὐδαίμων, ὦ εὔδαιμον.

A cette règle se rapportent, 1°. les noms propres en ης de la troisième déclinaison, qui rejettent au vocatif l'accent sur l'antépénultième, comme Σωκράτης, ὦ Σώκρατες.

Exercices. Κακοήθης, ὦ κακοηθες; αὐθάδης, ὦ αὐθαδες; εὐμεγέθης, ὦ εὐμεγεθες.

1°. Δημοσθένης, ὦ Δημοσθενες; Ἡρακλέης, ὦ Ἡρακλεες; Ἀντισθένης, ὦ Ἀντισθενες.

2°. Ἀνήρ, ὦ ἀνερ; θυγάτηρ, ὦ θυγατερ; εἰνάτηρ, ὦ εἰνατερ; ἀστήρ, ὦ ἀστερ; δαήρ, ὦ δαερ.

3°. Μητιέτης, ὦ μητιετα; ἀκακήτης, ὦ ἀκακητα; πυρώπης, ὦ πυρωπα.

Exercices corrigés. Χρήσιμος-ου, χρησίμη; ἥμερος-ου, ἡμέρα; ἀρχαῖος-ίου, ἀρχαία; δριμύς-έος, δριμεῖα; χερσαῖος-ίου, χερσαία; ἰθύς-έος, ἰθεῖα. λέγων-οντος, λέγουσα; τελέων-έοντος, τελέουσα, τελῶν-οῦντος, τελοῦσα. χρυσόων-οντος, χρυσόουσα, χρυσῶν-οῦντος, χρυσοῦσα, χρυσούσης. γράψας, γράψαντος, γράψασα.

Mais les adjectifs en ώδης, formés, la plupart, de εἶδος, *species*, et en ώλης, formés de ὄλω, *perdo*, suivent la règle II : ὁ νοσώδης, *morbidus*, τὸ νοσῶδες; ὁ ἐξώλης, *perditus*, τὸ ἐξῶλες.

2°. Les composés en ων, dont le vocatif est en ον, et les comparatifs en ων, deviennent aussi *proparoxytons* au neutre : κακοδαίμων, neutre, κακόδαιμον; βελτίων, *meilleur*, neutre βέλτιον. Mais remarquez que les composés de φρήν, *esprit*, suivent la règle : δαΐφρων, *prudent*, neut. δαΐφρον; βαθύφρων, *qui a un esprit profond*, neut. βαθύφρον.

Exercices corrigés. Ἱκανός, ἱκανόν; λευκός, λευκόν; ὀργίλος, ὀργίλον; ὀνήσιμος, ὀνήσιμον; νεκρώδης, νεκρῶδες; γυναικώδης, γυναικῶδες; αἱματώδης, αἱματῶδες; γεώδης, γεῶδες; εὐώδης, εὐῶδες, ἐξώλης, πανώλης, ἐξῶλες, πανῶλες.

1°. Εὐμήκης, εὔμηκες : κακοήθης, κακόηθες; μεγακήτης, μεγάκητες; τανυήκης, τανύηκες; αὐθάδης, αὔθαδες; κατάντης, κάταντες; προςάντης, πρόςαντες.

2°. Εὐδαίμων, εὔδαιμον; αἰδήμων, αἴδημον; πολυρρήμων, πολύρρημον; πολυαίμων, πολύαιμον; γλυκύς, γλυκίων, γλύκιον; ταχύς, ταχίων, τάχιον; βραδύς, βραδίων, βράδιον.

2°. Les mots en ηρ, qui font leur vocatif en ερ : πατήρ, ὦ πάτερ.

3°. Les mots en ης de la première déclinaison, dont le vocatif est en τα, et en πα, comme : δεσπότης, ὦ δέσποτα; εὐρυόπης, ὦ εὐρύοπα.

Exercices corrigés. Κακοήθης, ὦ κακόηθες; αὐθάδης, ὦ αὔθαδες; εὐμεγέθης, ὦ εὐμέγεθες.

1°. Δημοσθένης, ὦ Δημόσθενες; Ἡρακλέης, ὦ Ἡράκλεες, Ἀντισθένης, ὦ Ἀντίσθενες.

2°. Ἀνήρ, ὦ ἄνερ; θυγάτηρ, ὦ θύγατερ; εἰνάτηρ, ὦ εἴνατερ; ἀστήρ, ὦ ἄστερ; δαήρ, ὦ δᾶερ.

3°. Μητίετης, ὦ μητίετα; ἀκακήτης, ὦ ἀκάκητα; πυρώπης, ὦ πύρωπα.

Règle IV. Les adjectifs verbaux en τέος, et en ικός, com-
ποτέος, συνεκποτέος ;

Exercices. Γραπτεος ; οἰστεος ; λεκτεος ; παραιτητεος ; ἀρτεος ;
ἀνοικτεος ; ἑρμηνευτεος ; φυλακτεος ; πρακτεος. Γραφικός ; οἰστικος ;
λογικος ; παραιτητικος ; ἑρμηνευτικος ; φυλακτικος ; πρακτικος ; ἐργατικος,
ἐργατικῳ ; φιλικος, φιλικου ; φωνητικος, φωνητικοις ; ὁρμητικος, ὁρμητι-
καις ; πλωτικος, πλωτικους ; χαλκευτικῳ, χαλκευτικη.

Règle V. Les adjectifs en τός ont l'accent sur τός, mais

Exercices. Θεατος, ἀθεατος ; ἐραστος, πολυεραστος ; γραπτος,
περιγραπτος ; εὐκτος, πολυευκτος ; κλητος, παρακλητος, παρακλητῳ ;
ῥητος, ἀῤῥητος ; λυτος, ἀλυτος.

Règle VI. Les adjectifs en εος-ους, désignant le métal et
la matière dont une chose est faite, ou la parenté, s'accentuent,
tion, χρυσοῦς ; comme si

Exercices. Χάλκεος, *æreus*, contr. χαλκοῦς, dat. χαλκῳ, pl.
χάλκεοι, contr. χαλκοι ; ἀργύρεος, *argenteus*, contr. ἀργυρους,
gén. ἀργυρου ; πορφύρεος, *porphyreus*, contr. πορφυρους, plur.
πορφυρεοι, πορφυροι ; σιδήρεος, *ferreus*, contr. σιδηρους, dat. σιδηρεῳ,
σιδηρῳ ; μολύβδεος, *plumbeus*, contr. μολυβδους ; duel, τὼ μολυβδεω,
contr. μολυβδω, τὰ μολυβδεα, μολυβδα. Ἀδελφίδεος, *neveu*, contr.
ἀδελφιδους ; θυγατριδεος, *petit-fils par la fille*, contr. θυγατριδους.

Règle VII. Les adjectifs en οος-ους, composés des monosyllabes νοῦς, *esprit*, πλοῦς, *trajet par eau*, ῥοῦς, *courant*,
πνοῦς, *souffle*, reculent l'accent au nominatif, et le gardent à
εὔπνοος-εὔπνους ;

Exercices. Δυσνοος, *malveillant*, contr. δυσνους, gén. δυσνου ;
ἀγχινοος, *qui a de la présence d'esprit, pénétrant*, contr. ἀγχι-
νους, pl. ἀγχινοι ; ταχυπλοος, *qui vogue vite*, contr. ταχυπλους,
dat. ταχυπλω ; παραπλοος, *præternavigatio*, contr. παραπλους,
gén. παραπλου ; μελιρροος, *mellifluens*, contr. μελιρρους, pl. μελιρ-
ροι ; πολυρροος, *multifluens*, contr. πολυρρους, dat. πολυρρῳ ;
δυσπνοος, *malè spirans*, δυσπνους, gén. δυσπνου, pl. δυσπνοι ;
πυριπνοος, *ignem spirans*, contr. πυριπνους, datif πυριπνῳ, accusatif πυριπνουν.

Remarques. 1°. Les adj. en ετης, composés de ἔτος, *année*,
sont *paroxytons*, déclinés sur la 1re. ou la 2e. déclinaison, et
oxytons, déclinés sur la 3e : ἐνναέτης, -του ; mais διετής, -τέος.

posés ou non, ont tous l'accent sur τέ, et sur κός: Exemples :
δεικτικός, ἐπιδεικτικός.

EXERCICES CORRIGÉS. Γραπτέος; οἰστέος; λεκτέος; παραιτητέος;
ἀρτέος; ἀνοικτέος; ἑρμηνευτέος; φυλακτέος; πρακτέος. Γραφικός; οἰστικός;
λογικός; παραιτητικός; ἑρμηνευτικός; φυλακτικός; πρακτικός; ἐργα-
τικός, ἐργατικῷ; φιλικός, φιλικοῦ; φωνητικός, φωνητικοῖς; ὁρμητικός,
ὁρμητικαῖς; πλωτικός, πλωτικούς; χαλκευτικῷ, χαλκευτικῆ.

ils le reculent le plus souvent dans les composés : ὁρατός ἀνόρατος

EXERCICES CORRIGÉS. Θεατός, ἀθέατος; ἐραστός, πολυέραστος;
γραπτός, περίγραπτος; εὐκτός, πολύευκτος; κλητός, παράκλητος, παρα-
κλήτῳ; ῥητός, ἄρρητος; λυτός, ἄλυτος.

dans la contraction, comme s'ils avaient l'accent sur la pénultième au nominatif. Exemple : χρύσεος, *aureus*, contrac-
elle se formait de χρυσέος (1). — *Remarquez* que l'ω du duel
a toujours l'aigu, malgré la contraction : χρυσώ, χρυσᾶ, χρυσώ.

EXERCICES CORRIGÉS. Χάλκεος, χαλκοῦς, χαλκῷ, χάλκεοι,
χαλκοῖ; ἀργύρεος, ἀργυροῦς, ἀργυροῦ; πορφύρεος, πορφυροῦς, πορφύ-
ρεοι, πορφυροῖ; σιδήρεος, σιδηροῦς, σιδηρέῳ, σιδηρῷ; μολύβδεος,
-δοῦς; duel, τὼ μολυβδέω, μολυβδώ, τὰ μολυβδέα, μολυβδᾶ. Ἀδελφίδεος,
ἀδελφιδοῦς; θυγατρίδεος, θυγατριδοῦς.

tous les cas sur la même syllabe. Exemples : εὔνοος—εὔνους,
gén. εὔνου (et non pas εὐνόου—εὐνοῦ): pl. εὔνοι. περίπλοος—
περίπλους; gén. περίπλου; pl. περίπλοι. εὔροος—εὔρους; gén. εὔρου.
gén. εὔπνου.

EXERCICES CORRIGÉS. Δύσνοος, δύσνους, δύσνου; ἀγχίνοος, ἀγχί-
νους, ἀγχίνοι; ταχύπλοος, ταχύπλους, ταχύπλῳ; παράπλοός, παρά-
πλους, παράπλου; μελίρροος, μελίρρους, μελίρροι; πολύρροος, πο-
λύρρους, πολύρρῳ; δύσπνοος, δύσπνους, δύσπνου, δύσπνοι; πυρίπνοος,
πυρίπνους, πυρίπνῳ, πυρίπνουν.

— 2°. Les adj. en πετης sont *oxytons*, composés de πίπτω, et
paroxytons, composés de πέταμαι. Exemples : δυσπετής, *malè
cadens*; ὑψιπέτης, *altivolans*, et ὑψιπετής, *ex alto cadens* ou
lapsus.

---

(1) Ce principe est celui que donne Arcadius dans son traité Περὶ
τόνων, p. 175, 12, Lips., 1820.

Règle VIII. Les comparatifs et les superlatifs de toute
τερος, σοφώτατος; ήδίων;

Exercices. Ἅγιος, ἀγιωτερος, ἀγιωτατος; ἀμαθής, ἀμαθεστερος, ἀμαθεστερω, ἀμαθεστεροι, ἀμαθεστατοι, ἀμαθεστατους; φιλικός, φιλικωτερος, φιλικωτεραι; φίλος, φιλεστατος; ἀμείνων, ἀμεινον, ἀμεινονα; γλυκύς, γλυκιων, γλυκιον, γλυκυτατος, γλυκιστος.

§. 401.

ACCENTS DANS LES VERBES.

Règle. L'accent dans les verbes se recule autant que le permet la quantité de la dernière syllabe : λύω; ἔλυον; ἐλυόμην; ἔλυσα; ἐλυσάμην, etc.

Voici les règles générales de la quantité des désinences des verbes :

α et ας sont brefs à l'indicatif.

Exercices. Βαπτω, βαπτομαι, βαπτομεν, βαπτομεθα; ἐβαπτον, ἐβαπτομην, ἐβαπτομεν, ἐβαπτομεθα: βαψω, βαφθησομαι, βαψομαι, βαψομεν, βαφθησομεθα, βαψομεθα; ἐβαψα, ἐβαφθην, ἐβαψαμην, ἐβαψαμεν, ἐβαφθημεν, ἐβαψαμεθα, ἐβαψαν, ἐβαφθησαν, ἐβαψαντο; βεβαφα, βεβαμμαι, βεβαφας, βεβαψαι. βεβαφε, βεβαπται, βεβαφασι; ἐβεβαφειν, ἐβεβαφειμεν, ἐβεβαφεισαν, ἐβεβαφειτην; βαπτε, βαπτεσο, βαπτου, βαπτετω, βαπτεσθω, βαπτετε, βαπτεσθε, βαπτετωσαν, βαπτεσθωσαν, βαφθητι, βαφθητω; βαπτοιμι, βαπτοιμην, βαπτοις, βαπτοιο, βαπτοι, βαπτοιτο, βαπτοιμεν, βαπτοιμεθα, βαπτοιεν, βαπτοιντο, βαψαιμι, βαφθειην, βαψαιμην, βαψαις, βαψαιο, βαψαι, βαψαιτο; βαπτωμεν, βαπτωμεθα; βαπτειν, βαπτεσθαι, βαψειν, βαφθησεσθαι, βαψεσθαι, βαψασθαι; βαπτων, βαπτοντος, βαπτουσα, βαπτουσης, βαπτοντων, βαπτουσων (1), βαπτομενος; βαψων, βαφθησομενος, βαψομενος. ἐπιγραφοιμι, ἐπιγραφοι, ἐπιγραφοιεν, ἐπιγραψαιμι, ἐπιγραψοις, ἐπιγραψαι. καταγελαω (2), καταγελω; κατεγελαον, κατεγελων; καταγελασθησομαι; καταγελαε, καταγελα; καταγελασθησομενος, καταγελασθησομενω. καταδυμι, κατεδυ; καταδυθι.

---

(1) Voy. plus haut, pages 20, Règle IV.

espèce reculent l'accent le plus qu'il est possible : σοφός, σοφώ-
ήδιον, ήδιστος.

EXERCICES CORRIGÉS. Ἅγιος, ἁγιώτερος, ἁγιώτατος; ἀμαθής,
ἀμαθέστερος, ἀμαθεστέρῳ, ἀμαθέστεροι, ἀμαθέστατοι, ἀμαθεστάτους;
φιλικός, φιλικώτερος, φιλικώτεραι; φίλος, φιλέστατος; ἀμείνων,
ἄμεινον, ἀμείνονα; γλυκύς, γλυκίων, γλύκιον, γλυκύτατος, γλύκιστος.

§. 401.

ACCENTS DANS LES VERBES.

ας est long au participe.
αν est bref partout.
ι, toujours bref.
υν, υς, υ, longs.
αι et οι finales, comptent pour brèves, excepté à l'optatif.

EXERCICES CORRIGÉS. Βάπτω, βάπτομαι, βάπτομεν, βαπτόμεθα;
ἔβαπτον, ἐβαπτόμην, ἐβάπτομεν; ἐβαπτόμεθα; βάψω, βαφθήσομαι,
βάψομαι, βάψομεν, βαφθησόμεθα, βαψόμεθα; ἔβαψα, ἐβάφθην, ἐβα-
ψάμην, ἐβάψαμεν, ἐβάφθημεν, ἐβαψάμεθα, ἔβαψαν, ἐβάφθησαν, ἐβά-
ψαντο; βέβαφα, βέβαμμαι, βέβαφας, βέβαψαι, βέβαφε, βέβαπται,
βεβάφατι; ἐβεβάφειν, ἐβεβάφειμεν, ἐβεβάφεισαν, ἐβεβαφείτην; βάπτε,
βάπτεσο, βάπτου, βαπτέτω, βαπτέσθω, βάπτετε, βάπτεσθε, βαπτέ-
τωσαν, βαπτέσθωσαν, βάφθητι, βαφθήτω; βάπτοιμι, βαπτοίμην, βάπτοις,
βάπτοιο, βάπτοι, βάπτοιτο, βάπτοιμεν, βαπτοίμεθα, βάπτοιεν, βάπτοιντ᾽
βάψαιμι, βαφθείην, βαψαίμην, βάψαις, βάψαιο, βάψαι, βάψαιτο;
βάπτωμεν, βαπτώμεθα; βάπτειν, βάπτεσθαι, βάψειν, βαφθήσεσθαι,
βάψεσθαι, βάψασθαι; βάπτων, βάπτοντος, βάπτουσα, βαπτούσης,
βαπτόντων, βαπτουσῶν, βαπτόμενος; βάψων, βαφθησόμενος, βαψόμε-
νος. ἐπιγράφοιμι, ἐπιγράφοι, ἐπιγράφοιεν, ἐπιγράψαιμι, ἐπιγράψαις,
ἐπιγράψαι. καταγελάω, καταγελῶ; κατεγέλαον, κατεγέλων; κα-
ταγελασθήσομαι; καταγέλαε, καταγέλα : καταγελασθησόμενος,
καταγελασθησομένῳ. κατάδυμι, κατέδυ; κατάδυθι.

<hr>

(2) Sur l'accent dans la contraction, voy. plus haut, p. 22.

Exception I. Ont l'*aigu* sur la dernière :

1°. Les participes en ὡς, εἱς, et ceux des verbes en μι ; ex. :

Exercices. Κύπτω, κεκυφως, κεκυφοτος, κεκυφος, κεκυφυια (1), κεκυφυιας ; νεύω, νενευκως, νενευκοτι; χαίνω, κεχηνως, κεχηνοτες; φεύγω, πεφευγως, πεφευγοτι ; κρίνω, κριθεις, κριθεντος, κριθεισα, κριθεν ; τρέπω, τραπεις, τραπεντι; φλέγω, φλεχθεις, φλεχθεντας; ἁρπάζω, ἁρπαγεις, ἁρπαγεντων, ἁρπαγεισων. Ἀπόδυμι, ἀποδυς, ἀποδυντος, ἀποδῦσα; ὑπέκδυμι, ὑπεκδυς, ὑπεκδυντες; καθίπτημι, καταπτας, καταπτᾶσα, καταπταν; ἄλωμι, ἁλους, ἁλουσα, ἁλον; κατάβημι, καταβας, τοῖς καταβᾶσι; ἀπόδρημι, ἀποδρας; ἀπόγνωμι, ἀπογνους; συνίημι, συνιεις, συνιεισα, συνιεν; καθίημι, καθεις, καθεντος; βίωμι, βιους (2).

2°. Tous les participes aoristes seconds

Exercices. Ἄγω, ἀγαγων; εὑρίσκω, εὑρων; ὁραω (εἴδω), ἰδων, ἰδοντος, ἰδοῦσα, ἰδουσης; δάκνω, δακων; ἀποθνήσκω, ἀποθανων; λαγχάνω, λαχων; τυγχάνω, τυχων.

3°. Les participes des composés d'*εἰμί* : παρών, ξυνών, etc.

Remarque. Les impératifs suivants ont, contre la règle, composition, πρός-

Exercices. Ἄπειμι, *absum*, ἀπων, ἀπουσα, ἀπον, ἀπουσι ; πρόςειμι, *insum*, προςων, προςοντος; περίειμι, *supersum*, περιων; ἔπειμι, *sum super*, ἐπων, ἐποντι.

Exception II. Ont le *circonflexe* sur la dernière :

1°. Le subjonctif des verbes en μι, et celui de tous les aoristes passifs : τιθῶ, ἱστῶ, διδῶ, τυφθῶ. Cet ῶ vient d'une contraction (*Voy*. §. 234); et c'est par cette même raison que

Exercices. Πάρειμι, παρω, παρωμεν; περίειμι, περιης; καθίστημι, καθιστω, καθιστωμεν; καθίσταμαι, καθιστωμαι, καθιστωνται; κατα-στωμαι, καταστησθε; κατάγνωμι, καταγνω, καταγνως, καταγνωμεν; μίγνυμι, μιχθη, μιγη ; μνάομαι, μνησθης; ἀνίημι, ἀνης, ἀνιωμεν; ἐφίημι, ἐφιωσι, ἐφης (3); καθίπτημι, καταπτη; ῥήγνυμι, ῥαγωσι. — Βάπτω, βαφθω, βαφθης, βαφθη, βαφθωμεν, βαφθητε, βαφθωσι; λέγω, λεχθω, λεχθωμεν.

2°. Tout futur second, avec ses dérivés, et tout futur at-tique : τυπῶ, opt. τυποῖμι, partic. τυπῶν; νομίζω, fut. att. νομιῶ.

____

(1) Voy. plus haut, p. 15, V, 5°.
(2) L'accus. plur. de βίος, *vie*, serait βιους.

λελυκώς, λυθείς, γραφείς, ἱστάς, διδούς, ζευγνύς.

EXERCICES CORRIGÉS. Κύπτω, κεκυφώς, κεκυφότος, κεκυφός, κεκυφυῖα, κεκυφυίας; νεύω, νενευκώς, νενευκότι; χαίνω, κεχηνώς, κεχηνότες; φεύγω, πεφευγώς, πεφευγόσι; κρίνω, κριθείς, κριθέντος, κριθεῖσα, κριθέν; τρέπω, τραπείς, τραπέντι; φλέγω, φλεχθείς, φλεγθέντας; ἁρπάζω, ἁρπαγείς, ἁρπαγέντων, ἁρπαγεισῶν. Ἀπόδυμι, ἀποδύς, ἀποδύντος, ἀποδῦσα; ὑπέκδυμι, ὑπεκδύς, ὑπεκδύντες; καθίπτημι, καταπτάς, καταπτᾶσα, καταπτάν; ἅλωμι, ἁλούς, ἁλοῦσα, ἁλόν; κατάβημι, καταβάς, τοῖς καταβᾶσι; ἀπόδρημι, ἀποδράς; ἀπόγνωμι, ἀπογνούς; συνίημι, συνιείς, συνιεῖσα, συνιέν; καθίημι, καθείς, καθέντος; βίωμι, βιούς.

actifs : εἰπών, λαβών, ἐλθών.

EXERCICES CORRIGÉS. Ἄγω, ἀγαγών; εὑρίσκω, εὑρών; ὁράω (εἴδω), ἰδών, ἰδόντος, ἰδοῦσα, ἰδούσης; δάκνω, δακών; ἀποθνήσκω, ἀποθανών; λαγχάνω, λαχών; τυγχάνω, τυχών.

l'accent sur la dernière : εἰπέ, *dis*; ἐλθέ, *viens*; εὑρέ, *trouve*; et de plus chez les Attiques : λαβέ, *prends*; ἰδέ, *vois*. Mais en εἰπε, πάρελθε, etc.

EXERCICES CORRIGÉS. Ἄπειμι, ἀπών, ἀποῦσα, ἀπόν, ἀποῦσι; πρόσειμι, προσών, προσόντος; περίειμι, περιών; ἔπειμι, ἐπών, ἐπόντι.

les verbes en μι ont au subjonctif passif la pénultième marquée du circonflexe : τιθῶμαι (de τιθέωμαι); ἱστῶμαι (de ἱστάωμαι); διδῶμαι (de διδόωμαι). — Le circonflexe reste ici sur la même syllabe à toutes les personnes.

EXERCICES CORRIGÉS. Πάρειμι, παρῶ, παρῶμεν; περίειμι, περιῇς; καθίσθημι, καθιστῶ, καθιστῶμεν, καθίσταμαι, καθιστῶμαι, καθιστῶνται; καταστῶμαι, καταστῆσθε; κατάγνωμι, καταγνῶ, καταγνῷς, καταγνῶμεν; μίγνυμι, μιχθῇ, μιγῇ; μνάομαι, μνησθῇς; ἀνίημι, ἀνῇς, ἀνιῶμεν; ἐφίημι, ἐφιῶσι, ἐφῇς; καθίπτημι, καταπτῇ; ῥήγνυμι, ῥαγῶσι. — Βάπτω, βαφθῶ, βαφθῆς, βαφθῇ, βαφθῶμεν, βαφθῆτε, βαφθῶσι; λέγω, λεχθῶ, λεχθῶμεν.

— Le circonflexe reste sur la même syllabe, quand aucune règle ne s'y oppose.

(3) Mais ἔφης, *dicebas*, de φημί.

Exercices. Πράττω, fut. 1 πραξω, fut. 2 πραγω (1); πλέκω, fut. 1 πλεξω, fut. 2 πλακω, πλακουμεν; καίω, fut. 1 καυσω, fut. 2 καω, καεις; τέμνω, fut. 1 τεμω, (2) fut. 2 ταμω, ταμων; κλέπτω, fut. 1 κλεψω, fut. 2, κλαπω, κλαποιμι, κλαποις; τρέχω, fut. 1 moy. θρέξομαι, fut. 2 moy. δραμουμαι, δραμη, δραμεισθε; τρέφω, fut. 1 θρεψω, fut. 2 τραφω; κάμνω, fut. 2 moy. καμουμαι, καμουμεθα. — Κομίζω, fut. κομίσω, att. κομιω, κομιεις, κομιουμαι; ἐδαφίζω, ἐδαφιουμεν, ἐδαφιουσι; βαδίζω, βαδιω; ἀνδραποδίζομαι, ἀνδραποδιειται; μακαρίζω, μακαρισειν, μακαριειν; ὁρίζω, ὁριεις, ὁριειν; δανείζω, δανεισεις, δανειεις; ψωμίζω, ψωμιειν.

3°. L'infinitif aoriste second

Exercices. Τυγχάνω, τυχειν; ἀνατρέχω, ἀναδραμειν; λαγχάνω, λαχειν; ἀφαιρέω, ἀφελειν; ἀπέρχομαι, ἀπελθειν; πίπτω, πεσειν; λανθάνω, λαθειν; πάσχω, παθειν.

4°. L'impératif aoriste second moyen, au singulier : γενοῦ, λαθοῦ. Mais on dit au pluriel γένεσθε, λάθεσθε.

Exercices. Αἱρέομαι, aor. 2 moy. εἱλόμην, impérat. ἑλου. ἱκνέομαι, aor. 2 moy. ἱκομην, impérat. ἱκου, ἱκεσθε. πυνθάνομαι, aor. moy. ἐπυθόμην, impérat. πυθου, πυθεσθε. αἰσθάνομαι, aor. 2 moy. ἠσθόμην, impér. αἰσθου, αἰσθεσθε. σπειρομαι, aor. 2 moy. ἐσπαρόμην, impér. σπαρου.

Exception III. Ont l'accent sur la seconde, *aigu*, si elle est brève, *circonflexe*, si elle est longue :

1°. Tout infinitif en ναι (excepté les formes ioniennes en μεναι; voy. §. 244) :

Exercices. Νεύω, νενευκεναι; ἀπογιγνώσκω, ἀπογνωκεναι, ἀπογνωναι; ἄγνυμι, ἀγνυναι; λέγω, λελεχέναι, λεχθηναι; βάπτω, βεβαφεναι, βαφηναι; λαμβάνω, ληφθηναι; ἁλίσκω, ἅλωμι, ἁλωναι; βιόω, βεβιωκεναι, βιωναι; πατέω, πεπατηκεναι; γίγνομαι, γεγονεναι.

2°. L'infinitif aoriste 1er. actif : νομίσαι, φιλῆσαι, ἀγγεῖλαι.

Remarque. Comme il est nécessaire de connaître, pour déterminer la nature de l'accent, quelle est la quantité de la pénultième douteuse de l'aoriste 1 actif, nous allons en donner les règles générales.

α pénultième et antépénultième est *bref* au fut. 1 act., pass.

---

(1) Ce fut. 2 et les suivants sont, la plupart, formés seulement d'après l'analogie.

EXERCICES CORRIGÉS. Πράττω, πράξω, πραγῶ; πλέκω, πλέξω, πλακῶ, πλακοῦμεν; καίω, καύσω, καῶ, καεῖς; τέμνω, τεμῶ, ταμῶ, ταμῶν; κλέπτω, κλέψω, κλαπῶ, κλαποῖμι, κλαποῖς; τρέχω, θρέξομαι, δραμοῦμαι, δραμῇ, δραμεῖσθε; τρέφω, θρέψω, τραφῶ; κάμνω, καμοῦμαι, καμούμεθα. — Κομίζω, κομιῶ, κομιεῖς, κομιοῦμαι; ἐδαφίζω, ἐδαφιοῦμεν, ἐδαφιοῦσι; βαδίζω, βαδιῶ; ἀνδραποδίζομαι, ἀνδραποδιεῖται; μακαρίζω, μακαρίσειν, μακαριεῖν; ὁρίζω, ὁριεῖς, ὁριεῖν; δανείζω, δανείσεις, δανειεῖς; ψωμίζω, ψωμιεῖν.

actif : λαβεῖν, εὑρεῖν, εἰπεῖν.

EXERCICES CORRIGÉS. Τυγχάνω, τυχεῖν; ἀνατρέχω, ἀναδραμεῖν; λαγχάνω, λαχεῖν; ἀφαιρέω, ἀφελεῖν; ἀπέρχομαι, ἀπελθεῖν; πίπτω, πεσεῖν; λανθάνω, λαθεῖν; πάσχω, παθεῖν.

Excepté τράπου, et les composés indiqués plus bas, p. 44, *Except.* 3°.

EXERCICES CORRIGÉS. Αἱρέομαι, εἱλόμην, ἑλοῦ, ἕλεσθε. ἱκνέομαι, ἱκόμην, ἱκοῦ, ἵκεσθε. πυνθάνομαι, ἐπυθόμην, πυθοῦ. αἰσθάνομαι, ᾐσθόμην, αἰσθοῦ, αἴσθεσθε. σπείρομαι, ἐσπαρόμην, σπαροῦ.

λελυκέναι, τιθέναι, ἱστάναι, διδόναι, ἀπιέναι.
λυθῆναι, θεῖναι, στῆναι, δοῦναι, παρεῖναι.

EXERCICES CORRIGÉS. Νεύω, νενευκέναι; ἀπογιγνώσκω, ἀπεγνωκέναι, ἀπογνῶναι; ἄγνυμι, ἀγνύναι; λέγω, λελεχέναι, λεχθῆναι; βάπτω, βεβαφέναι, βαφῆναι; λαμβάνω, ληφθῆναι; ἁλίσκω, ἅλωμι, ἁλῶναι; βιόω, βεβιωκέναι, βιῶναι; πατέω, πεπατηκέναι; γίγνομαι, γεγονέναι.

et moy., et à l'aor. 1 act. et moy. qui s'en forme; 1°. quand il est précédé d'une consonne (à l'exception du ρ), et surtout si cette consonne est un λ ou un μ. Ex.: ἐλάσω, ἐλάσαι, δαμάσω, δαμάσαι; σπάσω, σπάσαι. — 2°. Quand la terminaison du fut. άσω, vient d'un présent en άζω. Ex.: ἀτιμάζω, ἀτιμάσω, ἀτιμάσαι. — 3°. Lorsque άσω du fut. vient d'un présent en άσσω, att. άττω. Ex.: ἱμάσσω, ἱμάσω, ἱμάσαι.

____

(2) Sur l'accent du futur des verbes en λω, μω, νω, ρω, voyez la *Methode*, §. 120. Ces futurs gardent leur accent sur la même syllabe : σπείρω, fut. σπερῶ, σπεροῖμι, σπεροίμην, etc.

α est *long* à ces mêmes temps, quand il est précédé immédiatement de l'une des voyelles ε, ι, ο ou de ρ. Ex.: ἐάσω, ἐᾶσαι; ἑστιάσω, ἑστιᾶσαι; βοάσω, βοᾶσαι; φωράσω, φωρᾶσαι. — *Excepté* ἀντιάσω, περάσω, transitif, *vendre*, et ἐράσομαι, qui seuls ont α bref parmi les verbes où il est précédé d'une voyelle ou d'un ρ.

ι est *bref* sans exception, au fut. act. en ίσω, et à l'aor. qui s'en forme, 1°. dans les verbes dont le présent est en ίζω. Ex.: ἐρίζω, ἐρίσω, ἐρίσαι. — 2°. Quand la terminaison ίσω vient d'un présent en ίσσω, att. ίττω. Ex.: βλίσσω, βλίσω, βλίσαι.

ι est *long* régulièrement, 1°. dans les verbes de trois syllabes et plus, terminés en ίω, comme : δηρίω, δηρίσω, δηρίσαι, etc. *Excepté* ἐσθίω, et tous les autres verbes qui ont la forme secondaire en ίζω, comme ἀτίω, ἀτίζω.

ι est *douteux* dans la plupart des verbes de deux syllabes; *excepté* τίω, τίσω, τίσαι. φθίω, φθίσω, φθίσαι (φθῦσαι, chez les Attiques), et πρίω, χρίω, habituellement longs.

υ. La quantité de cette voyelle à la pénultième de l'aor. et du parf. passif, se détermine d'après celle du présent. En général,

Exercices. Κομίζω, κομισαι; ἀποτίω, ἀποτισαι; ἀποκρύπτω, ἀποκρυψαι; ἀλείφω, ἀλειψαι; καταλέγω, καταλεξαι, διαλλάσσω, διαλλαξαι; ἀποστέλλω, ἀποστειλαι; διανέμω, διανειμαι; ἀποπατέω, ἀποπατησαι; ζηλόω, ζηλωσαι; ἐάω, ἐασαι; δράω, δρασαι; βαστάζω, βαστασαι; μειδιάω, μειδιασαι; πλάσσω, πλασαι; ἀλοάω, ἀλοασαι; γηράσκω, γηρασαι; δικάζω, δικασαι; πρίω, πρισαι; κυλίω, κυλισαι; μηνίω, μηνισαι; ἰσχύω, ἰσχυσαι; ἀφύω, ἀφυσαι; χρίω, χρισαι; ἐρυθριάω, ἐρυθριασαι; θύω, θυσαι.

3°. L'infinitif aoriste second

Exercices. Ἀφικνέομαι, ἀφικεσθαι; ὑπισχνέομαι, ὑποσχεσθαι; πυνθάνομαι, πυθεσθαι; αἰσθάνομαι, αἰσθεσθαι.

4°. Tout infinitif et participe parfait passif : λελύσθαι, πεφιλῆσθαι; λελυμένος, πεφιλημένος (1).

Les règles données pour la quantité de la pénultième de

Exercices. Βάπτω, βεβαφθαι, βεβαμμενος; κρύπτω, κεκρυφθαι, κεκρυμμενος; περιπλέκω, περιπεπλεχθαι, περιπεπλεγμένος; ἀποτελέω, ἀποτετελεσθαι, ἀποτετελεσμενος; ἀδικέω, ἠδικησθαι, ἠδικημενος; ἐπι-

---

(1) Pour les exceptions, telles que ἥμενος, καθήμενος, ἐληλάμενος, etc., voyez ici la *Méthode*.

υ est *bref*, 1°. quand il est précédé d'une syllabe brève. Ex. : ἀνύω, ἀρύω, μεθύω, etc.; 2°. dans tous les verbes qui viennent d'une forme en μι. Ex. : δεικνύω, μιγνύω, etc.; 3°. toujours dans βρύω et κλύω.

υ est toujours *long* dans ξύω, τρύω, ὕω, θύω, *sacrifier*, mais *douteux* dans θύω, *se précipiter, ruere*, et dans ἰσχύω.

υ est *douteux* 1°. dans la plupart des verbes de deux syllabes, tels que βλύζω, βύω, λύω, μύω, πτύω, φλύω, φύω; 2°. dans les verbes de trois syllabes ou plus, quoique la syllabe précédente soit longue par nature ou par position. Ex. : ἀπύω, εἰλύω, κωλύω, δακρύω, etc.

La voyelle qui, à l'aor. 1 infin. act., précède les doubles ξ, ψ, et celle qui, au parfait pass. infin., précède χθ, φθ, sont considérées comme brèves quant à l'accent. Ex. : γράψαι, γεγράφθαι; πλέκω, πλέξαι, πεπλέχθαι; τρίβω, τρίψαι, τετρίφθαι, etc. *Excepté* πρᾶξαι, de πράσσω, dont l'α est long par nature, et les autres verbes dont la pénultième est naturellement longue.

EXERCICES CORRIGÉS. Κομίζω, κομίσαι; ἀποτίω, ἀποτῖσαι; ἀποκρύπτω, ἀποκρύψαι; ἀλείφω, ἀλεῖψαι; καταλέγω, καταλέξαι; διαλλάσσω, διαλλάξαι; ἀποστέλλω, ἀποστεῖλαι; διανέμω, διανεῖμαι; ἀποπατέω, ἀποπατῆσαι; ζηλόω, ζηλῶσαι; ἐάω, ἐᾶσαι; δράω, δρᾶσαι; βαστάζω, βαστάσαι; μειδιάω, μειδιᾶσαι; πλάσσω, πλάσαι; ἀλοάω, ἀλοᾶσαι; γηράσκω, γηρᾶσαι; δικάζω, δικάσαι; πρίω, πρῖσαι; κυλίω, κυλῖσαι; μηνίω, μηνῖσαι; ἰσχύω, ἰσχῦσαι, ἀφύω, ἀφῦσαι; χρίω, χρῖσαι; ἐρυθριάω, ἐρυθριᾶσαι; θύω, θῦσαι ou θύσαι.

moyen : λαβέσθαι, γενέσθαι, etc.

EXERCICES CORRIGÉS. Ἀφικνέομαι. ἀφικέσθαι; ὑπισχνέομαι, ὑποσχέσθαι; πυνθάνομαι, πυθέσθαι; αἰσθάνομαι, αἰσθέσθαι.

l'aoriste 1er. sont applicables à celle du parfait passif. Lorsque la pénultième est longue de sa nature, elle se marque du circonflexe. *Voy.* ci-dessus, ligne 12.

EXERCICES CORRIGÉS. Βάπτω, βεβάφθαι, βεβαμμένος; κρύπτω, κεκρύφθαι, κεκρυμμένος; περιπλέκω, περιπεπλέχθαι, περιπεπλεγμένος, ἀποτελέω, ἀποτετελέσθαι, ἀποτετελεσμένος; ἀδικέω, ἠδικῆσθαι, χρυσόω , ἐπικεχρυσωσθαι , ἐπικεχρυσωμενος ; χρίω , κεχρισθαι ; δικάζω, δεδικασθαι ; πρίω, πεπρισθαι : ἑστιάω, εἱστιασθαι ; δηρίζω, δεδηρισθαι ; ξύω, ἐξυσθαι ; ἀτιμάζω, ἠτιμασθαι.

REMARQUE I. Des règles précédentes (voy. p. 34, l. 9, p. 35, l. 13, et p. 38, l. 29) résulte l'accentuation suivante de trois formes semblables :

EXERCICES. Ἀπολούω, *je lave*, ἀπολουσαι, *avoir lavé*, ἀπολουσαι, *qu'il lavât*, ἀπολουσαι, *sois-toi lavé*; ἀπάγχω, *j'étrangle*, ἀπαγξαι, *avoir étranglé*, ἀπαγξαι, *qu'il étranglât*, ἀπαγξαι, *sois-toi étranglé*; ἐξαρτάω, *je suspends*, ἐξαρτησαι, *avoir suspendu*, ἐξαρτησαι, *qu'il suspendît*, ἐξαρτησαι, *sois-toi suspendu*.

REMARQUE II. Pour les règles des accents dans la contraction, voyez plus haut, p. 22.

REMARQUE III. Les participes actifs gardent l'accent du nominatif sur la même syllabe aux trois genres ; mais il change, dans la déclinaison, de nature ou de place d'après la quantité de la pé-

EXERCICES. Ἀποκαλύπτω , ἀποκαλυπτων , ἀποκαλυπτουσα , ἀποκαλυπτουσων, ἀποκαλυπτον ; ἀποκαλυψων, ἀποκαλυψουσα, ἀποκαλυψον, ἀποκαλυψοντος, ἀποκαλυψουσης; ἀποκαλυψας, ἀποκαλυψασα, ἀποκαλυψαν ; ἐπιχειρέω , ἐπιχειρησων , ἐπιχειρησουσα , ἐπιχειρησον , ἐπιχειρησας, ἐπιχειρησασα, ἐπιχειρησαν ; ἐξαρπασαντι, ἐξαρπασασα ; ζηλωσων, ζηλωσουσα, ζηλωσον ; χρῖω, χριων, χριον, χρισας, χρισαν ; τίω, τῑσων, τισουσα, τισον, τισας, τισασα, τισασης, τισαν, τισαντος; ἰσχῡω, ἰσχυων, ἰσχυουσα, ἰσχυουση, ἰσχυον, ἰσχυσας, ἰσχυσαντι, ἰσχυσασα, ἰσχυσασαις, ἰσχυσαν ; ἑστιάω, ἑστιᾱσας, ἑστιασαν, ἑστιασων, ἑστιασον, ἑστιασουσα, ἑστιασουσων.

REMARQUE IV. 1°. Quand, en poésie, un verbe est abrégé par la suppression de l'augment ou du redoublement, l'accent est reporté sur la syllabe suivante. Il devient alors circonflexe si cette syllabe est longue, aigu, si elle est brève. Ex. : ἔδωκα, δῶκα; βέβληται, βλῆται; ἔφαν, φᾶν; ἔφη, φῆ; ἔβη, βῆ; ἔφυ, φῦ. Voy. plus haut, p. 14, IV, 2°.

ἠδικημένος; ἐπιχρυσόω, ἐπικεχρυσῶσθαι, ἐπικεχρησωμένος; χρίω, κεχρῖσθαι; δικάζω, δεδικάσθαι; πρίω, πεπρῖσθαι; ἑστιάω, εἱστιᾶσθαι; δηρίζω, δεδηρῖσθαι; ξύω, ἐξῦσθαι; ἀτιμάζω, ἠτιμάσθαι.

INFINITIF.	OPTATIF, 3ᵉ. pers.	IMPÉRATIF MOYEN.
φιλῆσαι,	φιλήσαι,	φίλησαι,
φυλάξαι,	φυλάξαι,	φύλαξαι.

EXERCICES CORRIGÉS. Ἀπολούω, *je lave*, ἀπολοῦσαι, *avoir lavé*, ἀπολούσαι, *qu'il lavât*, ἀπόλουσαι, *sois-toi lavé*; ἀπάγχω, *j'étrangle*, ἀπάγξαι, *avoir étranglé*, ἀπάγξαι, *qu'il étranglât*, ἄπαγξαι, *sois-toi étranglé*; ἐξαρτάω, *je suspends*, ἐξαρτῆσαι, *avoir suspendu*, ἐξαρτήσαι, *qu'il suspendît*, ἐξάρτησαι, *sois-toi suspendu.*

nultième et de la finale, conformément aux règles précédentes :

νομίζων,	νομίζουσα,	νομίζον,
νομίζοντος,	νομιζούσης,	νομίζοντος.
πρίων,	πριούσης,	πρίον.
θύων,	θυούσης,	θῦον.
νομίσας,	νομίσατα.	νομίσαν.
ἐάσας,	ἐάσατα,	ἐάσαν.
πρίσας,	πρίσασα,	πρῖσαν.
θύσας,	θύσατα,	θῦσαν.

EXERCICES CORRIGÉS. Ἀποκαλύπτω, ἀποκαλύπτων, ἀποκαλύπτουσα, ἀποκαλυπτουσῶν, ἀποκαλύπτον, ἀποκαλύψων, ἀποκαλύψουσα, ἀποκαλύψον, ἀποκαλύψοντος, ἀποκαλυψούσης, ἀποκαλύψας, ἀποκαλύψασα, ἀποκαλύψαν; ἐπιχειρέω, ἐπιχειρήσων, ἐπιχειρήσουσα, ἐπιχειρῆσον; ἐπιχειρήσας, ἐπιχειρήσασα, ἐπιχειρῆσαν; ἐξαρπάσαντι, ἐξαρπάσασα; ζηλώσων, ζηλώσουσα, ζηλῶσον; χρίω, χρίων, χρῖον, χρίσας, χρῖσαν; τίω, τίσων, τίσουσα, τῖσον, τίσας, τίσασα, τισάσης, τῖσαν, τίσαντος; ἰσχύω, ἰσχύων, ἰσχύουσα, ἰσχυούση, ἰσχύον, ἰσχύσας, ἰσχύσαντι, ἰσχύσασα, ἰσχυσάσαις, ἰσχῦσαν; ἑστιάω, ἑστιάσας, ἑστίασαν, ἑστιάσων, ἑστίασον, ἑστιάσουσα, ἑστιασουσῶν.

2°. L'addition de la particule θα, et le redoublement attique, ionien ou poétique, n'apportent à l'accentuation des verbes d'autre changement que celui qu'exigent les règles précédentes. Ex. : ἦς, ἦσθα; οἶδας, οἴδασθα; εἶπα, ἔειπα; κλῦθι, κέκλυθι; ἦγον, ἤγαγον; ἄγειν, ἀγαγεῖν, aor. 2 infin.

§ 402.

ACCENT DANS LES VERBES COMPOSÉS.

RÈGLE I. Les verbes composés d'une préposition ou d'un autre mot, reculent le plus possible, comme les simples, l'accent vers la gauche, quand aucune des règles précédentes ne s'y oppose. Ex. : γράφε, ἐπίγραφε, ἐπίγραψον. θῦε, κατάθυε, κατάθυσον. κεῖμαι,

EXERCICES. Βαίνω, βαινε, ἐπιβαινε, ἐπιβαινων, ἐπιβας. κρούω, κρουσον, συγκρουσον, συγκρουσθη. κόπτω, κοπτε, ἀποκοπτε, ἀποκοψον (aor. 1 impér. act.), ἀποκοψων, ἀποκοψαι (aor. 1 impér. moy.), ἀποκοψαι (aor. 1er. inf. act.), ἀπεκοπεν, ἀποκοπεν, ἀποκοπτου, ἀποκοπου (aor. 2 impér. pass.); ἀποκοφθεις, ἀποκεκοπως. τύπτω, ἀποτυπτε, ἀποτυπτου, ἀποτυπου. ἄγω, ἀγε, ἀναγε. αἱρέω, αἱρει (impér. act.), ἀφαιρου (impér. aor. 1 mov. ou pass.), ἀφελου (aor. 2 mov). θνήσκω, θνησκε, ἀποθνησκε, ἀποτεθνατι, ἀποθανων, ἀποθανειν. δάκνω, δακνε, καταδακνε, κατεδακνον, κατεδακον, καταδακνων, καταδακων. εἰμί, παρειμι, ἐστι, παρεστι (sur le fut. παρέσται, voy. *Except.* 5°., ci-après). βάπτω, βαπτε, ἐμβαπτε, ἐμβαψον, ἐμβαφθης. βάλλω, βαλλε, ἀναβαλλε, ἀναβαλλου, ἀναβαλου, ἀναβαλλων, ἀναβαλων. ἔχω, ἐχε, συνεχε, συσχειν, συσχων (aor. 2). λαβε, ἐπιλαβε (voy. pag. 36, 3°.); ἐλθε, ἀπελθε; εὑρε, ἀνευρε; εἰπε, ἀπειπε; ἰδε, κατιδε.

RÈGLE. II. Dans les verbes de deux syllabes, l'augment tem-
ἦρχε, ὑπῆρχε, εἶχον, προςεῖχον,

EXERCICES. Ἀφ-αιρέω, ἀφ-ειλον; ἀν-ευρίσκω, ἀν-ευρες; ἀπ ἐρχομαι, ἀπ-ηλθον, ἀπ-ηλθομεν; περι-άγω, περι-ηγες; ὑπερ-οράω, ὑπερ-ειδε; ὑπ-ᾳδω, ὑπ-ῃδες; ἐπ-αίρω, ἐπ-ῃρον; ἀρχω, ἐπ-ηρχον, ἐπ-ηρξα, ἐπ-ηρξαμεν; ἑλκω, ἀφ-ειλκον; εἰπω, ἀπ-ειπον, ἀπ-ειπα; ἱημι, ἀφ-ηκα; ἀρδω, δι-ηρδου; ἱγμαι, ἀφ-ιγμαι; ἀπτω, ἡφα, καθ-ηφα.

Excepté : 1°. σύνοιδα, composé de οἶδα.

2°. Les composés de κεῖμαι et de ἦμαι, mais seulement à l'infinitif : πρόκειμαι, προκεῖσθαι ; κάθημαι, καθῆσθαι.

3°. Les composés des aoristes seconds impératifs, λαθοῦ, ἱκοῦ, γενοῦ, τράπου, qui, contre la règle, reculent l'accent : ἐπιλάθου, ἐφίκου, προςγένου, προςτράπου.

EXERCICES. Ἦμαι, ἐφημαι, ἐφησθαι. κεῖμαι, ἐπικειμαι, ἐπικεισθαι, ἐκκειμαι, ἐκκεισθαι. προςημαι, προςησθαι. διακειμαι, διακεισθαι. — Ἀφ-ικνέομαι, ἀφικνου, ἀφικου. γίγνομαι, γιγνου, γενου, ἐπιγιγνου,

§. 402.

ACCENT DANS LES VERBES COMPOSÉS.

ἀνάκειμαι. λαβέ, ἀνάλαβε, etc. Mais on écrira : ἐπιγραφθῶ, ἐπιγραφῶ, ἐπιγραφείς (p. 36, Exc. II); ἐπιγεγραμμένος (p. 40, 4°.); καταθύσας (p. 42, Rem. III). καταθυσασῶν (p. 20, Règle IV), ἀναλαβών (p. 36, 2°.); ἀναλαβεῖν, ἀναλαβέσθαι (p. 38, 3°., et 40, 3°.), etc.

EXERCICES CORRIGÉS. Βαίνω, βαῖνε, ἐπίβαινε, ἐπιβαίνων, ἐπιβάς. κρούω, κροῦσον, σύγκρουσον, συγκρουσθῇ. κόπτω, κόπτε, ἀπόκοπτε, ἀπόκοψον (aor. 1 impér. act.), ἀποκόψων, ἀπόκοψαι (aor. 1 impér. moy.), ἀποκόψαι (aor. 1 inf. act.), ἀπέκοπεν, ἀποκοπέν, ἀποκόπτου, ἀποκοποῦ (aor. 2 impér. pass.), ἀποκοφθείς, ἀποκεκοπώς. τύπτω, ἀπότυπτε, ἀποτυποῦ. ἄγω, ἄγε, ἄναγε. αἱρέω, αἷρει (impér. act.), ἀφαιροῦ (impér. aor. 1 moy. ou pass.), ἀφελοῦ (impér. aor. 2 moy.). θνήσκω, θνῆσκε, ἀπόθνησκε, ἀποτέθνατι, ἀποθανών, ἀποθανεῖν. δάκνω, δάκνε, κατάδακνε, κατέδακνον, κατέδακον, καταδάκνων, καταδακών. εἰμί, πάρειμι, ἐστί, πάρεστι (sur le fut. παρέσται, voy. Except. 5°., ci-après). βάπτω, βάπτε, ἔμβαπτε, ἔμβαψον, ἐμβαφθῇς. βάλλω, βάλλε, ἀνάβαλλε, ἀναβάλλου, ἀναβαλοῦ, ἀναβάλλων, ἀναβαλών. ἔχω, ἔχε, σύνεχε, συσχεῖν, συσχών λαβέ, ἐπίλαβε; ἐλθέ, ἄπελθε; εὑρέ, ἄνευρε; εἰπέ, ἄπειπε; ἰδέ, κάτιδε.

porel conserve l'accent parce qu'il résulte d'une contraction : de ὑπ'-ἔαρχε, προς-ἔεχον.

EXERCICES CORRIGÉS. Ἀφαιρέω, ἀφεῖλον; ἀνευρίσκω, ἀνεῦρες; ἀπέρχομαι, ἀπῆλθον, ἀπήλθομεν; περιάγω, περιῆγες; ὑπεροράω, ὑπερεῖδε; ὑπᾴδω, ὑπῇδες; ἐπαίρω, ἐπῆρον; ἄρχω, ἐπῆρχον, ἐπῆρξα, ἐπήρξαμεν; ἕλκω, ἀφεῖλκον; εἴπω, ἀπεῖπον, ἀπεῖπα; ἵμι, ἀφῆκα, ἄρδω, διῆρδον; ἷγμαι, ἀφῖγμαι; ἅπτω, ἧφα, καθῆφα.

4°. Les composés de la forme σχῶ de ἔχω, qui gardent l'accent sur l'augment ou sur la pénultième à l'aor. 2 : παρέσχον, μετέσχον.

5°. Les composés de ἔσται, *erit*, comme παρέσται, à cause de la contraction ou syncope de ἔσεσται.

EXERCICES CORRIGÉS. Ἧμαι, ἔφημαι, ἐφῆσθαι. κεῖμαι, ἐπίκειμαι, ἐπικεῖσθαι, ἔκκειμαι, ἐκκεῖσθαι. πρόςκειμαι, προςῆσθαι. διάκειμαι, διακεῖσθαι. — Ἀφικνέομαι, ἀφικνοῦ, ἀφίκου. γίγνομαι, γίγνου, γενοῦ, ἐπιγενου. λανθάνομαι, λανθανου; λαθου, ἀπολανθανου, ἀπολαθου. ἐπιτρέπομαι, ἐπιτρεπου, ἐπιτραπου. — Ἔχω, ἐπεχω, ἐπεσχον (aor. 2), ἔχω, ἐπισχης, μετεχω, μετεσχον, παρεχω, παρεσχε, παρασχω. — Εἰμι, ἐπειμι, ἐπεσται, ἐνειμι, ἐνεσται, παρειμι, παρεσται.

Règle III. L'impératif monosyllabique prend l'accent sur la pénultième dans les composés. Ex. : θές, κατάθες; δός, ἀπόδος, σχές, ἐπίσχες.

Remarques. 1°. Les impératifs aor. 2 moy. οὖ et θοῦ prennent, en composition, l'accent aigu sur la pénultième quand la préposition est de deux syllabes; mais si elle n'en a qu'une,

Exercices. Ἐπι-τίθημι, ἐπι-τιθετι, ἐπι-θες; ἐπι-δίδωμι, ἐπι-διδοθι, ἐπι-δος; παρ-έχω, παρ-εχε, παρα-σχες, μετ-εχε, μετα-σχε; ἀν-εχε, ἀνα-σχες.

1°. Ἐπι-τίθεμαι, ἐπι-τιθεσο, ἐπι-θου. ἐφ-ίεμαι, ἐφ-ίεσο, ἐφ-ου; προ-ίεμαι, προ-ἴεσο, προ-ου.

2°. Προς-ειμι, *adsum*, προς-εστι, προς-εσμεν, προς-ην, προς-ω, προς-ωμεν, προς-ισθι. ἀπ-ειμι, *abeo*, ἀπ-ιθι ou ἀπ-ει, *abi*; ἐξ-ειμι, *egredior*, ἐξ-ιθι ou ἐξ-ει, *egredere*.

§ 403.

ACCENT DANS LES PRÉPOSITIONS.

Règle. Toutes les prépositions de deux syllabes ont l'accent sur la dernière. Cependant cet accent se recule,

1°. Quand la préposition suppose l'ellipse d'un verbe, comme dans ἔπι, pour ἔπεσι; πάρα, pour πάρειμι (voy. §. 378).

2°. Quand elle est après son régime, ce qu'on appelle *ana-*

Exercices. Ἀνα, παρα, δια, κατα, ὑπερ, ἐπι, περι, ἀμφι, μετα, ἐνι.

1°. Ἀπεστι, ἀπο; μετεστι, μετα; ὑπεστι, ὑπο; ἐνεστι, ἐνι.

2°. Ἀπο δώματος, δώματος ἀπο; περὶ τούτου, τούτον περι; μετα ἀνδρων, ἀνδρῶν μετα; παρα τοῦ Θεοῦ, τοῦ Θεοῦ παρα. ἐνι δόμοις, δόμοις ἐνι; ἐν Ἰθάκη, Ἰθάκη ἐνι.

Γούνασι ἐπι, *genibus super*, ἐμοῖς ἐπι γούνασι, *meis in genibus*; μάχη ἐνι κυδιανείρη, *pugnâ in gloriosâ*, κυδιανείρη ἐνι μάχη, *gloriosâ in pugnâ*; νήεσσι παρα κορωνίσι, *naves apud recurvas*, κορωνίσι παρα νήεσσι, *recurvas apud naves*.

ἐπιγίγνου, ἐπιγένου. λανθάνομαι, λανθάνου, λαθοῦ, ἀπολανθάνου, ἀπολάθου. ἐπιτρέπομαι, ἐπιτρέπου, ἐπιτράπου. — Ἔχω, ἐπέσχον (aor. 2), ἐπίσχῃς, μετέχω, μετέσχον, παρέχω, παρέσχε, παράσχω. — Εἰμί, ἔπειμι, ἐπέσται, ἔνειμι, ἐνέσται, πάρειμι, παρέσται.

ils gardent le circonflexe sur la dernière. Ex. : οὗ, κάθου, προςοῦ ; θοῦ, ἀπόθου, προςθοῦ.

2°. Le verbe εἰμί, *sum*, garde son accent dans les composés, hors le présent et l'impératif : εἰμί, ἄπειμι, ἄπισθι, mais ἀπῆν, ἀπῶ, ἀπῶμεν ; ἀπών, ἀπεῖναι, etc. Il en est de même de εἶμι, *eo*.

Exercices corrigés. Ἐπιτίθημι, ἐπιτίθετε, ἐπίθες ; ἐπιδίδωμι, ἐπιδίδοθι, ἐπίδος ; παρέχω, πάρεχε, παράσχες, μέτεχε, μετάσχες, ἄνεχε, ἀνάσχες.

1°. Ἐπιτίθεμαι, ἐπιτίθεσο, ἐπίθου ; ἐφίεμαι, ἐφίεσο, ἔφου ; προΐεμαι, προΐεσο, προοῦ.

2°. Πρόςειμι, *adsum*, πρόςεστι, πρόςεσμεν, προςῆν, προςῶ, προςῶμεν, πρόςισθι. ἄπειμι, *abeo*, ἄπιθι, ἄπει, *abi* ; ἔξειμι, *egredior*, ἔξιθι ou ἔξει, *egredere*.

<h3 style="text-align:center">§. 403.</h3>

<h2 style="text-align:center">ACCENT DANS LES PRÉPOSITIONS.</h2>

strophe, c.-à-d., inversion ; ex. : τῷ ἔπι πόλλ' ἐμόγησα ; ὀφθαλμῶν ἄπο ; νηὸς ἔπι γλαφυρῆς.

Nota. Si l'adjectif était le premier, comme dans γλαφυρῆς ἐπὶ νηός, l'accent ne se reculerait pas ; car c'est le substantif, et non l'adjectif, qui est le véritable régime de la préposition.

Ἀμφί, ἀντί, ἀνά, διά, sont excepté de la règle de l'*anastrophe*.

Exercices corrigés. Ἀνά, παρά. διά, κατά, ὑπέρ, ἐπί, περί, ἀμφί, μετά, ἐνί.

1°. Ἄπεστι, ἄπο ; μέτεστι, μέτα ; ὕπεστι, ὕπο ; ἔνεστι, ἔνι.

2°. Ἀπὸ δώματος, δώματος ἄπο ; περὶ τούτου, τούτου πέρι ; μετὰ ἀνδρῶν, ἀνδρῶν μέτα ; παρὰ τοῦ Θεοῦ, τοῦ Θεοῦ πάρα. ἐνὶ δόμοις, δόμοις ἔνι ; ἐν Ἰθάκῃ, Ἰθάκη ἔνι.

Γούνασι ἔπι, ἐμοῖς ἔπι γούνασι, *meis in genibus* ; μάχῃ ἔνι κυδιανείρῃ, *pugna in gloriosa*, κυδιανείρῃ ἐνὶ μάχῃ, *gloriosa in pugna* ; νήεσσι πάρα κορωνίσι, *naves apud recurvas*, κορωνίσι παρὰ νήεσσι, *recurvas apud naves*.

§. 404.

EFFET DE L'APOSTROPHE SUR L'ACCENT.

Règle. Quand une syllabe accentuée se trouve mangée par
l'apostrophe, l'accent se recule sur celle qui précède immédiatement. Ex. : τὰ δείν' ἔπη, pour τὰ δεινὰ ἔπη. τἀγάθ' αὐξάνεται, pour
τἀγαθὰ αὐξάνεται. Remarquez que, dans ce cas, l'accent ne
change point de nature, quoique celle de la syllabe sur
laquelle il se trouve reporté, semble l'exiger d'après la règle,
comme dans δείν', où il se trouve rejeté sur une longue, qui
présente la valeur de σῶμ', pour σῶμα.

Exceptez la conjonction ἀλλά, et les prépositions qui perdent tout accent ; ἀλλ' ἐγώ, pour ἀλλὰ ἐγώ ; ἀπ' αὐτοῦ, pour ἀπὸ
αὐτοῦ.

Exercices. Φημὶ ἐγώ, *dico ego*, φημ' ἐγώ ; κωφὰ καὶ παλαιὰ ἔπη,
surda et obsoleta verba, κωφὰ καὶ παλαι' ἔπη ; τῶν πόνων πωλοῦσίν
ἡμῖν πάντα τἀγαθὰ οἱ θεοί, *laboribus vendunt nobis omnia
bona dii*, τῶν πόνων πωλοῦσιν ἡμῖν πάντα τἀγαθ' οἱ θεοί ; κακὰ
ἔδρασε, *mala fecit*, κακ' ἔδρασε ; ἐχθρὰ ἀγορεύων, *inimica præ-
nuntians*, ἐχρθ' ἀγορεύων. εἰπὲ ἐμοί, εἰπ' ἐμοί, *dic mihi*.

Παρὰ ἐμοῦ, ἐπὶ ἵππου, κατὰ ἄστυ (à écrire avec apostrophe) ;
ἀλλὰ ἄπιθι, ἀλλὰ ἐρέω (à écrire avec apostrophe).

Παρὰ Πέλοπος, παρ Πελοπος ; παρὰ τὸν Εὐρώταν, παρ τὸν Εὐρώταν ;
ἀνὰ ῥάχιν, ἀν ῥάχιν ; κατὰ δύναμιν, καδ δύναμιν, ou καδδυναμιν.

ACCENT DANS LES ADVERBES.

Règles. I. Les adverbes de manière en δον, ει, στι et τι, ont
l'accent aigu sur la dernière : ὁμοθυμαδόν, *unanimement* ; παν-
στρατί, *avec toute l'armée* ; αὐτολεξεί, *dans les mêmes termes* ;
ἑλληνιστί, *en grec*.

II. Les adverbes de lieu en θεν, σε, δε, ζε, θι, conservent l'accent sur la syllabe où il se trouve dans les primitifs, en observant les changements de nature et de position prescrits par
les règles précédentes : οἶκος, *domus* ; οἴκοθεν, *domo* ; ἀμφότερος,
ἀμφοτέρωθι ; οὐρανός, *cœlum*, οὐρανόθεν, *cælitùs*, οὐρανόσε, οὐρα-

§ 404.

EFFET DE L'APOSTROPHE SUR L'ACCENT.

Cependant les prépositions elles-mêmes conservent leur accent quand elles perdent leur voyelle finale devant un mot commençant par une consonne, comme dans πὰρ Ζηνί, poét. pour παρὰ Διί, κὰγ γόνυ, p. κατὰ γόνυ, ἂμ φόνον, pour ἀνὰ φόνον, etc. *Voy.* §. 174, IV.

Remarquez encore que lorsque le mot qui a perdu ainsi sa dernière syllabe, ne fait plus qu'un avec celui qui le suit, il perd aussi son accent. Ex.: τοῦτ' ἔστι, *id est*, en un mot, τουτέστι; ἐγὼ οἶδα, *ego novi*, en un mot, ἐγῷδα; de même ἐγῷμαι, pour ἐγὼ οἶμαι.

Exercices corrigés. Φημὶ ἐγώ, *dico ego*, φήμ' ἐγώ. κωφὰ καὶ παλαιὰ ἔπη, *surda et obsoleta verba*, κωφὰ καὶ παλαῖ' ἔπη. Τῶν πόνων πωλοῦσιν ἡμῖν πάντα τἀγαθὰ οἱ θεοί, *laboribus vendunt nobis omnia bona dii*, τῶν πόνων πωλοῦσιν ἡμῖν πάντα τἀγάθ' οἱ θεοί. Κακὰ ἔδρασε, *mala fecit*, κάκ' ἔδρασε. Ἐχθρὰ ἀγορεύων, *inimica praenuntians*, ἔχθρ' ἀγορεύων. Εἴπ' ἐμοί, *dic mihi*.

Παρ' ἐμοῦ, ἐφ' ἵππου, κατ' ἄστυ; ἀλλ' ἄπιθι, ἀλλ' ἐρέω.

Πὰρ Πέλοπος, πὰρ τὸν Εὐρώταν; ἂν ῥάχιν; κὰδ δύναμιν ou καδδύναμιν.

ACCENTS DANS LES ADVERBES.

νόνδε, *in cœlum*; οὐρανόθι, *in cœlo*; Ἀθῆναι, *Athenæ*, Ἀθήναζε, *Athenas* (1).

III. Les adverbes en ακις et ακι, marquant le nombre de fois, ont tous l'accent sur la pénultième : πολλάκις, *souvent*; ἑπτάκις, *sept fois*; ποσσάκι, *combien de fois?*

____

(1) Excepté un petit nombre d'adverbes en θεν, σθεν, et θε poétique; tels que ποντόθεν, de πόντος, *pontus*; κυκλόθεν, de κύκλος, *circulus*; παιδιόθεν, de παιδίον, *puer*; δημόθεν, de δῆμος, *populus*; ἱππόθεν, de ἵππος, *equus*. Ajoutez ἔνδον, *intus*, ὑψότε, *in altum*.

Thèm. Gr. IIme Part. Corrigés.   4

IV. Les adverbes en δην prennent tous l'accent sur la pénultième : συλλήβδην, *sommairement.*

V. Les adverbes terminés par ξ et par υ sont tous *oxytons :* λάξ, ὀδάξ, μίξ, ἀπρίξ; ἰθύ, εὐθύ, μεσηγύ. *Excepté* ἅπαξ.

VI. Les adverbes en οι et en ου sont *périspomènes :* πανταχοῦ, ἀγχοῦ; ἐνταυθοῖ, ποῖ. *Excepté* ὅπου, ἰδού, ἰού, οἴκοι, sur lequel voy. p. 19.

EXERCICES SUR L'ACCENT DANS LES VERBES.

Ἀναφανδον, ἐθελουτηδον, σπυριδον, ἐθελοντι, *ultro,* mais ἐθέλοντι, *volenti;* ἐθελοντει, ὀνομαστι, εὐσεβής, gén. pl. εὐσεβῶν, adv. εὐσεβως, αὐτοβοει, πυργηδον, ἅγιος, gén. pl. ἀγίων, ἀγιως, ἤβηδον, τετραποδητι, πανδημει, κυνηδον, ἀνιδρωτι, ἀνδριστι, ὀλιγακις, μυριακις, τολμηρός, -ῶν, τολμηρως, Θῆβαι, Θηβαζε, ἄλλος, ἀλλως, ἀλλόθεν, ἀκηρυκτει, ἀπονητι, οἶκος, οἴκαδε, οἴκοθεν, Μέγαρα, Μεγαραδε, ἀριστινδην, πλουτινδην, κιονιδον, αὐτονυχι, χαμαι, πόλεμος, πολεμονδε, βαρβαριστι, καλός, -ῶν, καλως, περιεσκεμμένων (gén. pl. partic. parf. pass. de περισκέπτομαι), adv. περιεσκεμμενως, κρυβδην, προτροπάδην, ἀμαχει, ἀμαχι, ἀμαχητι, ἀμαχητει, ἀφειδής, ἀφειδως, καταπεφρουτικότων (gén. pl. partic. parf. act. de καταφροντίζω), adv. καταπεφρουτικοτως, χαλεπός, -ῶν, χαλεπως, εἰνακις, θύρα; θυραζε, βένθος, βενθοςδε, τετρακις, φοινικιστι, βοϊστι, περσιστί, ἀσκαρδαμυκτει, τριστοιχει, ἐναλλαγδην, ἐναλλαξ, ἐνδοι, ἀντικρυ, πύξ, ἀναμιξ, ἀναμιγδην. ἀλλαχου, ἀλλαχοσε, ἀλλαχοθεν, οὐδαμου, ὅπου, ποσακις, μυριακις, ἀνωμοτι, κρεουργηδον, ὁμοθυμαδον, πανομιλει, τουτακι, ἀπράγμων, -όνων, ἀπραγμονως, τεχνήεις, gén. pl. τεχνηεντων, τεχνηεντως, ὑποβλην, νοσώδης, νοσωδως, εὐήθης, εὐηθως, συνήθης, συνηθως, ἀνεδην, λυσιτελουντων (partic. prés. de λυσιτελέω), adv. λυσιτελουντως, Πυθώ, Πυθοι, Πυθωδε, Πυθωθεν, μειζων, -όνων, μειζονως, ἀρχή, ἀρχηθεν.

====

§ 405.

MOTS PRIVÉS D'ACCENT.
I. PROCLITIQUES.

RÈGLE. Tout mot grec a un accent. Les dix suivants en sont ordinairement privés, parce que la prononciation les unit presque en un seul mot avec celui qui vient après, savoir :

4 formes de l'article : ὀ, ἠ, οἰ, αἰ.
3 prépositions : ἐν, εἰς (ἐς), ἐκ, ἐξ.
2 conjonctions : εἰ, ὡς.

VII. Les adverbes en ως, formés du génitif pluriel d'adjectifs ou de participes, gardent l'accent sur la syllabe où il se trouve à ce cas : δίκαιος, δικαίων, *justorum*, δικαίως, *justè;* μοχθηρός, μοχθηρῶν, *improborum*, μοχθηρῶς, *improbè;* ἀληθής, ἀληθῶν, *verorum*, ἀληθῶς, *verè* (1); πρέπων, πρεπόντων, *convenientium*, πρεπόντως, *convenienter*.

———

EXERCICES CORRIGÉS.

Ἀναφανδόν, ἐθελοντηδόν, σπυριδόν, ἐθελοντί, *ultrò*, mais ἐθέλοντι, *volenti;* ὀνομαστί, εὐσεβής, -ῶν, εὐσεβῶς, αὐτοβοεί, πυργηδόν, ἅγιος, -ων, ἁγίως, ἠβηδόν, τετραποδητί, πανδημεί, κυνηδόν, ἀνιδρωτί, ἀνδριστί, ὀλιγάκις, μυριάκις, τολμηρός, -ῶν, τολμηρῶς, Θῆβαι, Θήβαζε, ἄλλος, ἄλλως, ἄλλοθεν, ἀκηρυκτεί, ἀπονητί, οἶκος, οἴκαδε, οἴκοθεν, Μέγαρα, Μεγάραδε, ἀριστίνδην, πλουτίνδην, κιονιδόν, αὐτονυχί, χαμαί, πόλεμος, πόλεμονδε, βαρβαριστί, καλός, -ῶν, καλῶς, περιεσκεμμένων, περιεσκεμμένως, κρύβδην, προτροπάδην, ἀμαχεί, ἀμαχί, ἀμαχητί, ἀμαχητεί, ἀφειδής, -ῶν, ἀφειδῶς, καταπεφροντικότων, καταπεφροντικότως, χαλεπός, -ῶν, χαλεπῶς, εἰνάκις, θύρα, θύραζε, βένθος, βένθοσδε, τετράκις, φοινικιστί, βοϊστί, περσιστί, ἀσκαρδαμυκτεί, τριστοιχεί, ἐναλλάγδην, ἐναλλάξ, ἐνδοῖ, ἀντικρύ, πύξ, ἀναμίξ, ἀναμίγδην, ἀλλαχοῦ, ἀλλαχόσε, ἀλλαχόθεν, οὐδαμοῦ, ὅπου, ποσάκις, μυριάκις, ἀνωμοτί, κρεουργηδόν, ὁμοθυμαδόν, πανομιλεί, τουτάκι, ἀπράγμων, -όνων, ἀπραγμόνως, τεχνήεις, -έντων, τεχνηέντως, ὑποβλήδην, νοσώδης, νοσώδως, εὐήθης, εὐήθως, συνήθης, συνήθως, ἀνέδην, λυσιτελούντων, λυσιτελούντως, Πυθώ, Πυθοῖ, Πυθῶδε, Πυθῶθεν, μείζων, μειζόνως, ἀρχή, ἀρχῆθεν.

———

§. 405.

MOTS PRIVÉS D'ACCENT.

I. PROCLITIQUES.

1 adverbe négatif : οὐ (οὐκ, οὐχ), qui toutefois prend l'accent dans les formes οὐχί, et οὐκί, ionien.

———

(1) Excepté αὐτάρκως, αὐθάδως, νοσώδως, quoique dérivés de génitifs en ῶν, et les adverbes formés des composés de ἦθος, tels que κακοήθως. La raison en paraît être que les adjectifs dont sont formés ces adverbes, pouvaient être proparoxytons au gén. plur., suivant Arcadius, p. 156, 20.

** 4*

Mais, quand ces mots n'en ont plus un autre sur lequel ils puissent s'appuyer, ils reprennent l'accent. Ainsi on le donne à οὐ à la fin d'une phrase : πῶς γὰρ οὔ, *pourquoi non* (1)? à ὡς après le mot qui en dépend : θεὸς ὥς, pour ὡς θεός, *comme un dieu;* à ἐξ après son régime, κακῶν ἔξ.

EXERCICES. Ὁ ἵππος, τῷ ἵππῳ; ἡ ἀρετή, τῆς ἀρετῆς; οἱ ἄνδρες, τῶν ἀνδρῶν; αἱ γυναῖκες, τὰς γυναῖκας.

Ἐν τῇ ἀγορᾷ· εἰς ἀγοράν· ἐκ τῆς ἀγορᾶς.

Εἰ βωμοί εἰσιν, εἰσὶ καὶ θεοί.

Ὡς ἐχθρός, ἐχθρὸς ὥς. ὡς λέων, λέων ὥς. κρίνον ὡς ἴοις ἑλιχθέν, *comme un lis enroulé de violettes. Comme il dit,* ὡς λέγει; *ce fut ainsi qu'il parla,* ὡς ἔφατο.

Ἄνυτος Σωκράτην βλάψαι οὐ δύναται. Ἄνυτος Σωκράτην ἀποκτεῖναι μὲν δύναται, βλάψαι δὲ οὔ. Ὁ θεὸς τοὺς ἁμαρτωλοὺς οὐ μὲν φιλεῖ, μισεῖ δὲ οὔ. Ὁ κόλαξ πρὸς χάριν λέγει ναί, αὖθις δὲ οὔ. Ἐκ θεῶν ἀείδει δεδαώς, et θεῶν ἐξ ἀείδει δεδαώς.

II. ENCLITIQUES.

On appelle *enclitiques* (d'ἐγκλίνω) les mots qui, dans la prononciation, s'appuient sur celui qui précède, comme en latin *que*, dans *hominumque deûmque.* On trouvera sur ce point dans la *Méthode* des éclaircissements et des exemples tirés de notre langue; il est important d'y recourir.

Les *enclitiques* sont :

1°. Dans les adjectifs *indéfinis :* τὶς, τὶ, gén. τινός, *quelque, aliquis, aliquod,* à tous ses cas, et dans tous les dialectes, τοῦ, τεῦ, τῷ, τῶν, pour τινός, τινί, τινῶν.

Mais τίς, τί, gén. τίνος, *quis, quid,* interrogatif, n'est jamais enclitique.

2°. Dans les pronoms. tous les cas indirects monosyllabiques du singulier seulement de la 1ʳᵉ. et de la 2ᵉ. personne : μοῦ, μοί, μέ, *meî, mihi, me;* σοῦ, σοί, σέ, *tuî, tibi, te;* avec les dialectes, μεῦ, σεῦ, σέο, etc.

Le singulier et le pluriel du pronom réfléchi, aux formes

---

(1) Οὐ combiné avec οὖν prend encore l'accent dans οὔκουν, négatif, *non igitur.* qui s'écrit οὐκοῦν pris affirmativement, *donc.* L'accent marqué sur οὔκ indique que la négation domine dans οὔκουν; mais portant sur οὖν, dans οὐκοῦν, il désigne la prédominance du sens conclusif.

On a nommé ces mots *proclitiques* (de προκλίνω, *procumbo*), parce qu'ils se penchent, pour ainsi dire, en avant et s'appuient sur le mot qui les suit. Pour plus de développements, voyez ici la Méthode.

Exercices corrigés. Ὁ ἵππος, τῷ ἵππῳ; ἡ ἀρετή, τῆς ἀρετῆς; οἱ ἄνδρες, τῶν ἀνδρῶν; αἱ γυναῖκες, τὰς γυναῖκας.

Ἐν τῇ ἀγορᾷ· εἰς ἀγοράν· ἐκ τῆς ἀγορᾶς.

Εἰ βωμοί εἰσιν, εἰσὶ καὶ θεοί.

Ὡς ἐχθρός, ἐχθρὸς ὥς. ὡς λέων, λέων ὥς. κρίνον ὡς ἴοις ἑλιχθέν. *Comme il dit*, ὡς λέγει; *ce fut* ainsi *qu'il parla*, ὡς ἔφατο.

Ἄνυτος Σωκράτην βλάψαι οὐ δύναται. Ἄνυτος Σωκράτην ἀποκτεῖναι μὲν δύναται, βλάψαι δὲ οὔ. Ὁ θεὸς τοὺς ἁμαρτωλοὺς οὐ μὲν φιλεῖ, μισεῖ δὲ οὔ. Ὁ κόλαξ πρὸς χάριν λέγει ναί, αὖθις δὲ οὔ. Ἐκ θεῶν ἀείδει δεδαώς, et θεῶν ἐξ ἀείδει δεδαώς.

II. ENCLITIQUES.

non contractes : οὗ, οἷ, ἕ, σφέων, σφίσι, σφέ; σφώ, pour σφωέ, 3e. pers.; mais σφῶν, σφᾶς, contractes, gardent leur accent.

Ajoutez μίν, νίν, σφί, σφίν, ψέ, ion. et poét.

Remarquez que ἐμοῦ, ἐμοί, ἐμέ, dissyllabes, ne sont point enclitiques.

3°. Dans les verbes, tout l'indicatif présent de εἰμί et de φημί, excepté les secondes personnes εἶ (2) et φῆς.

4°. Dans les adverbes, les indéfinis (*voy*. §. 291) : πῶς, πῆ, ποῖ, ποῦ, ποθί, ποθέν, ποτέ. Ajoutez κῶς, κοῦ, κῆ, ion. p. πῶς, etc.

Les dix autres adverbes et conjonctions : πῶ, τέ, τοί, θήν, γέ, κέ ou κέν, πέρ, ῥά, νύ, νύν, *donc*, différent du νῦν, *maintenant*.

Remarquez que ces adverbes pris interrogativement ne sont pas enclitiques : ἦλθές ποτε, *venisti aliquando*, mais πότε ἦλθες; οὐκ οἶδα πότε ἦλθες, *quando venisti? nescio quando veneris*; ἐποίησάς πως, *fecisti quodammodo*, et πῶς ἐποίησας, *quomodo fecisti?* etc.

5°. Les particules inséparables θε et δε : εἴθε, ὧδε. Δέ, *mais*, n'est point enclitique. *Voy.* ci-après, Règle VI.

---

(2) Excepté ἐσσί, poét., pour εἶ. Hom. *Il.* ά, 280 : εἰ δὲ σὺ καρτερός ἐσσι.

RÈGLE I. Si le mot qui précède l'*enclitique* a l'accent, aigu ou circonflexe, sur la dernière, l'*enclitique* perd son accent, et le mot précédent, s'il est *oxyton*, prend l'aigu au lieu du

Nota. Dans ces exercices, nous marquons toujours l'accent sur l'enclitique. On l'ôtera ou on le conservera d'après la règle.

EXERCICES. Ἰατρός τίς; ἰατρων γέ; ὀφθαλμὸς μοῦ; ὀφθαλμῷ σοί; ποταμὸς ποτέ; νυκτῶν ποτέ; οὐρανὸς πῶς; τύπτω σέ, υἱὸς πέρ; υἱῶν τινῶν; δὸς μοί; δρᾶν τί; ἐπιτιμᾶν τινά; παρασχὼν τινί; ἀγαθὸς εἰμί; ἱκανὸς εἶ ou εἶς; ἀγαθοὶ ἐσμέν; ἐγὼ φημί; κακὸς ἐστί; ἰατρὸς φησί; ἡμεῖς φαμέν; στωϊκοὶ φασί; γῆ ποθέν; ἀνδρεὼν ποῦ; χερσὶν τὲ ποσὶν τέ; κοινὸς πῶς; θησαυρῷ ποῖ; δὸς οἷ; πατὴρ σφέων; πατὴρ σφῶν; ἰδὼν σφέ; ἰδὼν σφᾶς; λαθὼν πῆ; ἀγαθὸς πέρ; ἐσθλὸς τοί, ἐσθλῶν τοί; βασιλεὺς κέ; ἱερεὺς κέν; ἤ ῥά; μὴ νῦ.

RÈGLE II. Si le mot qui précède a l'aigu sur la seconde, ou s'il est *paroxyton*, cet accent sert pour l'*enclitique* monosyllabe;

Remarque. L'*enclitique* dissyllabe garde encore son accent,
πολλοί

EXERCICES. Ἵππος τέ; χρόνος γέ; τύπτω σέ; ἡ βίβλος μοῦ; φόρτος σοῦ; παρέχω σοί; ὄνος τινός; βλάβη τινῶν; ὄφις ποτέ; εὕδων ποθι; κρατέων πῶ; μήτηρ σφέων; ποικίλος ἐστί; κρείττους ἐσμέν; ὁ ἐπιστήμων φησί; ἐγὼ ὁ ῥήτωρ φημί; οἱ δραπέται φασί; εὐδαίμων πῶς; ἐφεδρεύων ποῖ; ἐφέρπων ποθέν.

RÈGLE III. Si le mot précédent a l'aigu sur la troisième ou le circonflexe sur la seconde (ce qui est la même chose, puisque σῶμα vaut σόομα), il reçoit sur sa dernière l'accent de

Remarquez que l'accent rejeté par l'*enclitique* est toujours

EXERCICES. Ἄγγελος τίς, ἀγγέλου τινος; τράχηλος μοῦ; τράπεζα σοῦ; πρᾶγμα τί, πράγματα τινά; δῶρον μοί, ἄξιος εἰμί; δίκαιος εἶ;

grave, usité dans le corps d'une phrase. Exemples :

ἀνήρ τις,   ἀνδρῶν τε.
Θεός μου,   Θεῷ μου (1).
Θεός φησι,   ἀνδρῶν τινων; ὁρᾶν τινα.

L'accent n'est marqué que sur le nominatif. L'élève devra le mettre sur les cas indirects, conformément aux règles précédentes.

EXERCICES CORRIGÉS. Ἰατρός τις; ἰατρῶν γε; ὀφθαλμός μου; ὀφθαλμῷ σοι; ποταμός ποτε; νυκτῶν ποτε; οὐρανός πως; τύπτω σε; υἱός περ; υἱῶν τινων; δός μοι; ὁρᾶν τι; ἐπιτιμᾶν τινα; παρασχών τινι; ἀγαθός εἰμι; ἱκανὸς εἶ ou εἷς; ἀγαθοί ἐσμεν; ἐγώ φημι; κακός ἐστι; ἰατρός φησι; ἡμεῖς φαμεν; στωϊκοί φασι, γῆ ποθεν,; ἀνδρεών που; χερσίν τε ποσίν τε; κοινός πως; θησαυρῷ ποι; δός οἱ; πατήρ σφεων; πατήρ σφῶν; ἰδών σφε; ἰδὼν σφᾶς; λαθών πη; ἀγαθός περ; ἐσθλός τοι; ἐσθλῶν τοι; βασιλεύς κε; ἱερεύς κεν; ἦ ῥα; μή νυ.

mais l'*enclitique* dissyllabe garde le sien. Exemples :

ἄνδρα τε,
ἄνδρα μου,
ἄνδρα τινά; λόγος ἐστί, λόγων τινῶν.

quand le mot qui précède a une apostrophe : ἀγαθός δ' ἐστί. δ' εἰσί.

EXERCICES CORRIGÉS. Ἵππος τε; χρόνος γε; τύπτω σε; ἡ βίβλος μου; φόρτος σου; παρέχω σοι; ὄνος τινός; βλάβη τινῶν; ὄφις ποτέ; εὕδων ποθί; κρατέων πω; μήτηρ σφέων; ποικίλος ἐστί; κρείττους ἐσμέν; ὁ ἐπιστήμων φησί; ἐγὼ ὁ ῥήτωρ φημί; οἱ δραπέται φασί; εὐδαίμων πως; ἐφεδρεύων ποι; ἐφέρπων ποθέν.

l'*enclitique*. Exemples :

ἄνθρωπός τις,   σῶμά τε,
κύριός μου,   δοῦλός σου,
κύριός φησι.   δοῦλός φησι; ὁρῶμέν τινα.

aigu, quoique, prise isolément, elle porte le circonflexe ou le grave.

EXERCICES CORRIGÉS. Ἄγγελός τις; ἀγγέλου τινός; τράχηλός μου; τράπεζά σου; πρᾶγμά τι; πράγματά τινα; δῶρόν μοι; ἄξιός εἰμι;

---

(1) Quelques grammairiens, se fondant sur l'analogie de l'accentuation des noms, écrivent Θεῷ μοῦ, ἀνδρῶν τινῶν, ὁρᾶν τινά. Cette orthographe n'est point généralement suivie.

ἵππαρχος ἐστί; ὁ προφήτης φησί, οἱ προφῆται φασί; φιλόσοφοι ἐσμέν; ῥήτορες εἰσίν; οἱ πολῖται πῶς; ἐξάγγελλε μοί; τιμῶμεν σφέας; ῥῆμα ποῦ, ῥήματα γέ; αὖλαξ (1) ἐστί, αὔλακες εἰσί, πῖδαξ τις, πίδακες τινές; γυνὴ τίς, γυναῖκες τινές; τράπεζα τε; δρᾶμα ποῦ; ῥεῖθρον ποθέν; ῥείθρῳ ποθέν; λέγω τί; λέγομεν τί; καλῶ τινά; καλοῦμεν τινά.

Règle IV. Les *proclitiques* prennent l'accent de l'encli-
devant εἰμί, ἐστί. Voy.

Exercices. Εἴ τί, εἰ γέ, εἰ τέ, εἰς τί, ἐν τινί, ἐν πέρ, οὐ γέ, οὗ σφισιν.

Règle V. Si plusieurs *enclitiques* sont de suite, celle qui précède reçoit toujours l'accent de celle qui vient après : εἴ τίς

Exercices. Εἴ πέρ τις σὲ μὲ φησί ποτέ. Οἶκος τις ἐστί μοί ποῦ. Καὶ ῥὰ τις ποθέν. Ἀλλὰ τίς μὲ ποῦ φησίν ἁμαρτεῖν.

Règle VI. Quelques *enclitiques* peuvent s'unir à d'autres mots pour former des mots composés. Telles sont les particules inséparables θε, θεν, et δε : εἴθε, σέθεν, ἔθεν, ἐμέθεν; ὅδε, τοιόςδε, τηλικόςδε, οἰκόνδε, à la maison, *domum*, ἀγοράνδε, *vers la place publique;* et plusieurs autres que l'usage apprendra : ὥςτε, οὕτε, τοίνυν, ὅςτις, οἵόςτε, etc.

Remarques. 1°. Les pronoms régis par une proposition cessent d'être enclitiques, et gardent leur accent : περὶ σοῦ, παρά σφίσιν.

Les pronoms enclitiques, employés avec emphase ou par opposition, gardent aussi leur accent : ὁ παραδιδοὺς μὲ σοί.

2°. Les *enclitiques* gardent leur accent, lorsqu'elles commencent une phrase ou un membre de phrase, après une marque de ponctuation, et en général lorsqu'il n'y a pas un mot sur lequel elles puissent s'appuyer : σοῦ γὰρ κράτος ἐστί μέγιστον. Ὄλωλα, φησί, κἀποθνήσκω.

3°. Ἐστί, troisième personne du singulier, est ou n'est pas *enclitique.*

Il est *enclitique* lorsqu'il ne sert que de liaison entre le sujet

---

(1) Placée après un mot finissant par une double, l'enclitique ne rejette pas son accent.

(2) Si l'une des *enclitiques* est susceptible de prendre le circonflexe,

δίκαιος εἶ; ὁ προφήτης φησί, οἱ προφῆταί φασι; φιλόσοφοί ἐσμεν, ῥήτορές εἰσιν; οἱ πολῖταί πως; ἐξάγγελλέ μοι; τιμῶμέν σφεας; ῥῆμά που, ῥήματά γε; αὖλαξ ἐστί, αὔλακές εἰσι; πῖδαξ τις, πίδακές τινες; γυνή τις, γυναῖκές τινες; τράπεζά τε; δρᾶμά που, ῥεῖθρόν ποθεν, ῥείθρῳ ποθέν; λέγω τι; λέγομέν τι; καλῶ τινα; καλοῦμέν τινα.

tique : ἔκ τινος; εἴ τις. Cependant οὐ et εἰ n'ont jamais d'accent sur ἐστί, plus bas, *Remarq.* 3°.

EXERCICES CORRIGÉS. Εἴ τι, εἴ γε, εἴ τε, εἴς τι, ἔν τινι, ἔν περ, οὔ γε, οὔ σφισιν.

τινά φησί μοι παρεῖναι. On voit que la dernière enclitique μοι reste seule sans accent (2).

EXERCICES CORRIGÉS. Εἴ πέρ τίς σέ μέ φησί ποτε. Οἶκός τίς ἐστί μοί που. Καί ῥά τίς ποθεν. Ἀλλά τίς μέ πού φησιν ἁμαρτεῖν.

Remarquez, 1°. que δε *enclitique* fait rapprocher l'accent sur la dernière : τηλικόςδε (3), de τηλίκος, τοιόςδε, de τοῖος (on accentue aussi τοιόςδε (3). ἐνθάδε, de ἔνθα. 2°. ὅςτις fait οὗτινος, ὧντινων, οἷςτισι, contrairement à la règle qui ne permet pas de placer le circonflexe sur l'antépénultième.

et l'attribut : ὁ ἄνθρωπός ἐστι θνητός, *l'homme est mortel.* θεός ἐστιν ὁ πάντα κυβερνῶν, *Dieu est celui qui gouverne tout.*

Mais il n'est point *enclitique* quand il offre une idée complète, et contient en lui-même l'attribut : alors l'accent se retire sur ἔ, et l'on écrit ἔστι. Ex. : ἔστι θεός, *il est, il existe un Dieu.* ἔστι θεός ὁ πάντα κυβερνῶν, *il est un Dieu qui gouverne tout.*

Il en est de même toutes les fois que ἐστί commence une proposition ou vient immédiatement après un de ces mots : εἰ, καί, μέν, μή, οὐκ, ὡς, ὅτι, πού, ἀλλ' pour ἀλλά, τοῦτ' pour τοῦτο; cas auxquels il faut ajouter les tournures ἔστιν ὅς, ἔστιν ὅτε, ἔστιν ὅπου, etc.; la construction de ἐστί après δέ élidé,

---

elle le reçoit : σῶμά μου τινα. σώζειν δύναται, Κύριός μου ἐστι. Cependant on peut accentuer aussi : σῶμά μου τινά, Κύριός μου ἐστί, avec de bonnes éditions.

(3) Génitif τηλικοῦδε, τοιοῦδε, etc.

δ᾽ ἐστι; l'élision de l'ι final de ἐστι devant une voyelle, Κλέων ἐστ᾽ ἄδικος; et enfin la répétition de ce verbe par anaphore, comme

EXERCICES. 1°. Προς σου, παρα σοι, κατα σφεων, κατα με, δια σε, ἐκ σου, προς σε, ἕνεκα σου, περι μου

Οὐ σὺ τὴν ῥίζαν βαστάζεις, ἀλλ' ἡ ῥίζα σε. Ἐγὼ μὲν ἔσωσα σε, σὺ δὲ με ἀπώλεσας. Ἤ μ᾽ ἀνάειρε, ἢ ἐγώ σε, *aut me tolle, aut ego te.*

2°. Σοι, φίλε, χάρις. Τινες μὲν καὶ διὰ φθόνον καὶ ἔριν, τινες δὲ καὶ δι' εὐδοκίαν τὸν Χριστὸν κηρύσσουσι. Σκολιὸς δὲ ταύτῃ, κατάπερ ὁ Μαίανδρος, ἐστι ὁ Νεῖλος. Εἰ βούλοιντο, σε ἐξαπατῷεν. Ἐπτὰ δὲ, οἶμαι, εἰσι. Οὐκ ἐμὲ, φησιν, αἴτιον. Πεφιλιππιδῶσθαι, φασιν, ἔλεγον. Κατηγορεῖς γὰρ, πρὶν μαθεῖν, τὸ πρᾶγμα, μοῦ.

3°. Νεῖλος ἐστὶ ποταμός· ἐστι ποταμὸς Νεῖλος. Λόγος τις ἐστι τὰν ἀρετὰν ναίειν δυςαμβάτοις ἐπὶ πέτραις. Ἐστι μέγας ἐν οὐρανῷ Ζεύς. Εἰ βωμὸς ἐστί, ἐστι καὶ θεός. Εἰ ἐστι θειότης, ἐστι καὶ θεός. Ὡς κακία ἐστί· ὡς ἐστι κακία. Οὐκ ἀγαθὸν ἐστιν ἡ πολυκοιρανίη. Οὐκ ἐστι καλὸν τὸ πολυλαλεῖν. Μὴ ἐστὶ πλεονέκτης ὁ δίκαιος ἀνήρ, ἀλλ' ἐστὶ τοῦ ἰδίου φυλακτικός. Κακία, τοῦτ᾽ ἐστί κακόν, πολλοὺς λυμαίνεται. Φιλόμηρος τις καὶ ἐστι φιλόκαλος, ὅτι ἐστὶν Ὅμηρος τοῦ ὄντως καλοῦ πηγή. Θησαυρὸς ἐστὶ ποῦ· ποῦ ἐστιν ὁ θησαυρός; Πολύπονος μὲν ἐστί, πολυμαθὴς δέ. Βίος βίου δεόμενος οὐκ ἐστὶ βίος. Ὡς ἐστ᾽ ἄπιστον ἡ γυναικεία φύσις! Ἀλλ' ἐστὶν ἀληθινός. Εἰ δ' οὕτω τοῦτ᾽ ἐστιν, ἐμοὶ μέλλει φίλον εἶναι. Δικαιοσύνη, φαμὲν, ἐστι μὲν ἀνδρὸς ἑνός; ἐστι δέ που καὶ ὅλης πόλεως. Διδυμαίοις δ' ἐστι μὲν Ἀθηνᾶς ναὸς καὶ ἄγαλμα ἐς τὰ μάλιστα ἀρχαῖον· ἐστι δὲ καὶ ἄλλο ἱερόν σφισιν. Πᾶσα ψυχὴ ἐστ᾽ ἀθάνατος.

---

(1) Hérodote, II, 29, p. 115, l. 48, de l'éd. de P. Wesseling, où on lit, ὁ Μαίανδρός, ἐστι ὁ Νεῖλος.

(2) Xénoph. *Cyrop.*, lib. I, p. 25, D, ed. Ant. Steph. 1625, et t. II, p. 98, l. 3, de l'édit. de M. J.-B. Gail, où on lit: εἰ βούλοιντό, σε.

(3) Lucien, t. I, p. 346, l. 17, de l'édit. *in-*4°. de Reitzius, qui porte οἶμαί, εἰσι.

(4) Démosthène, édit. des *Orat. Gr.* de Reiske, t. I, p. 298, l. 21, qui donne : οὐκ ἐμέ , φησι.

dans δόξα, φαμὲν, ἔστι μὲν θεοῦ μόνον; ἔστι δέ που καὶ τοῦ δικαίου ἀνδρός.

EXERCICES CORRIGÉS. 1°. Πρὸς σοῦ, παρὰ σοί, κατὰ σφέων, κατὰ μέ, διὰ σέ, ἐκ σοῦ, πρὸς σέ, διὰ μέ, ἐπὶ σοῦ, ἕνεκα σοῦ, περὶ μου. Οὐ σὺ τὴν ῥίζαν βαστάζεις, ἀλλ' ἡ ῥίζα σέ. Ἐγὼ μὲν ἔσωσα σέ, σὺ δὲ μὲ ἀπώλεσας. Ἤ μ' ἀνάειρε, ἢ ἐγὼ σέ.

2°. Σοί, φίλε, χάρις. Τινὲς μὲν καὶ διὰ φθόνον καὶ ἔριν, τινὲς δὲ καὶ δι' εὐδοκίαν τὸν Χριστὸν κηρύσσουσι. Σκολιὸς δὲ ταύτη, κατάπερ ὁ Μαίανδρος, ἔστι ὁ Νεῖλος (1). Εἰ βούλοιντο, σὲ ἐξαπατῷεν (2). Ἑπτὰ δὲ, οἶμαι, εἰσί (3). Οὐκ ἐμὲ, φησίν, αἴτιον (4). Πεφιλιππιδῶσθαι, φασίν, ἔλεγον (5). Κατηγορεῖς γὰρ, πρὶν μαθεῖν τὸ πρᾶγμα, μου (6).

3°. Νεῖλός ἐστι ποταμός· ἔστι ποταμὸς Νεῖλος. Λόγος τίς ἐστι τὰν ἀρετὰν ναίειν δυςαμβάτοις ἐπὶ πέτραις. Ἔστι μέγας ἐν οὐρανῷ Ζεύς. Εἰ βωμός ἐστιν, ἔστι καὶ θεός. εἰ ἔστι θειότης, ἔστι καὶ θεός. Ὡς κακία ἐστί· ὡς ἔστι κακία. Οὐκ ἀγαθόν ἐστιν ἡ πολυκοιρανίη. Οὐκ ἔστι καλὸν τὸ πολυλαλεῖν. Μὴ ἔστι πλεονέκτης ὁ δίκαιος ἀνήρ, ἀλλ' ἔστι τοῦ ἰδίου φυλακτικός. Κακία, τοῦτ' ἔστι κακόν, πολλοὺς λυμαίνεται. Φιλόμηρός τις καὶ ἔστι φιλόκαλος, ὅτι ἔστιν Ὅμηρος τοῦ ὄντως καλοῦ πηγή. Θησαυρός ἐστί που· ποῦ ἔστιν ὁ θησαυρός; Πολύπονος μὲν ἔστι, πολυμαθὴς δέ. Βίος βίου δεόμενος οὐκ ἔστι βίος. Ὡς ἔστ' ἄπιστον ἡ γυναικεία φύσις! Ἀλλ' ἔστιν ἀληθινός. Εἰ δ' οὕτω τοῦτ' ἔστιν, ἐμοὶ μέλλει φίλον εἶναι. Δικαιοσύνη, φαμὲν, ἔστι μὲν ἀνδρὸς ἑνός; ἔστι δέ που καὶ ὅλης πόλεως. Δυδυμαίοις δ' ἔστι μὲν Ἀθηνᾶς ναὸς καὶ ἄγαλμα ἐς τὰ μάλιστα ἀρχαῖον· ἔστι δὲ καὶ ἄλλο ἱερόν σφισιν. Πᾶσα ψυχὴ ἔστ' ἀθάνατος.

---

(5) Elien, *Var. Hist.* 1, 6, p. 125, l. 4, édit. de Coray, qui accentue ainsi : πεφιλιππιδῶσθαί, φασιν.

(6) Aristoph., *Plut.*, v. 375, édit. de Dobree, qui donne : τὸ πρᾶγμά, μου. D'après ces passages, tous tirés d'éditions recommandables, on voit que des critiques célèbres ont plus d'une fois méconnu le principe si solidement établi par le judicieux Fr. Volg. Reizius, p. vij de la Préf. de son édit. d'Hérod.

RÉCAPITULATION.

EXERCICES GÉNÉRAUX SUR TOUS LES ACCENTS.

Nota. Nous ne marquons l'accent premier

Τὸ ἔτος, τῷ ἔτει, τῶν ἐτῶν.—τὸ ἦθος, τοῦ ἤθους, τὰ ἤθη, τῶν ἠθῶν.—Τουτον.—ὁ χρονος, τῶν χρονων.—Μηδος, τῶν Μηδων, οἱ Μηδοι.—ὁ ἱππευς, τοῦ ἱππεως, οἱ ἱππεις.—μεθοριος, μεθοριοις.—ὁ ὑστεραιος, ἡ ὑστεραιᾱ, τὰ ὑστεραιᾰ. — ἁλιευτικος, ἁλιευτικω. — ἡ ἑσπερᾱ, τῇ ἑσπερᾳ.—γενομενος. — παρειμι, παρειναι. — ἥκω, ἧκε, προςῆκον.—λεηλατέω, λεηλατησαι. — φαινω, φανηναι. —ἡ θηρᾱ, τῆς θηρᾶς, τῶν θηρων. — θηραω, θηρας. — ὁ θήρ, τῷ θηρι, τοῖς θηρσι, τοὺς θηρᾶς.—ἄγω, ἦγε, προςηγον. — ἡ πηγή, ταῖς πηγαις. — ἡ παρακελευσις, τῆς παρακελευσεως. — τὸ ῥημα, τὰ ῥηματα, τῶν ῥηματων.

Τὸ ἱερειον, τῶν ἱερειων. — ὁ θωρᾱξ, τῷ θωρακι, τῶν θωρακων. — ὁ λαιλᾰψ, τῷ λαιλαπι—Ληδᾱ.—ἡ χωρᾱ, αἱ χωραι, τῶν χωρων.—θασσων, θᾶσσον.—πλειων, πλειον, πλειστοι, πλειστων. — ἡ δᾴς, τῶν δᾳδων (1), ταῖς δᾳσι, τὰς δᾳδας.—πτωσις, πτωσεως, πτωσει, πτωσεων.—ἡ φωνή, ταῖς φωναις.—ὁ οἰκέτης, τῶν οἰκετων.—βαρυς, βαρεια, βαρυ, βαρεις, βαρειας, βαρειων. — Πάν, Πανι.—πᾶς, παντι, παντων, πασι (2).—ὁ κληρος, τοῦ κληρου.—ὁ αὐλός, τῷ αὐλω.—ἡ ἀκτή, τὰς ἀκτας, τῶν ἀκτων. — ἡ κτησις, αἱ κτησεις. — σκώπτω, σκωφθω, ἐσκωμμαι, ἐσκωφθαι, ἐσκωμμενος, σκωφθεις.—τιμή, ἀτιμος.—ποτος, ἀποτος.—τιθασσευτος, ἀτιθασσευτος, ἀτιθασσευτω.—τιμωρητος, ἀτιμωρητος. — παιδευτος, ἀπαιδευτος.—ὁδός, προςοδος, προςοδων. μεθοδος.—χρηστός, ἀχρηστος.—σπαστος, συσπαστος.—θετος, συνθετος. — σκιά, συσκιος.—εἰμί, συμπαρειμι. — μέτρον, συμμετρος. γλυκυς, ὑπογλυκυς.—πολυμαθης, πολυμαθεια.—ἀφελης, ἀφελεια. — τὸ πῦρ, τῷ πυρι.—τὸ οὖς, τοῖς ὠσι, τῶν ὠτων (3).—παῖς, παιδων (4). —ὁ κωμος. — τῷ σεισμῳ. — δεσμος, περιδεσμος. — φορτηγος. — τὸ ζωον, τὰ ζωα, τοῖς ζωοις. — ζωός, ἀζωος.—ζηλος, πολυζηλος, πολυζηλῳ.

Τὸ ξιφος, τοῦ ξιφεος-ους, τῶν ξιφων.—ξιφοκτονος, *qui ense occidit,* ξιφοκτονος, *ense occisus.*—παιδοτροφος, *natum alens,* παιδοτροφος, *à nato alitus.*—ὁ ἀκανθωδης, τὸ ἀκανθωδες.—πολυτλήμων, ὦ πολυτλημον.—ἡ ἀνεμώνη, αἱ ἀνεμωναι, τῶν ἀνεμωνων. — ἡ πυγμή, ταῖς

---

(1) Voy. plus haut, §. 399, p. 22-23, VI, *Except.* 3°.
(2) Voy. plus haut, §. 399, p. 22, VI, *Except.* 2°.

RÉCAPITULATION.

CORRIGÉS DES EXERCICES GÉNÉRAUX SUR TOUS LES ACCENTS.

que lorsqu'il n'est soumis à aucune règle.

Τὸ ἔτος, τῷ ἔτει, τῶν ἐτῶν.— τὸ ἦθος, τοῦ ἤθους, τὰ ἤθη, τῶν ἠθῶν.— Τοῦτον.— ὁ χρόνος, τῶν χρόνων.— Μῆδος, τῶν Μήδων, οἱ Μῆδοι.—Ὁ ἱππεύς, τοῦ ἱππέως, οἱ ἱππεῖς.—μεθόριος, μεθορίοις.— ὁ ὑστεραῖος, ἡ ὑστεραία, τὰ ὑστεραῖα. ἁλιευτικός, ἁλιευτικῷ.—ἡ ἑσπέρα, τῇ ἑσπέρᾳ. — γενόμενος. — πάρειμι, παρεῖναι. — ἥκω, ἧκε, προςήκω, προςῆκον.— λεηλατέω, λεηλατῆσαι.— φαίνω, φανῆναι.— ἡ θήρα, τῆς θήρας, τῶν θηρῶν. — θηράω, θηρᾷς.— ὁ θήρ, τῷ θηρί, τοῖς θηρσί, τοὺς θῆρας.— ἄγω, ἦγε, προςῆγον.— ἡ πηγή, ταῖς πηγαῖς. — ἡ παρακέλευσις, τῆς παρακελεύσεως.—τὸ ῥῆμα, τὰ ῥήματα, τῶν ῥημάτων.

Τὸ ἱερεῖον, τῶν ἱερείων.— ὁ θώραξ, τῷ θώρακι, τῶν θωράκων.— ὁ λαῖλαψ, τῷ λαίλαπι.— Λήδα.—ἡ χώρα, αἱ χῶραι, τῶν χωρῶν.— θάσσων, θᾶσσον. — πλείων, πλεῖον, πλεῖστοι, πλείστων. — ἡ δάς, τῶν δάδων, ταῖς δασί, τὰς δᾶδας. — πτῶσις, πτώσεως, πτώτει, πτώσεων.—ἡ φωνή, ταῖς φωναῖς. — ὁ οἰκέτης; τῶν οἰκετῶν. — βαρύς, βαρεῖα, βαρύ, βαρεῖς, βαρείας, βαρειῶν.—Πάν, Πανί.—πᾶς, παντί, πάντων, πᾶσι.—ὁ κλῆρος, τοῦ κλήρου.—ὁ αὐλός, τῷ αὐλῷ.—ἡ ἀκτή, τὰς ἀκτάς, τῶν ἀκτῶν.— ἡ κτῆσις, αἱ κτήσεις. — σκώπτω, σκωφθῶ, ἔσκωμμαι, ἐσκῶφθαι, ἐσκωμμένος, σκωφθείς.—τιμή, ἄτιμος·— ποτός, ἄποτος. — τιθασσευτός, ἀτιθάσσευτος, ἀτιθασσέντῳ. — τιμωρητός, ἀτιμώρητος. — παιδευτός, ἀπαίδευτος. — ὁδός, πρόςοδος, προςόδων, μέθοδος. — χρηστός, ἄχρηστος. — τὸ πῦρ, τῷ πυρί. — σπαστός, σύσπαστος.—θετός, σύνθετος.—σκιά. σύσκιος.—εἰμί, συμπάρειμι. — μέτρον, σύμμετρος.—γλυκύς, ὑπόγλυκυς·—πολυμαθής, πολυμάθεια.— ἀφελής, ἀφέλεια.—τὸ πῦρ, τῷ πυρί.—τὸ οὖς. τοῖς ὠσί, τῶν ὤτων.— παῖς, παίδων.—ὁ κῶμος.—τῷ σεισμῷ.—δεσμός, περίδεσμος.—φορτηγός.—τὸ ζῶον, τὰ ζῶα, τοῖς ζῴοις.—ζωός, ἄζωος.— ζῆλος, πολύζηλος, πολυζήλῳ.

Τὸ ξίφος, τοῦ ξίφεος, τοῦ ξίφους, τῶν ξιφῶν.—ξιφοκτόνος, avec sens actif, ξιφόκτονος, avec un sens passif.—παιδοτρόφος, activ., παιδότροφος, passiv.—ὁ ἀκανθώδης, τὸ ἀκανθῶδες.—πολυτλήμων, ὦ πολύτλημον.—ἡ ἀνεμώνη, αἱ ἀνεμῶναι, τῶν ἀνεμωνῶν.—ἡ πυγμή,

---

(3) Voy. p. 22-23, *Except. 3°.*
(4) Voy. *ibid.*

πυγμαις—τὸ παραδειγμα, τῶν παραδειγματων.—ἐριφοκλοπος (composé de κέκλοπα, parf. moy. ou 2 de κλέπτω); πολυτοκος (comp. de τέτοκα, parf. moy. ou 2 de τίκτω, *pario*).—ὁ ὀχετός, τῶν ὀχετων.—ὁ μαντις, τοῦ μαντεως.—ὁ σφήξ, σφηκος, σφηκι, σφηκα, σφηκες, σφηκων, σφηξι, σφηκας.—τὸ πωμα, τῷ πωματι.—τὸ ὀρος, τὰ ὀρεα, ὀρη, τῶν ὀρεων, ὀρων.—εἷς, ἑνος, ἑνι, ἑνα ; μηδείς, μηδενος.—πυρωδης, πυρωδες.—ἀνδριαντοποιος.—ἀγαλματοποιος.—κινησις, κινησεως.—βρασμῳ.—ἡ ῥάξ, τῇ ῥαγι, ταῖς ῥαξι.—θρασυς, θρασει, θρασεις.—τὸ θρασος, τῷ θρασει.—γυμνικος ἀγών, γυμνικοις ἀγωσι.—ἡ δικαιολογια, τῶν δικαιολογιων.—πληκτης, πληκται, πληκτων, πληκτας.—ἀθλητή, ἀθληταις.—ἡ δικη βιαιος, τῶν δικῶν βιαιων.—τὸ πληθος, τῷ πληθει.—τροφευς, ὦ τροφευ, τροφεις.—πατήρ, πατρος, πατερα, ὦ πατερ.—σωτήρ, ὦ σωτερ.—Ποσειδῶν, ὦ Ποσειδον.

Ἀποκρύπτω, ἀποκρυψομεν, ἀποκρυφθησομεθα, ἀποκρυψαιμι, ἀποκρυψαις, ἀποκρυψαι, ἀποκρυπτων, ἀποκρυφθεις, ἀποκρυφθεισα, ἀποκρυφθεισων, ἀποκεκρυφα, ἀποκρυφθῃς, ἀποκρυψαι, ἀποκεκρυφεναι, ἀποκρυπτεσθαι, ἀποκεκρυφθαι, ἀποκρυπτομενος, ἀποκεκρυμμενος.—Διασπαω, διασπω, διάσπα, διασπα, impér., διεσπων, διασπων, διεσπωμεν, διασπασον.—προςκινεω, προςκινω, προςκινει, προςεκινει, προςκινει, impérat., προςεκινου, προςκινησον, προςεκινουν, προςεκινειτε, προςκινοιμι, προςκινοις, προςκινοι, προςκινησαιμι, προςκινησαι, προςκινησαι, impér. aor. moy., προςκινησαι, aor. infin., προςκεκινηκως, προςκεκινηκοτι, προςκεκινηκυια, προςκεκινηκυιας, προςκινησας, προςκινησαν, προςκινησασα, προςκινησασης, προςκινησασων.—Ἐπ-αδω, ἐπηδον.

Σκαπτω, σκαφθηναι, σκαφθεντος, ἐσκαφθαι, ἐσκαμμαι, ἐσκαψαι, ἐσκαπται, ἐσκαμμην, ἐσκαψο, ἐσκαπτο, ἐσκαφθην, σκαφθω, ἐσκαφθης, σκαφθης, ἐσκαφθησαν, σκαφθωσι, σκαφθητι, σκαφθησομαι, σκαφθησεσθαι, ἐσκαφθαι, σκαφθηναι.—ἐπιγιγνομαι, ἐπιγιγνεσθαι, ἐπιγενεσθαι, ἐπιγεγονεναι.—ἐπιστελλω, ἐπιστελω, ἐπιστειλαι, ἐπεσταλκεναι, ἐπισταλεις.—ἐπισκεψαιο.—ἐπιτασσω, ἐπιταξον, ἐπιτεταγμαι, ἐπιτεταξαι, ἐπιταξαι, ἐπιτετακται, ἐπιτεταχθαι, ἐπεταξαμεν, ἐπεταξαμην, ἐπεταξω, ἐπετεταξο, ἐπιταξω, ἐπεταχθην, ἐπιταχθω, ἐπιταχθηναι, ἐπιταξασθαι, ἐπιταχθεν, ἐπιταχθησεσθαι, ἐπιτασσειν, ἐπιτεταχεναι, ἐπιτεταχοσι.—ἀποτεμνω, ἀποτεμουσι, ἀποτεμνων, ἀποταμων, ἀποτεμνειν, ἀποτεμειν, ἀποταμειν.—ἀπολειπω, ἀπολειψαι, ἀπολιπειν, ἀπολειπεσθαι, ἀπολιπεσθαι, ἀπολειπων, ἀπολειπουσα, ἀπολιπων, ἀπολιπουσα.—καταρρυμι, κατερρυηναι, καταρρυεις, καταρρυειτα, καταρρυεν.—καταρρηγνυμι, καταρραγεντες, καταρραγεισων.—ἀποπιπτω, ἀποπεσειν.—λανθανω, λαθειν, λαθεσθαι.—ἀποκτεινω, ἀποκτενεις.—ἀποσκηπτω, ἀπο-

ταῖς πυγμαῖς.—τὸ παράδειγμα, τῶν παραδειγμάτων.—ἐριφοκλόπος,
πολυτόκος.— ὁ ὀχετός, τῶν ὀχετῶν. — ὁ μαντις, τοῦ μάντεως.—ὁ
σφήξ, σφηκός, σφηκί, σφῆκα, σφῆκες, σφηκῶν, σφηξί, σφῆκας.—τὸ
πῶμα, τῷ πώματι.—τὸ ὄρος, τὰ ὄρεα, ὄρη, τῶν ὀρέων, ὀρῶν.—
εἷς, ἑνός, ἑνί, ἕνα; μηδείς, μηδενός.—πυρώδης, πυρῶδες.—ἀνδριαν-
τοποιός. — ἀγαλματοποιός. —κίνησις, κινήσεως. — βρασμῷ. — ἡ
ῥάξ, τῇ ῥαγί, ταῖς ῥαξί.—θρασύς, θρασεῖ, θρασεῖς.—τὸ θράσος,
τῷ θράσει.—γυμνικὸς ἀγών, γυμνικοῖς ἀγῶσι.— ἡ δικαιολογία, τῶν
δικαιολογιῶν.—ὁ πλήκτης, πλῆκται, πληκτῶν, πλήκτας. — ὁ ἀθλη-
τής, τοῖς ἀθληταῖς. — ἡ δίκη βίαιος, τῶν δικῶν βιαίων. — τὸ πλῆθος, τῷ πλήθει. — τροφεύς, ὦ τροφεῦ, τροφεῖς. — πατήρ, πατρός,
πατέρα, ὦ πάτερ.—σωτήρ, ὦ σῶτερ.— Ποσειδῶν, ὦ Πόσειδον.

Ἀποκρύπτω, ἀποκρύψομεν, ἀποκρυφθησόμεθα, ἀποκρύψαιμι, ἀπο-
κρύψαις, ἀποκρύψαι, ἀποκρύπτων, ἀποκρυφθείς, ἀποκρυφθεῖσα,
ἀποκρυφθεισῶν, ἀποκέκρυφα, ἀποκρυφθῆς, ἀποκρύψαι, ἀποκεκρυ-
φέναι, ἀποκρύπτεσθαι, ἀποκεκρύφθαι, ἀποκρυπτόμενος, ἀποκε-
κρυμμένος. — Διασπάω, διασπῶ, διασπᾷ, διάσπα, διέσπων,
διασπῶν, διεσπῶμεν, διάσπασον. — προσκινέω, προσκινῶ, προσ-
κινεῖ, προσεκίνει, προσκίνει (impérat.), προσκινοῦ, προσκίνησον, προσ-
εκίνουν, προσεκινεῖτε, προσκινοῖμι, προσκινοῖς, προσκινοῖ, προσκινή-
σαιμι, προσκινῆσαι, προσκίνησαι (imperat. aor. moy.), προσκινῆσαι (aor. infin.), προσκεκινηκώς, προσκεκινηκότι, προσκεκινη-
κυῖα, προσκεκινηκυίας, προσκινήσας, προσκινῆσαν, προσκινήσασα,
προσκινησάσης, προσκινησασῶν. — Ἐπᾴδω, ἐπῇδον.

Σκάπτω, σκαφθῆναι, σκαφθέντος, ἐσκάφθαι, ἔσκαμμαι, ἔσκαψαι,
ἔσκαπται, ἐσκάρμην, ἔσκαψο, ἔσκαπτο, ἐσκάφθην, σκαφθῶ, ἐσκά-
φθης, σκαφθῆς, ἐσκάφθησαν, σκαφθῶσι, σκάφθητι, σκαφθήσομαι, σκα-
φθήσεσθαι, ἐσκάφθαι, σκαφθῆναι.—ἐπιγίγνομαι, ἐπιγίγνεσθαι, ἐπιγε-
νέσθαι, ἐπιγεγονέναι.—ἐπιστέλλω, ἐπιστελῶ, ἐπιστεῖλαι, ἐπεσταλκέναι,
ἐπισταλείς. — ἐπισκέψαιο. — ἐπιτάσσω, ἐπίταξον, ἐπιτέταγμαι, ἐπιτέ-
ταξαι, ἐπιτάξαι, ἐπιτέτακται, ἐπιτετάχθαι, ἐπετάξαμεν, ἐπεταξάμην,
ἐπετάξω, ἐπετέταξο, ἐπιτάξω, ἐπετάχθην, ἐπιταχθῶ, ἐπιταχθῆναι,
ἐπιτάξασθαι, ἐπιταχθέν, ἐπιταχθήσεσθαι, ἐπιτάσσειν, ἐπιτεταχέναι,
ἐπιτεταχόσι. — ἀποτέμνω, ἀποτεμοῦσι, ἀποτέμνων, ἀποταμών, ἀπο-
τέμνειν, ἀποτεμεῖν, ἀποταμεῖν.—ἀπολείπω, ἀπολείψαι, ἀπολιπεῖν,
ἀπολείπεσθαι, ἀπολιπέσθαι, ἀπολείπων, ἀπολείπουσα, ἀπολιπών, ἀπο-
λιποῦσα.—καταρρύημι, καταρρυῆναι, καταρρυείς, καταρρυεῖσα, καταρ-
ρυέν.—καταρρήγνυμι, καταρραγέντες, καταρραγεισῶν.—ἀποπίπτω,
ἀποπεσεῖν.—λανθάνω, λαθεῖν, λαθέσθαι.—ἀποκτείνω, ἀποκτενεῖς.—

σκῆψαι, aor. inf. — ἀποπλήττω, ἀποπληγεντα. — ἀπ᾽ιμοργνυμί, ἀπο-
μοργνυς, ἀπομοργνῦσκ. — Ὑπ-εχω, ὑπειχον, ὑπεσχον, ὑποσχες. —
Ὑπερ-ημαι, ὑπερησθαι. — Ἐπ-ειμι, ἐπεστι, ἐπης, ἐπισθι, ἐπω, ἐπῃς,
ἐπειναι , ἐπων , ἐπουσα.

EXERCICES SUR LES ENCLITIQUES.

L'accent, toujours marqué ici sur l'enclitique, devra être conservé ou
mots que lorsqu'il n'est

Ἐβουλετο οἷ τω παιδε παρειναι.—ὁ δὲ πειθεται τε καί, etc.—δοθῆ-
ναι οἷ.—ἐριζοντα γέ.—ταυτα νύν.—Σοφαίνετος τίς.—ἐνταῦθα εἰμί.
—Κῦρος ποτέ.—ἐξετασιν τινά.— ἐποιησεν πού.

Ἐγενουτο μοῦ.—συμπαντες σοί.—ὁπλῖται εἰσί.—μυριοι τοί.—ἐντεῦθεν ποθέν.—ἀγῶνα πῆ ἐθηκα ῥά.—ἆθλα μίν.—διηγε ποθί.—ἀφι-
κνειται πώ.

Φιλοσοφος τίς.—δουναι γέ.—χρηματα τινά.—οἶνος μοῦ.—ἐμεινε
μοί.—λεγεται σοί.—δεηθηναι μέ.

Ἐπιδειξαι σέ.—στρατευμα οὖ.—ποιειται οἷ.— ταχθηναι ἕ.—στη-
ναι σφέα.—ἐταχθησαν σφισιν.— ἑτερον τινά.

Πολεμειν τέ.—ἠγασθη τέ.— το τέ—τω τε.—Σοφαινέτου τινός.—
παντες νύν.—πᾶσα νύν.—ἀσπιδας οἷ.—παρα τινί.—προς με.—ὑπο
σου.— στρατηγους σοῦ.—των τε.—Ἑλληνων τινῶν.—δια με.

Τουτου εἰμί.—στρατιώταις τισί.—κραυγῆ κέ.—σκηνὰς φημί.—της
τὲ ἀγορᾶς τινός.—του μοί.—βαρβαρους πού.—τρεῖς ποθέν.—ἡ δὲ τοί
εἰςβολὴ ποτέ.

ὁ τι.—λελοιπως (1) ἐστί.— εἰςελθειν τινά.—ἐπεί τοί το τέ.—τῶν
γέ.—γυναικος τινός — τριήρης σφίσιν. — ταμων σφέα. — λαθων σφᾶς.
— ἀνεβη πού. — οὐδενὸς εἰμί. — ὁρη ποτέ.

Ἐφύρη ἐστι πόλις.—Ἐστι πόλις Ἐφύρη.—Ὁ δίκαιος ἀνὴρ οὐκ ἐστι
πλεονέκτης.—Τίς οἶδε πού ἐστιν ἡ μοῖρα;—Μόνος ὁ Θεός ἐστ᾽ ἀμεμπτος.
— Φιλανθρωπος ἐστιν ὁ Χριστός.—Ὡς ἐστι φιλανθρωπος ὁ Χριστός !

EXEMPLES D'ACCENTUATION VICIEUSE A CORRIGER.

Ψεῦδος, ψεῦδους, ψεῦδει, ψεύδος, ψευδῆ, ψεῦδων, ψεῦδεσι.

Τράχηλος, τράχηλου, τραχῆλῳ, τραχῆλον, τραχῆλε, τραχῆλοι,
τράχηλων, τραχηλοις.

Ἀγήσιλαος, Ἀγησίλαου, Ἀγησιλαῷ, Ἀγῆσιλαον, Ἀγησιλάε.

Ὁράω (εἴδω), εἴδε, εἴδετω, εἰδέτον, εἴδετων, εἴδετε, εἰδετῶσαν.

---

(1) Voy. la *Méth.* §. 118, 2°.

ἀποσκήπτω, ἀποσκῆψαι.— ἀποπλήττω, ἀποπληγέντα.—ἀπομόργνυμι, ἀπομοργνύς, ἀπομοργνῦσα. — ὑπέχω, ὑπεῖχον, ὑπέσχον, ὑπόσχες.— ὑπέρημαι, ὑπερῆσθαι. — Ἔπειμι, ἔπεστι, ἐπῆς, ἔπισθι, ἐπῶ; ἐπῆς, ἐπεῖναι, ἐπών, ἐποῦσα.

EXERCICES CORRIGÉS.

rejeté suivant les règles. L'accent premier n'est marqué sur les autres soumis à aucune règle fixe.

Ἐβούλετό οἱ τὼ παῖδε παρεῖναι. — ὁ δὲ πείθεταί τε καί, etc.— δοθῆναί οἱ.—ἐρίζοντά γε.—ταῦτά νυν.—Σοφαίνετός τις.—ἐνταῦθά εἰμι.—Κῦρός ποτε.—ἐξέτασίν τινα.—ἐποίησέν που.

Ἐγένοντό μου. — σύμπαντές σοι. — ὁπλῖταί εἰσι. — μύριοί τοι. — ἐντεῦθέν ποθεν.—ἀγῶνά πη ἔθηκά ῥα.—ἆθλά μιν.—διῆγέ ποθι.— ἀφικνεῖταί πω.

Φιλόσοφός τις.—δοῦναί γε— χρήματά τινα.— οἶνός μου.—ἔμεινέ μοι.—λέγεταί σοι.—δεηθῆναί με.

Ἐπιδεῖξαί σε.—στράτευμά οὐ.—ποιεῖταί οἱ.—ταχθῆναί ἑ —στῆναί σφεα.—ἐτάχθησάν σφισιν.—ἕτερόν τινα.

Πολεμεῖν τε.—ἠγάσθην τε.—τό τε.—τῷ τε.—Σοφαινέτου τινός.— πάντες νυν, πᾶσά νυν.—ἀσπίδας οἱ.—παρά τινι.—πρὸς μέ.—ὑπὸ σοῦ.—στρατηγούς σου.— τῶν τε.—Ἑλλήνων τινῶν.—διὰ μέ.

Τούτου εἰμί.—στρατιώταις τισί.—κραυγῇ κε.—σκηνάς φημι.—τῆς τε ἀγορᾶς τινος.—τοῦ μοι.— βαρβάρους που.—τρεῖς ποθεν.—ἡ δέ τοι εἰσβολή ποτε.

Ὅ τι.—λελοιπώς ἐστι.—εἰσελθεῖν τινα.—ἐπεί τοι τό τε.—τῶν γε. — γυναικός τινος. — τριήρης σφίσιν. — ταμιών σφεα. — λαθὼν σφᾶς. —ἀνέβη που. — οὐδενός εἰμι. —ὄρη ποτέ.

Ἐφύρη ἐστὶ πόλις.—Ἔστι πόλις Ἐφύρη.—Ὁ δίκαιος ἀνὴρ οὐκ ἔστι πλεονέκτης.—Τίς οἶδε ποῦ ἔστιν ἡ μοῖρα;—Μόνος ὁ Θεὸς ἔστ' ἄμεμπτος. —Φιλάνθρωπός ἐστιν ὁ Χριστός.—Ὡς ἔστι φιλάνθρωπος ὁ Χριστός!

EXEMPLES D'ACCENTUATION VICIEUSE CORRIGÉS.

Ψεῦδος, ψεύδους, ψεύδει, ψεῦδος, ψεύδη, ψευδῶν, ψεύδεσι.

Τράχηλος, τραχήλου, τραχήλῳ, τράχηλον, τράχηλε, τράχηλοι, τραχήλων, τραχήλοις.

Ἀγησίλαος, Ἀγησίλαον, Ἀγησιλάῳ, Ἀγησίλαον, Ἀγησίλαε.

Ὁράω (εἴδω). εἶδε, εἰδέτω, εἴδετον, εἰδέτων, εἴδετε, εἰδέτωσαν.

Thèm. Gr. IIme Part. Corrigés.   5

Χλαῖνα, χλαῖνης, χλαίνῃ, χλαίναν, χλαίναι, χλαίνων, χλαῖναις, χλαῖνας.

Μέλισσα, μέλισσης, μελίσσῃ, μελίσσαν, μελίσσαι, μελίσσων, μελίσσαις, μέλισσας.

Νίκη, νίκης, νίκῃ, νίκην, νικαί, νίκων, νικαῖς, νίκας.

Ὀργή, ὀργής, ὀργή, ὀργήν. ἀθλητή, ἀθληταίς, ἀθλητάς, ἀθληταῖ, ἀθλητών. ἡ διττὴ στοά, τῆς διττῆς στοάς, τῇ διττῇ στοά, τῶν διττων στόων, ταῖς διτταῖς στοαῖς.

Ἁλιευς, ἁλίεις.—καταγεγηράκοτες.—ἄφειλον.—ὀψέων.—ἀγάγων. — σφάγεις, σφαγείσων. — καταβίβρωσκω, καταβεβρώμενοι. — ποίεω, ποίω, ποίησας, ποιουμένοι. — κατέχω, κατεχόντες, κατάσχων. — συμπασχῶ, σύνεπαθον, συμπάθοντες, συμπάθειν.—ἀποσπείρω, fut. ἀποσπέρω. ἀποσπειρόμεν, fut. ἀποσπέρουμεν. — ἄπειπω, ἄπειπα.

Ἆθλον τὶ.—ἱμάτιὸν τι.—σπασμὸς τίς.—σωτηρίά σου.—σφαίρα οἷ —ἦν ποτὲ.— Λακεδαιμονίων τινων.—ψεῦδος νυν.

Ἄνθρωπος που.—κεφαλὴ γὲ.— εἴποί τισι.—σκεύὸς τοι.—μῦν τινά. οὐδέν ἐστί.—λέγοντος τινός.—Ῥώμαιών ἐστι.—Ἀντωνίνού τε.—κατήλίψ γε.—χοῖνίξ σου.

§. 7.

ESPRITS.

Règle. *Esprit*, terme de grammaire, veut dire aspiration.

Les Grecs en ont deux, l'esprit *doux* et l'esprit *rude*. Le *doux* ne se fait point sentir en prononçant ; le *rude* répond à notre *h* aspirée. Ils se mettent sur les voyelles et sur les diphthongues initiales ; le *doux* ressemble à une petite virgule ou apostrophe (᾿), exemple : ἐγώ, *moi* ; le *rude*, à un petit *c* (῾), exemple : ἡμεῖς, *nous* (1).

La même voyelle ou la même diphthongue peut être à la fois marquée de l'*esprit* et de l'accent. Dans ce cas, l'esprit se met le premier ; et si la voyelle ou la diphthongue prend le circonflexe, l'esprit s'écrit dans l'intérieur de cet accent, exemples : ἴχνος, ἵππος, αἴνεσις, αἵρεσις ; εὖρος, οὗτος.

L'esprit rude, originairement figuré par H, comme dans ΗΟΔΟΣ, pour ὁδός, *via*, a donné naissance à l'H des Latins,

---

(1) Ces deux signes proviennent de l'ancienne marque d'aspiration H, dont les deux parties séparées, Ⱶ Ⱶ, et successivement arrondies

Χλαῖνα, χλαίνης, χλαίνῃ, χλαῖναν; χλαῖναι, χλαινῶν, χλαίναις; χλαίνας.

Μέλισσα, μελίσσης, μελίσσῃ, μέλισσαν, μέλισσαι, μελισσῶν, μελίσσαις, μελίσσας.

Νίκη, νίκης, νίκην, νῖκαι, νικῶν, νίκαις, νίκας.

Ὀργή, ὀργῆς, ὀργῇ, ὀργήν. ἀθλητή, ἀθληταῖς, ἀθλητάς, ἀθληταί, ἀθλητῶν. ἡ διττὴ στοά, τῆς διττῆς στοᾶς, τῇ διττῇ στοᾷ, τῶν διττῶν στοῶν, ταῖς διτταῖς στοαῖς.

Ἁλιεύς, ἁλιεῖς. — καταγεγηρακότες. — ἀφεῖλον. — ὄψεων. — ἀγαγών. — σφαγείς, σφαγεισῶν. — καταβιβρώσκω, καταβεβρωμένοι. — ποιῶ, ποιήσας, ποιούμενοι. — κατέχω, κατέχοντες, κατασχών. — συμπάσχω, συνέπαθον, συμπαθόντες, συμπαθεῖν. — ἀποσπείρω, ἀποσπερῶ, ἀποσπείρομεν, ἀποσπεροῦμεν. — ἀπείπω, ἀπεῖπα.

Ἆθλόν τι. — ἱμάτιόν τι. — σπασμός τις. — σωτηρία σου. — σφαῖρά οἱ. — ἦν ποτε. — Λακεδαιμονίων τινῶν. — Ψεῦδός νυν.

Ἄνθρωπός που. — κεφαλή γε. — εἴποι τισί. — σκεῦός τοι. — μῦν τινα. — οὐδέν ἐστι. — λέγοντός τινος. — Ῥωμαίων ἐστί. — Ἀντωνίνου τε. — κατήλιψ γε — χοῖνιξ σου.

<hr>

§. 7.

ESPRITS.

de qui nous l'avons empruntée, et il se rend par cette lettre dans leur langue et dans la nôtre. Exemples : ἥρως, *héros*, héros; ἱστορία, *historia*, histoire; ἁρμονία, *harmonia*, harmonie; Ἱππόλυτος, *Hippolytus*, Hippolyte; ἡμεροδρόμος, *hémérodromus*, hémérodrome; ἁμαδρυάς, *hamadryas*, hamadryade, etc., etc. Ce rapprochement suffit pour faire comprendre combien il importe pour l'orthographe des deux langues de remarquer et de connaître les mots affectés en grec de *l'esprit rude*.

Toute voyelle initiale est marquée d'un *esprit*.

ρ, considéré par les grammairiens grecs comme une semivoyelle, est la seule consonne qui reçoive *l'esprit*, et il prend le *rude* au commencement des mots; voilà pourquoi on le

<hr>

à leurs angles, ont fini par produire les deux demi-cercles qui maintenant figurent les esprits.

* 5

représente dans les mots tirés du grec par *rh*; exemples : ῥήτωρ, *rhetor*, rhéteur ; ῥαψῳδία, *rhapsodie*, etc., etc.

Si deux ρ se rencontrent de suite, alors le premier reçoit *l'esprit* doux et le second le *rude*; exemples : ἀῤῥαβών, *arrhes*, ἀῤῥενικός, *masculin*. Remarquez que, dans ce cas, le second *r*, dans les mots tirés du grec, est toujours suivi d'une *h* en latin et en français, comme nous venons de le voir dans ἀῤῥαβών, *arrhes*, et c'est encore ainsi que αἱμοῤῥαγία se rendra par *hæmorrhagia*, hémorrhagie.

Voici les seules règles générales qu'on puisse donner sur les *esprits*.

1°. Les substantifs conservent à tous leurs cas *l'esprit* de leur nominatif singulier et les verbes gardent partout celui de leur première personne de l'indicatif. Exemples: ἀλώπηξ, ἀλώπεκος, etc.; ἱέραξ, οἱ ἱέρακες, etc.; ᾄδω, ἦδον, ἅπτω, ἧψα, ἥψαμεν, etc.

Excepté ἕξω, ἑκτέον, ἕξις, qui, quoique venant de ἔχω, *doux*, prennent *l'esprit rude*. Voy. §. 213, II.

2°. *L'esprit* du radical passe à tous ses dérivés; exemples: ἀλείφω ; ἀλείπτης, ἀλειπτικός, etc. ἱερός, ἱερεύς, ἱερόω, etc.

EXERCICES SUR LES ESPRITS.

Ὑλακτέω. Ὕλας, *Hylas*, ῥέω, ἄρρητος. ὑλαῖος ῥάπτω. σκηνορράφος. ὑδροφόρος. ἀπόρρητος. υἱός. ῥίν, ἔρρινον. ὑπό, ὑπέρ, ὑπέρτερος, ὑπόκρημνος. περίρρυτος. — Φλέγω, imparf. εφλεγον. ῥάπτω, aor. ερραψα ; ὁράω, imparfait εωρων, plus-que-parfait εωρακειν, part. parf. εωρακως. ὁρτάζω, att. ἑορτάζω, imparf. εωρταζον, parf. εωρτακα. — Ὅτι, ὅτος, ὅπου, ὁπόσος, ὁποῖος. — Φίλος, *ami*, αφιλος, *sans amis* ; αἷμα, *sang*, αναιμος, *privé de sang* ; χάρις, *grâce*, ἀχαρις, *disgracieux*, *désagréable* ; ὑπήκοος, *soumis*, ανυπηκοος, *insoumis*.

---

§. 9.

APOSTROPHE.

EXERCICES.

Pour les règles et les explications, voyez la *Méthode*, au para-

Ἐπ' ἴσου, ἐπ' ἵππῳ. ἀπ' οἴκου, ἀπ' ὅρμου. ἐπ' ἐλαίῳ, ἐπ' ἕδρα. ὑπ' ὀρόφου, ὑπ' ἕδους. μετ' εἰρήνης, μετ' ἡμέρας. ὑπ' ἑστια. ὑπ' ὅλον. κατ'

3°. Υ initial est toujours marqué de *l'esprit rude*, et se rend par *hy*; exemple : ὕδρα, *hydre*, etc.

4°. Les quatre cas de l'article qui commencent par une voyelle et tout le pronom relatif prennent l'esprit *rude*.

5°. Tous les dérivés et composés de l'article ὁ ou du relatif ὅς sont marqués du *rude*, comme ὅδε, ὅσος, οὗτος, ὅτι, ὅπως, ὅθεν, ὁπότε, ὁπόθεν, ὅτε, etc.

6°. A privatif, αν devant une voyelle au commencement des mots, est marqué de *l'esprit doux* : λύπη, *chagrin*, ἄλυπος, *sans chagrin*; ὕδωρ, *eau*, ἄνυδρος, *sans eau*.

7°. E, augment syllabique, a *l'esprit* doux. Exemple : λύω, ἔλυον, ποιέω, ἐποίησα, etc.

Excepté. 1°. Ἕστηκα, parf.; à tous ses modes, il conserve l'esprit *rude* du présent ἵστημι; mais l'aor. ἔστην a *l'esprit doux*. 2°. L'ε augment attique des verbes commençant par ὁ, marqué de *l'esprit rude*. Exemples : ὁράω, ἑώρακα. 3°. Εἵμαρμαι, parf. pass. de μείρω; d'où vient ἡ εἱμαρμένη, *le destin*.

EXERCICES CORRIGÉS.

Ὑλακτέω. Ὕλας, *Hylas*. ῥέω, ἄρρητος. ὑλαῖος. ῥάπτω. σκηνορράφος. ὑδροφόρος. ἀπόρρητος. υἱός. ῥίν, ἔρρινον. ὑπό, ὑπέρ, ὑπέρτερος, ὑποκρημνος. περίρρυτος. — Φλέγω, ἔφλεγον. ῥάπτω, ἔρραψα. ὁράω, ἑώρων, ἑωράκειν, ἑωρακώς. ἑώρταζον, ἑώρτακα. — Ὅτι, ὅσος, ὅπου, ὁπόσος, ὁποῖος. — Φίλος, ἄφιλος; αἷμα, ἄναιμος; χάρις, ἄχαρις; ὑπήκοος, ἀνυπήκοος.

---

§. 9.

APOSTROPHE.

EXERCICES CORRIGÉS.

graphe indiqué ci-dessus.

Ἐπ' ἴσου, ἐφ' ἵππῳ. ἀπ' οἴκου, ἀφ' ὅρμου. ἐπ' ἐλαίῳ, ἐφ' ἕδρα. ὑπ' ὀρόφου, ὑφ' ἕδους. μετ' εἰρήνης, μεθ' ἡμέρας. ὑφ' ἑστία. ὑφ' ὅλον. καθ' ὅλον, κατ' ὥραν; κατ' οὖς, κατ' οὔς. ἀντ' ὦν. μετ' ὦν. ἐπ' ᾧ. ἀντ' ἡγεμόνος. ἀντ' ἡγεμονίας. ἀπ' ἡδονῆς. ἐπ' ἡδύσματι. ἀπ' ἠκίστου. ἐπ' ἡλικίαν. μετ' ἡλίκων. μετ' αἵματος. ὑπ' ὁλκοῦ. κατ' ὑποθέματα. οὐκ ἵνα. δέδοικα, δέδοικ' ὅπως. ὦ ἄνθρωπε οὗτος, ὦ ἄνθρωπ' οὗτος. τέθνηκε ὁ μέλλων, τέθνηκ' ὁ μέλλων. ἕνεκα ἡμῶν, ἕνεκ' ἡμῶν.

§§. 5 et 6.

DU CHANGEMENT DES CONSONNES.

EXERCICES.

Pour l'énoncé des règles et les changements à faire dans les exercices suivants, nous renvoyons à la *Méthode*, aux paragraphes indi-

Τέτυχται. πέπλεγται. τριβτός. γραφτός. τέταγται. φυλαγτέος. ὀρύγτης. ὀρώρυγται. κρυβτέον. θέθαφται. πέπραγται. ἑχτικός.

Ἐλάμβθην, γραπθείς. ἐπράγθη. ταγθείην. ἐνύκθην. πεφρίκθαι. τετύπθαι. τύπθητι. τριβθείς. κρυβθείην. τετύκθαι. πλεκθήσομαι. γραπθείς.

Ῥαπδος. ῥάχδην. ἔπδομος, ἔπδομάς. γράφδην. ῥακδαῖος. ῥύπδην. ὄκδοος.

Γράφμα. κέκρυβμαι. ἐρραφμένος. τέθαφμαι. τέτυπμαι. βεβλαβμένος. ἔσκαφμαι. τετριβμένος. κεκοπμένος. δίλκβμα.

Πέπλεκμαι. τετυχμένος λέλεχμαι. δέδοκμαι. εἴλεχμαι. δόκμα.

Θίθημι. θέθεικα. θεθήρακα. φεφρόνηκα. φεφλύδηκα. χεχρύσωκα. χεχώρηκα, ἐθέθην. ἔθρεφον. θρίχες. ἔθαφον. θυθείς.

Τύπσω. κρύβσω. ῥάφσω Ἄραβσι. ὀπσί. γρυπσί. λαίλαπσι. κατηλιφσι. Χάλυβσι.

Αἰγσί. κύλικσι. βηχσί. φρίκσω. τεύχσω κράγσω. τάγσω. βήχσω. ἥκσω.

§. 166.

EXERCICES

SUR LES CONSONNES EN COMPOSITION.

Pour les règles et les explications, voyez la *Méthode* au paragra-

1°. Συν-βάλλω. συν-μίγνυμι. ἐν-ποδίζω. ἐν-πόλημα. ἔν-βλεμμα. ἔν-βιος. ἐν-φανίζω. ἐν-φέρω. ἔν-μετρος. ἔν-μουσος. συν-πήσσω. συν-πίνω. σύν-βιος. συν-βάλλω. σύν-μετρος. σύν-μικτος. συν-φέρω. συν-φανής. συν-ζητέω, συν-ζυγέω. ἄν-βασις. ἀν-βάτης.

Σύν-κειμαι, σύν-καίω. σύν-γαμος. συν-γενής. συν-χωρέω. συν-χέω.

ὅλον. καθ᾽ ὥραν. κατ᾽ οὖς. καθ᾽ οὕς. ἀνθ᾽ ὧν. μεθ᾽ ὧν. ἐφ᾽ ᾧ. ἀνθ᾽ ἡγεμόνος. ἀνθ᾽ ἡγεμονίας. ἀφ᾽ ἡδονῆς. ἐφ᾽ ἡδύσματι. ἀφ᾽ ἡκίστου. ἐφ᾽ ἡλικίαν. μεθ᾽ ἡλίκων. μεθ᾽ αἵματος. ὑφ᾽ ὁλκοῦ. καθ᾽ ὑποθέματα. οὐχ ἵνα. δέδοιχ᾽ ὅπως. ὦ ἄνθρωφ᾽ οὗτος, τέθνηχ᾽ ὁ μέλλων. ἕνεχ᾽ ἡμῶν.

---

§§. 5 et 6.
DU CHANGEMENT DES CONSONNES.
EXERCICES CORRIGÉS.

qués ci-dessus. — Tous les mots suivants contiennent des fautes qui doivent être corrigées d'après les règles.

Τέτυκται. πέπλεκται. τριππός γραπτός. τέτακται. φυλακτέος. ὀρύκτης. ὀρώρυκται. κρυπτέον. τέθαπται. πέπρακται. ἐκτικός.

Ἐλάμφθην. γραφθείς. ἐπράχθη. ταχθείην. ἐνύχθην. πεφρίχθαι. τετύφθαι. τύφθητι. τριφθείς. κρυφθείην. τετύχθαι. πλεχθήσομαι. γραφθείς.

Ῥάβδος. ῥάγδην. ἕβδομος, ἑβδομάς. γράβδην. ῥαγδαῖος. ῥύβδην. ὄγδοος.

Γράμμα. κέκρυμμαι. ἐρραμμένος. τέθαμμαι. τέτυμμαι. βεβλαμμένος. ἔσκαμμαι. τετριμμένος. κεκομμένος. δίλημμα.

Πέπλεγμαι. τετυγμένος. λέλεγμαι. δέδογμαι. εἴλεγμαι. δόγμα.

Τίθημι. τέθεικα. τεθήρακα. πεφρόνηκα. πεφλύδηκα. κεχρύσωκα. κεχώρηκα. ἐτέθην. ἔτρεφον. τρίχες. ἔταφον. τυθείς.

Τύψω. κρύψω. ῥάψω. Ἄραψι. ὀψί. γρυψί. λαίλαψι. κατήλιψι. Χάλυψι.

Αἰξί. κύλικι. βηξί. φρίξω. τεύξω. κράξω. τάξω. βήξω. ἥξω.

---

§. 166.

EXERCICES
SUR LES CONSONNES EN COMPOSITION.

phe indiqué ci-dessus.

1°. Συμβάλλω. συμμίγνυμι. ἐμποδίζω. ἐμπόλημα. ἔμβλεμμα. ἔμβιος. ἐμφανίζω. ἐμφέρω. ἔμμετρος. ἔμμουσος. συμπήσσω. συμπίνω. σύμβιος. συμβάλλω. σύμμετρος. σύμμικτος. συμφέρω. συμφανής. συζητέω, συζυγέω. ἔμβασις. ἀμβάτης.

Σύγκειμαι. συγκαίω. σύγγαμος. συγγενής. συγχωρέω. συγχέω.

συν-ξαίνω. συν-ξέω. ἐν-καλέω. ἔν-καιρος. ἔν-γυος. ἐν-γράφω. ἐν-χών-νυμι. ἐν-χώριος. ἐν-ξέω. ἔν-ξυλος.

Συν-μονή. συμ-μυέω. συν-ρέπω. συν-ράπτω. συν-λείβω. σύν-λεξις. ἔν-μεσος. ἐν-λείπω. ἔν-λογος. συν-σαίνω. συν-σημαίνομαι.

2°. Ἀπο-αξιόω. ἀπο-είργω. παρα-έχω. κατα-έρχομαι. ἀνα-άγω. ἀντι-έχω. ὑπο-ᾴδω. περι-αιρέω. προ-οράω. περι-έχω. προ-έχω.

3°. Ἀντ-αιρέομαι (comp. de ἀντί et de αἱρέομαι). — ἀντ-αλίσκομαι (ἀντί, ἁλίσκω). — ἀντ-ελιγμός (ἀντί, ἑλίσσω). — ἀντ-έλκω (ἀντί, ἕλκω). — ἀπ-αιρέομαι (ἀπό, αἱρέομαι). — ἀπ-άπτω (ἀπό, ἅπτω). — ἀπ-αύω (ἀπό, αὔω).

Ἔπ-ημαι (ἐπί, ἧμαι). — ἐπ-ίημι (ἐπί, ἵημι). — μετ-έπω (μετά ἔπω). — μέτ-ημαι (μετά, ἧμαι). — μετ-αιρέω (μετά, αἱρέω). — μετ-ημέριος (μετά, ἡμέρα). — μετ-ίημι (μετά, ἵημι). — ὑπ-υδρος (ὑπό et ὕδωρ). — ὑπ-ορμος (ὑπό, ὅρμος). — ὑπ-οράω (ὑπό, ὁράω).

Formez encore des composés

De μετά avec : ἱζάνω, ἱστάνω, ὁδός, ἥκω, ἕλκω, ἁρμόζω, ὕστερος.

De ὑπό avec : ἵημι, ἡγεμών, ἥγησις, ἡνίοχος.

De ἐπί avec : ἱππεύω, ἵμερος, ἱκνέομαι, ὑβρίζω, ὕπερθεν, ὅρμος, ὕδωρ.

De ἀπό avec : ἵππος, ὁδός, ὁράω, ὁρίζω, ὁρμή, ἥκω, ἡγέομαι.

De ἀντί avec : ἱερόω, ἡσσάομαι, ἵστημι, ὕπατος, ὑποβάλλω, ἥλιος, ὁμιλέω, ὁμολογέω.

De κατά avec : εὕδω, ἵστημι, ὁδός, ἱκνέομαι.

De σύν avec : ζεύγνυμι, ζῶμα, ζυμόω.

4° De ἀπό avec : ῥάπτω, ῥόος, ῥῆγμα, ῥαθυμέω.

De ἐπί avec : ῥίπτω, ῥυτός, ῥώννυμι, ῥύω.

συγξαίνω. συγξέω. ἐγκαλέω. ἔγκαιρος. ἔγγυος. ἐγγράφω. ἐγχώννυμι. ἐγχώριος. ἐγξέω. ἔγξυλος.

Συμμονή. συμμυέω. συρρέπω. συρράπτω. συλλείβω. σύλλεξις. ἔμμεσος. ἐλλείπω. ἔλλογος. συςσαίνω. συςσημαίνομαι.

2°. Ἀπαξιόω. ἀπείργω. παρέχω. κατέρχομαι. ἀνάγω. ἀντέχω. ὑπάδω. περιαιρέω. προοράω. περιέχω. προέχω.

3°. Ἀνθαιρέομαι — ἀνθαλίσκομαι. — ἀνθελιγμός.—ἀνθέλκω. — ἀφαιρέομαι.—ἀφάπτω.—ἀφαύω.

Ἔφημαι.—ἐφίημι.—μεθέπω.— μέθημαι. — μεθαιρέω.—μεθημέριος.—μεθίημι.—ὕφυδρος.—ὕφορμος.—ὑφοράω.

Formez encore des composés

De μετά avec : ἰζάνω (μεθιζάνω), ἱστάνω (μεθιστάνω), ὁδός (μέθοδος), ἥκω (μεθήκω), ἕλκω (μεθέλκω), ἁρμόζω (μεθαρμόζω), ὕστερος (μεθύστερος).

De ὑπό avec : ἵημι (ὑφίημι), ἡγεμών (ὑφηγεμών), ἥγησις (ὑφήγησις), ἡνίοχος (ὑφηνίοχος).

De ἐπί avec : ἱππεύω (ἐφιππεύω), ἵμερος (ἐφίμερος), ἱκνέομαι (ἐφικνέομαι), ὑβρίζω (ἐφυβρίζω) ὕπερθεν (ἐφύπερθεν), ὅρμος (ἔφορμος), ὕδωρ (ἐφύδωρ).

De ἀπό avec : ἵππος (ἄφιππος), ὁδός (ἄφοδος), ὁράω (ἀφοράω), ὁρίζω (ἀφορίζω) , ὁρμή (ἀφορμή) ἥκω (ἀφήκω), ἡγέομαι (ἀφηγέομαι).

De ἀντί avec : ἱερόω (ἀνθιερόω), ἱσσάομαι (ἀνθησσάομαι), ἵστημι (ἀνθίστημι), ὕπατος (ἀνθύπατος), ὑποβάλλω (ἀνθυποβάλλω), ἥλιος (ἀνθήλιος), ὁμιλέω (ἀνθομιλέω), ὁμολογέω (ἀνθομολογέω).

De κατά avec : εὕδω (καθεύδω) , ἵστημι (καθίστημι), ὁδός (κάθοδος), ἱκνέομαι (καθικνέομαι).

De σύν avec : ζεύγνυμι (συζεύγνυμι), ζῶμα (σύζωμα), ζυμόω (συζυμόω).

4°. De ἀπό avec : ῥάπτω (ἀπόρραπτω), ῥόος (ἀπόρροος), ῥῆγμα (ἀπόρρηγμα), ῥαθυμέω (ἀπορραθυμέω).

De ἐπί avec : ῥίπτω (ἐπιρρίπτω), ῥυτός (ἐπίρρυτος), ῥώννυμι (ἐπιρρώννυμι), ῥύω (ἐπιρρύω).

De περί avec : ῥήγνυμι, ῥοή, ῥύπτω.

De κατά avec : ῥωδέω, ῥέω, ῥιγέω, ῥέπω, ῥηκτικός, ῥυθμίζω.

---

§. 10.

DIVISION DES SYLLABES
DANS LA LECTURE ET L'ÉCRITURE.
EXERCICES.

Pour les règles, voyez la *Méthode*, au paragraphe indiqué ci-d'après les

Ἀπέχ-θεια. — ἀπομ-νημονεύματα. — ἀφιλόσ-τοργος. — ἐπίκ-τησις. ἐπισ-τάτης. — ἀνδροφ-θόρος. — ἐχ-θραίνω. — ἀπότ-μημα. — καλλίσ-φυρος. — ἀπόσ-μηγ-μα. — καλλίκ-τυπος. — ἀπόφ-θεγ-μα. — ἐπισ-τρα-τεία. — ἀποκ-ρύπ-τω. — ἀνδροκ-τόνος. — ἀποδιδ-ράσ-κω. — ἀποφ-λεγ-ματισ-μός. — ὀκ-νηρός. — ἄνοιγ-μα. — ὁπ-λίζεσ-θαι. — παρεσ-κεύασ-μαι. — πέπ-ρακ-ται. — ὀλισ-θαίνω. — αἰσ-χροκέρδεια. — αἰσ-θάνεσ-θαι. αἰσυμ-νάω. — ἐπείσ-θη. — ἡσ-θείς. — ἀσ-χολέω. — κεκ-μηκώς. — Ἄ-λλος, ἄ-γγελος, ἄ-μμος (1). — Ἀ-λκή (2), σφά-λμα, ἄ-μπυξ, ἀ-νδάνω, ἄ-ρμα. — Διό-σκουροι (3) (comp. de Διός, *Jovis*, κοῦρος, *puer*) κυνο-σουρά (κύων, οὐρά, *canis cauda*), κυνοσ-φαγής (κύων, σφάττω); συ-νεκ-δέχομαι, ἐ-ξῆλθον, προ στάττω, προσ-τατέω, προ-στίθημι, ὤ-στε; παρ-έχω, ἀφ-ορμή, ἀπ-έρχομαι, καθ-οράω, ὑπ-άρχω, ὑπ᾽-Ἴλιον, ἀφ᾽-οὗ, ἐφ᾽-ᾧ.

---

§. 173.

N EUPHONIQUE.
EXERCICES.

Pour les règles, voyez la *Méthode*, au paragraphe indiqué ci-

Ἔδωκε ἐμοί, — ἔπεμψε ἡμῖν. — ταῖς εἰκόσι Ἥρας. — τοῖς οὖσι ἀγαθοῖς. — ἀφεῖλε ἱμάτιον. — τοῖς μάρτυρσι αὐτοῦ. — ἀπολελοίπασι ἄνδρα. — ἀνεφώνησε ἐκείνοις. — πέφυκε ἐν Νείλῳ. — τοῖς τρισὶ ἀδελφοῖς. — τοῖς πᾶσι ἀδίκοις.

---

(1) Quand les consonnes sont doubles, la première appartient à la syllabe précédente; la seconde, à la syllabe suivante : ἀλ-λότριος, ἀλ-λάτ-τομαι.

(2) La *liquide*, placée comme ici devant une consonne, appartient toujours à la syllabe précédente.

De περί avec : ῥήγνυμι (περιῤῥήγνυμι), ῥοή (περιῤῥοή), ῥύπτω (περιῤῥύπτω).

De κατά avec : ῥωδέω (καταῤῥωδέω), ῥέω (καταῤῥέω). ῥιγέω (καταῤῥιγέω), ῥέπω (καταῤῥέπω), ῥηκτικός (καταῤῥηκτικός) , ῥυθμίζω καταῤῥυθμίζω).

§ . 10.

DIVISION DES SYLLABES

DANS LA LECTURE ET L'ÉCRITURE.
EXERCICES CORRIGÉS.

dessus. — Tous les mots suivants, mal divisés, doivent être corrigés règles.

Ἀπέ-χθεια. — ἀπο-μνημονεύματα. — ἀφιλό-στοργος. — ἐπί-κτησις. — ἐπι-στάτης. — ἀνδρο-φθόρος — ἐ-χθραίνω. — ἀπό-τμημα. — καλλί-σφυρος. — ἀπό-σμη-γμα. — καλλί-κτυπος. — ἀπό-φθε-γμα. — ἐπι-στρα-τεία. — ἀπο-κρύ-πτω. — ἀνδρο-κτόνος. — ἀποδι-δρά-σκω. — ἀπο-φλε-γμα-τι-σμός. — ὀ-κνηρός. — ἄνοι-γμα. — ὁπλί-ζε-σθαι. — παρε-σκεύα-σμαι. — πέ-πρα-κται. — ὀλι-σθαίνω. — αἰ-σχρο-κέρδεια. — αἰ-σθά-νε-σθαι. — αἰσυ-μνάω. — ἐπεί-σθη. — ἡ-σθείς. — ἀ-σχολέω. — κε-κμηκώς. — Ἄλ-λος, ἄγ-γελος, ἄμ-μος. — Ἀλ-κή, σφάλμα, ἄμ-πυξ, ἀν-δάνω, ἄρ-μα. — Διός-κουροι, κυνος-ουρά, κυνο-σφαγής ; συν-εκ-δέχομαι, ἐξ-ῆλθον, προς-τάττω, προ-στατέω, προς-τίθημι, ὥς-τε ; πα-ρέχω, ἀ-φορμή, ἀ-πέρχομαι, κα-θοράω, ὑ-πάρχω, ὑ-π᾽ Ἴλιον, ἀ-φ᾽ οὗ, ἐ-φ᾽ ᾧ.

§ . 173.

N EUPHONIQUE.

EXERCICES CORRIGÉS.

dessus.

Ἔδωκεν ἐμοί. — ἔπεμψεν ἡμῖν. — ταῖς εἰκόσιν Ἥρας. — τοῖς οὖσιν ἀγαθοῖς. — ἀφεῖλεν ἱμάτιον. — τοῖς μάρτυρσιν αὐτοῦ. — ἀπολε-λοίπασιν ἄνδρα. — ἀνεφώνησεν ἐκείνοις — πέφυκεν ἐν Νείλῳ. — τοῖς τρισὶν ἀδελφοῖς. — τοῖς πᾶσιν ἀδίκοις.

---

(3) Dans la composition, on a égard à la composition des mots. Mais lorsque la dernière voyelle du premier mot est élidée à cause d'une voyelle suivante, la dernière consonne appartient à la syllabe qui suit : κα-τέχω. La même chose a lieu avec l'apostrophe : ἀ-φ᾽ ὁδοῦ, ἐ-π᾽ ἐμοί.

SYNTAXE GÉNÉRALE.

Principe général. Toute phrase grecque, qui en suit une autre, doit s'y rattacher par une conjonction. Les classiques grecs n'emploient point le style coupé. L'élève doit donc chercher à lier ici toutes les

OBSERVATIONS PRÉLIMINAIRES ET SOMMAIRES

SUR L'EMPLOI DE L'ARTICLE.

Règle I. Le nom commun, modifié en français par l'article défini *le*, *la*, *les*, le prend également en grec, et cet article s'accorde avec le nom en genre, en nombre et en cas.

Exemple : *L'homme* l'emporte sur *les animaux* par *le don de la raison* qu'il a reçu de son créateur : Ὁ ἄνθρωπός διενήνοχε τῶν ἀλόγων τῇ δωρεᾷ τοῦ λόγου, ἣν ἔλαβε παρὰ τοῦ κτίσαντος αὐτόν. (Div. Bas. *Serm. Mor.*)

Règle II. L'article indéfini *un*, ou partitif *du*, *des*, devant un substantif en français, ne se rend pas en grec.

Exemples : Épaminondas le Thébain, ayant vu *une* grande et belle *armée*, qui n'avait point de *général :* «Quelle énorme bête! dit-il ; mais elle n'a point *de tête :* » Ἐπαμινώνδας ὁ Θηβαῖος, ἰδὼν στρατόπεδον μέγα καὶ καλόν, στρατηγὸν οὐκ ἔχον, «Ἡλίκον, ἔφη, θηρίον κεφαλὴν οὐκ ἔχει! » (Stob. Tit. LII, p. 354, édit. de Conr. Gesner. 1543.

Une cavale enfanta *un lièvre :* Ἵππος ἔτεκε λαγόν. (Hérod. VII, 57).

Manger du pain et boire *de l'eau :* Ἐσθίειν ἄρτου καὶ πίνειν ὕδατος.

Règle III. Quand un substantif est construit avec un adjectif, ou tout autre déterminatif, il importe de considérer si cet adjectif se rattache au substantif comme *épithète* ou comme *attribut.*

1°. L'adjectif est-il *épithète*, c'est-à-dire, appartient-il si essentiellement au substantif, que tous deux ne fassent qu'un, et ne composent point une proposition explicite ou elliptique,

SYNTAXE GÉNÉRALE.

propositions par les particules conjonctives qui conviendront le mieux à la liaison des idées. Il les trouvera dans le Vocabulaire placé à la fin de ce volume.

OBSERVATIONS PRÉLIMINAIRES ET SOMMAIRES

SUR L'EMPLOI DE L'ARTICLE.

alors l'adjectif ou se place devant l'article et le substantif, ou se met entre l'article et le substantif, ou bien l'article se répète devant l'adjectif. Cette règle est applicable à tout autre déterminatif, tel que le participe, le pronom, l'adverbe.

EXEMPELS : L'homme sage : ὁ σοφὸς ἀνήρ, ou σοφὸς ὁ ἀνήρ, ou ὁ ἀνὴρ ὁ σοφός.

Les lois bien établies : οἱ καλῶς κείμενοι νόμοι, ou οἱ νόμοι οἱ καλῶς κείμενοι.

Les hommes d'à-présent, d'autrefois : οἱ νῦν, οἱ πάλαι ἄνθρωποι.

REMARQUE. La répétition de l'article n'a lieu que pour faire insister davantage sur le déterminatif.

2° L'adjectif, au contraire, est-il *attribut*, ou, dans la pensée, ne se rattache-t-il au substantif qu'au moyen d'un verbe exprimé ou sous-entendu, et non comme une propriété qui lui soit constamment et immédiatement inhérente, alors l'adjectif peut se construire sans article avant ou après le substantif.

EXEMPLES : Le devin tient *des discours menteurs* : Ὁ μάντις τοὺς λόγους ψευδεῖς λέγει. (Soph. *OEd. Tyr.* 526.) Ici la phrase grecque est pour : Οἱ λόγοι, οὓς ὁ μάντις λέγει, ψευδεῖς εἰσι, c'est-à-dire, les discours que tient le devin, sont menteurs.

Si par la suite vous obteniez *un sort prospère*, cela pourrait suffire pour compenser vos premiers maux : Εἰ καὶ τὰ λοιπὰ τῆς τύχης εὐδαίμονος Τύχοιτε, πρὸς τὰ πρόσθεν ἀρκέσειεν ἄν. (Eur. *Hel.*

707.) Phrase qui est pour : Εἰ ἡ τύχη, ἧς τύχοιτε, εὐδαίμων εἴη, κ. τ. λ., si le sort que vous obtiendrez, était prospère, etc.

Le travail rend *le coucher mollet* : Ὁ πόνος τὰς στρωμνὰς μαλακὰς παρασκευάζει. (Xénoph. *M. S.* II, 1, 3o.) Ce qui est pour : Ὁ πόνος τὰς στρωμνὰς παρασκευάζει ὥστε εἶναι μαλακάς, *ita ut sint molles.*

Les fortunes particulières éprouvent de *très-fréquentes révolutions* : Πυκνοτάτας τὰ ἰδιωτικὰ πράγματα λαμβάνει τὰς μεταβολάς. (Isocr. *Areop.* 2, p. 139, éd. de Coray.) Pour : Αἱ μεταβολαὶ, ἃς τὰ ἰδιωτικὰ πράγματα λαμβάνει, πυκνόταταί εἰσι.

Observez que, dans cette dernière construction, l'adjectif se place le premier pour produire plus d'effet et fixer davantage l'attention, comme nous venons de le voir dans le dernier exemple.

Remarquez aussi que dans ces tournures on supprime ordinairement en français l'article au pluriel, ou l'on emploie l'article indéfini au singulier.

ANALYSE DE LA PROPOSITION.

EMPLOI DU NOMINATIF.

§. 257.

[*Ego sum* *.]

RÈGLE. Tout nom substantif servant de sujet à une pro-
θνητός ἐστιν

THÈMES.

I.

Les mots mis entre deux crochets, [ ], ne doivent point se traduire.

1. La *langue* est cause de beaucoup de maux (1).
Tout *lieu* est sûr pour l'homme vivant (2) avec justice.
Les *biens* de la vertu sont seuls solides.
Dieu n'est point sourd pour une prière juste.

---

* Nous indiquons ainsi les règles correspondantes de Lhomond.
(1) Sur la manière de rendre en grec *de* entre deux substantifs, voy. plus bas, §. 264.
(2) *Tourn.* : au vivant.

N. B. Les règles précédentes sont également applicables aux participes considérés comme adjectifs.

RÈGLE IV. Il suit de ce qui précède, que, dans une proposition, c'est ordinairement le sujet, et non l'attribut, qui prend l'article en grec, comme en français.

EXEMPLES : *La justice* est *une vertu* de l'âme, qui rend à chacun ce qui lui est dû : Ἡ δικαιοσύνη ἐστὶν ἀρετὴ ψυχῆς διανεμητικὴ τοῦ κατ' ἀξίαν. (Aristot. *apud Laërt.*)

RÈGLE V. L'article se supprime ordinairement dans les propositions qui contiennent des vérités absolues, ou dans les tournures sentencieuses et proverbiales.

EXEMPLES : *L'instruction* est *le* soutien *de la* vie : Βακτηρία ἐστὶ παιδεία βίου. (*Poet. Gnom.* Monost. 370.)

La main lave *la* main, et *le* doigt *le* doigt : Χεὶρ χεῖρα νίπτει, δάκτυλός τε δάκτυλον. (*Ibid.* 60.)

ANALYSE DE LA PROPOSITION.

EMPLOI DU NOMINATIF.

§. 257.

[*Ego sum.*]

position se met au nominatif. Ex. : *L'homme* est mortel : ὁ ἄνθρωπος.

THÈMES CORRIGÉS.

I.

1. Ἡ γλῶσσα πολλῶν ἐστιν αἰτία κακῶν[1].
Ἀσφαλὴς πᾶς τόπος [ἐστὶ] τῷ ζῶντι μετὰ δικαιοσύνης[2].
Ἀρετῆς βέβαιαί εἰσιν αἱ κτήσεις μόναι[3].
Εὐχῆς δικαίας οὐκ ἀνήκοός [ἐστι] θεός[4].

---

[1] Poët. Gnomic. *Monostich.* 458. — [2] Epict. *fragm.* CII., édit. J. Schweigh. — [3] Poët. Gnom. *Monostich.* — [4] *Ibid.*

II.

2. Le *savoir* est pour les mortels (1) une propriété inviolable.

Les *hommes* vertueux sont [les] images des dieux.

Le *temps* est le remède de toute passion.

Les *discours* des pauvres sont vides de sens.

La *prospérité* d'un ami (2) est un beau spectacle.

ACCORD DE L'ADJECTIF AVEC LE SUBSTANTIF.

Ὁ θνητὸς ἄνθρωπος.

[*Deus sanctus.*]

Rᴇ̀ɢʟᴇ. Tout adjectif s'accorde en genre, en nombre et cas avec le substantif auquel il se rapporte : l'homme mortel : ὁ θνητὸς ἄνθρωπος; la femme mortelle, ἡ θνητὴ γυνή; l'animal

THÈME.

3. La vie attachée à la fortune ressemble à un torrent : elle est (3) *troublée*, *fangeuse*, *impraticable*, *violente*, *tumultueuse* et *éphémère*.

Un *langage vrai*, *légitime* et *juste* est l'image d'une âme *bonne et sûre*.

Un *homme méchant* est malheureux, quoiqu'il prospère.

[Les] *mauvaises fréquentations* corrompent (4) [les] *bonnes mœurs*.

Fuyez pendant *toute la vie l'homme trompeur.*

Que la *beauté* est *douce* lorsqu'elle a un *esprit sage* !

L'instruction est *semblable* à une *couronne d'or ;* elle porte (5) honneur et profit.

[*Pater et filius boni.*
Pater et mater boni.
Virtus et vitium contraria.]

Oʙsᴇʀᴠᴀᴛɪᴏɴs. 1°. En grec comme en latin et en français, l'adjectif se rapportant à deux ou plusieurs substantifs de même genre, se met au plur. Ex. : Un père et un fils *saints* : πατήρ

---

(1) *Tourn.* : aux mortels.
(2) *Tourn.* : un ami prospérant.
(3) Liez d'après le principe général énoncé p. 76.
(4) Sur le régime des verbes actifs, voy. plus bas, §. 266.
(5) Voy. note 3.

II.

2. Ἀναφαίρετον κτῆμ' ἐστὶ παιδεία βροτοῖς [1].
Οἱ ἀγαθοὶ ἄνδρες θεῶν εἰκόνες εἰσίν [2].
Ὁ χρόνος ἁπάσης ἐστὶν ὀργῆς φάρμακον [3].
Τῶν πενήτων εἰσὶν οἱ λόγοι κενοί [4].
Καλὸν θέαμά ἐστιν εὖ πράττων φίλος [5].

ACCORD DE L'ADJECTIF AVEC LE SUBSTANTIF.

Ὁ θνητὸς ἄνθρωπος.

[*Deus sanctus.*]

mortel, τὸ θνητὸν ζῶον. De l'homme mortel, τοῦ θνητοῦ ἀνθρώπου; à la femme mortelle, τῇ θνητῇ γυναικί, etc.

THÈME CORRIGÉ.

3. Ὁ τύχῃ βίος συμπεπλεγμένος ἔοικε χειμάρρῳ ποταμῷ· καὶ γὰρ
ταραχώδης [ἐστὶ], καὶ ἰλύος ἀνάμεστος, καὶ δυςέμβατος, καὶ
τυραννικός, καὶ πολύηχος, καὶ ὀλιγοχρόνιος [6].
Λόγος ἀληθής, καὶ νόμιμος, καὶ δίκαιος, ψυχῆς ἀγαθῆς
καὶ πιστῆς εἴδωλόν ἐστιν [7].
Ἀνὴρ πονηρὸς δυστυχεῖ, κἂν εὐτυχῇ [8].
Φθείρουσιν ἤθη χρήσθ' ὁμιλίαι κακαί [9].
Τὸν δόλιον ἄνδρα φεῦγε παρ' ὅλον τὸν βίον [10].
Ὡς ἡδὺ κάλλος, ὅταν ἔχῃ νοῦν σώφρονα [11]!
Ἡ παιδεία ὁμοία ἐστὶ χρυσῷ στεφάνῳ· καὶ γὰρ τιμὴν ἔχει
καὶ τὸ λυσιτελές [12].

[*Pater et filius boni.*
Pater et mater boni.
Virtus et vitium contraria.]

καὶ υἱὸς ἅγιοι. Une mère et une fille *saintes* : μήτηρ καὶ θυγάτηρ
ἅγιαι.
2°. En grec, comme dans la langue latine et la langue fran-

---

[1] Poët. Gnom. *Monostich.* — [2] Diog. Laërt. *in Diog.* lib. VI, p. 150 A.,
edit. J. Pearson. — [3] Poët. Gnom. *Monostich.* — [4] *Ibid.* — [5] *Ibid.* —
[6] Epict. *fragm.* I, edit. J. Schweigh. — [7] Isocr. *Nicocl.*, §. 3. — [8] *Monostich.* 433. — [9] *Ibid.* 445. — [10] *Ibid.* — [11] *Ibid.* 259. — [12] Demoph.
Similitud., p. 613, *apud* Th. Gale.

çaise, l'adjectif se rapportant à deux noms de personnes ou d'être animés de sexes différents, se met au masculin pluriel. Ex. : Une mère et un père *saints* : μήτηρ καὶ πατὴρ ἅγιοι.

3°. Cependant on peut aussi, dans les deux cas précédents, faire simplement accorder l'adjectif avec le substantif le plus proche, et le sous-entendre à son genre propre devant le substantif suivant. Ex. : Le père et le fils *saints* : Ὁ πατὴρ ἅγιος καὶ ὁ υἱὸς αὐτοῦ. La mère et la fille *saintes* : Ἁγία ἡ μήτηρ καὶ ἡ

THÈMES.

I.

4. Un *père* et un *fils laborieux, pieux, tempérants, justes* et bien *unis*, quoique *très-pauvres*, me paraissent *très-riches*, parce qu'ils se suffisent à eux-mêmes et sont chéris de Dieu.

Aristippe et *Epicure* étaient *voluptueux*, et ils ne furent *sages* que de nom.

Alexandre et *César* furent *ambitieux* et follement *avides* de gloire. Voilà pourquoi, *maîtres* du monde, ils n'obtinrent ni le repos ni le bonheur.

Acquérez la tempérance [comme] la *force* et la *richesse* la plus *grande*.

La femme d'Intapherne, ayant choisi de sauver son frère de préférence à son époux et à ses enfants, dit : « Je pourrais avoir un *autre époux* et d'*autres enfants;* mais, mon *père* et ma *mère n'existant plus*, il me serait impossible d'avoir un *autre frère*. »

II.

5. La *beauté* et la *force* du corps *réunies* chez un homme timide et lâche, ne paraissent (2) point *convenables*, mais *déplacées*.

Une armée [bien] *rangée* l'emporte de beaucoup sur *une* [armée] *en désordre;* c'est ainsi que des *pierres*, des *briques*, du *bois*, des *tuiles*, *jetés* pêle-mêle, ne sont *utiles* à rien.

---

(1) L'auteur anonyme d'une vie d'Homère pose ainsi cette règle : Ὅταν κοινῶς ἀρρενικῷ καὶ θηλυκῷ ὀνόματι ἐπιφέρηται ῥῆμα, ἢ μετοχὴ, τὸ ἀρρενικὸν ἐπικρατεῖ, ὡς ἐν τούτῳ· «Παρθενικαὶ δὲ καὶ ἤϊθεοι ἀταλὰ φρονέοντες.» Hom. *Il.* σ´, v. 567. (*Apud* Th. Gale, p. 303.)

(2) Sur le nombre de ce verbe, voy. la Règle précédente, 4°., p. 83.

θυγάτηρ αὐτῆς. La discorde, la guerre et les combats odieux : ἔρις τε ἄφιλος πόλεμός τε μάχαι τε.

4°. En grec, comme en latin, l'adjectif modifiant deux noms de choses inanimées, se met ordinairement au pluriel neutre. Ex. : L'âme et le corps *opposés :* Ἡ ψυχὴ καὶ τὸ σῶμα ἐναντία. Le verbe qui suit alors l'adjectif se met au sing., d'après la règle τὰ ζῶα τρέχει, p. 88.

Nota. Ces règles sont également applicables aux participes (1) et aux pronoms.

THÈMES CORRIGÉS.

I.

4. [Πατὴρ καὶ υἱὸς φιλόπονοι καὶ εὐσεβεῖς καὶ ἐγκρατεῖς, καὶ δίκαιοι καὶ ὁμογνώμονες, εἰ καὶ πενέστατοι ὄντες, πλουσιώτατοί μοι δοκοῦσιν, ὅτι αὐτάρκεις εἰσὶ καὶ θεοφιλέστατοι.*]

[Φιλήδονος μὲν ἦν ὁ Ἀρίστιππός τε καὶ ὁ Ἐπίκουρος· ἀμφότεροι δὲ τοσοῦτον ὀνόματι σοφοὶ ἐγένοντο.*]

[Φιλότιμος ἦν καὶ δοξοκόμπος ὁ Ἀλέξανδρος καὶ Καῖσαρ· διόπερ καὶ παντοκράτορες γενόμενοι, οὔτε τῆς ἡσυχίας οὔτε τῆς εὐδαιμονίας ἐπέτυχον.*]

Ῥώμην μεγίστην καὶ πλοῦτον, τὴν ἐγκράτειαν κτῆσαι [1].

Ἡ γυνὴ τοῦ Ἰνταφέρνους εἶπεν, ἀντὶ τοῦ ἀνδρὸς καὶ τῶν τέκνων ἑλομένη σῶσαι τὸν ἀδελφόν, ὅτι, «Ἀνὴρ μέν μοι ἂν ἄλλος γένοιτο, καὶ τέκνα ἄλλα· πατρὸς δὲ καὶ μητρὸς οὐκ ἔτι ζώντων, ἀδελφὸς ἂν ἄλλος οὐδενὶ τρόπῳ γένοιτο [2]. »

II.

5. Σώματος κάλλος καὶ ἰσχὺς, δειλῷ καὶ κακῷ ξυνοικοῦντα, οὐ πρέποντα φαίνεται, ἀλλ' ἀπρεπῆ [3].

Πολὺ διαφέρει στράτευμα τεταγμένον ἀτάκτου· ὥσπερ λίθοι τε καὶ πλίνθοι, καὶ ξύλα, καὶ κέραμος, ἀτάκτως ἐρριμμένα, οὐδὲν χρήσιμά ἐστιν [4].

---

* Toutes les traductions renfermées ici entre deux crochets, et marquées d'un astérique, sont de moi. J'en préviens : mais je puis assurer aussi qu'elles ne contiennent pas un seul mot qu'il ne me soit facile de justifier et d'autoriser.

[1] Stob. Tit. XV. — [2] Plut. *De amor. fratern.*, t. II, p. 855, *edit.* H. Steph. *et* Herod. III, 119. — [3] Plat. *Menex.*, p. 299 *sq.* — [4] Xenoph. *Memor.* III, 1, 7.

*6

L'homme et la *femme*, pour être vertueux (1), ont besoin *tous les deux* des mêmes qualités (2), de justice et de chasteté.

Lorsque Tigrane vit son *père*, sa *mère*, ses *frères* et sa *femme faits prisonniers*, il versa des larmes.

Mycérinus, roi d'Egypte, voulant donner à sa fille une sépulture plus recherchée que celle des autres, fit faire une génisse de bois, dans l'intérieur de laquelle il ensevelit sa fille après sa mort. Cette génisse, couverte d'un caparaçon de pourpre sur les autres parties de son corps, laissait voir son *cou* et sa *tête dorés*.

ACCORD DU VERBE AVEC LE SUJET.

Ἐγώ εἰμι.

[*Ego sum, Ego audio.*]

RÈGLE. Tout verbe s'accorde en nombre et

THÈMES.

I.

6. Alexandre disant un jour en présence de Diogène, «*Je suis* Alexandre, le grand roi; » «Et *moi*, répondit-il, *je suis* Diogène le chien (3). »

La coupe [de ciguë] étant déjà présentée à Phocion, on lui demanda (4) s'il avait quelque chose à faire dire à son fils. «*Je* lui *mande*, répondit-il, et je le *prie* [de] ne point en vouloir aux Athéniens. »

Socrate, jetant la vue sur la multitude des objets à vendre, disait souvent en lui-même : «Combien de choses dont *je n'ai* pas besoin (5) ! »

II.

7. Ménécrate, le médecin, surnommé Jupiter, adressant une lettre au roi Philippe, lui écrivit ainsi: *Tu règnes* sur la Macédoine, et *moi* sur la médecine. *Tu peux* faire périr, si (6)

____

(1) *Tourn.* : s'ils doivent être, εἴπερ μέλλουσιν.
(2) *Tourn.* : des mêmes choses, *iisdem*, mais au cas du verbe grec.
(3) Il faisait ainsi allusion à sa qualité de *cynique*, de κύων, *chien*.
(4) *Tourn.* : interrogé s'il dit quelque chose, *interrogatus an*.

Τῶν αὐτῶν ἀμφότεροι δέονται, εἴπερ μέλλουσιν ἀγαθοὶ εἶναι, καὶ ἡ γυνὴ καὶ ὁ ἀνήρ, δικαιοσύνης καὶ σωφροσύνης[1].

Ὡς εἶδε Τιγράνης πατέρα τε καὶ μητέρα καὶ ἀδελφοὺς καὶ τὴν ἑαυτοῦ γυναῖκα αἰχμαλώτους γεγενημένους, ἐδάκρυσε[2].

Μυκερῖνος, ὁ τῶν Αἰγυπτίων βασιλεύς, βουλόμενος περισσότερον τῶν ἄλλων θάψαι τὴν θυγατέρα, ἐποιήσατο βοῦν ξυλίνην κοίλην, καὶ ἔπειτα ἔσω ἐν αὐτῇ ἔθαψε ταύτην τὴν ἀποθανοῦσαν θυγατέρα. ἡ δὲ βοῦς τὰ μὲν ἄλλα κατεκρύπτετο φοινικείῳ εἵματι, τὸν αὐχένα δὲ καὶ τὴν κεφαλὴν ἔφαινε κεχρυσωμένα[3]. »

ACCORD DU VERBE AVEC LE SUJET.

Ἐγώ εἰμι.

[*Ego sum, Ego audio.*]

en personne avec son sujet : *Je suis*, ἐγώ εἰμι.

THÈMES CORRIGÉS.

I.

6. Ἀλεξάνδρου ποτὲ ἐπιστάντος Διογένει, καὶ εἰπόντος· « Ἐγώ εἰμι Ἀλέξανδρος, ὁ μέγας βασιλεύς· » « Κἀγὼ, φησὶ, Διογένης ὁ κύων[4]. »

Ἤδη τῆς κύλικος Φωκίωνι προσφερομένης, ἐρωτηθεὶς εἴ τι λέγει πρὸς τὸν υἱόν, « Ἐγὼ αὐτῷ, εἶπεν, ἐντέλλομαι καὶ παρακαλῶ μηδὲν Ἀθηναίοις μνησικακεῖν[5]. »

Πολλάκις Σωκράτης, ἀφορῶν εἰς τὰ πλήθη τῶν πιπρασκομένων, ἔλεγε πρὸς αὑτόν· « Πόσων ἐγὼ χρείαν οὐκ ἔχω[6]! »

II.

7. Μενεκράτης, ὁ ἰατρός, ὁ Ζεὺς ἐπικαλούμενος, ἐπιστέλλων Φιλίππῳ τῷ βασιλεῖ, οὕτως ἔγραψε· Σὺ μὲν Μακεδονίας βασιλεύεις, ἐγὼ δὲ ἰατρικᾶς· καὶ σὺ μὲν ὑγιαίνοντας δύνασαι, ὅταν βουληθῇς,

---

[1] Plat. *Menon.*, p. 73 B. — [2] Xenoph. *Cyr.*, lib. III, cap. I, 1. 2, p. 242, *ed.* Gail. — [3] Herod. II, 129-132. — [4] Diog. Laërt. *in Diog.* lib. VI, p. 152 B. — [5] Plut. *Apoph. Phoc.* — [6] Diog. Laërt. *in Socr.* lib. II, p. 39 B.

(5) *Tourn.* : de combien de choses je n'ai pas besoin !
(6) *Tourn.* : quand (ὅταν) tu as voulu ; à l'*aor.* du *subj.*

tu veux, ceux qui se portent bien ; *moi* [je puis] sauver les malades, et faire vivre jusqu'à la vieillesse, exempts de maladie, les gens bien portants qui m'obéissent. Car [c'est] *moi* Jupiter [qui] leur *donne* la vie (1).

III.

L'hiver aux champs.

8. Une *neige* abondante *étant tombée* tout à coup, *obstrua* tous les chemins, et *renferma* tous les cultivateurs chez eux. [Les] *torrents* impétueux se *précipitaient*, [la] *glace s'était formée* ; la terre *avait* tout à fait *disparu*, si ce n'est quelque part autour des fontaines et des ruisseaux. *On* (2) ne *menait* donc [plus] de troupeau au pâturage, et l'*on* ne *sortait* plus soi-même de sa porte : mais ayant allumé un grand feu, vers l'heure où le coq chante, les *uns filaient* du lin, les *autres tissaient* du poil de chèvre, et les *autres fabriquaient* des piéges d'oiseaux.

[*Tu rides, ego fleo.*]

Observation. Les pronoms personnels s'emploient le plus souvent ou pour donner plus d'énergie à la phrase ou pour

THÈMES.

I.

9. Pyrrhon d'Elée ayant été reçu somptueusement par un de ses disciples (3), comme il le rapporte lui-même, « Si à l'avenir, dit-il, vous [me] recevez ainsi, je ne viendrai plus chez vous, afin que *je* ne *vous voie* pas avec peine vous épuiser en dépense (4), sans nécessité, et que *vous* ne *preniez* pas une fatigue ruineuse. Il nous convient mieux, en effet, de nous bien traiter par nos mutuels entretiens, que par la multiplicité des mets, dont les domestiques consomment la plus grande partie. »

---

(1) Nous n'avons pas besoin de faire observer que ce médecin avait le cerveau un peu malade.

(2) *Tourn. :* quelqu'un, τίς.

(3) *Tourn. :* Pyrrhon, un des disciples, ayant reçu lui, etc. *Génit. absol.*

(4) *Tourn. :* Afin que je ne vous voie pas vous épuisant : ἵνα, *ut*, et le *subj.*

ἀπολλύναι, ἐγὼ δὲ τοὺς νοσοῦντας σώζειν, καὶ τοὺς εὐρώστους ἀνό-
σους, οἳ ἐμοὶ πείθονται, παρέχειν μέχρι γήρως ζῶντας. Ζεὺς γὰρ ἐγὼ
αὐτοῖς βίον παρέχω[1].

III.

Ὁ ἐν τοῖς ἀγροῖς χειμών.

8. Ἐξαίφνης πεσοῦσα χιὼν πολλὴ, πάσας μὲν ἀπέκλεισε τὰς
ὁδοὺς, πάντας δὲ κατέκλεισε τοὺς γεωργούς. λάβροι μὲν οἱ χεί-
μαρροι κατέρρεον, ἐπεπήγει δὲ κρύσταλλος· ἡ γῆ πᾶσα
ἀφανὴς ἦν, ὅτι μὴ περὶ πηγάς που καὶ ῥεύματα. οὔτ᾽ οὖν ἀγέλην τις
εἰς νομὴν ἦγεν, οὔτε αὐτὸς προῄει τῶν θυρῶν· ἀλλὰ πῦρ καύ-
σαντες μέγα περὶ ᾠδὰς ἀλεκτρυόνων, οἱ μὲν λίνον ἔστρεφον, οἱ δὲ
αἰγῶν τρίχας ἔπλεκον, οἱ δὲ πάγας ὀρνίθων ἐσοφίζοντο[2].

─────────

[*Tu rides, ego fleo.*]

mieux marquer une distinction entre les personnes, comme
dans la plupart des passages précédents et dans les suivants.

THÈMES CORRIGÉS.

I.

9. Πύρρων ὁ Ἠλεῖος, τῶν γνωρίμων τινὸς αὐτὸν ὑποδεξαμένου,
πολυτελῶς δὲ, ὡς αὐτὸς ἱστορεῖ, « Εἰς τὸ λοιπὸν, εἶπεν, οὐχ ἥξω πρὸς
σὲ, ἂν οὕτως ὑποδέχῃ, ἵνα μήτε ἐγὼ σὲ ἀηδῶς ὁρῶ καταδαπανώμενον
οὐκ ἀναγκαίως, μήτε σὺ θλιβόμενος κακοπαθῇς· μᾶλλον γὰρ
ἡμᾶς τῇ μεθ᾽ ἑαυτῶν συνουσίᾳ προσῆκόν ἐστιν εὐεργετεῖν, ἢ τῷ πλήθει
τῶν παρατιθεμένων, ὧν οἱ διακονοῦντες τὰ πλεῖστα δαπανῶσι[3]. »

─────────────────

[1] Athen. *lib.* VII, p. 289 D, *ed.* Casaub.; t. III, p. 56, *edit.* J.
Schweigh. — [2] Longus, *lib.* III, p. 73, *ed.* G. H. Schæfer. — [3] Athen.
lib. X, c. 5, p. 419, = et t. IV, p. 33.

II.

10. Aristippe, fâché avec Eschine, lui dit peu de temps après : « Ne nous réconcilierons-nous pas (1)? ne cesserons-nous pas de faire les sots? attendras-tu que quelque mauvais plaisant nous réconcilie le verre à la main (2)? » « Volontiers, lui répondit Eschine. » « Ressouviens-toi donc, reprit Aristippe, qu'étant (3) le plus âgé, j'ai fait les premiers pas. » « Par Junon, reprit Eschine, ce que tu dis là est juste : tu vaux beaucoup mieux que moi : *j'* [*ai été l'auteur*] de la haine, *tu l'es* de l'amitié. »

III.

11. Atéas écrivait à Philippe : *Tu règnes* sur les Macédoniens, qui savent (4) faire la guerre aux hommes : *moi* [je règne] sur les Scythes, qui peuvent combattre la faim et la soif.

Je vous ai *dit* tous mes secrets, et *vous ne voulez* me dire aucun des vôtres !

Je me *confie* à vous, et *vous* ne vous *confiez* pas à moi !

Τὰ ζῶα τρέχει. (*Animalia currit*, pour *currunt*.)

EXCEPTION. Avec un sujet *pluriel neutre* le verbe se *currit*,

THÈMES.

I.

12. Les *armes* des Grecs ne *conviennent* pas à Thersite, ni les *biens* de la fortune à l'insensé.

Les grands *dons* de la fortune *inspirent* de la crainte.

Les *gains* honteux *produisent* des malheurs.

[Les] mauvaises *habitudes pervertissent* le naturel.

Les *dettes rendent* esclaves les [hommes] libres.

[Les] *profits* illicites *portent* toujours dommage.

Les *choses* anciennes *redeviennent* neuves avec le temps.

Les *richesses font* trouver aux hommes des amis.

Puisse-t-il m'arriver, non les *choses* que je veux, mais *celles* qui me *conviennent* !

____

(1) L'interrogation n'a point ici de forme particulière en grec; elle se marque ordinairement par la seule inflexion de la voix.

(2) C'est-à-dire en nous faisant boire à la même coupe, suivant l'usage des anciens.

(3) Ὅτι ὤν.

(4) *Tourn.* : sachant, au *partic. parf. act.*

II.

10. Ἀρίστιππος, ὀργισθεὶς πρὸς Αἰσχίνην, μετ᾽ οὐ πολύ, « Οὐ διαλλαχθησόμεθα; οὐ παυσόμεθα, εἶπε, ληροῦντες; ἀλλὰ ἀναμενεῖς ἕως ἄν τις ἡμᾶς ἐπὶ τῆς κύλικος φλυαρῶν διαλλάξῃ; » καὶ ὅς, « Ἀσμένως, ἔφη. » « Μνημόνευε τοίνυν, εἶπεν ὁ Ἀρίστιππος, ὅτι σοι πρότερος, πρεσβύτερος ὤν, προσῆλθον. » καὶ ὁ Αἰσχίνης · « Εὖγε, νὴ τὴν Ἥραν, εὐλόγως εἶπας· ἐπεὶ πολλῷ μου βελτίων ὑπάρχεις· ἐγὼ μὲν γὰρ ἔχθρας, σὺ δὲ φιλίας ἄρχεις [1]. »

III.

11. Ἀτέας ἔγραφε πρὸς τὸν Φίλιππον · Σὺ μὲν ἄρχεις Μακεδόνων, ἀνθρώποις μεμαθηκότων πολεμεῖν · ἐγὼ δὲ Σκυθῶν, οἳ καὶ λιμῷ καὶ δίψει μάχεσθαι δύνανται [2].

Ἐγώ σοι πάντα τἀμαυτοῦ εἴρηκα, σὺ μοὶ οὐδὲν τῶν σῶν εἰπεῖν θέλεις [3].

Ἐγώ σοι πιστεύω, σὺ ἐμοὶ οὐ πιστεύεις [4].

Τὰ ζῶα τρέχει. (*Animalia currit*, pour *currunt.*)

met ordinairement au *singulier :* Τὰ ζῶα τρέχει, *animalia* pour *currunt.*

THÈMES CORRIGÉS.

I.

12. Οὔτε τὰ τῶν Ἀχαιῶν ὅπλα τῷ Θερσίτῃ, οὔτε τὰ τῆς τύχης ἀγαθὰ τῷ ἄφρονι ἁρμόττει [5].

Τὰ μεγάλα δῶρα τῆς τύχης ἔχει φόβον [6].

Τὰ αἰσχρὰ κέρδη συμφορὰς ἐργάζεται [7].

Ἤθη πονηρὰ τὴν φύσιν διαστρέφει [8].

Τὰ δάνεια δούλους τοὺς ἐλευθέρους ποιεῖ [9].

Κέρδη πονηρὰ ζημίαν ἀεὶ φέρει [10].

Πάλιν χρόνῳ τἀρχαῖα καινὰ γίγνεται [11].

Τὰ χρήματ᾽ ἀνθρώποισιν εὑρίσκει φίλους [12].

Μή μοι γένοιθ᾽ ἃ βούλομ᾽, ἀλλ᾽ ἃ συμφέρει [13]!

---

[1] Diog. Laërt. *Aristip.*, lib. II, p. 53 D. — [2] Plut. *Apophth.* — [3] Arrian. *Dissert.*, lib. IV, c. 13, 3, p. 669, edit. Schweigh. — [4] *Ibid.* 17. — [5] Stob. II, p. 40. — [6] *Poët. Gnom. Comic.* Apollod. IV. — [7] *Ibid.* Monostich. 270. — [8] *Ibid.* 439. — [9] *Ibid.* 596. — [10] *Ibid.* 268. — [11] *Ibid.* 588. — [12] *Ibid.* 427. — [13] *Ibid.* 311.

Tout (1) pour le méchant (2) *disparaît* avec la mort ; mais la vertu est impérissable.

II.

13. Lorsque (3) Dieu dit aux *plantes* [de] fleurir, elles *fleurissent* ; lorsqu'il leur dit de germer, *elles germent* ; de porter du fruit, elles [en] *portent* ; de mûrir, *elles mûrissent* ; de déposer leurs fruits, elles les *déposent* ; de se dépouiller de leurs feuilles, elles s'[en] *dépouillent* ; de rester tranquilles renfermées en elles-mêmes et de se reposer, elles *restent* [telles] et se *reposent*.

III.

14. Une poule qui avait trouvé des *œufs* de serpent, [les] ayant couvés soigneusement [les] fit éclore. Mais une hirondelle l'ayant vue, [lui] dit : « O insensée, pourquoi élèves-tu *ceux-ci*, qui, devenus grands, *commenceront* par toi [la] première à commettre l'injustice ? »

Épictète disait à un homme versatile et inconstant : « Vous vous comportez comme les *petits enfants*, qui tantôt *font* les lutteurs, tantôt les joueurs de flûte, tantôt les gladiateurs ; qui ensuite *sonnent* de la trompette, et après *jouent* la tragédie : de même aussi vous, tantôt athlète, tantôt gladiateur ; ensuite orateur, bientôt après philosophe, vous n'êtes rien au fond de l'âme ; mais comme un singe, vous imitez tout ce que vous voyez. »

IV.

15. Apollonius le rhéteur, ayant entendu Cicéron, lui dit : « Je vous loue et [je vous] admire, Cicéron ; mais je plains le sort de la Grèce, [en] voyant transportés aussi par vous aux Romains les seuls des *biens* qui nous *restassent* (4), [le] savoir et [l'] éloquence. »

Les *nuées* obscurcissent souvent le soleil, et les *passions* la raison.

Zénon dit à un jeune homme qui parlait beaucoup (5) : « Vos *oreilles* se *sont confondues* avec votre langue. »

---

(1) Plur. neut., comme en lat. *omnia*.
(2) *Tourn.* : au méchant.
(3) Ὅταν, avec le *subj.*, et répété à chaque phrase, en sous-entendant le verbe *dit*.
(4) *Tourn.* : qui nous restaient.

Φαύλῳ ἅμα τῷ θανάτῳ πάντα συνοίχεται· τὸ δὲ καλὸν, αἰώνιον [1].

II.

13. Ὅταν ὁ θεὸς εἴπῃ τοῖς φυτοῖς ἀνθεῖν, ἀνθεῖ· ὅταν εἴπῃ βλαστάνειν, βλαστάνει· ὅταν ἐκφέρειν τὸν καρπὸν, ἐκφέρει· ὅταν πεπαίνειν, πεπαίνει· ὅταν πάλιν ἀποβάλλειν, ἀποβάλλει· καὶ φυλλορροεῖν, φυλλορροεῖ· καὶ αὐτὰ εἰς αὐτὰ συνειλούμενα ἐφ᾽ ἡσυχίας μένειν καὶ ἀναπαύεσθαι, μένει καὶ ἀναπαύεται [2].

III.

14. Ὄρνις ὄφεως ᾠὰ εὑροῦσα, ἐπιμελῶς ἐκθερμάνασα ἐξεκόλαψε. χελιδὼν δὲ θεασαμένη αὐτὴν, ἔφη· «Ὦ ματαία, τί ταῦτα τρέφεις, ἅπερ αὐξηθέντα ἀπὸ σοῦ πρώτης τοῦ ἀδικεῖν ἄρξεται [3]; »

Ἐπίκτητος πρός τινα πολύτροπον καὶ ἀκατάστατον· «Ὡς τὰ παιδία ἀναστρέφῃ, ἃ νῦν μὲν παλαιστὰς παίζει, νῦν δὲ αὐλητὰς, νῦν δὲ μονομάχους, εἶτα σαλπίζει, εἶτα τραγῳδεῖ· οὕτω καὶ σὺ, νῦν ἀθλητὴς, νῦν μονομάχος, εἶτα ῥήτωρ, εἶτα φιλόσοφος, ὅλῃ δὲ τῇ ψυχῇ οὐδέν· ἀλλ᾽ ὡς πίθηκος, πᾶσαν θέαν, ἐὰν ἴδῃς, μιμῇ [4]. »

IV.

15. Ἀπολλώνιος ὁ ῥήτωρ, Κικέρωνος ἀκούσας, «Σὲ μὲν, ὦ Κικέρων, εἶπεν, ἐπαινῶ καὶ θαυμάζω, τῆς δὲ Ἑλλάδος οἰκτείρω τὴν τύχην, ὁρῶν ἃ μόνα τῶν καλῶν ἡμῖν ὑπελείπετο, καὶ ταῦτα Ῥωμαίοις διὰ σοῦ προσγενόμενα, παιδείαν τε καὶ λόγον [5]. »

Ἐπισκοτεῖ τῷ μὲν ἡλίῳ πολλάκις τὰ νέφη, τῷ δὲ λογισμῷ τὰ πάθη [6].

Ζήνων, νεανίσκου πολλὰ λαλοῦντος, ἔφη· «Τὰ ὦτά σου εἰς τὴν γλῶτταν συνερρύηκεν [7]. »

---

[1] Epict. *fragm.* 134. — [2] Arrian. *Dissert.*, lib. I, c. 14, §. 3. — [3] *Æsop. fab.* 117, edit. J. Chr. Gott. Ernesti. — [4] Epict. *Man.*, c. 29, 3. — [5] Plut. *in Cic.*, c. 5. — [6] Deinoph. *Similitud.*; p. 618, *apud* Th. Gale. — [7] Diog. Laërt., *lib.* VII, *in Zen.*, p. 166 C.

·(5) *Tourn.* : Zénon, un jeune homme parlant (*gén. abs.*) beaucoup, dit :

SUJET SOUS-ENTENDU.

§. 258.

Τρέχω.

[*Audio, doces, legit.*]

RÈGLE. Le sujet peut être sous-entendu : *Je cours*, τρέχω, τρέχεις,

THÈME.

16. Jamais *je ne portai* envie à un mort opulent : *il s'en va* dans la même maison qu'un fort pauvre (1).

Le poëte Anacréon, ayant reçu un talent d'or du tyran Polycrate, [le lui] rendit, [en] disant : « *Je hais* un présent qui force de veiller. »

Nous voulons tous bien *vivre*, mais *nous* ne [le] *pouvons* pas.

Tu me *reproches* la vieillesse, comme un grand mal, [la vieillesse] à laquelle celui qui ne parvient point, est puni de mort (2) ; [la vieillesse] que *nous désirons* tous, et [dont] cependant *nous nous plaignons* quand (3) *elle* est enfin venue ; tant *nous sommes* ingrats par nature !

Nota. Pour un autre exemple de sujet sous-entendu, voy. plus bas l'art. ON.

ARTICLE

INDIQUANT LE SUJET DE LA PROPOSITION.

§. 259.

Ὁ κάματος θησαυρός ἐστι.

RÈGLE. En grec comme en français, c'est le nom précédé θησαυρός

THÈMES.

I.

17. *La* mort est [le] dernier médecin des maladies.

La pauvreté est *mère* de la santé, une *école* d'industrie, un *bien* odieux, un *obstacle* aux voluptés.

---

(1) *Tourn.* : dans la maison égale au fort pauvre. Voy. la *Méth.* §. 355.
(2) *Tourn.* : à laquelle à celui n'ayant pas atteint mort est la peine.
(3) *Tourn.* : si, ἄν, avec le subjonct.

SUJET SOUS-ENTENDU.

§. 258.

Τρέχω.

[*Audio, doces, legit.*]

tu cours, τρέχεις, *il court*, τρέχει, *etc.;* pour : ἐγὼ τρέχω, σὺ αὐτὸς τρέχει.

THÈME CORRIGÉ.

16. Οὐπώποτ᾽ ἐζήλωσα πολυτελῆ νεκρόν·
Εἰς τὸν ἴσον οἶκον τῷ σφόδρ᾽ ἔρχετ᾽ εὐτελεῖ [1].
Ἀνακρέων ὁ μελοποιὸς, λαβὼν τάλαντον χρυσίου παρὰ Πολυκράτους τοῦ τυράννου, ἀπέδωκεν εἰπών· « Μισῶ δωρεὰν ἥτις ἀναγκάζει ἀγρυπνεῖν [2]. »

Πάντες καλῶς ζῆν θέλομεν, ἀλλ᾽ οὐ δυνάμεθα [3].
Ὠνείδισάς μοι γῆρας, ὡς κακὸν μέγα,
Οὗ μὴ τυχόντι θάνατος ἔσθ᾽ ἡ ζημία,
Οὗ πάντες ἐπιθυμοῦμεν· ἂν δ᾽ ἔλθῃ ποτὲ,
Ἀνιώμεθ᾽· οὕτως ἐσμὲν ἀχάριστοι φύσει [4].

ARTICLE

INDIQUANT LE SUJET DE LA PROPOSITION.

§. 259.

Ὁ κάματος θησαυρός ἐστι.

de l'article qui est le sujet. *Le travail est un trésor*, ὁ κάματος ἐστι.

THÈMES CORRIGÉS.

I.

17. Ἔσθ᾽ ὁ θάνατος λοῖσθος ἰατρὸς νόσων [5].
Ἡ πενία ἐστὶν ὑγείας μήτηρ, ἐπινοιῶν διδάσκαλος, μισούμενον ἀγαθὸν, ἡδονῶν ἐμποδισμός [6].

---

[1] *Comic. Sent.* Menandr. X. — [2] *Apoph. poët.* apud H. Stephan., p. 701. — [3] *Monostich.* 215. — [4] *Poët. Gnom. Sent. Comic.* Crat. II. — [5] *Monostich.* 223. — [6] Secundi *Sent.*, p. 637, edit. Th. Gale.

La richesse est *un fardeau* d'or, *un ministre* de voluptés, *un souci* quotidien, *un tourment* fort désiré, *une crainte* espérée.

II.

18. *Le riche* ignorant est un *mouton* à toison d'or.

La poésie est *une peinture* parlante, et *la peinture une poésie* muette.

L'instruction est un *ornement* dans la prospérité, *un refuge* dans l'infortune.

La beauté est *un bonheur* éphémère, *un bien* passager, *une fleur* qui se flétrit, une courte *tyrannie*, *une séduction* silencieuse.

ELLIPSE DE L'ARTICLE.

§. 260.

Αὐτάρκειά ἐστι πλοῦτος.

RÈGLE. Il est des cas où la suppression de l'article en grec ne forme aucune équivoque : αὐτάρκειά ἐστι πλοῦτος, *mot-à-mot*, contentement est richesse. Le simple bon sens indique que

THÈME.

19. *La* richesse est l'épreuve des mœurs d'un homme.

L'instruction est le soutien *de la vie.*

Le travail est le père de la bonne renommée.

Le temps est pour les hommes (1) l'épreuve du caractère.

La parole est le remède d'une âme souffrante.

L'industrie est pour les hommes (2) le port de *l'infortune.*

---

(1) *Tourn.* : aux hommes.

(2) *Tourn.* : aux hommes.

Ὁ πλοῦτός ἐστι χρυσοῦν φορτίον, ἡδονῶν ὑπηρέτης, καθημερινὴ μελέτη, περιπόθητον ταλαιπώρημα, φόβος ἐλπιζόμενος[1].

II.

18. Ὁ πλούσιος ἀμαθής ἐστι πρόβατον χρυσόμαλλον[2].

Ἡ ποιητική ἐστι ζωγραφία λαλοῦσα, ἡ δὲ ζωγραφία, ποιητικὴ σιωπῶσα[3].

Ἡ παιδεία ἐστὶν ἐν μὲν εὐτυχίαις κόσμος, ἐν δὲ ἀτυχίαις καταφυγή[4].

Τὸ κάλλος ἐστὶν ὀλιγοχρόνιον εὐτύχημα, ἀπαράμονον ἀγαθὸν, ἄνθος μαραινόμενον, ὀλιγοχρόνιος τυραννίς, σιωπῶσα ἀπάτη[5].

ELLIPSE DE L'ARTICLE.

§. 260.

Αὐτάρκειά ἐστι πλοῦτος.

αὐτάρκεια est sujet, et πλοῦτος attribut. En français quelquefois on supprime de même l'article, surtout dans les locutions proverbiales : *contentement passe richesse.*

THÈME CORRIGÉ.

19. Πλοῦτος βάσανός ἐστιν ἀνθρώπου τρόπων[6].
Βακτηρία ἐστὶ παιδεία βίου[7].
Πόνος ἐστὶν εὐκλείας πατήρ[8].
Ἦθους βάσανός ἐστιν ἀνθρώποις χρόνος[9].
Ψυχῆς νοσούσης ἐστὶ φάρμακον λόγος[10].
Λιμὴν ἀτυχίας ἐστὶν ἀνθρώποις τέχνη[11].

---

[1] Secundi *Sent.*, p. 637, edit. Th. Gale. — [2] Diog. Laërt. *in Diog.*, lib. VI, p. 149 A. — [3] *Anonym. Vit. Hom.* apud Th. Gale, p. 401. — [4] Diog. Laërt. *in Aristot.*, lib. V, p. 118 D. — [5] — Secundi *Sentent.*, p. 638, Diog. Laërt. *in Aristot.*, lib. V, p. 118 D. — [6] *Sentent. Com.* Antiph. VI. — [7] *Gnom. Monostich.* 369. — [8] *Ibid.* 554. — [9] *Ibid.* 582. — [10] *Ibid.* 298. — [11] *Ibid.* 467.

ELLIPSE DU VERBE *ÊTRE*.

§. 261.

Ἀρχὴ σοφίας φόβος Κυρίου.

RÈGLE. Le verbe *être* se sous-entend très-souvent. Le commencement de la sagesse est la crainte du Seigneur : ἀρχὴ σοφίας

THÈMES.

I.

20. [La] parole *est* [l']ombre de [l']action.

[La] gloire et [la] richesse sans la prudence ne *sont* pas des biens sûrs.

[Le] repentir pour des actions honteuses *est* [le] salut de la vie.

[La] reconnaissance mise en réserve *est* un beau trésor.

[L']espérance *est* le rêve d'un [homme] éveillé.

La force du corps *est* [la] noblesse des bêtes de somme; mais [celle] des hommes consiste dans les qualités du cœur.

La vérité *est* le plus grand des biens, et le mensonge *est* le dernier degré de la méchanceté.

II.

21. La conscience *est* un dieu pour tous (1) les mortels.

Dieu frappe non irrité, mais méconnu : car la colère *est* étrangère à Dieu. La colère en effet *est* pour les choses indépendantes de la volonté; et rien n'*est* indépendant de la volonté de Dieu.

Le vin dur n'*est* pas bon pour boire longtemps; les mœurs grossières ne *sont* pas bonnes pour la société.

[Le] sommeil *représente* (2) les petits mystères de la mort.

Santé et raison *sont* deux bonnes choses dans la vie.

III.

22. Les lois les plus vraies *sont* les plus justes.

[Les] bons discours *sont* [la] nourriture de [l']âme.

---

(1) *Tourn. :* à tous.
(2) *Tourn. :* est les petits mystères, etc.

ELLIPSE DU VERBE *ÉTRE*.

§. 261.

Ἀρχὴ σοφίας φόβος κυρίου.

φόβος κυρίου · *littér.*, commencement de sagesse, crainte du Seigneur.

THÈMES CORRIGÉS.

I.

20. Λόγος ἔργου σκιά [1].

Δόξα καὶ πλοῦτος ἄνευ συνέσεως, οὐκ ἀσφαλῆ κτήματα [2].

Μεταμέλεια ἐπ' αἰσχροῖς πράγμασι βίου σωτηρία [3].

Καλόν γε θησαύρισμα κειμένη χάρις [4].

Ἐλπὶς ἐγρηγορότος ἐνύπνιον [5].

Κτηνέων μὲν εὐγένεια ἡ τοῦ σώματος εὐσθένεια · ἀνθρώπων δὲ, ἡ τοῦ ἤθους εὐτροπία [6].

Τὸ κράτιστον τῶν ἀγαθῶν ἡ ἀλήθεια, καὶ ὁ ἔσχατος ὅρος τῆς πονηρίας τὸ ψεῦδος [7].

II.

21. Βροτοῖς ἅπασιν ἡ συνείδησις θεός [8].

Βλάπτει θεὸς οὐ χολωθείς, ἀλλ' ἀγνοηθείς · ὀργὴ γὰρ θεοῦ ἀλλότριον · ἐπ' ἀβουλήτοις γὰρ ἡ ὀργή · θεῷ δὲ οὐδὲν ἀβούλητον [9].

Οὔτε ὁ αὐστηρὸς οἶνος εἰς πολυποσίαν εὔθετος, οὔτε ἄγροικος τρόπος εἰς ὁμιλίαν [10].

Ὕπνος τὰ μικρὰ τοῦ θανάτου μυστήρια [11].

Ὑγίεια καὶ νοῦς, ἐσθλὰ τῷ βίῳ δύο [12].

III.

22. Νόμοι ἀληθέστατοι οἱ δικαιότατοι [13].

Τροφὴ ψυχῆς λόγοι καλοί [14].

---

[1] Plut. *De puer. educ.* 14. — [2] Democrat. *Sentent.* apud Gale, p. 629. — [3] *Ibid.*, p. 627. — [4] *Gnom. Monost.* 36. — [5] Diog. Laërt. *in Arist.*, lib. V, p. 118, C. — [6] Democ. *Sentent.*, p. 628. — [7] Div. Basil. *De Spirit. Sanct.*, t. II, p. 143 C, edit. 1518. — [8] *Monostich.* 464. — [9] Demoph. apud Th. Gale, p. 620. — [10] Demoph., *ibid.*, p. 618. — [11] *Monostich.* 496. — [12] *Ibid.* 490. — [13] Epict. *fragm.* CXXIV. — [14] Athen., lib. VI, c. 10.

Quelle *est* la monnaie de l'amitié? [ce] *sont* la bienveillance et l'obligeance jointes à la vertu (1).

L'espérance d'un gain coupable *est* un commencement de perte.

Les bons serviteurs *sont* libres; mais les méchants libres, *sont* esclaves de beaucoup de passions.

ELLIPSE D'UN SUBSTANTIF,

OU ADJECTIFS PRIS SUBSTANTIVEMENT.

§. 262.

Ὁ σοφός.

RÈGLE. L'adjectif peut se prendre substantivement en sous-entendant le substantif : ὁ σοφός, le sage, sous-entendu ἀνήρ, homme.

En grec, les adjectifs et les participes s'emploient surtout de cette manière au neutre : τὸ εὐτυχές, le bonheur; τὸ ὑπερήφανον,

THÈMES.

I.

23. Marc-Aurèle disait : «J'ai reçu de mon aïeul Verus, *les bonnes mœurs et une âme exempte de la colère;* de la réputation et de la mémoire de mon père, *la modestie et le courage;* de ma mère, *la piété, la générosité, l'abstinence* de mal faire et même d'en avoir la pensée; de plus, *la simplicité* dans la manière de vivre; de mon gouverneur, *la patience pour supporter la fatigue, l'art d'avoir peu de besoins, de me suffire à moi-même, d'être exempt d'une vaine curiosité, et de ne point admettre aisément la calomnie;* de Diognète, *l'absence des goûts futiles;* de Sextus, *la douceur, la gravité sans fard;* de mon frère Sévère, *l'amour des miens, de la vérité et de la justice, la bienfaisance et la libéralité.* »

II.

24. *Les hommes nés* pour *le beau,* le connaissent et le recherchent.

---

(1) *Tourn.* : avec [la] vertu.

Τί νόμισμα φιλίας; εὔνοια καὶ χάρις μετ᾽ ἀρετῆς [1].

Ἐλπὶς κακοῦ κέρδους, ἀρχὴ ζημίας [2].

Οἱ ἀγαθοὶ οἰκέται, ἐλεύθεροι· οἱ πονηροὶ ἐλεύθεροι, δοῦλοι πολλῶν ἐπιθυμιῶν [3].

ELLIPSE D'UN SUBSTANTIF,
OU ADJECTIFS PRIS SUBSTANTIVEMENT.

§. 262.

Ὁ σοφός.

l'orgueil; τὸ μισοῦν, la haine; adjectifs et participes équivalents des substantifs, ἡ εὐτυχία, ἡ ὑπερηφανία, τὸ μῖσος. Avec les adjectifs ainsi employés on peut sous-entendre πρᾶγμα, χρῆμα, chose, etc.

THÈMES CORRIGÉS.

I.

23. Μάρκος Ἀντωνῖνος ἔλεγεν, ὅτι «παρὰ τοῦ πάππου Οὐήρου [παρέλαβον] τὸ καλόηθες καὶ ἀόργητον· παρὰ τῆς δόξης καὶ μνήμης τῆς περὶ τοῦ γεννήσαντος, τὸ αἰδῆμον καὶ ἀρρενικόν· παρὰ τῆς μητρὸς, τὸ θεοσεβὲς, καὶ μεταδοτικὸν, καὶ ἐφεκτικὸν οὐ μόνον τοῦ κακοποιεῖν, ἀλλὰ καὶ τοῦ ἐπὶ ἐννοίας γίνεσθαι τοιαύτης· ἔτι δὲ τὸ λιτὸν κατὰ τὴν δίαιταν· παρὰ τοῦ τροφέος, τὸ φερέπονον, καὶ ὀλιγοδεὲς, καὶ αὐτουργικὸν, καὶ τὸ ἀπολύπραγμον, καὶ τὸ δυσπρόςδεκτον διαβολῆς· παρὰ Διογνήτου, τὸ ἀκενόσπουδον· παρὰ Σέξτου, τὸ εὐμενὲς, καὶ τὸ σεμνὸν ἀπλάστως· παρὰ τοῦ ἀδελφοῦ μου Σεουήρου τὸ φιλοίκειον καὶ φιλάληθες καὶ φιλοδίκαιον, καὶ τὸ εὐποιητικὸν καὶ τὸ εὐμετάδοτον [4].»

II.

24. Τὰ καλὰ γνωρίζουσι καὶ ζηλοῦσιν οἱ εὐφυεῖς πρὸς αὐτά [5].

---

[1] Plut. *De Mult. Amic.*, t. I, p. 162, edit. H. Steph. — [2] Stob. Tit. VIII. — [3] *Ibid. Tit.* LX. — [4] Marc. Aur., c. I, 1-14. — [5] Democr. *Sent.* apud Gale, p. 628.

* 7

L'homme bon ne tient compte du blâme *des méchants* (1).

L'homme injuste tourmenté en son âme par *sa conscience,* souffre *des maux* plus grands que ceux qu'éprouve le corps déchiré de coups (2).

La réprimande d'un père [est] un doux remède; car elle a plus d'*utilité* que de *mordant* (3).

Hais *les flatteurs* comme *les trompeurs* : car les uns et les autres [quand ils sont] crus, nuisent *à ceux qui les croient* (4).

Celui qui commet une injustice est plus malheureux que celui qui la souffre.

DÉPENDANCES DU SUJET ET DE L'ATTRIBUT.

EMPLOI DU GÉNITIF.

§. 264.

DE.

Ὑγίεια ὁ μισθὸς τῆς ἐγκρατείας.

[*Liber Petri.*]

RÈGLE. En grec, comme en latin, le génitif exprime le même
santé est le prix *de* la tempérance :

THÈMES.

I.

25. La pensée *des* sages a, comme l'or, le plus grand poids.

La beauté *du* savoir, comme [celle] *de* l'or, est estimée en tout lieu.

Il faut faire le même cas de la colère d'un *singe* et de la menace d'un *flatteur*.

Le seul esclave *d'une maison*, [c'] est le maître.

Tout le monde est parent *des gens heureux*.

La précipitation est pour beaucoup de gens une *cause de malheurs*.

---

(1) *Tourn.* : des méchants blâmant.

(2) *Tourn.* : le faisant injustice, torturé [en] l'âme, souffre par la conscience maux plus grands que fouetté de coups au corps. Ce dernier mot à l'accus., en sous-entendant κατά, *secundùm;* voy. §. 333, II.

(3) *Tourn.* : car elle a le servant plus que le mordant.

(4) *Tourn.* : aux croyant.

Μεμφομένων φαύλων ὁ ἀγαθὸς οὐ ποιεῖται λόγον [1].

Κακὰ μείζω πάσχει διὰ τὸ συνειδὸς ὁ ἀδικῶν, βασανι-
ζόμενος τῇ ψυχῇ, ἥπερ τὸ σῶμα ταῖς πληγαῖς μαστιγούμενος [2].

Πατρὸς ὕβρις, ἡδὺ φάρμακον· πλέον γὰρ ἔχει τὸ ὠφελοῦν τοῦ
δάκνοντος [3].

Μίσει τοὺς κολακεύοντας ὥσπερ τοὺς ἐξαπατῶντας· ἀμφότεροι γὰρ πιστευθέντες τοὺς πιστεύοντας ἀδικοῦσιν [4].

Ὁ ἀδικῶν τοῦ ἀδικουμένου κακοδαιμονέστερος [5].

DÉPENDANCES DU SUJET ET DE L'ATTRIBUT.
EMPLOI DU GÉNITIF.

---

§. 264.
DE.

Ὑγίεια ὁ μισθὸς τῆς ἐγκρατείας.

[*Liber Petri.*]

rapport que *de* placé entre deux substantifs en français. La
ὑγίεια ὁ μισθὸς τῆς ἐγκρατείας.

THÈMES CORRIGÉS.

I.

25. Ὁ τῶν σοφῶν νοῦς, ὥσπερ χρυσὸς, βάρος ἔχει μέγιστον [6].

Τῆς παιδείας, ὥσπερ χρυσοῦ, τὸ καλὸν ἐν παντὶ τόπῳ τίμιον [7].

Πιθήκου ὀργὴν, καὶ κόλακος ἀπειλὴν, ἐν ἴσῳ θετέον [8].

Εἷς ἐστι δοῦλος οἰκίας ὁ δεσπότης [9].

Τῶν εὐτυχούντων πάντες εἰσὶ συγγενεῖς [10].

Προπέτεια πολλοῖς ἐστιν αἰτία κακῶν [11].

---

[1] Democr. *Sent.* apud Gale, p. 627. — [2] Demoph. *apud* Th. Gale,
p. 622. — [3] Epic. *fragm.* CXLVIII. — [4] Isocr. *ad Demon.* §. 4, p. 6,
edit. Coray. — [5] Democrat. *Sent.*, p. 627. — [6] Demoph. *Simil.*, p. 613.
— [7] Epict. *fragm.* CL. — [8] Demoph., p. 618. — [9] *Monostich.* 167. —
[10] *Ibid.* 199. — [11] *Ibid.* 473.

La plupart *des hommes* sont les apologistes *de leurs propres fautes*, et les accusateurs *de celles des autres* (1).

II.

26. Palamède d'Argos, fils *de Nauplius* et *de Climène*, était cousin *du roi Agamemnon* du côté de sa mère. Il était heureusement né pour la philosophie et la poésie. Il fut l'inventeur *de la lettre* ζ, *du* π, *du* φ, *du* χ, *des dés*, *du calcul*, *des mesures* et *des poids*.

Qu'est-ce que l'homme? un modèle *de faiblesse*, [le] butin *de* [*l'*] *occasion*, un jouet *de* [*la*] *fortune*, une image *du changement*, [la] balance *de* [*l'*] *envie* et *de* [*l'*] *infortune*.

EMPLOI DU DATIF.

§. 265.

A.

Πείθομαι τοῖς νόμοις.

[*Do vestem pauperi.*]

RÈGLE. Le datif exprime le même rapport que fait en fran-

THÈME.

27. Le malheur, mais non la raison, sert de leçon *aux sots*.

Il est beau [de] céder *à la loi, au magistrat*, et *au plus sage*.

Résister *à la volupté* est d'un sage, [*y*] céder est d'un fou.

Le prix de la victoire est réservé *aux coureurs* à la fin de la carrière; le prix de la sagesse est réservé pour la vieillesse à *ceux qui ont aimé le travail* (2).

Caton dit *à un vieillard vicieux*: « Pourquoi, malheureux, ajoutes-tu *à la vieillesse*, qui renferme (3) [déjà] tant de maux, la honte qui résulte du vice? »

La fortune *ressemble à un mauvais agonothète*: souvent elle couronne celui (4) qui n'a rien fait.

---

(1) *Tourn.*: comme en lat. *alienorum*.
(2) *Tourn.*: aux ayant aimé le travail.
(3) *Tourn.*: ayant beaucoup de maux.
(4) *Tourn.*: le n'ayant rien fait.

Οἱ πολλοὶ τῶν ἀνθρώπων τῶν μὲν ἰδίων ἁμαρτημάτων συνήγοροι γίνονται· τῶν δὲ ἀλλοτρίων κατήγοροι [1].

H.

26. Παλαμήδης, παῖς Ναυπλίου καὶ Κλιμένης, Ἀργεῖος, ἦν ἀνεψιὸς τοῦ βασιλέως Ἀγαμέμνονος πρὸς μητρός. ἔσχε δὲ εὐφυῶς πρός τε φιλοσοφίαν καὶ ποιητικήν· καὶ εὑρετὴς γέγονε τοῦ ζ̓ στοιχείου, καὶ τοῦ π̓, καὶ τοῦ φ̓, καὶ τοῦ χ̓, κύβων τε καὶ ψήφων καὶ μέτρων καὶ σταθμῶν [2].

Τί ἐστιν ἄνθρωπος; ἀσθενείας ὑπόδειγμα, καιροῦ λάφυρον, τύχης παίγνιον, μεταπτώσεως εἰκών, φθόνου καὶ συμφορᾶς πλάστιγξ [3].

EMPLOI DU DATIF.

§. 265.

A.

Πείθομαι τοῖς νόμοις.

[*Do vestem pauperi.*]

çais la préposition *à.* J'obéis *aux* lois : πείθομαι τοῖς νόμοις.

THÈME CORRIGÉ.

27. Νηπίοις οὐ λόγος, ἀλλ' ἡ συμφορὰ γίνεται διδάσκαλος [4].

Νόμῳ καὶ ἄρχοντι καὶ τῷ σοφωτέρῳ εἴκειν κόσμιον [5].

Φρονίμου μέν ἐστιν ἀντιτάσσειν ταῖς ἡδοναῖς, ἄφρονος δὲ δουλεύειν [6].

Τοῖς μὲν σταδιοδρομοῦσιν ἐπὶ τῷ τέρματι τὸ βραβεῖον τῆς νίκης, τοῖς δὲ φιλοπονήσασιν ἐπὶ τοῦ γήρους τὸ πρωτεῖον τῆς φρονήσεως, ἀπόκειται [7].

Κάτων γέροντι πονηρευομένῳ ἔφη· « Τί, ἄνθρωπε, τῷ γήρᾳ κακὰ πολλὰ ἔχοντι, τὴν ἐκ τῆς πονηρίας αἰσχύνην προστίθης [8]; »

Ἡ τύχη ἔοικε φαύλῳ ἀγωνοθέτῃ· πολλάκις γὰρ τὸν μηδὲν πράξαντα στεφανοῖ [9].

---

[1] Stob. Tit. XXI. — [2] Suidas, *voc.* Παλαμήδ. — [3] Aristot. apud Stob. XCVI. — [4] Demoph. *apud* Galen. p. 629. — [5] Epict. *fragm.* CXXIV. — [6] *Ibid.* CXI. — [7] Demoph. *Simil.*, p. 615. — [8] Stob. *Tit.* CXIII. — [9] Demoph. *Similitud.*, p. 617.

EMPLOI DE L'ACCUSATIF.

§. 266.

Τίμα τοὺς γονεῖς σοῦ.

[*Amo Deum.*]

Règle. En grec comme en latin tout verbe actif veut son

γονεῖς

THÈMES.

I.

28. *Ayant* des *amis*, croyez *avoir* des *trésors*.
Rendez et *recevez* des *services justes*.
Les chasseurs *prennent les lièvres* avec les chiens, les flatteurs *prennent* les *sots* avec les louanges.
N'abandonnez pas le *certain* pour l'incertain (1).

II.

29. Les Galactophages, nation scythique, sont sans maisons, comme la plupart des Scythes. Ils *ont* [pour] *nourriture* seulement [du] *lait* de cheval, dont il font du fromage, qui leur sert d'aliment et de boisson (2) : aussi sont-ils pour cela très-difficiles à vaincre, *ayant* partout avez eux leur *nourriture*. Ils *ont* même *mis Darius en fuite*.

III.

30. Lycurgue ayant *reçu les poëmes* d'Homère des descendants de Créophyle, [les] *apporta* le premier dans le Péloponnèse.
Entassez [de l'] *or*, *amassez* [de l'] *argent*, *construisez* [des] *promenades*, *remplissez* votre *maison* d'esclaves, et la *ville* de vos débiteurs; si (3) vous n'avez pas *dompté* les *passions* de votre âme, [si] *vous n'avez pas mis* un *terme* à vos

---

(1) *Tourn.* : lâchant les choses évidentes, ne courez point après les obscures.

(2) *Tourn.* : dont faisant du fromage ils mangent et boivent.

(3) *Si* doit se rendre ici par ἄν avec le subj., et là négat. *ne pas*, par μή.

EMPLOI DE L'ACCUSATIF.

§. 266.

Τίμα τοὺς γονεῖς σου.

[*Amo Deum.*]

complément direct à l'accusatif. Honore tes parents : τίμα τοὺς γονεῖς σου.

THÈMES CORRIGÉS.

I.

28. Φίλους ἔχων, νόμιζε θησαυροὺς ἔχειν [1].
Χάριτας δικαίας καὶ δίδου καὶ λάμβανε [2].
Θηρεύουσι τοῖς μὲν κυσὶ τοὺς λαγωοὺς οἱ κυνηγοί, τοῖς δὲ ἐπαίνοις τοὺς ἀνοήτους οἱ κόλακες [3].
Ἀφεὶς τὰ φανερά, μὴ δίωκε τὰφανῆ [4].

II.

29. Γαλακτοφάγοι, σκυθικὸν ἔθνος, ἄοικοί εἰσιν, ὥςπερ καὶ οἱ πλεῖστοι Σκυθῶν. τροφὴν δ' ἔχουσι γάλα μόνον ἵππειον, ἐξ οὗ τυροποιοῦντες ἐσθίουσι καὶ πίνουσι· καὶ εἰσὶ διὰ τοῦτο δυςμαχώτατοι, σὺν αὑτοῖς πάντη τὴν τροφὴν ἔχοντες. οὗτοι καὶ Δαρεῖον ἐτρέψαντο [5].

III.

30. Λυκοῦργος τὴν Ὁμήρου ποίησιν παρὰ τῶν ἀπογόνων Κρεωφύλου λαβών, πρῶτος διεκόμισεν εἰς Πελοπόννησον [6].

Ἄθροιζε χρυσίον, σύναγε ἀργύριον, οἰκοδόμει περιπάτους, ἔμπλησον ἀνδραπόδων τὴν οἰκίαν, καὶ χρεωστῶν τὴν πόλιν· ἂν μὴ τὰ πάθη τῆς ψυχῆς καταστορέσῃς, καὶ τὴν

---

[1] *Monostich.* 541. — [2] *Ibid.* — [3] Stob. *Tit.* LXIV, ed. 1581. — [4] *Monostich.* — [5] Nic. Damasc., *voc.* Γαλακτοφ. — [6] Heracl. *De Polit.*, voc. *Lac.*

désirs *insatiables*, [si] vous ne vous êtes pas délivré *vous-même*
de craintes et de soucis, vous ne faites que *clarifier* [du] vin
pour un fébricitant, présenter [du] *miel* à un homme tourmenté de la bile, et préparer des *aliments* et de la *bonne chère*
pour des gens malades de l'estomac et des entrailles (1).

IV.

31. Lyncée se mit le premier à *chercher* dans les mines du
cuivre, de *l'argent* et les *autres métaux*. Or, dans sa recherche
des minéraux, emportant avec lui des *lampes* sous terre, il *les*
y laissait, mais il en *rapportait le cuivre* et *le fer*. Les hommes
disaient donc : Lyncée voit même ce qui est sous terre (2); et y
descendant, il [en] rapporte de *l'argent*.

Il y avait en Béotie un excellent joueur de cithare, nommé
Amphion, qui n'*attirait* point les *pierres* par son art, comme
dit la fable, mais qui, *ayant* à ses accords guerriers *rassemblé*
la *jeunesse béotienne* (3) en phalange, *éleva* autour de Thèbes
un rempart inexpugnable.

EMPLOI DU VOCATIF.

§. 268.

Εἰσὶν ἀρεταὶ, ὦ Πρωταγόρα.

RÈGLE. Le nom mis au vocatif prend ordinairement en
tagoras : εἰσὶν ἀρεταὶ,

THÈMES.

I.

32. Platon dit à un homme qui cherchait (4) sans cesse [à]
s'enrichir : « *O misérable*, ne cherche pas [à] augmenter ton
bien, mais à diminuer ta cupidité. »

Archidamus, ayant vu une catapulte apportée alors pour la
première fois de Sicile, s'écria : « *O Hercule*, [la] valeur de
[l'] homme est perdue ! »

---

(1) *Tourn.* : vous clarifiez vin à un fébricitant, vous présentez miel, etc.
(2) *Tourn.* : les choses sous terre, τὰ ὑπὸ γῆν, sous-entend. ὄντα.
(3) *Tourn.* : des Béotiens, οἱ Βοιωτοί.
(4) *Tourn.* : cherchant.

ἀπληστίαν παύσῃς, καὶ φόβων καὶ φροντίδων ἀπαλλάξῃς
σαυτὸν, οἶνον διηθεῖς πυρέττοντι, καὶ χολικῷ μέλι προσφέρεις,
καὶ σιτία καὶ ὄψα κοιλιακοῖς ἑτοιμάζεις καὶ δυςεντερικοῖς [1].

IV.

51. Λυγκεὺς πρῶτος ἤρξατο μεταλλεύειν χαλκὸν, καὶ
ἄργυρον, καὶ τὰ λοιπά· ἐν δὲ τῇ μεταλλεύσει λύχνους
μεταφέρων ὑπὸ τὴν γῆν, τοὺς μὲν κατέλειπεν ἐκεῖσε, αὐτὸς δὲ
ἀνέφερε τὸν χαλκὸν καὶ τὸν σίδηρον. ἔλεγον οὖν οἱ ἄνθρωποι· Λυγκεὺς καὶ τὰ ὑπὸ γῆν ὁρᾷ· καὶ καταδύνων, ἀργύριον ἀναφέρει [2].

Ἦν περὶ Βοιωτίαν κιθαριστὴς γενναῖος, Ἀμφίων ὄνομα, οὐ λίθους,
οἷον ὁ μῦθός φησι, προςαγόμενος τῇ τέχνῃ, ἀλλ' ὑπὸ μέλει ἐμβα-
τηρίῳ καὶ τακτικῷ συναγαγὼν εἰς φάλαγγα τοὺς Βοιωτῶν νέους,
τεῖχος ἄμαχον ταῖς Θήβαις περιέβαλεν [3].

EMPLOI DU VOCATIF.

§. 268.

Εἰσὶν ἀρεταὶ, ὦ Πρωταγόρα.

grec la terminaison propre à ce cas. Il existe des vertus, Pro-
ὦ Πρωταγόρα.

THÈMES CORRIGÉS.

I.

52. Πλάτων πρὸς τὸν ἀεὶ ζητοῦντα χρηματίζεσθαι, « Ὦ πονηρὲ,
εἶπε, μὴ πειρῶ τὴν κτῆσιν αὔξειν, ἀλλὰ τὴν ἐπιθυμίαν μειῶσαι [4]. »

Ἀρχίδαμος, καταπελτικὸν βέλος ἰδὼν τότε πρῶτον ἐκ Σικελίας κο-
μισθὲν, ἀνεβόησεν· « Ὦ Ἡράκλεις, ἀπόλωλεν ἀνδρὸς ἀρετά [5] !

---

[1] Plut. De Virt. et Vit., t. I, p. 175, edit. H. Steph. — [2] Palæph.,
c. X. — [3] Max. Tyr. Dissert. XXI, p. 218, edit. Davis. 1703, et
XXXVII, 6, edit. Markl. — [4] Stob. tit. VIII. — [5] Plut. Apophth.
Reg. et imp.

Celui-là, *ô Gorgias,* est l'homme le plus puissant, qui sait le mieux supporter une injustice.

Cratès dit à un jeune homme riche, qui traînait après lui beaucoup de flatteurs : « *Jeune homme,* j'ai pitié de votre solitude. »

II.

33. *O maître* et *créateur* de toutes choses, *ô Dieu, père* et *directeur* de tes créatures, *ô arbitre* de la vie et de la mort, *ô gardien* et *bienfaiteur* de nos âmes, *ô* toi qui crées et qui changes tout (1) à propos par le moyen du Verbe industrieux, et comme tu le sais toi-même dans la profondeur de ta sagesse, reçois aujourd'hui nos prières !

Diogène, foulant un jour les tapis de Platon, disait : « Je foule aux pieds le faste de Platon. » « Par (2) un autre faste, *Diogène,* » répondit Platon.

Diogène dînait un jour dans un cabaret. Il appela Démosthène qui passait (3). Celui-ci n'ayant pas répondu (4) : « Rougis-tu, dit-il, *Démosthène,* d'entrer dans un cabaret ? Cependant ton maître entre ici tous les jours. » Il indiquait par-là que (ὅτι) les harangueurs du peuple et les orateurs sont les esclaves de la multitude.

EMPLOI DES PRÉPOSITIONS ET DES ADVERBES.

§. 269

Ἡ περὶ τὸν Θεὸν εὐσέβεια.

RÈGLE. Les prépositions, avec leurs compléments, modifient soit le sujet, soit l'attribut d'une proposition. La piété envers Dieu est le chemin du salut : ἡ περὶ τὸν Θεὸν εὐσέβεια, ὁδὸς εἰς σωτηρίαν. (*Littér.,* chemin vers le salut.) Περὶ τὸν Θεόν

THÈMES.

I.

54. La raison est le médecin de la maladie de l'âme (5).

---

(1) *Tourn. :* ô créant et changeant tout.
(2) Cette préposition se rendra par le *dat.* Voy. la *Méth.* §. 318. 1°.
(3) *Tourn. :* passant.
(4) Génitif absolu ; voy. la *Méthode,* §. 370, I.
(5) *Tourn. :* de la maladie *concernant* l'âme.

Οὗτος κράτιστός ἐστ' ἀνήρ, ὦ Γοργία,

Ὅστις ἀδικεῖσθαι πλεῖστ' ἐπίσταται βροτῶν [1].

Κράτης πρὸς νέον πλούσιον πολλοὺς κόλακας ἐπισυρόμενον.

« Νεανίσκε, εἶπεν, ἐλεῶ σου τὴν ἐρημίαν [2]. »

II.

33. Ὦ δέσποτα πάντων καὶ ποιητά, ὦ Θεέ, τῶν σῶν ἀνθρώπων καὶ πάτερ καὶ κυβερνῆτα, ὦ ζωῆς καὶ θανάτου κύριε, ὦ ψυχῶν ἡμετέρων ταμία καὶ εὐεργέτα, ὦ ποιῶν τὰ πάντα καὶ μετασκευάζων τῷ τεχνίτῃ Λόγῳ κατὰ καιρὸν, καὶ ὡς αὐτὸς ἐπίστασαι τῷ βάθει τῆς σῆς σοφίας, νῦν δέχοιο [τὰς ἡμετέρας εὐχάς] [3].

Διογένης πατῶν Πλάτωνός ποτε στρώματα, ἔφη· « Πατῶ τὸν Πλάτωνος τύφον· » ὁ δὲ ἔφη· « Ἑτέρῳ γε τύφῳ, Διόγενες [4]. »

Ἠρίστα ποτὲ Διογένης ἐν καπηλείῳ· εἶτα παριόντα Δημοσθένη ἐκάλει· τοῦ δὲ μὴ ὑπακούσαντος, « Αἰσχύνῃ, ἔφη, Δημόσθενες, παρελθεῖν εἰς καπηλεῖον; καὶ μὴν ὁ κύριός σου καθ' ἑκάστην ἡμέραν ἐνθάδε εἴσεισι· » δηλῶν ὅτι οἱ δημηγόροι καὶ οἱ ῥήτορες δοῦλοι τοῦ πλήθους εἰσίν [5].

EMPLOI DES PRÉPOSITIONS ET DES ADVERBES.

§. 269.

Ἡ περὶ τὸν Θεὸν εὐσέβεια.

modifie le sujet εὐσέβεια; εἰς σωτηρίαν modifie l'attribut ὁδός. Il en est de même des adverbes.

Remarquez que, dans cet emploi, l'adverbe ou la préposition se construit entre l'article et le nom ainsi modifié ou déterminé. Voy. §. 314.

THÈMES CORRIGÉS.

I.

34. Ἰατρὸς ὁ λόγος τοῦ κατὰ ψυχὴν πάθους [6].

---

[1] *Com. Sent.* Menand. XV. — [2] Stob. tit. XII. — [3] S. Gregor. Naz. *Orat. fun. in Laud. Cæs.* sub fin. — [4] Laërt. *in Diog.*, lib. VI, p. 144, A. — [5] Ælian. *V. H.* IX, 19. — [6] *Monostich.* 284.

Les désirs violents *pour un objet* aveuglent l'âme à l'égard des autres.

Recherchez les plaisirs *unis à l'estime* (1).

Il faut rechercher les jouissances *qui suivent la peine*, mais non *celles qui la précèdent*.

Nous devons mépriser les *plaisirs des sens* (2).

II.

35. Philippe, roi de Macédoine (3), ayant procuré à Aristote une richesse considérable, devint la cause de beaucoup d'autres recherches, mais surtout *de la science qui s'occupe des animaux* (4); et le fils (5) de Nicomaque recueillit leur histoire au moyen de la fortune brillante *qui lui venait de Philippe* (6).

La prodigalité et une vie *livrée à la volupté*, finirent (7) par réduire à la misère Périclès (8), Callias, fils (9) d'Hipponique, et Nicias (10), du dème de Pergase. Quand l'argent leur manqua, s'étant porté tous trois la dernière santé avec de la ciguë, ils sortirent de la vie comme d'un festin.

---

(1) *Tourn.* : les avec l'estime.
(2) *Tourn.* : nous mépriserons les plaisirs les par les sens.
(3) *Tourn.* : le Macédonien, ὁ Μακεδών.
(4) *Tourn.* : de la science *la concernant les animaux*.
(5) Voy. §. 310.
(6) *Tourn.* : par *la* de la part de Philippe *fortune*.
(7) Sur le nombre où doit être mis ici le verbe, voy. plus bas, §. 270, p. 114, Rem. I.
(8) Ce personnage n'est point le même que l'homme d'état illustré par son génie politique.
(9) Sur la manière de rendre le mot *fils*, voy. §. 370.
(10) Ce Nicias ne doit pas être confondu avec le célèbre général de ce nom.

Αἱ περί τι σφοδραὶ ὀρέξεις τυφλοῦσιν εἰς τἆλλα τὴν ψυχήν [1].

Τὰς ἡδονὰς θήρευε τὰς μετὰ δόξης [2].

Ἡδονὰς τὰς μετὰ τοὺς πόνους διωκτέον, ἀλλ' οὐχὶ τὰς πρὸ τῶν πόνων [3].

Τὰς διὰ τῶν αἰσθήσεων ἡδονὰς ἀτιμάσομεν 4.

II.

135. Φίλιππος ὁ Μακεδὼν Ἀριστοτέλει χορηγήσας πλοῦτον ἀνενδεῆ, αἴτιος γέγονε πολλῆς καὶ ἄλλης πολυπειρίας, ἀτὰρ οὖν καὶ τῆς γνώσεως τῆς κατὰ τὰ ζῶα· καὶ τὴν ἱστορίαν αὐτῶν ὁ τοῦ Νικομάχου διὰ τὴν ἐκ Φιλίππου περιουσίαν ἐκαρπώσατο [5].

Περίκλέα, καὶ Καλλίαν τὸν Ἱππονίκου, καὶ Νικίαν τὸν Περγασῆθεν, ἡ ἀσωτεία καὶ ὁ πρὸς ἡδονὴν βίος εἰς ἀπορίαν περιέστησεν· ἐπεὶ γὰρ ἐπέλιπε τὰ χρήματα αὐτούς, οἱ τρεῖς κώνειον, τελευταίαν πρόποσιν, ἀλλήλοις προπιόντες, ὥσπερ οὖν ἐκ συμποσίου ἀνέλυσαν [6].

---

[1] Democr. *Sentent.*, p. 629. — [2] Isocr. *ad Dem.* §. 4. — [3] Stob. *Serm.* XXVII. — 4 Div. Basil. *Orat. ad Adolesc.* sub fin. — [5] Æl. *V. H.* IV, 19. — [6] *Ibid.*, IV, 23.

UNION DES PROPOSITIONS.

EMPLOI DES CONJONCTIONS.

§. 270.

Les principales conjonctions ont été indiquées §. 162. Elles
or, donc,

E T.

Νόει, καὶ τότε πρᾶττε.

RÈGLE I. Cette conjonction, en grec, καί, τε, se met entre
καὶ τότε πρᾶττε. Sur τε voyez

THÈME.

36. Dieu est partout *et* voit tout.

Ayant reçu un service, souviens-t'[en], *et* [en] ayant rendu
[un], oublie-[le].

La terre produit tout *et* reprend [tout].

[*Petrus et Paulus ludunt.*]

RÈGLE II. Καί unit deux propositions **en** une seule en
verbe au

THÈME.

37. *Un grenadier et un pommier disputaient* de beauté.
Un buisson [les] ayant entendus de la haie voisine : Cessons
enfin, [mes] amis, dit-il, de nous débattre (1).

Les dieux, qui connaissent (2) les choses humaines, délivrent
le plus tôt de la vie ceux qu'ils estiment le plus. *Agamède,* par
exemple, et *Trophonius,* qui construisirent (3) à Pytho le
temple d'Apollon (4), *ayant prié* le dieu de leur accorder ce
qu'il y avait de meilleur pour eux, *s'endormirent* et *ne se ré-
veillèrent* plus (5).

(1) *Tourn.* : nous débattant.
(2) *Tourn.* : connaisseurs ou instruits des choses humaines, *gnari,
periti humanorum.*
(3) *Tourn.* : les ayant construit.
(4) Apollon Pythien peut se rendre ici par ὁ θεός.
(5) *Tourn.* : s'étant endormis.

UNION DES PROPOSITIONS.

EMPLOI DES CONJONCTIONS.

§. 270.

peuvent, quant au sens, se réduire à neuf : *et, ou, ni, mais, car, si, que.* — Voyez le Principe général, p. 76, 78.

ET.

Νόει, καὶ τότε πράττε.

deux propositions pour les unir : Pense, *et* agis ensuite : νόει, ci-après, p. 116, Rem. II.

THÈME CORRIGÉ.

36. Πάντη [γάρ] ἐστὶ καὶ πάντα βλέπει θεός [1].

Χάριν λαβὼν μέμνησο, καὶ δοὺς ἐπιλάθου [2].

Γῆ πάντα τίκτει, καὶ πάλιν κομίζεται [3].

[*Petrus et Paulus ludunt.*]

réunissant les deux sujets, et alors on met ordinairement le pluriel.

THÈME CORRIGÉ.

37. Ῥοιὰ καὶ μηλέα περὶ κάλλους ἤριζον. Βάτος δὲ, ἐκ τοῦ πλησίον ἀκούσασα φραγμοῦ, Παυσώμεθα, εἶπεν, ὦ φίλαι, ποτὲ μαχόμεναι [4].

Οἱ θεοὶ τῶν ἀνθρωπείων ἐπιστήμονες, οὓς ἂν περὶ πλείστου ποιῶνται, θᾶττον ἀπαλλάττουσι τοῦ ζῆν. Ἀγαμήδης γοῦν καὶ Τροφώνιος, οἱ δειμάμενοι τὸ Πυθοῖ τοῦ θεοῦ τέμενος, εὐξάμενοι τὸ κράτιστον αὐτοῖς γενέσθαι, κατακοιμηθέντες οὐκέτ᾽ ἐξανέστησαν [5].

---

[1] *Monostich.* 243. — [2] *Ibid.* 41. — [3] *Ibid.* 49. — [4] *Æsop.*, *fab.* 50. — [5] Æschin. Socr. *Axioch.* sive *Dial.* III, 10.

Paul et moi nous jouïons.

[Ego et tu valemus.]

RÈGLE. Les Grecs, différents des Français, mettent le pre-
moi nous jouïons : Ἐγὼ

THÈME.

Les Parasites.

38. *Nous* étant fait raser (1) la tête la veille (2), *Struthion*,
Cynædus, les parasites, et *moi*, après le bain (3) prenant
notre course, vers la cinquième heure, nous sommes allés (4)
dans la maison de plaisance du jeune Chariclès. Là cet ami de
la gaîté et de la dépense nous a bien reçus, et nous lui avons
fourni un joyeux passe-temps à lui et à ses convives, en nous
donnant des soufflets à tour de rôle, et en nous lançant des
brocards pleins de tout le sel et de toutes les grâces attiques. Le
festin en était à ce point (5) de gaîté et de belle humeur,
lorsque le (6) déplaisant, le fâcheux Smicrinès est survenu,
suivi (7) d'une foule de valets qui se sont rués sur nous.

Δόξα καὶ πλοῦτος οὐκ ὠφελεῖ.

REMARQUE I. On peut aussi, dans une phrase où se trouvent
plusieurs sujets, mettre le verbe au singulier, en le faisant rap-

THÈMES.

I.

39. De même que les parfums rendent bien odorants de
vieux manteaux et des haillons, de même avec la vertu tout
séjour et toute *condition sont* exempts de peine et agréables :
mais le vice se mêlant (8) à une condition en apparence écla-

---

(1) Voy. §. 353.
(2) Voy. §. 338, 4°.
(3) *Tourn.* : nous étant baignés. Voy. §. 352.
(4) Employez l'imparf., d'après le §. 358.
(5) Voy. §. 298, III.
(6) L'article ici en grec comme en français.
(7) *Tourn.* : or une foule de valets le suivait.

Paul et moi nous jouïons.

[Ego et tu valemus.]

mier le pronom de la personne qui parle d'elle-même : *Paul et*
καὶ Παῦλος ἐπαίζομεν.

THÈME CORRIGÉ.

ΟΙ ΠΑΡΑΣΙΤΟΙ.

38. Τῇ προτεραίᾳ ξυράμενοι τὰς κεφαλὰς, ἐγὼ καὶ Στρουθίων
καὶ Κύναιδος οἱ παράσιτοι, λουσάμενοι, ἀμφὶ πέμπτην ὥραν, δρόμον
ἀφέντες εἰς τὸ προάστειον τὸ Χαρικλέους τοῦ μειρακίσκου ᾠχόμεθα.
ἔνθα αὐτός τε ἀσμένως ὑπεδέξατο, φιλόγελώς τε ὢν καὶ φιλαναλώτης·
ἡμεῖς τε διατριβὴν αὐτῷ τε καὶ τοῖς συμπόταις παρέσχομεν, παραμέρος
ἀλλήλους ἐπιῤῥαπίζοντες, καὶ ἀνάπαιστα εὔκροτα ἐπιλέγοντες, αὐτο-
σκομμάτων ἀστικῶν καὶ αὐτοχαρίτων ἀττικῶν καὶ αἰμυλίας γέμοντα. ἐν
τούτῳ δὲ ἱλαρότητος καὶ εὐφροσύνης διακειμένου τοῦ συμποσίου, ἐπέστη
ποθὲν Σμικρίνης ὁ δύστροπος καὶ δύσκολος, εἵπετο δὲ αὐτῷ πλῆθος
οἰκετῶν, οἳ δραμόντες ἐφ' ἡμᾶς ὥρμησαν [1].

Δόξα καὶ πλοῦτος οὐκ ὠφελεῖ.

porter seulement à un de ces sujets. Ex. : Sans la prudence, la
gloire et la richesse ne *sont* point utiles : Δόξα καὶ πλοῦτος ἄνευ
συνέσεως οὐκ ὠφελεῖ.

THÈMES CORRIGÉS.

I.

39. Ὡς ἀρώματα τρίβωνας εὐώδεις καὶ ῥάκια ποιεῖ, οὕτως μετ'
ἀρετῆς καὶ δίαιτα πᾶσα καὶ βίος ἄλυπός ἐστι καὶ ἐπιτερπής· ἡ δὲ

---

[1] Alciphr. III, *Ep.* 43.

(8) *Tourn.* : mais le vice mélangeant les choses paraissant éclatantes,
opulentes, éminentes, [les] rend pénibles, et fastidieuses et insuppor-
tables aux possédant.

tante, opulente, éminente, la rend pénible, fastidieuse, insupportable pour ceux qui la possèdent (1).

II.

40. Lorsque le chagrin, dit quelqu'un, s'est emparé de moi quand je m'endors (2), les songes me tuent. C'est ainsi que et l'*envie*, et la *crainte*, et la *colère*, et le *libertinage disposent* [notre âme]. Le vice en effet se composant dans le jour pour les autres, est timide et voile ses passions ; il ne s'abandonne pas entièrement à ses penchants, mais souvent il [leur] résiste et [les] combat. Mais dans les songes, échappant à l'opinion et aux lois, il met en mouvement tous les désirs, et réveille les mauvaises habitudes.

III.

41. Démosthène, parlant un jour devant l'assemblée [du peuple], et voyant venir (3) Phocion, dit : « *Le maillet et la hache* de mes discours *arrivent*. » Tant il est vrai que l'éloquence n'est pas aussi capable que les mœurs de produire la persuasion (4).

Les âmes qui ont vécu suivant la vertu, devenues pures de tout mélange avec le corps (5), se réunissent aux dieux, et gouvernent avec eux l'univers ; et lors même que rien de cela ne leur arriverait, la *vertu* [en] elle-même, la *satisfaction* et la *gloire* [qui résultent (6)] de la vertu, une *vie* exempte de peine et de dépendance, *suffisaient* pour rendre heureux ceux (7) qui ont voulu et pu vivre selon la vertu.

Πατήρ ἀνδρῶν τε καὶ θεῶν.

REMARQUE II. Καί a pour synonyme τε, qui répond au *que* des Latins, et qui, comme cette conjonction, se met toujours après le mot. En prose, τε est le plus souvent suivi de καί,

---

(1) *Tourn.* : aux possédant.
(2) *Tourn.* : de moi m'endormant.
(3) *Tourn.* : venant.
(4) *Tourn.* : ainsi l'éloquence ne peut pas persuader autant que les mœurs.
(5) *Tourn.* : pures de tout corps.
(6) Voy. plus haut la Règle, §. 269, p. 108, 109.
(7) *Tourn.* : les ayant préféré et pu vivre, etc.

κακία καὶ τὰ λαμπρὰ φαινόμενα καὶ πολυτελῆ καὶ σεμνὰ μιγνυμένη, λυπηρὰ καὶ ναυτιώδη καὶ δυςπρόςδεκτα παρέχει τοῖς κεκτημένοις[1].

II.

40. Ὅταν νυστάζοντά με λύπη λάβῃ, ἀπόλλυμαι ὑπὸ τῶν ἐνυπνίων, φησί τις· οὕτω δὲ καὶ φθόνος καὶ φόβος καὶ θυμὸς καὶ ἀκολασία διατίθησι. μεθ' ἡμέραν μὲν γὰρ συσχηματιζομένη ἡ κακία πρὸς ἑτέρους, δυςωπεῖται καὶ περικαλύπτει τὰ πάθη, καὶ οὐ παντάπασι ταῖς ὁρμαῖς ἐκδίδωσιν ἑαυτὴν, ἀλλ' ἀντιτείνει καὶ μάχεται πολλάκις· ἐν δὲ τοῖς ὕπνοις ἀποφυγοῦσα δόξας καὶ νόμους, πᾶσαν ἐπιθυμίαν κινεῖ καὶ ἐπανεγείρει τὸ κακόηθες[2].

III.

41. Δημοσθένης λέγων ποτὲ ἐπ' ἐκκλησίας, καὶ Φωκίωνα ἰδὼν ἐρχόμενον, εἶπεν· « Ἡ τῶν ἐμῶν λόγων σφύρα καὶ κοπὶς ἔρχεται. » οὕτως οὐ τοσοῦτον ὁ λόγος, ὅσον ὁ τρόπος πείθειν δύναται[3].

Αἱ κατ' ἀρετὴν ζήσασαι ψυχαί, καθαραὶ παντὸς γενόμεναι σώματος, θεοῖς τε συνάπτονται, καὶ τὸν ὅλον κόσμον συνδιοικοῦσιν ἐκείνοις. καίτοι καὶ εἰ μηδὲν αὐταῖς τούτων ἐγίνετο, αὐτή γε ἡ ἀρετὴ, καὶ ἡ ἐκ τῆς ἀρετῆς ἡδονή τε καὶ δόξα, ὅ τε ἄλυπος καὶ ἀδέσποτος βίος εὐδαίμονας ἥρκει ποιεῖν τοὺς κατ' ἀρετὴν ζῆν προελομένους καὶ δυνηθέντας.4.

———

Πατὴρ ἀνδρῶν τε καὶ θεῶν.

quand on emploie la figure appelée *polysyndéton*, ou répétition de la conjonction καί, figure très-familière aux Grecs.

———

[1] Plut. *De Virt. et Vit.*, t. I, p. 174, H. Steph. — [2] Plut. *ibid.*, p. 175. — [3] Stob., Tit. XXXV. — 4 Sallust. *De nat. deor.*, cap. XXI, p. 279, *apud* Gale.

THÈMES.

I.

42. [En] faisant du bien aux méchants, vous éprouverez la même chose que ceux (1) qui nourrissent les chiens (2) des autres. Car *et* ceux-ci aboient après ceux qui leur donnent (3), comme après les premiers venus ; *et* les méchants font du mal à ceux qui leur sont utiles, comme à ceux qui leur nuisent.

Lorsque Dieu créa l'homme, l'introduisit dans le paradis terrestre, et le jugea digne d'un grand honneur, le diable, ne pouvant souffrir une si grande prospérité, *et* lui porta envie, *et* le précipita du premier rang qui lui avait été assigné (4). Mais Dieu non-seulement ne l'abandonna pas, mais même, au lieu du paradis, il nous ouvrit le ciel, montrant par cela même sa bonté particulière, *et* infligeant au diable un plus grand châtiment.

II.

43. Socrate, certes, ne cachait point l'opinion qu'il avait sur la justice, mais il la manifestait même par ses actions, se conduisant avec tout le monde, *et* en public *et* en particulier, d'une manière utile *et* conforme aux lois, *et* obéissant aux magistrats, *et* à la ville *et* dans les armées, en ce que les lois pouvaient ordonner ; de telle sorte qu'il se distinguait des autres par son amour pour le bon ordre.

§. 271.

OU.

RÈGLE. Cette conjonction établit une distinction entre les

THÈME.

44. Acceptez de prêter serment pour deux raisons, *ou* pour vous justifier (5) vous-même d'une accusation infamante, *ou* pour sauver (6) vos amis de grands dangers.

---

(1) Tourn. : *similia patieris nutrientibus.* Voy. §. 335, 2°.

(2) Quand il n'est point nécessaire de déterminer le sexe, les Grecs emploient ordinairement au féminin les noms plur. d'animaux. Ici αἱ κύνες.

(3) *Tourn.* : après les donnant.

(4) *Tourn.* : du premier rang donné.

THÈMES CORRIGÉS.

I.

42. Τοὺς κακοὺς εὐποιῶν, ὅμοια πείσῃ τοῖς τὰς ἀλλοτρίας κύνας σιτίζουσιν· ἐκεῖναί τε γὰρ τοὺς διδόντας, ὥσπερ τοὺς τυχόντας, ὑλακτοῦσιν· οἵ τε κακοὶ τοὺς ὠφελοῦντας, ὥσπερ τοὺς βλάπτοντας ἀδικοῦσιν [1].

Ὅτε τὸν ἄνθρωπον ἐποίησεν ὁ θεὸς, καὶ εἰς τὸν παράδεισον εἰσήγαγε, καὶ πολλῆς ἠξίωσε τιμῆς, οὐ φέρων τὴν τοσαύτην εὐημερίαν ὁ διάβολος, ἐβάσκηνέν τε αὐτῷ, καὶ τῆς δοθείσης ἐξέβαλε προεδρίας. ἀλλ' ὁ θεὸς, οὐ μόνον αὐτὸν οὐ κατέλιπεν, ἀλλὰ καὶ ἀντὶ παραδείσου τὸν οὐρανὸν ἡμῖν ἀνέῳξε, τούτῳ τε αὐτῷ τήν τε οἰκείαν φιλανθρωπίαν ἐπιδεικνύμενος, καὶ τὸν διάβολον μειζόνως κολάζων [2].

II.

43. Σωκράτης περὶ τοῦ δικαίου γε οὐκ ἀπεκρύπτετο ἣν εἶχε γνώμην, ἀλλὰ καὶ ἔργῳ ἐπεδείκνυτο, ἰδίᾳ τε πᾶσι νομίμως τε καὶ ὠφελίμως χρώμενος καὶ κοινῇ, ἄρχουσί τε ἃ οἱ νόμοι προστάττοιεν πειθόμενος, καὶ κατὰ πόλιν καὶ ἐν ταῖς στρατείαις οὕτως, ὥστε διάδηλος εἶναι παρὰ τοὺς ἄλλους εὔτακτων [3].

———

§. 271.

OU.

termes qu'elle unit, et se traduit en grec par ἤ.

THÈME CORRIGÉ.

44. Ὅρκον ἐπακτὸν προςδέχου διὰ δύω προφάσεις, ἢ σεαυτὸν αἰτίας αἰσχρᾶς ἀπολύων, ἢ φίλους ἐκ μεγάλων κινδύνων διασώζων [4].

———

[1] Isocr. *ad* Dem. §. 4, p. 6. — [2] S. Chrysost. *Hom.* XXI. — [3] Xenoph. Memor., IV, c. 4, §. 1. — [4] Isocr. *ad* Demon., §. 4, *ed.* Coray.

(5) *Tourn.* : vous justifiant.
(6) *Tourn.* : sauvant.

Ou ne faites rien [de] secret, *ou* faites[-le] seul.

Archidamus, roi de Lacédémone (1), ayant vu son fils combattre (2) trop témérairement contre les Athéniens, lui dit : « *Ou* ajoute à ta force, *ou* retranche de ton audace. »

Qui n'approuverait (3) la sagesse des Barbares? Aucun d'eux (4) n'est tombé dans l'athéisme, et ils n'agitent pas la question de savoir si les dieux existent *ou* s'il n'existent pas, s'ils s'occupent de nous *ou* non. Aucun d'eux, par exemple, n'a jamais conçu une pensée telle que celle que (5) [conçut] *ou* Évémère de Messène, *ou* Diogène de Phrygie, *ou* Hippon, *ou* Diagoras, *ou* Sosias, *ou* Épicure (6).

Pyrrhon disait : « Il est indifférent [de] vivre *ou* d'être mort. » Quelqu'un lui dit : « Pourquoi donc ne mourez-vous pas? » « Parce que, répondit-il, cela est indifférent. »

―――――――――

Remarque. *Ou* précédé de *que* et du subjonctif, se rend par ἐάν τε, ἐάν τε ou ἄν τε, ἄν τε, *sive*, répétés; et quand la seconde proposition est négative, on traduit *ou non* par ἐάν τε

THÈME.

45. J'ai entendu un jour Démonax dire à un jurisconsulte (7) que les lois pourraient bien (8) être inutiles, *qu'elles soient rédigées* pour les bons *ou* pour les méchants. Les bons (9), effet, n'en ont pas besoin, et elles ne rendent pas les méchants meilleurs.

Les larmes n'apportent aucun remède à nos maux. Les choses, en effet, que *vous pleuriez ou non*, n'en suivront pas moins leur cours.

═══════════

§. 272.

N I.

Règle. Cette conjonction, qui contient deux idées, celle de liaison et celle de négation, s'exprime en grec par οὐδέ, μηδέ,

―――――――――――――――――

(1) *Tourn.* : des Lacédémoniens, οἱ Λακεδαιμόνιοι.
(2) *Tourn.* : combattant.
(3) À l'aor. 1 avec ἄν.
(4) *Tourn.* : puisqu'aucun, etc.
(5) Τοιοῦτος, *qualis*, οἷος, *talis*, construits comme en latin.
(6) Tous ces philosophes se sont rendus fameux par leur athéisme.
(7) *Tourn.* : j'ai entendu Démonax disant à un jurisconsulte ces choses-ci (ταῦτα), que (ὅτι), etc.

Ἡ μὴ ποίει τὸ κρυπτὸν, ἢ μόνος ποίει [1].

Ἀρχίδαμος, ὁ τῶν Λακεδαιμονίων βασιλεὺς, θεασάμενος τὸν ἴδιον παῖδα ἄγαν προπετῶς μαχόμενον τοῖς Ἀθηναίοις, εἶπεν· « Ἢ τῇ δυνάμει πρόσθες, ἢ τοῦ θράσους ἄφελε [2]. »

Τίς οὐκ ἂν ἐπήνεσε τὴν τῶν βαρβάρων σοφίαν; εἴ γε μηδεὶς αὐτῶν εἰς ἀθεότητα ἐξέπεσε, μηδὲ ἀμφιβάλλουσι περὶ θεῶν, ἆρά γέ εἰσιν, ἢ οὐκ εἰσιν, καὶ ἆρά γε ἡμῶν φροντίζουσιν ἢ οὔ. οὐδεὶς γοῦν ἔννοιαν ἔλαβε τοιαύτην, οἵαν Εὐήμερος ὁ Μεσσήνιος, ἢ Διογένης ὁ Φρὺξ, ἢ Ἵππων, ἢ Διαγόρας, ἢ Σωσίας, ἢ Ἐπίκουρος [3].

Πύῤῥων ἔλεγε μηδὲν διαφέρειν ζῆν ἢ τεθνάναι. καί τις ἔφη πρὸς αὐτόν· « Τί οὖν σὺ οὐκ ἀποθνήσκεις; » ὁ δὲ, « Ὅτι, εἶπεν, οὐδὲν διαφέρει [4]. »

μή, avec le subjonctif. Ex. : *Que* le livre *soit* mauvais *ou* bon : τὸ βεβλίον ἐὰν ou ἄν τε κακον ᾖ, ἐάν τε ou ἄν τε ἀγαθόν. *Que* vous le lisiez *ou non :* ἐάν τε τοῦτ' ἀναγιγνώσκῃς, ἐάν τε μή.

THÈME CORRIGÉ.

45. Ἤκουσα Δημώνακτός ποτε πρὸς τὸν τῶν νόμων ἔμπειρον ταῦτα λέγοντος, ὅτι κινδυνεύουσιν ἄχρηστοι εἶναι οἱ νόμοι, ἄν τε πονηροῖς, ἄν τε ἀγαθοῖς γράφωνται· οἱ μὲν γὰρ οὐ δέονται νόμων, οἱ δὲ ὑπὸ νόμων οὐδὲν βελτίους γίγνονται [5].

Οὐδὲν τὰ δάκρυ' ἡμῖν τῶν κακῶν ἐστι φάρμακον. τὰ γὰρ πράγματα τὴν αὐτὴν ὁδὸν, ἐάν τε κλαίῃς, ἄν τε μή, πορεύσεται [6].

---

§. 272.

NI.

οὔτε, μήτε, particules composées de deux mots, οὐ-δέ, μή-τε, comme *neque* des Latins.

---

[1] *Monost.* 275. — [2] *Stob. tit.* LI. — [3] *Æl. V. H.* II, 31. — [4] *Epict.*, *fragm.* XCIII. — [5] *Luc. Demon.* 59. — [6] *Ex* Menandri *fragm.* VII.

(8) *Tourn.* : courent risque, κινδυνεύουσι, *periclitantur*, avec l'*inf.*

(9) *Tourn.* : car les uns (οἱ μέν, *illi quidem*) n'ont pas besoin de lois, et les autres (οἱ δέ, *hi vero*) ne deviennent pas meilleurs par (ὑπό, *ab*, *gén.*) des lois.

Ρεμαρques. I. Οὐδέ et μηδέ se mettent partout où, sans négation, on mettrait δέ, *mais*, et nient plus fortement.

II. Οὔτε et μήτε, qui servent simplement à lier des propositions négatives, répondent plus exactement au français *ni*.

THÈMES.

I.

46. Ne faites *ni* n'apprenez rien [de] honteux.

N'écoutez *ni* ne regardez ce qui ne convient pas.

Un lit d'or ne sert de rien à un malade, *ni* une brillante fortune à un insensé.

Smindyride le Sybarite, voulant montrer combien il vivait d'une manière fortunée, disait n'avoir pas vu en vingt ans (1) le soleil *ni* se lever *ni* se coucher (2).

Où est donc la douceur du vice, s'il n'y a jamais [avec lui] absence de peine et de douleur, *ni* satisfaction, *ni* calme, *ni* repos?

II.

47. [Ce n'est] pas la pauvreté [qui] cause [la] peine, mais [c'est le] désir; *ni* [ce n'est pas la] richesse [qui] délivre de [la] crainte, mais [c'est la] raison. Ayant donc acquis la raison, vous *ne* désirerez pas [la] richesse, *ni* vous n'accuserez point [la] pauvreté.

Un homme né (3) véritablement sage ne ferait point attention aux discours du vulgaire, *ni* ne briguerait [nullement] les éloges de sa part.

Ne secondez *ni* n'approuvez aucune mauvaise action.

NON PLUS, PAS MÊME.

[*Eum ne vidi quidem.*]

Règle. Ces conjonctions négatives peuvent se rendre par

THÈMES.

I.

48. Il est vrai ce mot du sage Chilon à un homme qui

---

(1) Εἴκοσιν ἐτῶν. Voy. §. 327, 5°.

(2) *Tourn.* : se levant et se couchant.

(3) *Tourn.* : si quelqu'un est né; εἰ, *si*, avec l'indic., et le verbe suivant à l'*opt. prés.* avec ἄν.

Ils se mettent partout où, sans négation, on mettrait καί.

III. Quand le discours suit le même ordre, après μή on met μήτε ou μηδέ, et après οὐ on emploie οὔτε, οὐδέ. Ces particules répétées doivent avoir la même négation correspondante.

THÈMES CORRIGÉS.

I.

46. Αἰσχρὸν [δὲ] μηδὲν πράττε, μηδὲ μάνθανε [1].

Ἃ μὴ προςήκει μήτ᾽ ἄκουε, μήθ᾽ ὅρα [2].

Οὔτε τὸν ἄῤῥωστον ἡ χρυσῆ ὠφελεῖ κλίνη, οὔτε τὸν ἀνόητον ἐπίσημος εὐτυχία [3].

Σμινδυρίδης ὁ Συβαρίτης ἐνδείξασθαι βουλόμενος ὡς εὐδαιμόνως ἔχη, οὐκ ἔφη τὸν ἥλιον ἐτῶν εἴκοσιν οὔτ᾽ ἀνατέλλοντα οὔτε δυόμενον ἑωρακέναι [4].

Ποῦ τοίνυν τὸ ἡδὺ τῆς κακίας ἐστίν, εἰ μηδαμοῦ τὸ ἀμέριμνον, τὸ ἄλυπον, μηδὲ αὐτάρκεια, μηδὲ ἀταραξία, μηδὲ ἡσυχία [5];

II.

47. Οὐ πενία λύπην ἐργάζεται, ἀλλὰ ἐπιθυμία· οὐδὲ πλοῦτος φόβου ἀπαλλάττει, ἀλλὰ λογισμός· κτησάμενος τοιγαροῦν τὸν λογισμὸν, οὔτε πλούτου ἐπιθυμήσεις, οὔτε πενίαν μέμψη [6].

Εἴ τις ἔφυ τῷ ὄντι φρόνιμος, οὐδὲν ἂν προςέχοι τῷ λόγῳ τῶν πολλῶν, οὐδὲ θεραπεύοι τὸν παρ᾽ ἐκείνων ἔπαινον [7].

Μηδενὶ πονηρῷ πράγματι μήτε παρίστασο, μήτε συνηγόρει [8].

NON PLUS, PAS MÊME.

[Eum ne vidi quidem.]

les simples négations οὐδέ ou μηδέ, que nous venons de voir.

THÈMES CORRIGÉS.

I.

48. Τὸ τοῦ σοφιστοῦ Χίλωνος ἀληθές, πρὸς τὸν εἰπόντα μηδένα

---

[1] *Monost.* 7. — [2] *Ibid.* 21. — [3] Demoph. *Similit.*, p. 618. — [4] Athen., lib. IV, c. 21, t. II, p. 546, *ed.* Schweigh. — [5] Plut. *De Virt. et Vit.*, t. I, p. 175. — [6] Epict., *fragm.* XXV. — [7] Dio Chrysost. *Orat.* LXXVIII, p. 657, B. — [8] Isocr. ad *Dem.*, §. 4, p. 8.

disait (1) n'avoir aucun ennemi : « Vous paraissez, dit-il, n'avoir pas *non plus* d'ami. » En effet, les inimitiés suivent de près les amitiés et s'y attachent. [Ce] n'est pas [le propre] d'amis [de] ne pas partager les mêmes injustices et les mêmes haines.

Ce qu'il ne faut pas faire, ne soyez *pas même* soupçonné [de le] faire.

Ceux qui n'ont pas bien usé des occasions [qui se sont présentées], ne se ressouviennent *pas même* s'il [leur] est arrivé (2) quelque chose [de] favorable de la part des dieux : car chacun des premiers événements est en général jugé d'après le dernier.

Théopompe rapporte que (3) les Athéniens voulant (4) que Démosthène se portât accusateur dans une cause, il n'y consentit point (5) malgré leurs murmures ; mais il se leva et dit : « Vous m'aurez, Athéniens, pour conseiller, quand même vous ne [le] voudriez pas, mais pour délateur, *jamais, quand même* vous [le] voudriez (6). »

II.

49. Les sophistes Hippias d'Elée, Gorgias de Léontium, Polus et Prodicus, fleurirent quelque temps dans la Grèce, s'acquirent une réputation étonnante, et amassèrent de grandes richesses, qu'ils reçurent des princes, des rois et des particuliers. Ils débitaient force discours, qui n'avaient (7) *pas même* la moindre raison, mais avec lesquels il est possible, je pense, de gagner de l'argent et de plaire aux esprits frivoles.

Alexandre ne supporta point l'audace de l'architecte qui s'était engagé (8) à faire du mont Athos son image (9), et de transformer la montagne en une ressemblance du roi ; mais ayant tout de suite reconnu cet homme [pour] un flatteur, il ne l'employa plus comme auparavant, *même* pour les autres choses.

---

(1) *Tourn.* : au ayant dit.

(2) Εἰ, *si*, et l'aor. de l'indicatif.

(3) Ὅτι, avec l'indicatif.

(4) *Tourn.* : que, les Athéniens proposant (*gén. abs.*) Démosthène pour (ἐπί, *acc.*) une certaine accusation, etc.

(5) *Tourn.* : comme il n'obéissait pas, [eux] murmurant (*gén. abs.*), s'étant levé il dit.

(6) *Tourn.* : mais pour délateur pas même si (ἐάν, *subj.*) vous vouliez.

(7) *Tourn.* : n'ayant.

(8) *Tourn.* : s'étant engagé.

(9) *Tourn.* : à faire l'Athos image de lui.

ἔχειν ἐχθρόν· « Ἔοικας, ἔφη, σὺ μηδὲ φίλον ἔχειν. » αἱ γὰρ ἔχθραι ταῖς φιλίαις εὐθὺς ἐπακολουθοῦσι καὶ συμπλέκονται. οὐκ ἔστι φίλων μὴ συναδικεῖσθαι καὶ μὴ συναπεχθάνεσθαι [1].

Ἃ μὴ δεῖ ποιεῖν, μηδὲ ὑπονοοῦ ποιεῖν [2].

Οἱ μὴ χρησάμενοι τοῖς καιροῖς ὀρθῶς, οὐδ' εἰ συνέβη τι παρὰ τῶν θεῶν χρηστὸν μνημονεύουσι· πρὸς γὰρ τὸ τελευταῖον ἐκβὰν ἕκαστον τῶν προϋπαρξάντων ὡς τὰ πολλὰ κρίνεται [3].

Ἱστορεῖ Θεόπομπος, ὅτι τῶν Ἀθηναίων ἐπί τινα προβαλλομένων Δημοσθένη κατηγορίαν, ὡς οὐχ ὑπήκουε, θορυβούντων, ἀναστὰς εἶπεν· « Ὑμεῖς ἐμοί, ὦ ἄνδρες Ἀθηναῖοι, συμβούλῳ μὲν, κἂν μὴ θέλητε, χρήσεσθε, συκοφάντῃ δὲ οὐδὲ ἐὰν θέλητε [4]! »

II.

49. Ἱππίας ὁ Ἠλεῖος, καὶ Γοργίας ὁ Λεοντῖνος, καὶ Πῶλος, καὶ Πρόδικος, οἱ σοφισταὶ, χρόνον τινὰ ἤνθησαν ἐν τῇ Ἑλλάδι, καὶ θαυμαστῆς ἐτύγχανον φήμης, καὶ χρήματα πολλὰ συνέλεξαν παρὰ δυναστῶν τινων, καὶ βασιλέων, καὶ ἰδιωτῶν. ἔλεγον δὲ πολλοὺς μὲν λόγους, νοῦν δὲ οὐκ ἔχοντας, οὐδὲ βραχύν· ἀφ' ὧν ἐστὶν, οἶμαι, χρήματα πορίζεσθαι καὶ ἀνθρώπους ἠλιθίους ἀρέσκειν [5].

Ἀλέξανδρος οὐ τὴν τοῦ ἀρχιτέκτονος τόλμαν ἠνέσχετο, ὑποσχομένου τὸν Ἄθω εἰκόνα ποιήσειν αὐτοῦ, καὶ μετακοσμήσειν τὸ ὄρος ἐς ὁμοιότητα τοῦ βασιλέως· ἀλλὰ κόλακα εὐθὺς ἐπιγνοὺς τὸν ἄνθρωπον, οὐκ ἔτ' οὐδ' ἐς τὰ ἄλλα ὁμοίως ἐχρῆτο [6].

---

[1] Plut. *De multit. amic.*, t. I, p. 166. — [2] Epict., *fragm.* C. — [3] Demost. *Olynth.*, I, t. I, p. 14, *ed.* Tauchn. 1812. — [4] Plut. *in Dem.*, c. 10. — [5] Dio Chrysost. *Orat.* LIV, p. 556‑7. — [6] Luc. *Quomodò hist. sit conscrib.*, 12.

§. 273.

MAIS.

Cette conjonction se rend par δέ ou ἀλλά; mais ces deux

I. *MAIS.* — Δ E.

RÈGLE. Δέ, qui correspond à *verò*, *autem*, s'oppose ordinairement à l'adverbe μέν, comme en latin *verò* s'oppose à *quidem*.

Remarquez que μέν et δέ, comme *quidem* et *autem* en latin, se construisent toujours au moins après un mot, et ne commencent jamais une phrase. Ces particules se placent à côté du mot qu'elles servent à faire contraster.

THÈMES.

I.

Δ E.

50. Dans la prospérité il est aisé de trouver un ami; *mais* dans l'adversité rien n'est plus difficile.

Que [la] mort, et [l']exil et toutes les autres choses qui paraissent (1) terribles, soient chaque jour devant vos yeux; *mais* surtout la mort : et vous n'aurez jamais aucune pensée abjecte, vous ne désirerez rien trop ardemment.

Le bien arrive à peine à ceux qui le cherchent (2); *mais* les maux [arrivent] même à ceux qui ne les cherchent pas.

II.

MEN — Δ E.

51. Devenez lentement ami, *mais* [l']étant devenu, tâchez de [le] rester : car [il est] également honteux [de] n'avoir aucun ami, et [de] changer souvent de liaisons.

Les enfants ignorants confondent les lettres, *mais* les hommes ignorants confondent les choses.

La terre ne donne des fruits que tous les ans; mais l'amitié en produit à tout moment (3).

Le vent enfle les outres vides; *et* l'orgueil [enfle] les sots.

---

(1) *Tourn.* : paraissant.
(2) *Tourn.* : aux cherchant.
(3) *Tourn.* : les fruits de chaque année naissent de la terre, mais ceux de l'amitié naissent, etc.

§. 273.

MAIS.

mots ne s'emploient pas indifféremment l'un pour l'autre.

I. *MAIS.* — ΔE.

On peut employer aussi ces mots μέν et δέ pour mettre simplement deux propositions en rapport, sans marquer opposition, et alors ils signifient *d'un côté, d'un autre ;* comme dans : Crains Dieu, et honore tes parents ; ce qu'il faut traduire ainsi : τὸν μὲν Θεὸν φοβοῦ, τοὺς δὲ γονεῖς τίμα.

Souvent aussi δέ est une simple liaison équivalente de καὶ et servant aux transitions.

THÈMES CORRIGÉS.

I.

ΔE.

50. Ἐν εὐτυχίᾳ φίλον εὑρεῖν εὔπορον, ἐν δὲ δυςτυχίᾳ πάντων ἀπορώτατον [1].

Θάνατος, καὶ φυγὴ, καὶ πάντα τὰ ἄλλα τὰ δεινὰ φαινόμενα, πρὸ ὀφθαλμῶν ἔστω σοι καθ' ἡμέραν· μάλιστα δὲ πάντων ὁ θάνατος· καὶ οὐδὲν οὐδέποτε ταπεινὸν ἐνθυμήσῃ, οὔτε ἄγαν ἐπιθυμήσεις τινός [2].

Διζημένοις τ' ἀγαθὰ μόλις παραγίνεται, τὰ δὲ κακὰ καὶ μὴ διζημένοις [3].

II.

MEN — ΔE.

51. Βραδέως μὲν φίλος γίγνου, γενόμενος δὲ, πειρῶ διαμένειν· ὁμοίως γὰρ αἰσχρὸν, μηδένα φίλον ἔχειν, καὶ πολλοὺς ἑταίρους μεταλλάττειν [4].

Οἱ μὲν ἀμαθεῖς παῖδες τὰ γράμματα, οἱ δὲ ἀπαίδευτοι ἄνδρες τὰ πράγματα συγχέουσιν [5],

Οἱ μὲν κατ' ἐνιαυτὸν καρποὶ ἐκ τῆς γῆς, οἱ δὲ ἐκ τῆς φιλίας κατὰ πάντα καιρὸν φύονται [6].

Τοὺς μὲν κενοὺς ἀσκοὺς τὸ πνεῦμα διίστησι· τοὺς δ' ἀνοήτους ἀνθρώπους τὸ οἴημα [7].

---

[1] Democr., p. 664, *apud* Th. Gale. — [2] Epict. *Man.*, cap. 21, ed. J. Schweigh. — [3] Democr., p. 631. — [4] Isocr. *ad* Demon., §. 4, p. 5, édit. de Coray. — [5] Demoph., *Simil.*, p. 617. — [6] *Ibid.*, p. 616. — [7] *Ibid.*, p. 619.

Les chevaux rétifs sont conduits avec le frein, *et* les esprits emportés avec des raisonnements.

L'art de se suffire à soi-même, comme un chemin court et agréable, donne beaucoup de plaisir, *et* peu de peine.

II. *MAIS.* — ΑΛΛΑ.

Règle. Ἀλλά *s'emploie pour marquer une opposition plus première, qui très-*

THÈME.

52. Il faut s'abstenir de fautes, *non* par crainte, *mais* par devoir.

Nous vivons, *non* comme nous voulons, *mais* comme nous pouvons.

Ne jugez *point* [en] regardant la beauté, *mais* [en considérant] les mœurs.

Aristote essuyant un jour un reproche de ce qu'il (1) avait fait l'aumône à un méchant homme, « J'ai eu pitié, dit-il, *non* du caractère, *mais* de l'homme. »

===

§§. 274 et 275.

OR, DONC.

Règle. *Or* s'exprime encore par δέ ou ἀλλά, et *donc* par forme d'argumentation

THÈMES.

I.

53. Diogène argumentait ainsi : Tout appartient aux dieux, *or*, les sages sont amis des dieux, *et* (2) les biens des amis sont communs; *donc* tout appartient aux sages.

S'il y a des autels, il y a aussi des dieux; *or*, il y a des autels, *donc* il y a aussi des dieux.

II.

54. Hipparchia se rendit un jour à un repas chez Lysimaque.

---

(1) *Tourn.* : parce qu'il a donné.
(2) Tournez aussi par *or*, et traduisez par δέ.

Οἱ μὲν τραχεῖς ἵπποι τοῖς χαλινοῖς, οἱ δ' ὀξεῖς θυμοὶ τοῖς λογισμοῖς μετάγονται [1].

Ἡ αὐτάρκεια, καθάπερ ὁδὸς βραχεῖα καὶ ἐπιτερπής, χάριν μὲν ἔχει μεγάλην, κόπον δὲ μικρόν [2].

II. *MAIS.* — ΑΛΛΑ.

forte, et lier deux propositions, dont la seconde, qui contredit la souvent, est négative.

THÈME CORRIGÉ.

52. Μὴ διὰ φόβον, ἀλλὰ διὰ τὸ δέον δεῖ ἀπέχεσθαι ἁμαρτημάτων [3].

Ζῶμεν [γὰρ] οὐχ ὡς θέλομεν, ἀλλ' ὡς δυνάμεθα [4].

Μὴ κρῖν' ὁρῶν τὸ κάλλος, ἀλλὰ τὸν τρόπον [5].

Ἀριστοτέλης ὀνειζόμενός ποτε ὅτι πονηρῷ ἀνθρώπῳ ἐλεημοσύνην δέδωκεν, «Οὐ τὸν τρόπον, εἶπεν, ἀλλὰ τὸν ἄνθρωπον ἠλέησα [6].»

---

§§. 274 et 275.

OR, DONC.

ἄρα. Ces conjonctions s'emploient particulièrement dans la appelée syllogisme.

THÈMES CORRIGÉS.

I.

53. Διογένης συνελογίζετο οὕτως· Τῶν θεῶν ἐστι πάντα· φίλοι δὲ οἱ σοφοὶ τοῖς θεοῖς· κοινὰ δὲ τὰ τῶν φίλων· πάντα ἄρα ἐστὶ τῶν σοφῶν [7].

Εἴ εἰσι βωμοί, εἰσὶ καὶ θεοί· ἀλλὰ μὴν εἰσι βωμοί, εἰσὶν ἄρα καὶ θεοί [8].

II.

54. Ἱππαρχία πρὸς Λυσίμαχόν ποτε εἰς τὸ συμπόσιον ἦλθεν, ἔνθα

---

[1] Demoph. *Simil.*, p. 614. — [2] *Idem. ibid.* — [3] Democr. *Sentent.*, p. 627. — [4] *Monostich.* 50. — [5] *Ibid.*, v. 258. — [6] Diog. Laërt. *in Aristot.*, lib. V, p. 118 A. — [7] Idem, *in Diog.*, lib. VI, p. 155 A. — [8] Luc. *Jupp. tragæd.*, c. 51, t. VI, p. 284, Bip.

Thèm. Gr. IIme Part. Corrigés.   9

Elle y confondit Théodore, surnommé l'athée, en lui proposant ce sophisme (1) : Ce que Théodore ferait sans passer pour être injuste, Hipparchia pourrait le faire aussi sans passer pour injuste (2) : *or* Théodore [en] se frappant n'est point injuste ; *donc* Hipparchia [en] frappant Théodore ne commet point non plus d'injustice. Théodore ne répliqua rien à ce raisonnement (3).

III.

Sorite de Démophile.

55. Il est impossible que le même [homme] soit (4) voluptueux, sensuel, cupide, et religieux. Car l'[homme] voluptueux et sensuel est assurément cupide aussi ; *or* l'[homme] cupide est nécessairement injuste, *et* l'[homme] injuste [est] impie envers Dieu, et violateur des lois envers les hommes. Il faut *donc* avoir en aversion tout voluptueux comme impie et pervers.

IV.

Le logicien Chrysippe en vente, et son acheteur.

56. L'ACHETEUR. Viens, mon ami, et me dis, [à moi] ton acheteur, qui tu es et quel est le but de ta science. — CHRYSIPPE. Si (5) je veux, à l'instant je vous rendrai pierre. — L'ACH. Comment pierre ? Tu ne m'as cependant pas l'air de Persée, mon ami. — CHRYS. Voici comment. La pierre est-elle un corps (6) ? — L'ACH. Oui. — CHRYS. *Or*, l'animal n'est-il pas un corps ? — L'ACH. Oui. — CHRYS. Et vous, n'êtes-vous pas un animal ? — L'ACH. J'en ai tout l'air. — CHRYS. *Donc*, étant un corps, vous êtes une pierre. — L'ACH. Point du tout : mais, au nom de Jupiter, délivre-moi, et rends-moi homme de nouveau. — CHRYS. Cela n'est pas difficile : redevenez donc homme. Dites-moi, tout corps est-il un animal ? — L'ACH. Non. — CHRYS. *Or*, une pierre est-elle un animal ? — L'ACH. Non. — CHRYS. *Or*, vous, êtes-vous un corps ? — L'ACH. Oui. — CHRYS. *Or*, étant un corps, êtes-vous un animal ? — L'ACH. Oui. — CHRYS. *Donc*, étant un animal, vous n'êtes point une pierre.

---

(1) *Tourn.* : lui ayant proposé un sophisme tel.

(2) *Tourn.* : ce que (*quod*) Théodore faisant ne serait pas dit agir injustement ; Hipparchia non plus faisant cela ne serait point dit agir injustement. Le verbe à l'*optat. prés.* avec ἄν.

(3) *Tourn.* : à la chose dite, *ad dictum*.

(4) *Tourn.* : le même homme être.

Θεόδωρον τὸν ἐπίκλην ἄθεον ἐπήλεγξε, σόφισμα προτείνασα τοιοῦτον ·
Ὁ ποιῶν Θεόδωρος οὐκ ἂν ἀδικεῖν λέγοιτο, οὐδ' Ἱππαρχία ποιοῦσα
τοῦτο, ἀδικεῖν λέγοιτ' ἄν · Θεόδωρος δὲ τύπτων ἑαυτὸν, οὐκ ἀδικεῖ ·
οὐδ' ἄρα Ἱππαρχία Θεόδωρον τύπτουσα, ἀδικεῖ. Ὁ δὲ πρὸς μὲν τὸ
λεχθὲν οὐδὲν ἀπήντησεν [1].

III.

Δημοφίλου σωρείτης.

55. Φιλήδονον, καὶ φιλοσώματον, καὶ φιλοχρήματον, καὶ φιλόθεον
τὸν αὐτὸν ἀδύνατον εἶναι. ὁ γὰρ φιλήδονος, καὶ φιλοσώματος, πάντως
καὶ φιλοχρήματος · ὁ δὲ φιλοχρήματος, ἐξ ἀνάγκης ἄδικος · ὁ δὲ ἄδικος,
εἰς μὲν θεὸν ἀνόσιος, εἰς δὲ ἀνθρώπους παράνομος · πάντ' ἄρα φιλήδονον, ὡς ἄθεον καὶ μιαρὸν, ἐκτρέπεσθαι χρή [2].

IV.

Χρύσιππος ὁ διαλεκτικὸς πιπρασκόμενος, καὶ ὁ ὠνητὴς αὐτοῦ.

56. ΑΓΟΡΑΣΤΗΣ. Ἐλθὲ, ὦγαθὲ, καὶ λέγε πρὸς τὸν ὠνητὴν ἐμὲ ποῖός
τις εἶ, καὶ τί σοι τῆς σοφίας τὸ τέλος. — ΧΡΥΣΙΠΠΟΣ. Ἢν ἐθέλω τάχι-
στά σε ἀποδείξω λίθον. — ΑΓΟ. Πῶς λίθον ; οὐ γὰρ Περσεὺς, ὦ βέλτιστε,
εἶναί μοι δοκεῖς. — ΧΡΥΣ. Ἰδέπως. ὁ λίθος σῶμά ἐστι ; — ΑΓΟ. Ναί.
— ΧΡΥΣ. Τί δὲ, τὸ ζῶον, οὐ σῶμα ; — ΑΓΟ. Ναί. — ΧΡΥΣ. Σὺ δὲ,
ζῶον ; — ΑΓΟ. Ἔοικα γοῦν. — ΧΡΥΣ. Λίθος ἄρα εἶ, σῶμα ὤν. —
ΑΓΟ. Μηδαμῶς. ἀλλ' ἀνάλυσόν με, πρὸς τοῦ Διὸς, καὶ ἐξ ὑπαρχῆς
ποίησον ἄνθρωπον. — ΧΡΥΣ. Οὐ χαλεπόν · ἀλλ' ἔμπαλιν ἴσθι ἄνθρωπος.
εἰπὲ γάρ μοι, πᾶν σῶμα, ζῶον ; — ΑΓΟ. Οὔ. — ΧΡΥΣ. Τί δὲ, λίθος
ζῶον ; — ΑΓΟ. Οὔ. — ΧΡΥΣ. Σὺ δὲ σῶμα εἶ ; — ΑΓΟ. Ναί. — ΧΡΥΣ.
Σῶμα δὲ ὢν, ζῶον εἶ ; — ΑΓΟ. Ναί. — ΧΡΥΣ. Οὐκ ἄρα λίθος εἶ, ζῶόν
γε ὤν [3].

---

[1] Diog. Laërt. *in Hipparch.*, lib. VI, p. 116 C. — [2] Le texte porte
διὸ καὶ πάντα. Demoph. *apud* Th. Gale, p. 625. — [3] Luc. *Vit. auct.*,
c. 25, t. III, p. 110.

(5) Ἢν, avec le subj. prés.
(6) En grec, l'intonation seule suffit pour marquer l'interrogation
dans ces tournures.

§. 276.

CAR.

RÈGLE. Cette conjonction se traduit en grec par γάρ, et, comme *enim* en latin, elle ne se place jamais au commencement de la phrase. Précédée de καί, elle correspond à *etenim*.

I. Les Grecs emploient la conjonction γάρ pour rendre raison

THÈME.

57. N'en venez à parler ou à agir, qu'après avoir beaucoup réfléchi (1); *car* vous n'aurez plus la faculté [de] ressaisir vos paroles ou vos actions (2).

On demandait à Thalès, Qu'y a-t-il [de] plus commun (3): « L'espérance, répondit-il; *car* elle se trouve chez ceux même qui n'ont rien [d']autre (4). »

———

II. Les Grecs emploient encore la conjonction γάρ pour rendre raison d'une proposition précédente; cas où les Latins emploient *scilicet*, *nempè*, et où nous nous servons de la tour-

THÈMES.

I.

58. Eschine le Socratique, blâmé de ce que, ayant été à l'école de Socrate, il gardait le silence : « *C'est que* chez Socrate, dit-il, j'ai non-seulement appris à parler, mais aussi à me taire. »

Un jour un homme instruit demandait à Zoïle, qui a écrit contre Homère, contre Platon et d'autres, pourquoi il disait (5) du mal de tout le monde : « *C'est que*, répondit-il, voulant faire du mal, je ne [le] puis pas. »

Il arriva à Aristippe faisant un jour voile pour Corinthe, et assailli par une tempête, d'avoir été troublé. Quelqu'un lui dit : « Nous autres hommes vulgaires, nous n'avons pas peur; et vous,

———

(1) *Tourn.* : ayant beaucoup réfléchi, venez au dire ou faire : l'inf. précéd. de l'art. neut. Voyez plus bas, §. 281, 2.

(2) *Tourn.* : les choses faites ou dites; *facta aut dicta.*

(3) *Tourn.* : Thalès interrogé, quoi plus commun ?

(4) Tourn. : *etenim quibus nihil aliud, hæc adest.*

(5) *Tourn.* : pourquoi il dit.

§. 276.

CAR.

d'une proposition antécédente, comme dans : Ne reprochez à personne son malheur; *car* les chances du sort sont communes : Μηδενὶ συμφορὰν ὀνειδίσῃς· κοινὴ γὰρ ἡ τύχη.

THÈME CORRIGÉ.

57. Βουλευσάμενος πολλὰ, ἧκε ἐπὶ τὸ λέγειν, ἢ πράττειν · οὐ γὰρ ἕξεις ἐξουσίαν ἀνακαλέσασθαι τὰ πραχθέντα ἢ λεχθέντα [1].

Θαλῆς ἐρωτηθεὶς τί κοινότατον, ἀπεκρίθη· « Ἐλπίς· καὶ γὰρ οἷς ἄλλο μηδὲν, αὔτη πάρεστιν [2]. »

---

nure *c'est que*. Les Grecs ordinairement placent dans le premier membre de phrase un adjectif démonstratif.

THÈMES CORRIGÉS.

I.

58. Αἰσχίνης ὁ Σωκρατικὸς ἐπιπληχθεὶς, ὅτι Σωκράτει ἐσχολακὼς σιώπα· « Οὐ γὰρ μόνον, εἶπε, λέγειν ἔμαθον παρὰ Σωκράτει, ἀλλὰ καὶ σιωπᾶν [3]. »

Ζωΐλον, τὸν καὶ εἰς Ὅμηρον γράψαντα, καὶ εἰς Πλάτωνα, καὶ εἰς ἄλλους, ἤρετό τις τῶν πεπαιδευμένων, διὰ τί κακῶς λέγει πάντας· ὁ δὲ, « Ποιῆσαι γὰρ κακῶς βουλόμενος, οὐ δύναμαι [4]. »

Εἰς Κόρινθον Ἀριστίππῳ πλέοντί ποτε, καὶ χειμαζομένῳ, συνέβη ταραχθῆναι. πρὸς οὖν τὸν εἰπόντα· « Ἡμεῖς μὲν οἱ ἰδιῶται οὐ δεδοίκαμεν·

---

[1] Demoph. *Sentent.*, p. 620, *apud* Gale. — [2] Epict. *fragm.* XCI. — [3] Stob. tit. XXXII. — [4] Æl. *V. H.* XI, 10.

les philosophes, vous tremblez! » « *C'est que,* répondit-il, nous ne sommes pas chacun en transe pour la même âme. »

II.

59. Les Cariens et les Phéniciens fondèrent des colonies dans la plupart des îles de la mer Égée. *La preuve en est que* (1), lorsque Délos fut purifiée par les Athéniens dans la guerre du Péloponnèse, et que tous les tombeaux des gens morts dans l'île furent enlevés (2), on trouva plus de la moitié de Cariens (3), qui furent reconnus (4) à la forme de leurs armes enterrées avec eux, et à la manière dont encore à présent ils enterrent [leurs morts].

On pourrait connaître (5) *à cette preuve évidente* que (6) ceux qui se trouvaient avec Cléombrote à la bataille de Leuctre furent d'abord vainqueurs; *c'est* qu'ils n'auraient pas pu (7) l'enlever et le ramener (8) vivant, si (9) les soldats qui le couvrirent de leurs corps n'avaient eu le dessus dans ce temps-là.

III.

60. Ceux qui redoutent d'être exilés (10), ceux qui devant combattre craignent d'être vaincus, ceux qui [en] naviguant appréhendent de faire naufrage, et ceux qui craignent l'esclavage et la prison, tombent dans l'accablement, et ne peuvent d'effroi goûter ni nourriture ni sommeil. Mais *voici* un fait qui montre encore plus évidemment quel est le fardeau [de] la peur; *c'est que* certaines gens, craignant de mourir, s'ils étaient pris (11), meurent de peur d'avance, les uns [en] se précipitant eux-mêmes, les autres [en] s'étranglant, d'autres [en] s'égorgeant. Tant il est vrai que de toutes les passions la crainte est celle qui ébranle le plus fortement nos âmes.

---

(1) *Tourn.* : or preuve; car, etc., μαρτύριον δέ, etc.

(2) Tournez par le gén. abs. : Délos étant purifiée, et les tombes ayant été enlevées, autant qu'elles (ὅσαι, *quot*) étaient.

(3) *Tourn.* : ils parurent Cariens plus d'à moitié.

(4) *Tourn.* : ayant été reconnus.

(5) Le verbe à l'optat., aor. 2, avec ἄν.

(6) Ὡς, *que*, indicat.

(7) Δύνασθαι à l'*imparf. indicat.* avec ἄν.

ὑμεῖς δὲ οἱ φιλόσοφοι δειλιᾶτε! » «Οὐ γὰρ περὶ ὁμοίας, ἔφη, ψυχῆς ἀγωνιῶμεν ἕκαστοι [1]. »

II.

59. Οἱ Κᾶρες καὶ Φοίνικες τὰς πλείστας τῶν νήσων τῆς Αἰγαίας θαλάσσης ᾤκισαν. μαρτύριον δέ· Δήλου γὰρ καθαιρομένης ὑπὸ Ἀθηναίων ἐν τῷ Πελοποννησιακῷ πολέμῳ, καὶ τῶν θηκῶν ἀναιρεθεισῶν, ὅσαι ἦσαν τῶν τεθνεώτων ἐν τῇ νήσῳ, ὑπὲρ ἥμισυ Κᾶρες ἐφάνησαν, γνωσθέντες τῇ τε σκευῇ τῶν ὅπλων ξυντεθαμμένῃ (*), καὶ τῷ τρόπῳ ᾧ νῦν ἔτι θάπτουσιν [2].

Ὡς οἱ μὲν περὶ τὸν Κλεόμβροτον τὸ πρῶτον ἐκράτουν τῇ ἐν Λεύκτροις μάχῃ σαφεῖ τούτῳ τεκμηρίῳ γνοίη τις ἄν· οὐ γὰρ ἂν ἠδύναντο αὐτὸν ἀνελέσθαι, καὶ ζῶντα ἀπενεγκεῖν, εἰ μὴ οἱ πρὸ αὐτοῦ μαχόμενοι ἐπεκράτουν ἐν ἐκείνῳ τῷ χρόνῳ [3].

III.

60. Οἱ μὲν φοβούμενοι μὴ φύγωσι πατρίδα, καὶ οἱ μέλλοντες μάχεσθαι, δεδιότες μὴ ἡττηθῶσιν, καὶ οἱ πλέοντες, μὴ ναυαγήσωσι, καὶ οἱ δουλείαν καὶ δεσμὸν φοβούμενοι, οὗτοι ἀθύμως διάγουσιν, οὔτε σίτου, οὔτε ὕπνου δύνανται τυγχάνειν διὰ τὸν φόβον· ἔτι δὲ φανερώτερον καὶ ἐν τοῖσδε οἷον φόρημα ὁ φόβος· ἔνιοι γὰρ φοβούμενοι μὴ ληφθέντες ἀποθάνωσι, προαποθνήσκουσιν ὑπὸ τοῦ φόβου, οἱ μὲν, ῥίπτοντες ἑαυτοὺς, οἱ δὲ, ἀπαγχόμενοι, οἱ δὲ, ἀποσφαττόμενοι· οὕτω πάντων δεινῶν ὁ φόβος μάλιστα καταπλήττει τὰς ψυχάς [4].

---

[1] Diog. Laërt. *in Aristipp.*, lib. II, p. 50, E. — [2] Thuc. I, 8. — [3] Xenoph. *Hellen.* VI, 4, 13. — [4] Idem. *Cyrop.*, lib. III, c. 1.

(*) Pour ξυντεθαμμένων. Plusieurs bons msts. donnent ici συντεθαμμένοι, leçon adoptée par quelques éditeurs.

(8) Ces deux verbes à l'*infin.*, aor. 2.
(9) Εἰ μή, *nisi*, et le verbe à l'*imparf. indicat.*
(10) *Tourn.* : les redoutant qu'ils ne (μή, *ne*) soient exilés, à l'aor. 2.
(11) *Tourn.* : ayant été pris.

III. Enfin les Grecs emploient la conjonction γάρ, pour rendre

THÈME.

61. Cyrus demanda [à Tigrane]: Dites-moi, Tigrane, où est donc cet homme qui chassait avec nous? Vous me paraissiez avoir pour lui une grande estime. *Est-ce que* mon père, répondit Tigrane, ne l'a pas fait périr? — De quoi l'avait-il trouvé coupable (1)? — Il disait qu'il me corrompait (2). Cependant, ô Cyrus, cet homme était si bon et si vertueux, que, lorsqu'il fut sur le point de mourir, m'ayant fait appeler, il me dit : Ne conserve (3) aucun ressentiment contre ton père, ô Tigrane, de ce qu'il m'ôte la vie : car il le fait, non par méchanceté, mais par ignorance. Or, toutes les fautes que les hommes commettent par ignorance, je les juge involontaires.

Thémistocle, encore enfant, revenait un jour de l'école, lorsque Pisistrate s'avançant, le précepteur dit à Thémistocle de s'écarter un peu du chemin à l'approche du tyran. Il répondit avec une grande indépendance : « *Est-ce que* le chemin n'est pas assez grand pour lui? »

§. 277.

SI.

RÈGLE. Cette conjonction, qui ajoute à une proposition l'idée d'une condition, d'une supposition, s'exprime en grec par εἰ, ἐάν, ἄν, ἤν.

1°. Εἰ s'emploie pour marquer en général la supposition, la condition. Il se construit avec l'indicatif, quand la conséquence de la supposition est regardée comme certaine : *S'il y a des autels, il y a aussi des dieux*, εἴ εἰσι βωμοὶ, εἰσὶ καὶ θεοί. *S'il avait quelque chose, il le donnerait*, εἴ τι εἶχεν, ἐδίδου ἄν. Mais εἰ veut l'optatif, si la conséquence est présentée simplement comme douteuse et incertaine : *Si quelqu'un le faisait, il me rendrait un grand service*, εἴ τις ταῦτα πράττοι, μέγα μ᾽ ἄν ὠφελήσειε. Le second verbe se met alors à l'indicatif ou à

------

(1) *Tourn.* : quoi faisant mal l'ayant surpris?
(2) *Tourn.* : lui corrompre moi.
(3) Μή, *ne*, et χαλεπαίνομαι, *moy.*, à l'aor. 1 pass. du subj. §. 122 ; datif.

notre tournure interrogative, *est-ce que*, avec ou sans négation.

THÈME CORRIGÉ.

61. Ἐπήρετο ὁ Κῦρος· Εἰπέ μοι, ἔφη, ὦ Τιγράνη, ποῦ δὴ ἐκεῖνός ἐστιν ὁ ἀνήρ, ὃς συνεθήρα ἡμῖν; καὶ σύ μοι μάλα ἐδόκεις θαυμάζειν αὐτόν. Οὐ γάρ, ἔφη, ἀπέκτεινεν αὐτὸν ὁ ἐμὸς πατήρ; — Τί λαβὼν ἀδικοῦντα; — Διαφθείρειν αὐτὸν ἔφη ἐμέ. καίτοι γ', ἔφη, ὦ Κῦρε, οὕτω καλὸς κἀγαθὸς ἦν ἐκεῖνος, ὡς καί, ὅτε ἀποθνήσκειν ἔμελλε, προσκαλέσας με, εἶπε· Μή τι σύ, ὦ Τιγράνη, ἔφη, ὅτι ἀποκτείνει με, χαλεπανθῇς τῷ πατρί· οὐ γὰρ κακονοίᾳ τινὶ τοῦτο ποιεῖ, ἀλλ' ἀγνοίᾳ. ὁπόσα δὲ ἀγνοίᾳ ἄνθρωποι ἐξαμαρτάνουσι, πάντα ἀκούσια ταῦτ' ἔγωγε νομίζω[1].

Ἐπανῄει ποτὲ ἐκ διδασκαλείου παῖς ἔτι ὢν Θεμιστοκλῆς. εἶτα προςιόντος Πεισιστράτου, ὁ παιδαγωγὸς ἔφη τῷ Θεμιστοκλεῖ μικρὸν ἐκχωρῆσαι τῆς ὁδοῦ, προσάγοντος τοῦ τυράννου· ὁ δὲ καὶ πάνυ ἐλευθερίως ἀπεκρίνατο· «Αὕτη γὰρ, εἶπεν, αὐτῷ οὐχ ἱκανὴ ὁδός[2]; »

---

§. 277.

SI.

à l'optatif avec ἄν, suivant que le premier est à l'un ou à l'autre de ces modes. Voyez la *Méthode*, §. 366.

2°. Ἐάν, et ἄν, ἤν, qui ne sont que des contractions de ἐάν, se construisent toujours avec le subjonctif, et ont rapport au futur avec une idée d'incertitude, de hasard, d'éventualité et d'expérience à faire. *Il est possible de tout trouver*, si *l'on ne fuit pas le travail* : πάντ' ἐστὶν ἐξευρεῖν, ἐὰν μὴ τὸν πόνον φεύγῃ τις. (*Gnom.* Philem. VIII.) Si *nous avons de l'argent, nous aurons des amis,* ἐὰν δ' ἔχωμεν χρήμαθ', ἕξομεν φίλους. (*Monostich.* 420.)

3°. Avec ἐάν, ἄν, ἤν, le futur latin et l'imparfait français se rendent en grec par l'aoriste du subjonctif, et le conditionnel de la proposition corrélative se rend par le futur : *Si* toutes les lois *étaient détruites*, le sage *vivrait* toujours de même : ἐὰν πάντες οἱ νόμοι ἀναιρεθῶσιν, ὁ σοφὸς ὁμοίως βιώσεται. (Diog. Laërt. *in Aristip.*)

---

[1] Xenoph. *Cyrop.*, III, 1, 38. — [2] Æl. *V. H.* III, 21.

4°. Quand en français on sous-entend la conjonction *si* et le verbe avec un second sujet exprimé, la conjonction seule se répète en grec devant le sujet. Ex. : *Si* la volupté m'*appelle* à la mollesse, la *richesse* à la sensualité, et la *vertu* aux privations, je suivrai la vertu : ἐὰν ἡ ἡδονή με καλῇ ἐπὶ τὴν τρυφὴν, ἂν ὁ πλοῦτος ἐπὶ τὴν ἡδυπάθειαν, ἂν δὲ ἡ ἀρετὴ ἐπὶ τὸ ἀφεκτικὸν, τῇ ἀρετῇ ἔψομαι.

5°. Le *que* conjonctif mis en français après *si* et le rempla-

THÈMES.

I.

62. *Si vous voulez* rendre des jugements justes, ne connaissez aucune des parties, mais la cause même.

Si quelqu'un *croit* que les dieux observent tout (1), il ne *péchera* ni en secret ni en public.

Si l'on *retranchait* de la vie l'amour de la gloire, que nous *resterait*-il [de] bon, ou qui *désirerait* de faire quelque chose [d]'éclatant ?

II.

63. Pittacus répondit à Phocaïcus qui disait, Il faut chercher un homme de bien : « *Si vous cherchez* trop, vous ne *trouverez* pas. »

Démonax ayant un jour vu un devin prédisant l'avenir au public pour un salaire : « Je ne vois pas, [lui] dit-il, pourquoi tu demandes un salaire ; car *si* [c'est] comme pouvant changer quelque chose aux arrêts du destin, tu demandes peu, quelque grand que soit ce que tu demandes : mais *si* tout doit arriver (2) comme Dieu l'a résolu, que peut ton art divinatoire ? »

III.

64. Tous les animaux sont plus heureux et ont beaucoup plus de raison que l'homme (3). On peut d'abord voir cet âne. C'est (4), sans contredit, un être infortuné. Aucun de ses maux cependant ne lui vient de lui-même, et il n'a que ceux

---

(1) *Tourn.* : croit les dieux observer ; comme en latin.
(2) *Tourn.* : sera comme Dieu l'a résolu.
(3) Le complément du comparatif se met en grec au génitif. Voy. §. 300.
(4) *Tourn.* : celui-ci est.

çant, ne se traduit pas en grec, mais on met le verbe suivant au mode voulu par la conjonction employée avec le premier verbe. Ex. : *Si* vous aimez la science, et *que* vous travaillez assidûment, vous deviendrez savant : ἐὰν φιλομαθὴς ᾖς, καὶ διατελῇς φιλόπονος ὤν, πολυμαθὴς ἔσῃ.

6°. Avec *si* répété, on peut, au second membre de phrase, sous-entendre le verbe : *S'il* est bon, je le loue, *s'il* est méchant, je le blâme : ἄν τε σπουδαῖος ᾖ, αὐτὸν ἐπαινῶ, ἄν τε φαῦλος, ψέγω.

THÈMES CORRIGÉS.

I.

62. Εἰ βούλει τὰς κρίσεις δικαίας ποιεῖσθαι, μηδένα τῶν δικαζομένων καὶ δικαιολογούντων ἐπιγίγνωσκε, ἀλλ' αὐτὴν τὴν δίκην [1].

Ἢν πιστεύῃ τις θεοὺς ἐπισκοπεύειν πάντα, οὔτε λάθρῃ οὔτε φανερῶς ἁμαρτήσεται [2].

Εἴ τις τὸν τῆς εὐκλείας ἔρωτα ἐκβάλοι ἐκ τοῦ βίου, τί ἂν ἔτι ἀγαθὸν ἡμῖν γένοιτο, ἢ τίς ἄν τι λαμπρὸν ἐργάσασθαι ἐπιθυμήσειεν [3];

II.

63. Πιττακὸς ἔφη πρὸς τὸν Φωκαϊκὸν φάσκοντα, « Δεῖ ζητεῖν ἄνθρωπον σπουδαῖον· » « Ἂν λίαν ζητῇς, οὐχ εὑρήσεις [4]. »

Δημώναξ μάντιν ποτὲ ἰδὼν δημοσίᾳ ἐπὶ μισθῷ μαντευόμενον, « Οὐχ ὁρῶ, ἔφη, ἐφ' ὅτῳ τὸν μισθὸν ἀπαιτεῖς· εἰ μὲν γὰρ ὡς ἀλλάξαι τι δυνάμενος τῶν ἐπικεκλωσμένων, ὀλίγον αἰτεῖς, ὁπόσον ἂν αἰτῇς· εἰ δὲ ὡς δέδοκται τῷ θεῷ, πάντα ἔσται, τί σου δύναται ἡ μαντική [5]; »

III.

64. Ἅπαντα τὰ ζῶ' ἐστὶ μακαριώτερα
Καὶ νοῦν ἔχοντα μᾶλλον ἀνθρώπου πολύ.
Τὸν ὄνον ὁρᾶν ἔξεστι πρῶτα τουτονί.
Οὗτος κακοδαίμων ἐστὶν ὁμολογουμένως.
Τούτῳ κακὸν δι' αὐτὸν οὐδὲν γίγνεται·
Ἃ δ' ἡ φύσις δέδωκε, ταῦτ' ἔχει μόνα.

---

[1] Epict. *fragm.* LXI. — [2] Democr. *Sentent.*, p. 532., *apud.* Th. Gale. — [3] Stob., tit. XXIX. — [4] Diog. Laërt. *in Pittac.*, lib. I, p. 19 F. — [5] Luc. *Demon.*, §. 37.

que lui a infligés la nature. Mais nous, indépendamment de nos maux nécessaires, nous en tirons d'autres de nous-mêmes. Nous nous *affligeons* *si* quelqu'un *éternue* (1); *si* l'on dit quelque parole de mauvais présage, nous nous irritons; *si* quelqu'un *a* un songe, nous avons grand' peur; *si* une chouette *crie*, nous nous effrayons. Tous ces maux sont ajoutés à [ceux de] la nature.

IV.

65. Le sophiste Sidonius, qui florissait (2) à Athènes (3), faisait un jour de lui-même cet éloge, qu'il était (4) exercé dans tous les genres de philosophie. Mais il ne sera pas plus mal de rapporter ses paroles mêmes. « *Si* Aristote, disait-il, m'*appelle* au Lycée, je [le] suivrai; *Platon* à l'Académie, je m'[y] rendrai; *Zénon* au Pécile, j'[y] vivrai; *si* Pythagore m'*appelle*, je me tairai. » A ces mots, Démonax se levant du milieu des auditeurs, « Mon ami, dit-il, Pythagore t'appelle. »

V.

A un Homme indiscret.

66. *Si* vous *êtes* indiscret, et *que* vous *pensiez* que tous ceux qui se présentent (5) à vous sont (6) vos amis, voulez-vous que je vous ressemble (7)? Quoi donc, *si vous vous êtes* sûrement *fié* à moi, mais *qu'*il ne *soit* pas sûr de se fier à vous, voulez-vous que j'agisse (8) à l'étourdie? [*Ce serait*] comme *si j'avais* un tonneau bien fermé, vous, un [tonneau] percé, et *que* vous *vinssiez* me déposer (9) votre vin, pour que je le mette dans mon tonneau, et *qu'*ensuite vous vous indignassiez de ce que je ne vous confie pas aussi mon vin. Mais c'est que (10) vous avez le tonneau percé.

Si parfois Cyrus le jeune se mettait en route, et *que* beaucoup de monde *dût* le voir, appelant ses amis, il leur parlait d'un air sérieux, afin de montrer quels étaient ceux qu'il honorait de son estime (11).

----

(1) On sait que les anciens attachaient des présages favorables ou défavorables à certains éternuments.

(2) Ce verbe et le suivant au *partic. prés.*, et *génit. absol.*

(3) Ἀθήνησιν. Voy. la *Méthode*, §. 155, Remarq. 2.

(4) *Que*, ὅτι, avec le parf. de l'indic. Voy. plus bas, §. 278, p. 143, II.

(5) *Tourn.* : les s'étant rencontrés.

(6) *Tourn.* : être.

(7) *Tourn.* : moi aussi être devenu semblable à vous.

Ἡμεῖς δὲ, χωρὶς τῶν ἀναγκαίων κακῶν,
Αὐτοὶ παρ᾽ αὐτῶν ἕτερα προςπορίζομεν.
Λυπούμεθ᾽, ἂν πτάρῃ τις· ἂν εἴπῃ κακῶς,
Ὀργιζόμεθ᾽· ἂν ἴδῃ τις ἐνύπνιον, σφόδρα
Φοβούμεθ᾽· ἂν γλαὺξ ἀνακράγῃ, δεδοίκαμεν.
Ἅπαντα ταῦτ᾽ ἐπίθετα τῇ φύσει κακά [1].

IV·

65. Τοῦ Σιδωνίου ποτὲ σοφιστοῦ Ἀθήνησιν εὐδοκιμοῦντος, καὶ λέγοντος ὑπὲρ αὐτοῦ ἔπαινόν τινα τοιοῦτον, ὅτι πάσης φιλοσοφίας πεπείραται· οὐ χεῖρον δὲ αὐτὰ εἰπεῖν ἃ ἔλεγεν· « Ἐὰν Ἀριστοτέλης με καλῇ ἐπὶ τὸ Λύκειον, ἕψομαι· ἂν Πλάτων ἐπὶ τὴν Ἀκαδημίαν, ἀφίξομαι· ἂν Ζήνων ἐπὶ τῇ Ποικίλῃ, διατρίψω· ἂν Πυθαγόρας καλῇ, σιωπήσομαι· » ἀναστὰς οὖν Δημῶναξ ἐκ μέσων τῶν ἀκροωμένων, « Οὗτος, ἔφη, καλεῖ σε Πυθαγόρας [2]. »

V.

Πρὸς φλύαρον.

66. Εἰ σὺ φλύαρος εἶ, καὶ πάντας τοὺς ἀπαντήσαντας φίλους εἶναι δοκεῖς, θέλεις καὶ ἐμὲ ὅμοιόν σοι γενέσθαι; τί δ᾽, εἰ σὺ καλῶς μοι πεπίστευκας τὰ σαυτοῦ, σοὶ δ᾽ οὐκ ἔστι καλῶς πιστεῦσαι, θέλεις με προπεσεῖν; οἷον εἰ πίθον εἶχον ἐγὼ μὲν στεγνὸν, σὺ δὲ τετρυπημένον, καὶ ἐλθὼν παρακατέθου μοι τὸν σαυτοῦ οἶνον, ἵνα βάλω εἰς τὸν ἐμὸν πίθον, εἶτ᾽ ἠγανάκτεις ὅτι μὴ κἀγὼ σοὶ πιστεύω τὸν ἐμαυτοῦ οἶνον. σὺ γὰρ τετρυπημένον ἔχεις τὸν πίθον [3].

Εἰ δή ποτε Κῦρος ὁ νεώτερος πορεύοιτο, καὶ πλεῖστοι μέλλοιεν ὄψεσθαι, προςκαλῶν τοὺς φίλους ἐσπουδαιολογεῖτο, ὡς δηλοίη οὓς τιμᾷ [4].

---

[1] *Poët. Gnom.* Menandr. III. — [2] Luc. *Demonact. Vit.*, c. 14, t. V, p. 239, Bip. — [3] Arrian. *Dissert.*, lib. IV, cap. 13, §. 11. — [4] Xenoph. *Anab.* I, p. 493, *ed.* J. B. Gail.

(8) *Tourn.* : moi agir.

(9) *Tourn.* : et que étant venu vous me déposassiez, à l'aor. 2, *moy. indic.*

(10) Pour rendre ces mots, voy. plus haut, p. 132, II.

(11) *Tourn.* : afin qu'il montrât (ὡς, *ut*, avec l'*opt. prés.*) lesquels (*quos*) il estime. Ici le présent s'emploie avec le second verbe, parce qu'il exprime une action simultanée avec la première.

PROPOSITIONS COMPLÉTIVES.

§. 278.

QUE.

RÈGLE. Cette conjonction, liant une proposition à une autre, peut se rendre en grec de trois manières, par une conjonction, ὅτι ou ὡς, par l'infinitif ou par le participe.

I. *QUE* TRADUIT PAR UNE CONJONCTION.

Ὅτι ou ὡς, employé pour rendre *que*, se construit en grec avec l'indicatif, même dans les cas où nous employons le subjonctif, si toutefois ce mode n'est pas pris dans le sens du conditionnel.

L'emploi de ὅτι ou ὡς a lieu surtout avec les verbes *dire*, *croire*, *penser*, *annoncer*, *savoir*, *apprendre*, et tous les autres de signification analogue.

RAPPORT DES MODES ET DES TEMPS.

RÈGLE GÉNÉRALE. Si, en français, le verbe de la proposition principale est au passé, et que le verbe de la proposition subordonnée soit à un temps secondaire (voy. §. 255), en grec, le temps secondaire devra se remplacer par le temps principal. Ainsi, l'imparfait se traduira par le présent, le plus-que-parfait par le parfait ou l'aoriste, le conditionnel par le futur. *Je disais qu'il souffrait* (1), ἔλεγον ὅτι πάσχει. *J'ai dit, je dis qu'il avait souffert* (2), *qu'il souffrit*, εἴρηκα, εἶπον ὅτι πέπονθε ou ἔπαθε. *J'ai dit qu'il souffrirait* (3); εἶπον ὅτι πείσεται.

Nous verrons plus bas les exceptions de cette règle.

INDICATIF.

I. PRÉSENT. —Je crois *qu'il écrit*. En grec mêmes modes et mêmes temps : νομίζω ὅτι ou ὡς γράφει.

Présent et *Imparfait*.—Je crois *qu'il écrivait*; de même en grec : νομίζω ὅτι ou ὡς ἔγραφε.

Présent et *Parfait défini*. — Je crois *qu'il écrivit* : en grec l'aoriste : νομίζω ὅτι ou ὡς ἔγραψε.

---

(1) *Tourn.* : qu'il souffre.
(2) *Tourn.* : qu'il souffrit.
(3) *Tourn.* : qu'il souffrira.

PROPOSITIONS COMPLÉTIVES.

§. 278.
QUE.

Présent et *Parfait indéfini*. — Je crois *qu'il a écrit :* en grec le parfait, si l'action ou son résultat se prolonge jusqu'à l'instant où a lieu l'acte de la parole : νομίζω ὅτι ou ὡς γέγραφε; mais si l'action est entièrement accomplie, sans prolongation de son résultat, on emploiera l'aoriste, qui répond alors à notre parfait défini : νομίζω ὅτι ἔγραψε.

Présent et *Plus-que-parfait*. — Je crois *qu'il avait écrit :* même rapport dans les temps : νομίζω ὅτι ἐγεγράφει. — On peut aussi employer l'aoriste, qui, comme le plus-que-parfait, marque une action accomplie : νομίζω ὅτι ἔγραψε.

Présent et *Futur*. — Je crois *qu'il écrira :* νομίζω ὅτι ou ὡς γράψει.

Présent et *Futur antérieur*. — Je crois qu'*il aura écrit* (1) : νομίζω ὅτι ou ὡς ἔσται γεγραφώς ou γράψας.

Présent et *Conditionnel présent*. — Voy. ci-après *Conditionnels*.

Présent et *Conditionnel passé*. — Voy. ci-après *Conditionnels*.

II. Passé. *Imparfait* et *Imparfait*. — 1°. Si les deux verbes présentent une idée de simultanéité, ou si le second, exprimant une idée de durée constante, peut se tourner par le présent, alors l'imparfait, qui suit le *que*, se rend par le présent de l'indicatif. La raison en est que l'imparfait, dans ce cas, est un véritable présent relativement au premier verbe. *Ex. :* Je m'apercevais *qu'il écrivait* ᾐσθανόμην ὅτι γράφει. Je pensais *que* le méchant *était* (2) (c.-à-d. *est*) malheureux : Ἐνόμιζον ὅτι ἀνὴρ πονηρὸς δυστυχής ἐστι ou δυστυχεῖ. — Dans ce dernier cas, on peut aussi employer le parfait, qui réunit l'idée du passé à

---

(1) *Tourn. :* qu'il sera ayant écrit. Mais cette tournure est rare.

(2) Cet emploi de l'imparfait pour le présent est justement proscrit par nos meilleurs grammairiens. (Voy. Girault-Duvivier, *Gramm. des gramm.*, t. II, p. 631 et suiv., 3ᵉ édit.) Je ne présente ici cette locution vicieuse, que parce qu'elle est fort en usage, même chez nos écrivains les plus distingués.

celle du présent. Ex. : Il *disait* qu'il *était exercé* en philosophie : ἔλεγεν ὅτι φιλοσοφίας πεπείραται.

2°. Mais si le second imparfait se rapporte à une époque antérieure au temps exprimé par le premier, et peut se tourner par le parfait, alors il faut employer après *que* ou l'imparfait ou l'aoriste. *Ex. :* Je vous disais *qu'*Epictète *était* (c.-à-d. *fut*) esclave : ἔλεγον ὅτι Ἐπίκτητος ἦν ou ἐγένετο δοῦλος, autrement, ἐδούλευε, ou ἐδούλευσε.

Remarque. On mettra le second verbe à l'optatif, si l'on veut présenter l'idée sous la forme du doute, ou si l'on rapporte, en style indirect, les paroles ou simplement la pensée d'un autre. Il m'a *dit* qu'Epictète *était* esclave : Ἔλεξέ μοι ὅτι ὁ Ἐπίκτητος δοῦλος εἴη ou γένοιτο. (Voy. §. 365, IV.)

Imparfait et *Plus-que-parfait*. — Mettez le second verbe au parfait ou à l'aoriste de l'indicatif : Je croyais *qu'il avait écrit :* ἐνόμιζον ὅτι ou ὡς γέγραφε ou ἔγραψε; et, s'il y a doute, employez ces mêmes temps à l'optatif, ὅτι γεγράφοι ou γράψειε.

Imparfait et *Conditionnel présent*. — Voyez ci-après *Conditionnels*.

Imparfait et *Conditionnel passé*. — Voyez plus bas *Conditionnels*.

Parfait et *Imparfait*. D'après la règle posée pour l'imparfait, p. 143, II, et par les mêmes raisons, ce temps se traduira encore ici par le présent de l'indicatif, si les deux verbes se rapportent à la même époque, et par le parfait ou l'aoriste, si le verbe de la seconde proposition exprime une époque antérieure. *Ex. :* J'ai cru, je crus *qu'il écrivait :* νενόμικα, ἐνόμισα ὅτι γράφει. Je vous ai dit *que* l'homme injuste *était* (c.-à-d. *est* (1)) malheureux : εἶπόν σοι ὅτι ὁ ἄδικος ἀνὴρ δυςτυχής ἐστι ou δυςτυχεῖ. Je vous ai dit *que* Phèdre était (c.-à-d. *fut*) esclave : εἴρηκά σοι ὅτι Φαῖδρος ἦν ou ἐγένετο δοῦλος, autrement, ἐδούλευε ou ἐδούλευσε.

Parfait et *Plus-que-parfait*. Le plus-que-parfait se rend par le parfait ou l'aoriste. Je crus, j'ai cru *qu'il avait écrit,* ἐνόμισα, νενόμικα ὅτι ou ὡς γέγραφε, ou ἔγραψε; et γεγράφοι ou γράψειε, à l'opt., s'il y a doute.

Plus-que-parfait et *Imparfait*. — L'imparfait se rendra

---

(1) Voy. la note 2, p. 143.

par le présent ou par le passé de l'indicatif d'après les règles
précédentes. *Ex.* : J'avais dit *que* l'homme juste *était* (1) (c.-
à-d. *est*) heureux : εἰρήκειν ὅτι ὁ δίκαιος ἀνὴρ εὐτυχεῖ. J'avais su
que Phèdre *était* esclave : ἐγνώκειν ὅτι Φαῖδρος δοῦλός ἐστι ou δου-
λεύει, s'il est encore esclave au moment où l'on parle, et δοῦλος
ἦν, ἐγένετο, ou ἐδούλευε, ἐδούλευσε, s'il ne l'est plus.

Plus-que-Parfait et *Plus-que-Parfait.* Le second plus-
que-parfait se met au parfait ou à l'aoriste de l'indicatif : J'avais
cru *qu'il avait écrit* : ἐνενομίκειν ὅτι ou ὡς γέγραφε ou ἔγραψε;
et γεγράφοι ou γράψαι et γράψειε, avec une idée de doute.

Conditionnel. I. — *Présent.* — Il se rend par le futur de
l'indicatif ou l'imparfait de ce mode avec ἄν (2), ou par le présent
ou l'aoriste de l'optatif, également avec ἄν. *Ex. :* Je dis *qu'il
écrirait :* λέγω ὅτι γράψει ou ἂν γράφοι, ou ἂν ἔγραφε. Je
pensais, j'ai pensé, j'avais pensé *qu'il écrirait :* ἐνόμιζον, ἐνόμισα, ἐνενομίκειν ὅτι γράψει, ou ἂν ἔγραφε ou ἂν γράψαι
Mais il faut observer que ces deux dernières manières sont surtout en usage dans les tournures dubitatives et où se trouve *si*
conditionnel. Sur l'emploi, dans ce cas, de l'indic. ou de l'optat., voy. la *Méthode*, §. 366, du *Conditionnel.*

II. *Passé.* — Il se traduit par le futur de l'indicatif, par
le parfait ou l'aoriste de l'indicatif ou de l'optatif avec ἄν, suivant la valeur propre à chacun de ces modes et de ces temps.
Ex. : Je dis *qu'il aurait écrit* : Λέγω ὅτι ἂν ἔγραψε, ou
γράψαι. Je croyais, j'ai cru, j'avais cru *qu'il aurait écrit :*
ἐπίστευον, ἐπίστευσα, πεπιστεύκειν ὅτι γράψει, ou ἂν ἔγραψε,
ἂν γράψαι, avec *si, εἰ*, exprimé ou sous-entendu.

Remarque. Le conditionnel passé surcomposé, tel que *il
aurait eu écrit*, se rendra par le futur de l'indicat. ou de l'optat.
de εἶναι, ou l'aor. indic. de γίγνεσθαι avec ἄν, et le participe parfait. *Ex. :* Je ne pense pas *qu'il aurait eu écrit*, οὐχ ἡγοῦμαι
ὅτι ἂν γεγραφὼς ἐγένετο. Je ne pensais pas *qu'il aurait
eu écrit*, οὐχ ἡγούμην ὅτι γεγραφὼς ἔσται ou ἔσοιτο.

____

(1) Voy. la note 2, p. 143.

(2) Sur la place de ἄν, voy. la *Méthode*, §. 366, 6.

SUBJONCTIF. — *Présent.* — Le verbe au présent du subjonctif en français se rend en grec par le présent de l'indicatif, si l'action est actuelle, et par le futur, si elle est à venir. *Je ne crois pas, je ne dis pas qu'il écrive* (à présent) (1), οὐ νομίζω, οὐ λέγω ὅτι γράφει. *Je ne crois pas qu'il écrive* (demain) (2), οὐ νομίζω ὅτι γράψει.

Imparfait. — L'imparfait du subjonctif se rend, 1°. par le présent de l'indicatif, si l'action qu'il exprime est actuelle relativement au premier verbe; 2°. par l'imparfait de l'indicat., si elle est antérieure; 3°. par le futur de l'indicatif ou de l'optatif, s'il équivaut au conditionnel présent. *Ex. :* Je ne *croyais* pas *qu'il écrivît* (3), οὐκ ἐνόμιζον ὅτι γράφει, ou γράφοι, s'il y a doute. *Je ne crois* pas qu'il écrivît (quand je suis entré) (4), οὐ νομίζω ὅτι ἔγραφε. *Je n'aurais pas cru qu'il écrivît* (pour *qu'il écrirait*) (5), οὐκ ἂν ἐνόμισα ὅτι γράψει ou γράψοι ou γράψαι.

Parfait et *Plus-que-parfait.* — Le parfait du subjonctif se rend par le parfait ou l'aoriste de l'indicatif, quand il a rapport

THÈMES.

I.

67. Les philosophes disent *qu'il* faut apprendre d'abord ceci, *qu'il est* un Dieu; [*qu'*]*il veille* sur l'univers, et [*qu'*]*il* est impossible de se dérober à sa connaissance, non-seulement [en] agissant (9), mais encore [en] pensant.

II.

68. Si vous voulez être bon, *croyez* d'abord *que vous êtes* méchant.

On *dit* (10) *que* Minos *emprisonna*, pour un certain délit, Dédale et Icare son fils, mais [*que*] Dédale, ayant fabriqué des ailes postiches, *s'envola* avec Icare.

III.

69. Les Athéniens ayant la guerre contre Eumolpe, roi des

---

(1) Tourn. : *qu'il écrit.*
(2) Tourn. : *qu'il écrira.*
(3) Tourn. : *qu'il écrit.*
(4) Tourn. : *qu'il écrivait.*
(5) Tourn. : *qu'il écrira* ou *qu'il écrirait.*
(6) Tourn. : *qu'il a écrit.*

au passé, et par le futur, quand il a rapport à l'avenir. *Je ne crois pas, je ne croirai pas qu'il ait écrit* (aujourd'hui, hier)(6), οὐ νομίζω, οὐ νομίσω ὅτι γέγραφε, ἔγραψε : *je ne pense pas qu'il ait écrit* (demain) (7), οὐ νομίζω ὅτι γεγραφὼς ἔσται.

Plus-que-parfait. — Le plus-que-parfait du subjonctif se rend par le parfait ou l'aoriste de l'indicatif, quand il a rapport au passé, et par le futur de l'indic., ou l'aoriste ou le parf. du même mode avec ἄν, quand il équivaut au conditionnel passé. *Je ne croyais pas qu'il eût écrit* (hier) (8), οὐκ ἐνόμιζον ὅτι γέγραφε, ὅτι ἔγραψε, ou avec l'opt., ὅτι γεγράφοι, ὅτι γράψαι, avec une idée de doute, d'incertitude. *Je ne croyais pas qu'il eût écrit* (sans m'avertir), c.-à-d. *qu'il aurait écrit* : οὐκ ἐνόμιζον ὅτι γράψει, ou ἂν ἔγραψε, ou ἂν γέγραφε.

Remarque. La conjonction *que*, rendue par ὅτι ou ὡς, et placée devant le premier verbe, ne se répète ordinairement pas en grec devant les verbes suivants qui en dépendent.

THÈMES CORRIGÉS.

I.

67. Λέγουσιν οἱ φιλόσοφοι, ὅτι μαθεῖν δεῖ πρῶτον τοῦτο, ὅτι ἔστι θεός, καὶ προνοεῖ τῶν ὅλων, καὶ οὐκ ἔστι λαθεῖν αὐτὸν, οὐ μόνον ποιοῦντα, ἀλλ' οὐδὲ διανοούμενον [1].

II.

68. Εἰ βούλει ἀγαθὸς εἶναι, πρῶτον πίστευσον ὅτι κακὸς εἶ [2].

Φασὶν ὅτι Μίνως Δαίδαλον καὶ Ἴκαρον, τὸν υἱὸν αὐτοῦ, καθεῖρξε διά τινα αἰτίαν · Δαίδαλος δὲ, ποιήσας πτέρυγας προςθετὰς, ἐξέπτη μετὰ τοῦ Ἰκάρου [3].

III.

69. Ἀθηναίων πρὸς Εὔμολπον, τῶν Θρακῶν βασιλέα, πόλεμον ἐχόν-

---

[1] Arrian. *Dissert.* II, c. 14, §. 11. — [2] Epict. *fragm.* 3. — [3] Palæph. 13.

(7) Tourn. : *qu'il sera ayant écrit.*
(8) Tourn. : *qu'il a écrit.*
(9) *Tourn.* : agissant, pensant ; et mettez ces partic. à l'accus. comme dépendant de l'infinitif. Voy. la *Méthode*, §. 282.
(10) *Tourn* : comme en latin, *dicunt.* Voy. §. 258.

* 10

Thraces, Erechthée, qui gouvernait l'Attique, reçut un oracle [qui lui prédisait] *qu'il vaincrait* les ennemis, s'il immolait à Proserpine l'aînée de ses filles. Ayant donc conduit la jeune fille à l'autel, il [la] sacrifia, et ayant ensuite livré la bataille, il obtint la victoire.

IV.

70. Il n'est point d'un homme sensé d'*ignorer que* l'homme *est* un animal mortel, et *qu'il est* né pour mourir (2).

Aristote avait coutume de *répéter* et à ses amis et à ses disciples, *que* l'œil *tire* la lumière de l'air environnant, et (3) [que] l'âme [la tire] des sciences.

*Sachez qu'*aucune feinte ne *reste* longtemps cachée.

V.

71. Trois événements heureux ayant été annoncés en même temps à Philippe, roi de Macédoine, le premier *qu'il a remporté* à Olympie le prix de la course des chars, le second, *que* Parménion, son général, *a vaincu* les Dardaniens dans une bataille, le troisième, *qu'*Olympias lui *a donné* un fils; [ce prince] ayant levé les mains au ciel, s'écria : « O fortune, oppose quelque léger revers à ces succès! » *Il savait* (4) *que* la fortune *est* de sa nature envieuse des grands succès.

Pausanias (5), roi de Lacédémone, avait coutume de s'enorgueillir de ses exploits. Il invita un jour, par dérision, Simonide le poëte lyrique à lui donner quelque sage précepte. Celui-ci, qui avait pénétré son orgueil, lui conseilla de se *rappeler qu'il était* homme.

VI.

72. L'imposteur Alexandre écrivant un jour à Rutillianus son gendre, et parlant très-modestement de lui-même, se comparait à Pythagore. Que Pythagore ne s'en fâche pas, mais je *sais* bien *que*, s'il était né du temps de cet homme, il *eût paru* [n']être [qu']un enfant en comparaison de lui.

---

(1) Mettez ce nom et son participe au génit. absol. Voy. §. 370, I.

(2) *Pour* se traduira par εἰς, avec l'infin. aor. 2, précédé de l'art.: *pour le mourir.*

(3) Voy. sur cette conjonction, p. 126, I.

(4) *Tourn.* : sachant.

(5) *Tourn.* : par le *génit. absolu* : Simonide, Pausanias s'enorgueillissant continuellement..., et invitant, etc.

των, Ἐρεχθεὺς, ὁ τῆς Ἀττικῆς προϊστάμενος, χρησμὸν ἔλαβεν, ὅτι νικήσει τοὺς ἐχθροὺς, ἐὰν τὴν πρεσβυτάτην τῶν θυγατέρων Περσεφόνῃ θύσῃ. ὁ δ᾽ οὖν τὴν κόρην προςαγαγὼν τοῖς βωμοῖς ἀνεῖλε, καὶ συμβα-λὼν τὸν πόλεμον, ἐγκρατὴς ἐγένετο τῆς νίκης [1].

IV.

70. Οὐκ ἔστι φρένας ἔχοντος ἀνθρώπου ἀγνοεῖν ὅτι ὁ ἄνθρωπος ζῷόν ἐστι θνητὸν, οὐδ᾽ ὅτι γέγονεν εἰς τὸ ἀποθανεῖν [2].

Ἀριστοτέλης συνεχὲς οἰώθει λέγειν πρός τε τοὺς φίλους καὶ τοὺς φοιτῶντας αὐτῷ, ὡς ἡ μὲν ὅρασις ἀπὸ τοῦ περιέχοντος ἀέρος λαμβάνει τὸ φῶς, ἡ δὲ ψυχὴ ἀπὸ τῶν μαθημάτων [3].

Ἴσθι ὡς οὐδεμία προςποίησις πολλῷ χρόνῳ λανθάνει [4].

V.

71. Φίλιππος, ὁ τῶν Μακεδόνων βασιλεὺς, τριῶν αὐτῷ προςαγγελθέντων εὐτυχημάτων ὑφ᾽ ἕνα καιρὸν, πρώτου μὲν, ὅτι τεθρίππων νενίκηκεν Ὀλύμπια, δευτέρου δὲ, ὅτι Παρμενίων ὁ στρατηγὸς μάχῃ Δαρδανεῖς ἐνίκησε, τρίτου δ᾽, ὅτι ἄῤῥεν αὐτῷ παιδίον ἐκύησεν Ὀλυμπιὰς, ἀνατείνας εἰς οὐρανὸν τὰς χεῖρας, « Ὦ δαῖμον, εἶπε, μέτριόν τι τούτοις ἀντίθες ἐλάττωμα· » εἰδὼς ὅτι τοῖς μεγάλοις εὐτυχήμασι φθονεῖν πέφυκεν ἡ τύχη [5].

Σιμωνίδης, ὁ τῶν μελῶν ποιητὴς, Παυσανίου τοῦ βασιλέως τῶν Λακεδαιμονίων μεγαλαυχουμένου συνεχῶς ἐπὶ ταῖς αὐτοῦ πράξεσι, καὶ κελεύοντος ἐπαγγεῖλαί τι αὐτῷ σοφὸν μετὰ χλευασμοῦ, συνεὶς αὐτοῦ τὴν ὑπερηφανίαν, συνεβούλευε μεμνῆσθαι ὅτι ἄνθρωπός ἐστιν [6].

VI.

72. Ἀλέξανδρος ὁ γόης τῷ γαμβρῷ Ῥουτιλλιανῷ ποτε γράφων, καὶ τὰ μετριώτατα ὑπὲρ αὐτοῦ λέγων, Πυθαγόρᾳ ὅμοιος εἶναι ἠξίου. ἀλλὰ ἵλεως μὲν ὁ Πυθαγόρας εἴη· εἰ δὲ κατὰ τοῦτον ἐγεγένητο, παῖς ἂν εὖ οἶδα ὅτι πρὸς αὐτὸν εἶναι ἔδοξε [7].

---

[1] Stob., tit. XXXVII. — [2] Plut. *Consol. ad Apollon.*, t. I, p. 202, *ed.* H. Steph. — [3] Diog. Laërt. *in Aristot. Vit.*, lib. V, p. 118 B. — [4] Demoph. *Sentent*, p. 622. — [5] Plut. *Consol. ad Apollon.*, t. I, p. 182. — [6] *Ibid.* — [7] Lucian. *Alex. seu Pseudom.*, c. 4, t. V, p. 67, Bip.

Épictète, tandis que son maître lui torturait la jambe (1), disait [en] souriant et sans s'émouvoir : « Vous la briserez. » Et le maître [l']ayant brisée : « Ne vous *avais-je pas dit*, reprit-il, *que vous la briseriez ?* »

VII.

73. Démocharès, neveu de Démosthène, voulant *montrer qu'il méprisait* les mauvais propos du vulgaire, ayant vu certains médisants assis dans le laboratoire d'un médecin, et altérés de médire de toute manière : « Que dites-vous, Dysménides (2) ? » leur demanda-t-il ; dévoilant en même temps par ce nom leur caractère.

Platon *avait coutume de dire* de Diogène, *que c'était* (3) Socrate en délire.

Thémistocle vendant un champ, ordonna de *crier qu'il avait* aussi un bon voisin.

VIII.

74. Démonax *disait avoir cette raison* pour (4) ne s'être point fait initier, *que*, si les mystères étaient mauvais, il ne s'en *tairait* point avec ceux qui ne sont point encore initiés (5), mais *qu'il les détournerait* de la célébration des orgies ; et *que*, s'ils étaient (6) bons, il les *divulguerait* à tout le monde par humanité.

Les dieux honorèrent Achille, fils de Thétis, et l'envoyèrent dans les îles des bienheureux, parce que, *ayant appris* de sa mère *qu'il mourrait* s'il tuait (7) Hector, et *que*, s'il ne le faisait pas (8), revenu dans ses foyers, *il [y] finirait* ses jours arrivé à la vieillesse, il osa préférer de mourir après avoir vengé (9) la mort de son ami Patrocle.

---

(1) *Tourn.* : le maître torturant la jambe de lui ; au *génit. absol.*

(2) Δυσμενίδαι, mot forgé sur les patronymiques, comme Ἡρακλεῖδαι, les Héraclides, et signifiant *fils de Malveillance*, avec allusion aux Euménides.

(3) *Tourn.* : que celui-ci était.

(4) *Tourn.* : de n'avoir point participé à l'initiation. *De* se rendra par l'art. τοῦ avec l'infin. Voy. plus bas, §. 281.

(5) *Tourn.* : envers les non encore initiés.

(6) Voy. plus haut, p. 139, §. 277, 6°.

(7) *Tourn.* : ayant tué. Remarquez cet emploi conditionnel du participe, familier aux Grecs. Voy. la *Méthode*, §. 366, 5.

Ἐπίκτητος, τοῦ δεσπότου στρεβλοῦντος αὐτοῦ τὸ σκέλος, ὑπομειδιῶν ἀνεκπλήκτως ἔλεγε· « Κατάξεις. » καὶ κατάξαντος, « Οὐκ ἔλεγον, εἶπεν, ὅτι κατάξεις [1]; »

VII.

73. Δημοχάρης, ὁ τοῦ Δημοσθένους ἀδελφιδοῦς, ἐπιδεῖξαι βουλόμενος, ὅτι τῆς ἐκ τῶν πολλῶν κακοφημίας ὑπερφρονεῖ, θεασάμενός τινας καθεζομένους ἐν ἰατρείῳ ψογεροὺς, καὶ κακῶς ἀγορεύειν ἐκ παντὸς τρόπου διψῶντας, « Τί φατε ὑμεῖς, εἶπε, Δυσμενίδαι; » τὸ ἦθος αὐτῶν ἅμα ἐκκαλύψας διὰ τούτου τοῦ ὀνόματος [2].

Εἰώθει ὁ Πλάτων περὶ Διογένους λέγειν, ὅτι μαινόμενος οὗτος Σωκράτης ἐστιν [3].

Θεμιστοκλῆς χωρίον πωλῶν, ἐκέλευσε κηρύττειν, ὅτι καὶ γείτονα χρηστὸν ἔχει [4].

VIII.

74. Δημώναξ ταύτην ἔφη ἔχειν τὴν αἰτίαν τοῦ μὴ κοινωνῆσαι τῆς τελετῆς, ὅτι, ἄν τε φαῦλα ᾖ τὰ μυστήρια, οὐ σιωπήσεται πρὸς τοὺς μηδέπω μεμυημένους, ἀλλ' ἀποτρέψει αὐτοὺς τῶν ὀργίων· ἄν τε καλὰ, πᾶσιν αὐτὰ ἐξαγορεύσει ὑπὸ φιλανθρωπίας [5].

Οἱ θεοὶ Ἀχιλλέα τὸν τῆς Θέτιδος υἱὸν ἐτίμησαν, καὶ εἰς μακάρων νήσους ἀπέπεμψαν, ὅτι πεπυσμένος παρὰ τῆς μητρὸς, ὡς ἀποθανοῖτο ἀποκτείνας Ἕκτορα, μὴ ποιήσας δὲ τοῦτο, οἴκαδ' ἐλθὼν γηραιὸς τελευτήσοι, ἐτόλμησεν ἑλέσθαι βοηθήσας τῷ φίλῳ Πατρόκλῳ καὶ τιμωρήσας, ὑπεραποθανεῖν [6].

---

[1] Origen. adv. Cels., lib. VII, p. 368, *ed.* Spencer. — [2] Ælian. *Var. Hist.*, III, 7. — [3] Æl. *V. H.* XIV, 33. — [4] Stob., t. XXXV. — [5] Luc. *Demon.*, c. 11, t. V, p. 238. — [6] Plat. *Symp.*, p. 318 B., ed. Lugd. 1590.

(8) *Tourn.* : n'ayant pas fait cela ; comme plus haut.
(9) *Tourn.* : ayant secouru son ami Patrocle et [l'] ayant vengé.

IX.

75. Qui peut *avoir cru que*, Cadmus (1) ayant semé les dents du dragon, des hommes armés [en] *soient poussés?* Voici ce qu'il en est. Cadmus, s'étant rendu maître de la contrée, et ayant tué la bête féroce par laquelle il était arrivé que le pays était désert (2), rassembla en un seul lieu les habitants qui vivaient dispersés. Ces hommes se trouvant armés (3), et d'un naturel sauvage, eurent bientôt des différends entre eux, et se détruisirent tous, à l'exception de quelques-uns.

X.

76. Comme Scilurus était sur le point de mourir, laissant quatre-vingts fils, il présenta (4) à chacun [d'eux] un faisceau de dards, et les invita à [le] rompre. Mais tous [y] ayant renoncé (5), il tira (6) lui-même les dards un à un, et il les brisa tous sans peine; *apprenant* ainsi à ses fils (7) *qu'ils seraient* toujours forts [en] restant unis, mais *qu'ils seraient* faibles, divisés et livrés à la discorde.

XI.

Le Stoïcien et le Tyran.

77. LE TYRAN. Je t'enchaînerai la jambe. — LE STOÏCIEN. Si tu le juges plus avantageux pour toi, enchaîne. — Cela t'est [donc] indifférent? — Cela m'est indifférent. — Je te montrerai *que je suis* le maître. — Toi! et comment? Jupiter m'a mis libre [au monde]; autrement, penses-tu *qu'il dût* laisser asservir son fils? Mais tu es maître de mon cadavre, prends-le.

La femme de Phocion (8) ayant été insultée par quelqu'un, cet homme si bon, loin de citer (9) en justice l'auteur de l'insulte, lorsque celui-ci, qui [en] avait conçu des craintes, vint le trouver, et le pria de lui pardonner, *assurant qu'il ignorait* (10) *que* [ce] *fût* sa femme à laquelle il manquait : « Quant à

---

(1) Ce nom et le partic. qui s'y rapporte, au *génit. absolu.* Voy. la Méthode, §. 370, I.
(2) *Tourn. :* être désert, et le nom à l'*accus.*, comme en latin.
(3) *Tourn. :* lesquels étant armés et d'un naturel féroce.
(4) *Tourn. :* présentant ils les invita.
(5) *Génit. absolu.*
(6) *Tourn. :* ayant tiré.
(7) *Tourn. :* à ceux-là.

IX.

75. Τίς πιστεῦσαι δύναται, ὅτι, τοῦ Κάδμου σπείραντος τοὺς τοῦ δράκοντος ὀδόντας, ἔφυσαν ἔνοπλοι ἄνθρωποι; ἔχει δὲ οὕτως (1). κρατήσας τῶν τόπων ὁ Κάδμος, καὶ τὸ θηρίον ἀνελὼν, δι' ὃ συνέβαινεν ἔρημον εἶναι τὸν τόπον, τοὺς σποράδην οἰκοῦντας εἰς ἓν συνήγαγεν· οἳ ὄντες ἔνοπλοι, καὶ θηριώδεις, διηνέχθησαν εὐθὺς πρὸς ἀλλήλους, καὶ πλὴν ὀλίγων πάντες ἀπώλοντο [1].

X.

76. Σκίλουρος, ὀγδοήκοντα παῖδας ἄρρενας ἀπολιπὼν, ἐπεὶ τελευτᾶν ἔμελλε, δέσμην ἀκοντίων ἑκάστῳ προτείνων, ἐκέλευσε καταθραῦσαι· πάντων δὲ ἀπαγορευσάντων, καθ' ἓν αὐτὸς ἐξελὼν ἀκόντιον, ἅπαντα ῥᾳδίως συνέκλασε· διδάσκων ἐκείνους, ὅτι, συνεστῶτες, ἰσχυροὶ διαμενοῦσιν, ἀσθενεῖς δ' ἔσονται διαλυθέντες καὶ στασιάσαντες [2].

XI.

ΣΤΩΙΚΟΣ ΚΑΙ ΤΥΡΑΝΝΟΣ.

77. ΤΥΡ. Δήσω σου τὸ σκέλος. ΣΤΩΙΚ. Εἴ σοι λυσιτελέστερον φαίνεται, δῆσον. — Οὐκ ἐπιστρέφῃ; — Οὐκ ἐπιστρέφομαι. — Ἐγώ σοι δείξω ὅτι κύριός εἰμι. — Πόθεν σύ; ἐμὲ ὁ Ζεὺς ἐλεύθερον ἀφῆκεν· ἢ δοκεῖς, ὅτι ἔμελλε τὸν ἴδιον υἱὸν ἐᾶν καταδουλοῦσθαι; τοῦ νεκροῦ δέ μου κύριος εἶ, λάβε αὐτόν [3].

Φωκίων ὁ χρηστός, τῆς γυναικὸς αὐτοῦ προπηλακισθείσης πρός τινος, τοσοῦτον ἐδέησεν ἐγκαλεῖν τῷ προπηλακίσαντι, ὥστε, ἐπεὶ δείσας ἐκεῖνος προσῆλθέ τε καὶ συγγνώμην ἔχειν ἠξίου τὸν Φωκίωνα, φάσκων ἠγνοηκέναι, ὅτι ἦν ἐκείνου γυνὴ, εἰς ἣν ἐπλημμέλει· « Ἀλλὰ

---

(1) J'ai ajouté ici ces mots, que l'auteur emploie au chap. I.

[1] Heraclit. *De Incredib.*, cap. 19. — [2] Plut. *Apoph. Reg. et Imper.* — [3] Arr. *Dissert.* I, 19, 8.

(8) *Tourn.:* Phocion le bon, la femme de lui ayant été insultée, etc. *Génit. abs.*

(9) *Tourn :* tant s'en fallut qu'il citât, etc.

(10) Tournez ce dernier verbe par le *parf. de l'infin.*

ma femme du moins, dit-il, elle n'a rien éprouvé de votre part; [c'en] était probablement une autre; de sorte que vous n'avez point même d'excuses à me faire. »

CONSTRUCTION PARTICULIÈRE DE ὅτι, *QUE*.

RÈGLE. Les Grecs ont une manière particulière, mais moins usuelle, de construire ὅτι, *que*. Il font du sujet du second verbe le régime du premier, et placent ὅτι après ce régime. Par exemple, cette phrase, *on dit que Lyncée voyait ce qui était*

THÈMES.

I.

78. *J'ai reconnu qu'un gouvernement* démocratique *est* incapable d'exercer l'empire sur d'autres [peuples].

Otanès [le] premier *soupçonna que le mage* n'*était* pas (1) Smerdis fils de Cyrus.

Qui ne *sait que Conon*, qui, par ses nombreuses vertus, tint le premier rang (2) parmi les Grecs, sa patrie étant devenue malheureuse (3), *se rendit* auprès d'Evagoras, l'ayant choisi entre tous les autres, et ayant pensé aussi que le plus sûr refuge pour sa personne était auprès de celui-ci, et qu'il viendrait (4) très-promptement au secours de sa patrie?

Cicéron ayant *entendu dire que Vatinius*, son ennemi (5) et d'ailleurs un homme pervers, *était mort;* et ensuite ayant *appris qu'il vivait :* « Puisse-t-il (6) mal finir, dit-il, celui qui a si mal menti (7)! »

Dieu n'a pas borné ses soins à la conformation de notre corps (8); mais, ce qui est bien plus important, il a donné à l'homme l'âme la plus parfaite. Est-il en effet un autre animal

---

(1) Mettez le verbe à l'opt. pour marquer le doute.

(2) Tourn. par le *part. aor.*, ayant tenu, etc.

(3) Génit. absolu ; §. 370, I.

(4) Tourn. le premier verbe par l'*inf. prés.*, comme exprimant un fait actuel et positif (voy. p. 159, l. 2), et le second par l'*inf. aor.*, avec ἄν, parce qu'il renferme une idée hypothétique et conditionnelle; voy. p. 159, l.

(5) *Tourn. :* homme à soi ennemi et pervers d'ailleurs.

(6) Voy. la *Méthode*, §. 365, III.

(7) *Tourn. :* celui ayant mal menti.

(8) *Tourn. :* il n'a pas seulement suffi à Dieu de s'être occupé du corps.

ἦγε ἐμὴ γυνὴ οὐδὲν, ἔφη, ὑπὸ σοῦ πέπονθεν, ἑτέρα δέ τις ἴσως· ὥστε
οὐδὲ χρὴ ἔμοιγε ἀπολογεῖσθαι [1].

CONSTRUCTION PARTICULIÈRE DE ὍΤΙ, *QUE.*

sous terre, pourra se tourner ainsi : *on dit Lyncée qu'il
voyait ce qui était sous terre :* Λυγκέα λέγουσιν, ὡς τὰ ὑπὸ
γῆν ἑώρα (Palæph. c. 10.) (1).

THÈMES CORRIGÉS.

I.

78. Ἔγωγε ἔγνων δημοκρατίαν, ὅτι ἀδύνατός ἐστιν ἑτέρων
ἄρχειν [2].

Ὀτάνης πρῶτος ὑπώπτευσε τὸν μάγον, ὡς οὐκ εἴη ὁ Κύρου
Σμέρδις [3].

Κόνωνα, τὸν διὰ πλείστας ἀρετὰς πρωτεύσαντα τῶν Ἑλλήνων,
τίς οὐκ οἶδεν ὅτι, δυστυχησάσης τῆς πόλεως, ἐξ ἁπάντων ἐκλεξάμενος, ὡς Εὐαγόραν ἦλθε; νομίσας καὶ τῷ σώματι βεβαιοτάτην εἶναι
τὴν παρ' ἐκείνου καταφυγὴν, καὶ τῇ πόλει τάχιστα ἂν αὐτὸν γενέσθαι
βοηθόν [4].

Κικέρων Βατίνιον, ἄνθρωπον ἑαυτῷ διάφορον καὶ μοχθηρὸν ἄλλως, ἀκούσας ὅτι τέθνηκεν, εἶτα γνοὺς ὕστερον ὅτι ζῇ· « Κακῶς,
εἶπεν, ἀπόλοιτο, κακῶς ὁ ψευσάμενος [5]! »

Οὐ μόνον ἤρκεσε τῷ Θεῷ τοῦ σώματος ἐπιμεληθῆναι, ἀλλ', ὅπερ
μέγιστόν ἐστι, καὶ τὴν ψυχὴν κρατίστην τῷ ἀνθρώπῳ ἐνέφυσε. τίνος

---

[1] Muson. *apud.* Stob. tit. XVII. — [2] Thuc. III, 37. — [3] Herod. III,
68. — [4] Isocr. *Evag.* §. 21, p. 198-9, *ed.* Cor. — [5] Plut. *Apoph.,*
voc. Cic.

(1) Cette tournure n'est point étrangère aux Latins. C'est ainsi que
Plaute a dit : *Ut ipse scibo, te faciam ut scias* (Asin. I, 1, 13;
pour, *faciam te scire.* Le même : *Meam uxorem nescis qualis sit?*
(*Ib.* 45) pour, *nescis qualis sit uxor mea?* Juventius, cité par Aulu-
Gelle, XVIII, 12 : *Pallium fac ut splendeat;* pour, *fac ut pallium
splendeat.*

dont l'âme (1) *ait senti la première qu'il existe des dieux* auteurs de cet ordre merveilleux et sublime qui règne dans l'univers (2)?

II.

79. **On** *dit* (3) *que Géryon avait* trois têtes (4). Mais il est impossible qu'un corps ait trois têtes. Or voici ce qu'il en était (5). Il y a sur le Pont-Euxin une ville appelée Tricarénie (6). Géryon, distingué par sa richesse, était renommé parmi les habitants : il avait aussi un admirable troupeau de bœufs. Hercule, l'ayant attaqué (7), tua Géryon, qui [le lui] disputait (8). Ceux qui voyaient (9) les bœufs (10) emmenés, les admiraient. On répondait à ceux qui s'enquéraient [à leur sujet]: Hercule a emmené ces [bœufs] qui appartenaient (11) à Géryon le Tricarénien. Quelques-uns, d'après ces paroles, supposaient que Géryon avait trois têtes.

II.

§. 279.

QUE RENDU PAR L'INFINITIF.

Règle. Au lieu de réunir les deux propositions par la conjonction, comme en français, on peut, comme en latin, mettre le verbe de la seconde à l'infinitif, et le sujet de l'infinitif, avec son attribut, à l'accusatif. *Ex.* : La fable montre *que* le travail *est* un trésor : ὁ μῦθος δηλοῖ τὸν κάματον θησαυρὸν εἶναι· mot à mot, la fable montre le *travail être* un trésor. Cette manière de lier les propositions est plus familière aux Grecs que l'emploi de ὅτι, dont nous venons de parler.

RAPPORT DES TEMPS ET DES MODES.

Indicatif. — I. *Présent.* — Le présent de l'indicatif se rend

---

(1) *Tourn.* : car de quel autre animal [l'] âme a-t-elle d'abord senti les dieux... qu'ils sont.

(2) *Tourn.* : ayant coordonné les choses les plus grandes et les plus belles, *maxima et pulcherrima.*

(3) Comme en latin, *dicunt.*

(4) Voy. le *Vocab.* au mot Tête.

(5) Ἦν δὲ τοιόνδε τοῦτο, mot à mot, *erat autem tale hocce.*

γὰρ ἄλλου ζώου ψυχὴ πρῶτα Θεῶν, τῶν τὰ μέγιστα καὶ κάλλιστα συνταξάντων, ἤσθηται ὅτι εἰσί[1];

II.

79. Γηρυόνην φασὶν, ὅτι τρικέφαλος ἦν· ἀδύνατον δὲ σῶμα τρεῖς κεφαλὰς ἔχειν. ἦν δὲ τοιόνδε τοῦτο. πόλις ἐστὶν ἐν τῷ Εὐξείνῳ πόντῳ, Τρικαρηνία καλουμένη· ἦν δὲ Τηρυόνης ἐν τοῖς ἐκεῖ ἀνθρώποις ὀνομαστὸς, καὶ πλούτῳ διαφέρων· εἶχε δὲ καὶ βοῶν ἀγέλην θαυμαστὴν, ἐφ' ἣν ἐλθὼν Ἡρακλῆς, ἀντιποιούμενον Γηρυόνην ἔκτεινεν· οἱ δὲ Θεώμενοι περιελαυνομένας τὰς βοῦς ἐθαύμαζον. πρὸς τοὺς πυνθανομένους οὖν ἔλεγόν τινες· Ἡρακλῆς ταύτας περιήλασεν, οὔσας Γηρυόνου τοῦ Τρικαρήνου. τινὲς δὲ ἐκ τοῦ λεγομένου ὑπέλαβον αὐτὸν τρεῖς ἔχειν κεφαλάς[2].

II.

§. 279.

QUE RENDU PAR L'INFINITIF.

par le présent de l'infinitif, comme en latin. *Ex.* : Je pense *qu''il écrit* : νομίζω αὐτὸν γράφειν, *puto eum scribere.*

II. *Futur.* — Le futur simple et le futur composé ou antérieur se rendent par les temps correspondants de l'infinitif. *Ex.* : Je pense *qu'il écrira* : νομίζω αὐτὸν γράψειν. En latin :

---

[1] Xenoph. *Mem. Socr.* I, 4, 13. — [2] Palæph., 25.

(6) Mot composé de τρεῖς, *trois*, et de κάρηνον, *tête* : cette ville s'appelait donc proprement *Les Trois-Têtes.*

(7) Tourn. : *quod* (armentum) *aggressus Hercules.*

(8) *Tourn.* : disputant, *vindicantem.*

(9) *Tourn.* : les voyant.

(10) Τὰς βοῦς. Quand il est indifférent de spécifier le sexe, les Grecs emploient ordinairement au féminin les noms plur. d'animaux. Voy. Erfurdt *ad* Soph. *Aj.*, v. 7, p. 483 ; et plus haut, p. 118, note 2.

(11) *Tourn.* : étant d'Hercule.

credo eum scripturum esse. Je pense *qu'il aura écrit* : νομίζω αὐτὸν γεγραφότα ἔσεσθαι· mot à mot : Je pense lui devoir être ou qu'il sera ayant écrit. En latin : *credo fore ut jam scripserit.* Au passif : Je pense *que* le livre *aura été écrit* : νομίζω τὸ βιϐλίον γεγράψεσθαι. Sur ce futur antérieur passif, voy. la *Synt. Particulière, §. 36o.*

III. *Passé. — Présent* et *imparfait.* 1°. Lorsque l'imparfait indique un état ou une action simultanée avec le verbe qui le précède, alors cet imparfait se rend par le présent de l'infinitif. *Ex. :* Je pense *qu'il écrivait* lorsque je suis entré : οἴομαι, ὅτ' εἰσῆλθον, τότε αὐτὸν γράφειν : *puto* quum *ingrederer,* eum *scribere.* Quelqu'un *engageait* Hippocrate à se rendre à la cour de Xerxès, *disant qu'il était* bon roi : Ἱπποκράτην ἔπειθέ τις πρὸς Ξέρξην ἀπαίρειν, χρηστὸν εἶναι φάσκων βασιλέα : Hippocratem *suadebat* aliquis ad Xerxem solvere, eum *dictitans* bonum *esse* regem.

2°. Quand il y a quelque idée d'incertitude ou de hasard, on peut encore se servir d'une périphrase, qui consiste à employer τυχεῖν, aoriste de τυγχάνειν, *se trouver,* avec le participe présent du verbe que l'on conjugue. *Ex. :* Je pense *qu'il écrivait* : νομίζω αὐτὸν γράφοντα τυχεῖν· mot à mot, qu'il s'est trouvé écrivant.

3°. Par la conjonction ὅτι, suivant la règle posée plus haut p. 142, I.

Présent et *parfait.*—Le parfait indéfini se rend par le parfait ou par l'aoriste de l'infinitif, suivant la valeur propre de ces temps, si la précision est nécessaire, et le parfait défini, par l'aor. de l'infinitif. *Ex. :* Je crois *qu'il a écrit* (à présent ou qu'il vient d'écrire) : νομίζω αὐτὸν γεγραφέναι; *qu'il a écrit* (hier; temps révolu, action accomplie), αὐτὸν γράψαι.

Présent et *plus-que-parfait.*—Le plus-que-parfait se rend par l'aor. de l'infinitif. *Ex.:* Je pense *qu'il avait écrit* : νομίζω αὐτὸν γράψαι, *credo eum scripsisse.*

Imparfait et *imparfait.*—Le second imparfait se rend, comme en latin, par le présent de l'infinitif : Je croyais *qu'il écrivait* : ἐνόμιζον αὐτὸν γράφειν, *credebam eum scribere.* Voy. ci-après, p. 159, la règle du *Parfait* et de l'*Imparfait.*

Imparfait et *plus-que-parfait.*—Le second verbe au plus-

que-parfait se rend par le parfait ou l'aoriste de l'infinitif.
Ex. : Je croyais qu'il avait écrit, ἐνόμιζον αὐτὸν γεγραφέναι
ou γράψαι.

Parfait et *imparfait.* — Si les deux verbes se rapportent à
la même époque, ou si le second, marquant perpétuité, peut
se tourner par le présent, alors l'imparfait se rend, comme
en latin, par le présent de l'infinitif (1) : mais si le verbe de la
seconde proposition indique une époque antérieure au temps
exprimé par le verbe de la première, et peut se tourner par le
parfait, alors l'imparfait se rend par le parfait ou l'aoriste de l'infinitif, comme en latin par le parfait de ce mode. *Ex. :* J'ai cru,
je crus *qu'il écrivait :* νενόμικα, ἐνόμισα αὐτὸν γράφειν, *credidi eum scribere.* Je vous ai dit *que* le méchant *était* (2)
(c.-à-d. *est*) malheureux : εἶπόν σοι ἄνδρα πονηρὸν δυςτυχῆ
εἶναι ou δυςτυχεῖν, *dixi tibi hominem malum esse infelicem.*
Je vous ai dit *qu'*Epictète *était* (c.-à-d. *fut*) esclave : εἶπόν σοι
Ἐπίκτητον δοῦλον γενέσθαι ou δουλεῦσαι, *tibi dixi Epi-
cletum servum fuisse.*

Parfait et *plus-que-parfait.* — Le plus-que-parfait se traduit
par l'aoriste ou le parfait de l'infinitif, comme en latin par le
prétérit de ce mode. J'ai cru, je crus *qu'il avait écrit,* νενόμικα,
ἐνόμισα αὐτὸν γράψαι ou γεγραφέναι.

Plus-que-parfait et *plus-que-parfait.* Traduisez le dernier
plus-que-parfait par l'aoriste de l'infinitif, comme en latin par
le prétérit. Je n'avais pas su *qu'il avait écrit :* ἠγνοήκειν αὐτὸν
γράψαι, *non noveram eum scripsisse.*

CONDITIONNEL. I. — *Présent.* — Il se traduit par l'infinitif
présent avec ἄν (3), ou par le futur du même mode aussi avec
ἄν, si le conditionnel français n'a pas simplement le sens du
futur ; car, autrement, il faudrait le rendre, sans ἄν, par le
futur de l'infinitif, comme en latin. Pour distinguer ces cas, il
faut examiner si, en rendant *que* par ὅτι, on devrait employer
ou non l'adverbe ἄν avec le mode substitué à l'infinitif. *Ex. :* Je
crois *qu'il écrirait* (actuellement), s'il avait ses tablettes : ἡγοῦμαι αὐτὸν τὴν δέλτον ἔχοντα ἂν γράφειν, et ἂν γράψειν, ou
γράψειν, si l'action est considérée simplement comme future. En

---

(1) Voyez-en la raison plus haut, p. 143, II, art. *Imparfait.*
(2) Voy. la note 2, p. 143.
(3) Sur la place de ἄν, voy. la *Méth.* §. 366, 6.

tournant par la conjonction, il faudrait ici νομίζω ὅτι ἂν γράφοι, εἰ τὴν δέλτον ἔχοι. Je pensais, j'ai pensé, j'avais pensé *qu'il écrirait*, ἐνόμιζον, ἐνόμισα, ἐνενομίκειν αὐτὸν γράψειν (corresp. à ὅτι γράψει), sans idée de doute, ou γράψειν ἄν (corresp. à ὅτι γράψειεν ἄν), dubitativement, par le fut. infinitif, ou γράψαι ἄν, par l'aor. de ce mode avec ἄν. En latin : *credo, credebam, credidi, credideram eum scripturum fore, si tabellas haberet* ou *habuisset.*

II. *Passé.* — Il se rend par l'aoriste ou le parfait de l'inf. avec ἄν, ou par le futur de ce mode avec ou sans ἄν, d'après la règle donnée plus haut. *Ex.:* Je pense, νομίζω, je pensais, ἐνόμιζον, j'aurais pensé, ἐνόμιζον ἄν, ou ἐνόμισα ἄν, *qu'il aurait écrit,* αὐτὸν ἂν γράψαι, ἂν γεγραφέναι, ou γράψειν ἄν ou γράψειν, *credo, credebam, credidissem eum scripturum fuisse.*

Le *conditionnel passé* ou *surcomposé,* tel que *il aurait eu écrit,* se rendra par le parfait ou l'aoriste de l'infinitif avec ἄν. *Ex. :* Je ne crois pas *qu'il aurait eu écrit :* οὐχ ἡγοῦμαι αὐτὸν ἂν γεγραφέναι ou ἂν γράψαι, *non puto eum scripturum fuisse.* —On peut aussi tourner par le participe passé avec l'aoriste de l'infinitif de γίγνομαι, avec ἄν, ou le fut. de l'infinitif de εἶναι avec ou sans ἄν. *Ex.:* Je ne crois pas *qu'il aurait eu écrit, achevé :* οὐχ ἡγοῦμαι αὐτὸν ἂν γεγραφότα, ἠνυκότα γενέσθαι. Je ne croyais pas *qu'il aurait eu écrit, achevé :* οὐχ ἡγούμην αὐτὸν γεγραφότα, ἠνυκότα ἔσεσθαι, ou ἂν γεγραφότα ἔσεσθαι· mot à mot : Je ne crois pas, je ne croyais pas lui devoir être ou qu'il serait ayant écrit.

SUBJONCTIF. — **I.** *Présent.* — Il se rend par le présent de l'infinitif, quand il se rapporte à une époque actuelle, et par le futur de ce mode, quand il se rapporte à l'avenir. *Ex. :* Je ne crois pas *qu'il écrive* (actuellement) : οὐχ ἡγοῦμαι αὐτὸν γράφειν. Je ne crois pas *qu'il écrive* (demain) : οὐχ ἡγοῦμαι αὐτὸν γράψειν, *non puto eum scripturum esse.*

II. *Passé.* — *Imparfait.* — 1°. Si les deux verbes se rapportent à la même époque, l'imparfait du subj. se traduit par le présent de l'infinitif. *Ex.:* Je ne croyais pas *qu'il écrivît* (c.-à-d. *qu'il écrivait*) : οὐχ ἡγούμην αὐτὸν γράφειν, *non putabam eum scribere.*

2°. Si l'imparfait du subjonctif se rapporte à un temps antérieur, il se rend par le parfait ou l'aoriste de l'infinitif, auquel on ajoute ἄν, si l'on veut marquer plus fortement le doute et l'incertitude, ou bien par τυχεῖν, *s'être trouvé*, joint au participe présent. *Ex.:* Je ne crois pas *qu'il écrivît* alors : οὐχ ἡγοῦμαι αὐτὸν τότε γεγραφέναι ου γράψαι, ου ἂν γράψαι, ου γράφοντα τυχεῖν, *non puto eum tunc scripsisse.*

3°. Si l'imparfait équivaut au conditionnel présent, il se traduit par l'infinitif présent avec ἄν, ou par le futur du même mode avec ou sans ἄν, d'après les règles posées plus haut pour le conditionnel. *Ex.:* Je ne crois pas *qu'il écrivît* (c.-à-d., *qu'il écrirait*) : οὐ νομίζω αὐτὸν ἂν γράφειν, ου γράψειν ἄν ou γράψειν, *non puto eum esse* ou *fore scripturum.*

4°. Après les verbes qui marquent le *désir*, la *volonté*, il se rend par l'aoriste ou le parfait de l'infinitif, suivant la valeur propre de ces temps. *Ex.:* Je voudrais *qu'il écrivît* : βουλοίμην ἂν ou ἐβουλόμην ἂν αὐτὸν γράψαι. Je voudrais *que* la lettre *fût écrite* : ἐβουλόμην ἂν τὴν ἐπιστολὴν γεγράφθαι. *Voy.* l'Observation, p. 162.

Parfait. — 1°. S'il se rapporte au passé, il se rendra par le parfait ou l'aoriste de l'infinitif. *Ex. :* Je ne pense pas, je ne penserai pas *qu'il ait écrit* (aujourd'hui, à l'instant) : οὐ νομίζω, οὐ νομίσω αὐτὸν γεγραφέναι, (hier, autrefois) γράψαι. On ajoute ἄν à l'infinitif, si l'on veut s'exprimer sous la forme du doute, avec idée de possibilité.

2°. Si le parfait a rapport au futur, il se traduira par l'aoriste ou le parfait de l'infinitif. *Ex.:* Je n'espère pas *qu'il ait écrit* (demain) : οὐκ ἐλπίζω αὐτὸν (αὔριον) γράψαι, γεγραφέναι, ou γράψαι ἄν, pour mieux marquer l'incertitude. En latin : *non spero fore ut cras scripserit.* — Cette combinaison peut encore se rendre par ἔσεσθαι, joint au participe parfait, ou par l'aoriste de l'infinitif avec ἄν. Je n'espère pas *qu'il ait écrit* (c.-à-d. *qu'il aura écrit* demain) : οὐκ ἐλπίζω αὐτὸν αὔριον γεγραφότα ἔσεσθαι, ou ἂν γράψαι.

Plus-que-parfait. — 1°. Il se rend par l'aoriste ou le parfait de l'infinitif, quand il équivaut au plus-que-parfait de l'indicatif. *Ex. :* Je ne croyais pas, je n'avais pas cru *qu'il eût écrit* (c.-à-d. qu'il avait écrit) : οὐκ ἐνόμιζον, οὐκ ἐνενομίκειν αὐτὸν γεγραφέναι, ou γράψαι.

2°. Mais s'il équivaut au conditionnel passé, il se rendra de même que ce mode. *Ex. :* Je ne crois pas *qu'il eût écrit* (c.-à-d. *qu'il* aurait écrit) : οὐχ ἡγοῦμαι αὐτὸν ἂν γράψαι. *Voy.* plus haut l'art. Conditionnel, p. 159, 160.

Observation. Quand l'action ne doit être que passagère, ou que l'on peut en considérer plutôt le résultat que la durée, il vaut mieux employer l'aoriste que le futur de l'infinitif, dans les cas où l'on mettrait ce dernier temps en latin. Cet emploi de l'aoriste pour le futur a surtout lieu avec les verbes *croire, penser, espérer, vouloir, désirer,* et autres verbes et locutions de signification analogue. Ex. : *Vous pensez que,* si vous vous produisez devant le peuple d'Athènes, vous lui *montrerez* que vous êtes digne d'estime, et *que,* l'ayant montré, vous *jouirez*

THÈMES.

I.

80. Croyez *que* vos (1) parents *sont* des dieux pour vous(2).

Pensez *que* des dieux *voient* quoi que vous puissiez faire(3).

Soyez persuadé que ce que vous ne *renfermez* pas dans votre esprit, n'*est* pas votre propriété.

Xénophon *dit que* les hommes sensés *tirent* de l'utilité même de leurs ennemis.

Socrate *pensait que* les dieux *s'occupent* des hommes, non comme [le] pense le vulgaire. Celui-ci en effet *croit que* les dieux *savent* certaines choses, et *qu'ils* en *ignorent* d'autres : mais Socrate *jugeait que* les dieux *savent* tout, et ce qui se dit, et ce qui se fait, et ce qui se médite en silence (4) ; *qu'ils sont* présents partout, et *qu'ils manifestent* leur volonté aux mortels sur toutes les affaires humaines.

Aristote s'emportant contre les Athéniens (5), avait coutume de *dire qu'ils avaient découvert* [le] blé et [les] lois; mais *qu'ils se servaient* du blé, et non des lois (6).

II.

81. Dorion le gourmand, se moquant de la tempête du Nautilus de Timothée (7), *disait* qu'il en *avait vu* une plus grande (8) dans une marmite bouillante.

---

(1) *Tourn.* : les parents.
(2) *Tourn.* : à vous.
(3) *Tourn.* : quoi que vous fassiez, ὅ τι ἄν, avec le subj.
(4) *Tourn.* : les choses dites, faites, méditées; *dicta, facta,* etc.
(5) *Tourn.* : Aristote s'emportant souvent répétait que les Athéniens, etc.
(6) *Tourn.* : mais des lois non, μή.
(7) *Tourn.* : de la dans le de Timothée Nautilus tempête.
(8) *Tourn.* : une plus grande tempête.

d'un très-grand pouvoir dans la république : ἡγῇ, ἐὰν εἰς τὸν Ἀθηναίων δῆμον παρέλθῃς, ἐνδείξασθαι ὅτι ἄξιος εἶ τιμᾶσθαι, καὶ τοῦτο ἐνδειξάμενος, μέγιστον δυνήσεσθαι ἐν τῇ πόλει (1). Ici ἐνδείξασθαι, pour ἐνδείξεσθαι, parce que l'action n'est que passagère: mais δυνήσεσθαι se met à son temps propre parce qu'il marque la durée. Il espère *qu'il reprendra* Nisée, ἐν ἐλπίδι ἐστὶν ἀναλαβεῖν Νίσαιαν, pour ἀναλήψεσθαι. Je veux *que vous m'écoutiez*, βούλομαί σε ἀκοῦσαί μου, etc.

THÈMES CORRIGÉS.

I.

80. Νόμιζε σαυτῷ τοὺς γονεῖς εἶναι θεούς [1].

Ὅτι δ' ἂν ποιῇς νόμιζ' ὁρᾶν θεούς τινας [2].

Πέπεισο μὴ εἶναι σὸν κτῆμα, ὅπερ μὴ ἐντὸς διανοίας ἔχεις [3].

Τοὺς νοῦν ἔχοντας ὁ Ξενοφῶν καὶ ἀπὸ τῶν διαφερομένων ὠφελεῖσθαί φησιν [4].

Σωκράτης ἐπιμελεῖσθαι θεοὺς ἐνόμιζεν ἀνθρώπων, οὐχ ὃν τρόπον οἱ πολλοὶ νομίζουσιν. οὗτοι μὲν γὰρ οἴονται τοὺς θεοὺς τὰ μὲν εἰδέναι, τὰ δ' οὐκ εἰδέναι. Σωκράτης δὲ πάντα μὲν ἡγεῖτο θεοὺς εἰδέναι, τά τε λεγόμενα καὶ πραττόμενα, καὶ τὰ σιγῇ βουλευόμενα, πανταχοῦ δὲ παρεῖναι, καὶ σημαίνειν τοῖς ἀνθρώποις περὶ τῶν ἀνθρωπείων πάντων [5].

Ἀριστοτέλης πολλάκις ἀποτεινόμενος, τοὺς Ἀθηναίους ἔφασκεν εὑρηκέναι πυροὺς καὶ νόμους· ἀλλὰ πυροῖς μὲν χρῆσθαι, νόμοις δὲ μή [6].

II.

81. Δωρίων ὁ ὀψοφάγος καταγελῶν τοῦ ἐν τῷ Τιμοθέου Ναυτίλῳ χειμῶνος, ἔφασκεν ἐν κοκκάβᾳ ζεούσᾳ μείζονα ἑωρακέναι χειμῶνα [7].

---

(1) Plat. *Alcib.* I, p. 7.

[1] *Monostich.* 105. — [2] *Ibid.* 241. — [3] Demoph. *Sentent.*, p. 623, apud Th. Gale. — [4] Plut. *De util. ab inim. cap.*, t. I, p. 150. — [5] Xenoph. *Memor.* I, 1, 19. — [6] Diog. Laërt. *in Aristot.*, lib. V, p. 118 B. — [7] Athen. VIII, p. 338 A, Cas., = III, p. 245, Schweigh.

Etéocle le Lacédémonien *disait que* Sparte n'*aurait pu* supporter deux Lysandres ; et Archestrate l'Athénien, *que* la [république] d'Athènes [n'*aurait pu supporter*] deux Alcibiades.

Epaminondas, ayant appris *que* son porte-bouclier *avait reçu* de l'argent d'un de ses prisonniers, « Rends-moi (1), lui dit-il, mon bouclier, et achète-toi une taverne, où tu passeras ta vie ; car étant devenu riche, tu ne voudras plus affronter les dangers. »

III.

82. Busiris, fils de Neptune, régnait en Afrique. Ce fut lui qui (2) immola le premier les étrangers sur l'autel de Jupiter, d'après un oracle. L'Egypte fut frappée de stérilité pendant neuf ans. Phrasius, devin de profession, étant venu de Cypre, dit *que* la stérilité *cesserait*, si l'on immolait (3) tous les ans un étranger à Jupiter. Busiris, ayant sacrifié ce devin le premier, immolait aussi tous les étrangers qui abordaient (4) en Egypte.

IV.

83. Un oracle ayant annoncé aux Athéniens *qu'il* (5) y *avait* dans la ville un homme qui s'opposait (6) seul aux sentiments de tous, et les Athéniens ordonnant à grands cris [de] rechercher quel était cet homme, Phocion dit *que* [c'] *était* lui : car il était le seul à qui rien ne plaisait (7) de ce que faisait et disait le vulgaire.

On *dit* (8) *qu'*Eole *était* (9) un roi des airs, qui donna à Ulysse les vents [renfermés] dans une outre. Mais il *est* vraisemblable *qu'*Eole, qui était un astronome, *annonça* à Ulysse les temps dans lesquels certains vents devaient s'élever (10).

V.

84. Il *est convenable qu'*étant hommes nous ne *riions* pas des infortunes des hommes, mais *que* nous [en] *gémissions*.

---

(1) Ces deux impérat. à l'aor. 2.
(2) *Tourn.* : celui-ci.
(3) *Tourn.* : s'ils immolaient. Voy. plus haut *si*, p. 58, 5°.
(4) *Tourn.* : abordant.
(5) Ici *que* traduit par ὡς, d'après les règles précédentes.
(6) *Tourn.* : s'opposant.
(7) *Tourn.* : car à soi seul rien ne plaire, etc. Ce verbe à l'infin. comme dépendant du premier.
(8) Comme en latin, *dicunt.*

Ἔλεγεν Ἐτεοκλῆς ὁ Λάκων δύο Λυσάνδρους τὴν Σπάρτην μὴ ἂν ὑπομεῖναι· καὶ Ἀρχέστρατος ὁ Ἀθηναῖος ἔλεγε δύο Ἀλκιβιάδας τὴν τῶν Ἀθηναίων [1]·

Ἐπαμινώνδας πυθόμενος τὸν ὑπασπιστὴν αὐτοῦ χρήματα εἰληφέναι παρά τινος τῶν αἰχμαλώτων, « Ἐμοὶ μὲν, εἶπεν, ἀπόδος τὴν ἀσπίδα, σεαυτῷ δὲ πρίω καπηλεῖον, ἐν ᾧ καταζήσεις· οὐ γὰρ ἔτι κινδυνεύειν ἐθελήσεις, πλούσιος γενόμενος [2]. »

III.

82. Λιβύης ἐβασίλευε Βούσιρις, Ποσειδῶνος παῖς. οὗτος τοὺς ξένους ἔθυεν ἐπὶ βωμῷ Διὸς, κατά τι λόγιον. ἐννέα γὰρ ἔτη ἀφορία τὴν Αἴγυπτον κατέλαβε. Φράσιος δὲ ἐλθὼν ἐκ Κύπρου, μάντις τὴν ἐπιστήμην, ἔφη τὴν ἀφορίαν παύσεσθαι, ἐὰν ξένον ἄνδρα τῷ Διὶ σφάξωσι κατ᾽ ἔτος. Βούσιρις δὲ ἐκεῖνον πρῶτον σφάξας τὸν μάντιν, πάντας τοὺς κατιόντας ξένους ἔσφαζε [3].

IV.

83. Μαντείας γενομένης Ἀθηναίοις ὡς εἷς ἐστιν ἀνὴρ ἐν τῇ πόλει ταῖς πάντων ἐναντιούμενος γνώμαις, καὶ τῶν Ἀθηναίων ζητεῖν κελευόντων ὅστις ἐστι, καὶ βοώντων, Φωκίων ἑαυτὸν ἔφησε τοῦτον εἶναι· μόνῳ γὰρ ἑαυτῷ μηδὲν ἀρέσκειν ὧν οἱ πολλοὶ πράττουσι καὶ λέγουσιν [4].

Λέγουσιν ὅτι Αἴολος ἦν κυριεύων πνευμάτων, ὅστις ἔδωκεν Ὀδυσσεῖ τοὺς ἀνέμους ἐν ἀσκῷ. εἰκὸς δὲ ἀστρολόγον γενόμενον Αἴολον φράσαι Ὀδυσσεῖ τοὺς χρόνους, καθ᾽ οὓς ἐπιτολαί τινες ἀνέμων γενήσονται [5].

V.

84. Ἄξιον ἀνθρώπους ὄντας ἐπ᾽ ἀνθρώπων συμφοραῖς μὴ γελᾶν, ἀλλ᾽ ὀλοφύρεσθαι [6].

---

[1] Æl. *V. H.* XI, 7. — [2] *Ibid.* 9. — [3] Apollod. *Bibl.* II, 5, 11. — [4] Plut. *Apoph. Reg. et Imper.* — [5] Palæph., cap. 18. — [6] Democr. *Sentent.*, p. 631.

(9) Rendez ici *que* par ὅτι.
(10) *Tourn.* : s'élèveront.

Socrate disait *que*, si (1) quelqu'un faisait *crier* par un héraut dans un théâtre *que* les corroyeurs *se levassent*, ceux-là seuls *se leveraient*, et qu'il en serait de même, s'il s'adressait aux forgerons, aux tisserands et aux autres suivant leur classe (2) : mais [que], s'il criait *que* les sages ou les justes *se levassent*, tous *se leveraient*. Ce qu'il y a en effet de plus funeste dans la vie, c'est que la plupart des hommes se croient sages sans l'être (3).

Ne vous étonnez pas, Athéniens, disait Démonax, que je n'aie (4) point encore sacrifié à Minerve : c'est que (5) *je ne soupçonnais* pas même *qu'*elle *eût* besoin de sacrifice de ma part.

Pensez-vous *qu'*Alceste *fût morte* pour Admète, ou *qu'*Achille *eût succombé* après Patrocle, ou *que* Codrus *eût terminé* ses jours avant le temps pour assurer la royauté à sa famille, s'ils n'*eussent* pas été *persuadés* (6) *qu'ils laisseraient* (7) de leur vertu un souvenir éternel, que nous conservons [encore] à présent ?

VI.

85. Alcibiade et Critias, qui ont fait les plus grands maux à leur patrie, ont été tous les deux liés avec Socrate. *Dira-t-on* (8) que ces deux hommes (9) *ont recherché* la fréquentation de Socrate, ambitionnant son genre de vie et la sagesse qu'il possédait, ou bien pensant *que*, s'ils le fréquentaient, ils *deviendraient* très-habiles à parler et à manier les affaires ? Pour moi, *je crois que*, si Dieu leur avait accordé à tous les deux (10), ou de passer toute leur vie comme ils voyaient vivre Socrate (11), ou de mourir, *ils auraient* de beaucoup *préféré* la mort.

---

(1) Εἰ, avec l'*opt.*

(2) *Tourn.* : semblablement si les forgerons, etc., en sous-entendant les verbes précédents. Voy. plus haut, p. 138, 4°.

(3) *Tourn.* : et est dans la vie surtout nuisant, le la plupart étant insensés penser être sensés ; avec le *partic.* et les *adj.* à l'accus. Voy. plus bas, §. 282.

(4) *Tourn.* : si je n'ai, εἰ μή ; avec l'aor. indic.

(5) Pour ces tournures, *c'est que* et *pas même*, voy. p. 132, II, et p. 122, RÈGLE.

(6) *Tourn.* : ne pensant pas que, etc. Les Grecs emploient ainsi les participes conditionnellement, comme nous l'avons déjà vu plus haut, p. 150, note 7.

Σωκράτης ἔλεγεν, εἴ τις ἐν Θεάτρῳ ὑποκηρύττοι ἀνίστασθαι τοὺς σκυτοτόμους, ἐκείνους μόνους ἀναστήσεσθαι· ὁμοίως εἰ τοὺς χαλκοτύπους, τοὺς ὑφάντας, καὶ τοὺς ἄλλους κατὰ γένος· εἰ δὲ τοὺς φρονίμους ἢ δικαίους, πάντας ἀναστήσεσθαι. καὶ ἔστιν ἐν βίῳ βλάπτον μάλιστα, τὸ ἀνοήτους ὄντας τοὺς πολλοὺς οἴεσθαι φρονίμους εἶναι [1].

Μὴ Θαυμάσητε, ἔφη Δημῶναξ, ὦ ἄνδρες Ἀθηναῖοι, εἰ μὴ πρότερον τῇ Ἀθηνᾷ ἔθυσα. οὐδὲ γὰρ δεῖσθαι αὐτὴν τῶν παρ' ἐμοῦ Θυσιῶν ὑπελάμβανον [2].

Οἴει σὺ Ἄλκηστιν ὑπὲρ Ἀδμήτου ἀποθανεῖν ἄν, ἢ Ἀχιλλέα Πατρόκλῳ ἐπαποθανεῖν, ἢ προαποθανεῖν ἂν Κόδρον ὑπὲρ τῆς βασιλείας τῶν παίδων, μὴ οἰομένους ἀθάνατον μνήμην ἀρετῆς περὶ αὐτῶν ἔσεσθαι, ἣν νῦν ἡμεῖς ἔχομεν [3].

VI.

85. Σωκράτει ὁμιλητὰ γενομένω Κριτίας τε καὶ Ἀλκιβιάδης, πλεῖστα κακὰ τὴν πόλιν ἐποιησάτην. πότερον δέ τις αὐτὼ φῇ τοῦ βίου τοῦ Σωκράτους ἐπιθυμήσαντε καὶ τῆς σωφροσύνης, ἣν ἐκεῖνος εἶχεν, ὀρέξασθαι τῆς ὁμιλίας αὐτοῦ, ἢ νομίσαντε, εἰ ὁμιλησαίτην ἐκείνῳ, γενέσθαι ἂν ἱκανωτάτω λέγειν τε καὶ πράττειν; ἐγὼ μὲν γὰρ ἡγοῦμαι, Θεοῦ διδόντος αὐτοῖν, ἢ ζῆν ὅλον τὸν βίον, ὥσπερ ζῶντα Σωκράτην ἑώρων, ἢ τεθνάναι, ἑλέσθαι ἂν αὐτὼ μᾶλλον τεθνάναι 4.

---

[1] Stob. *Tit.* XXI. — [2] Luc. *Demon.* §. II, t. V, p. 237. — [3] Plat. *Symp.* 208, D. — 4 Xenophon, *Memor.* I, 2, 12, 15, 16.

(7) *Tourn.* : qu'un souvenir éternel de vertu sera sur eux, lequel nous conservons, etc.

(8) Πότερον δέ τις φῇ, *utrum autem quis dicat*, lequel des deux dirait-on? Avec le *subj.*, employé ainsi dans le sens de l'opt., on sous-entend ἄν.

(9) *Tourn.* : eux deux; au *duel*, ainsi que les pron., les adject., les partic. et les verb. qui en dépendent.

(10) *Tourn.* : Dieu leur donnant; *gén. abs.*

(11) *Tourn.* : Socrate vivant.

La richesse est l'épreuve des mœurs d'un homme; car lorsqu'étant dans l'aisance il fait des actions honteuses, que *pensez-vous qu'il ne ferait* pas étant dans la détresse?

VII.

86. On dit (1) *que* [ce fut] par ce motif-ci *qu'*Archidamus, dans la première invasion, *se tint* comme en ordre de bataille dans les environs d'Acharnes, et *qu'il* ne *descendit* point dans plaine. C'est (2) qu'il *espérait* (3) *que* les Athéniens, florissants par une jeunesse nombreuse, et préparés à la guerre comme ils ne l'avaient point encore été, *feraient* peut-être des sorties, et *qu'*ils ne *verraient* point avec indifférence leur territoire ravagé (4); ou bien *que*, si les Athéniens ne sortaient pas dans cette invasion, *il saccagerait* dans la suite leurs campagnes avec plus de sûreté, et *qu'il arriverait* jusqu'à leur ville même.

VIII.

87. Busiris établit pour les Egyptiens des pratiques religieuses nombreuses et de toute espèce. Il rendit des lois qui ordonnaient d'adorer et de révérer même certains (5) animaux méprisés chez nous, non qu'il ignorât (6) leur valeur, mais *pensant*, d'un côté, *qu'il fallait* habituer la multitude à observer tout ce qui lui était prescrit par ses chefs, et, d'un autre côté, voulant en même temps tirer des objets apparents un moyen de connaître quelle façon de penser avait (7) le vulgaire (8) sur les objets invisibles. Car il *croyait que* ceux qui négligeraient (9) ces choses-là, en *négligeraient* peut-être aussi de plus importantes, mais *que* ceux qui resteraient (10) à l'égard de toutes également observateurs de l'ordre [établi], *auraient prouvé* leur piété d'une manière certaine.

IX.

88. Il fallait *que* celui qui commet des actions honteuses se *respectât* le premier.

---

(1) Λέγεται, comme en latin, *dicitur.*
(2) Voy. plus haut, §. 276, II, p. 132.
(3) Voy. ci-dessus, p. 162, *Observ.*
(4) *Tourn.* : avoir été ravagé; à l'*aor. pass.* de l'*inf.*
(5) "Εστιν ἅ, *est quæ.* Sur cette tournure, voy. la *Méthode*, §. 388, 2, 2°.
(6) *Tourn.* : n'ignorant pas.

Πλοῦτος [δὲ] βάσανός ἐστιν ἀνθρώπου τρόπων.
Ὅταν εὐπορῶν γὰρ αἰσχρὰ πράττῃ πράγματα,
Τί τοῦτον ἀπορήσαντ' ἂν οὐκ οἴει ποιεῖν[1].

VII.

86. Γνώμη τοιᾷδε λέγεται Ἀρχίδαμον περί τε τὰς Ἀχαρνὰς ὡς
ἐς μάχην ταξάμενον μεῖναι, καὶ ἐς τὸ πεδίον [πρώτῃ] τῇ ἐςβολῇ οὐ
καταβῆναι· τοὺς γὰρ Ἀθηναίους ἤλπιζεν, ἀκμάζοντάς τε νεότητι
πολλῇ, καὶ παρεσκευασμένους ἐς πόλεμον ὡς οὔπω πρότερον, ἴσως ἂν
ἐπεξελθεῖν, καὶ τὴν γῆν οὐκ ἂν περιϊδεῖν τμηθῆναι· εἴτε καὶ μὴ
ἐπεξέλθοιεν ἐκείνῃ τῇ ἐςβολῇ οἱ Ἀθηναῖοι, ἀδεέστερον ἤδη ἐς τὸ ὕστερον
τό τε πεδίον τεμεῖν, καὶ πρὸς αὐτὴν τὴν πόλιν χωρήσεσθαι[2].

VIII.

87. Πολλὰς [τοῖς Αἰγυπτίοις] καὶ παντοδαπὰς ἀσκήσεις τῆς θειότη-
τος [Βούσιρις] κατέστησεν, ὅστις καὶ τῶν ζώων τῶν παρ' ἡμῖν κατα-
φρονουμένων ἔστιν ἃ σέβεσθαι καὶ τιμᾶν ἐνομοθέτησεν, οὐκ ἀγνοῶν τὴν
δύναμιν αὐτῶν, ἀλλ' ἅμα μὲν ἐθίζειν οἰόμενος δεῖν τὸν ὄχλον ἅπασιν
ἐμμένειν τοῖς ὑπὸ τῶν ἀρχόντων παραγγελλομένοις, ἅμα δὲ βουλόμενος πεῖραν λαμβάνειν ἐν τοῖς φανεροῖς, ἥν τινα περὶ τῶν ἀφανῶν
διάνοιαν ἔχωσιν. ἐνόμιζε γὰρ τοὺς μὲν τούτων ὀλιγωροῦντας τυχὸν
ἂν καὶ τῶν μειζόνων καταφρονήσειν, τοὺς δ' ἐπὶ πάντων ὁμοίως
ἐμμένοντας τῇ τάξει, βεβαίως ἔσεσθαι τὴν αὐτῶν εὐσέβειαν ἐπιδε-
δειγμένους[3].

IX.

88. Ἑαυτὸν πρῶτον αἰσχύνεσθαι χρεὼν τὸν αἰσχρὰ ἔρδοντα[4].

---

[1] *Poët. Gnom.* Antiph. VI. — [2] *Thuc.*, lib. II, c. 20. — [3] Isocr.
Busir., p. 226, §. 10, *ed.* Coray. — [4] Democrat. *Sentent.*, p. 630.

(7) Employez le présent du subjonctif.
(8) *Tourn.* : par la 3ᵉ pers. plur., *habeant.*
(9) *Tourn.* : les négligeant.
(10) *Tourn.* : les restant.

Il faut que l'homme éclairé *sorte* de la vie comme d'un banquet, [en] gardant une bonne contenance.

Antisthène *disait qu'il fallait que* ceux qui veulent devenir immortels, *vécussent* avec piété et avec justice.

Un méchant poëte, nommé Admète, *disait* (1) un jour à Démonax *qu'il avait composé* une inscription en un vers, qu'il avait ordonné (2), dans son testament, de graver sur sa pierre funéraire. « Je trouve l'inscription (3) si belle, Admète, dit en riant le philosophe, que *je voudrais qu'elle fût* déjà gravée. »

X.

89. Quelques personnes reprochant à Curius de n'avoir distribué à chacun qu'une faible portion du territoire pris sur l'ennemi, mais d'avoir fait considérable la part de l'état, il *pria pour qu'il ne naquît* jamais parmi les Romains quelqu'un qui trouvât (4) médiocre la terre qui le nourrit.

Lycurgue ayant trouvé les Spartiates vivant, comme les autres Grecs, dans l'intérieur de leurs maisons, et *ayant reconnu que* la plupart s'y *livraient* à la mollesse, établit les repas communs en public, *pensant qu'*ainsi ses règlements *seraient transgressés* le moins possible.

III.

QUE RENDU PAR LE PARTICIPE.

RÈGLE. Au lieu de ὅτι ou de l'infinitif, on peut encore, pour rendre *que*, tourner par le participe, qui alors se met au cas qu'exige le verbe dont le mot, avec lequel il s'accorde, devient le régime.

Exemples. J'entends *qu'il* appelle (5) : ἀκούω αὐτὸν ἐπικαλοῦντα. Je vois *que* vous écrivez : ὁρῶ σε γράφοντα.

Cette tournure s'emploie particulièrement avec les verbes *voir, entendre, sentir, éprouver, remarquer, reconnaître,*

---

(1) *Tourn. :* A un certain Admète, méchant poëte, disant. . . . . ., Démonax ayant ri, dit, etc.

(2) *Tourn. :* qu'il a ordonné être gravée : ce dernier verbe à *l'aor. 2 pass. de l'inf.*

(3) *Tourn. :* l'inscription est, etc.

(4) *Tourn. :* qui trouvera médiocre une terre la nourrissante.

(5) *Tourn. :* comme en latin, j'entends lui appelant.

Τὸν πεπαιδευμένον, ὥσπερ ἐκ συμποσίου, ἐκ τοῦ βίου εὐσχημονοῦντα δεῖ ἀναλύειν[1].

Ἀντισθένης τοὺς βουλομένους ἀθανάτους εἶναι ἔφη δεῖν ζῆν εὐσεβῶς καὶ δικαίως[2].

Ἀδμήτῳ τινί, ποιητῇ φαύλῳ, λέγοντι γεγραφέναι μονόστιχον ἐπίγραμμα, ὅπερ ἐν ταῖς διαθήκαις κεκέλευκεν ἐπιγραφῆναι αὐτοῦ τῇ στήλῃ, Δημῶναξ γελάσας εἶπεν· « Οὕτω καλόν ἐστιν, ὦ Ἄδμητε, τὸ ἐπίγραμμα, ὥστε ἐβουλόμην [ἂν] αὐτὸ ἤδη ἐπιγεγράφθαι[3]. »

<h2 style="text-align:center">X.</h2>

89. Κούριος, ἐγκαλούντων·αὐτῷ τινων, ὅτι τῆς αἰχμαλώτου χώρας ὀλίγον ἑκάστῳ μέρος διένειμε, τὴν δὲ πολλὴν ἐποίησε δημοσίαν, ἐπηύξατο μηδένα γενέσθαι Ῥωμαίων, ὃς ὀλίγην ἡγήσεται γῆν τὴν τρέφουσαν[4].

Λυκοῦργος παραλαβὼν τοὺς Σπαρτιάτας, ὥσπερ τοὺς ἄλλους Ἕλληνας, οἴκοι σκηνοῦντας, γνοὺς ἐν τούτοις πλείστους ῥᾳδιουργεῖσθαι, εἰς τὸ φανερὸν ἐξήγαγε τὰ συσκήνια, οὕτως ἡγούμενος ἥκιστ' ἂν παραβαίνεσθαι τὰ προςταττόμενα[5].

<h2 style="text-align:center">III.</h2>

<h3 style="text-align:center">QUE RENDU PAR LE PARTICIPE.</h3>

et autres de signification analogue, qui expriment une perception des sens ou de l'esprit.

Pour rendre le conditionnel, on peut ajouter ἄν au participe, ainsi que nous le verrons plus bas, §. 366, 5.

Les règles pour les temps du participe sont les mêmes que celles qui ont été posées pour l'infinitif.

---

[1] Demoph. *Simil.*, p. 614. — [2] Diog. Laërt. *in Antisthen.*, lib. VI C, p. 139. — [3] Luc. *Demon.* §. 44. — [4] Plut. *Apoph. Reg. et Imp.* — [5] Xenoph. *Resp. Lac.* V, 2.

THÈMES.

I.

90. *J'ai entendu* un jour Socrate *avoir* sur l'amitié (1) des entretiens dont il me semble qu'on pourrait tirer un grand profit pour apprendre la manière de se faire des amis et de vivre avec eux (2). J'entends bien des gens répéter, disait-il, qu'un (3) ami sincère et vertueux est le plus précieux de tous les biens ; et je *vois* que la plupart des hommes *s'occupent* de toute autre chose que de se procurer des amis (4). *Je remarque* (5) en effet *qu'ils s'appliquent* à acquérir des maisons, des terres, des esclaves, des troupeaux, des meubles, et *qu'ils tâchent* de les conserver quand ils les possèdent : mais [cet] ami, que la plupart disent être le plus grand bien, je ne *vois* pas *qu'ils se mettent* en peine ni de [l']acquérir ni de [le] conserver.

II.

91. Une sédition s'étant élevée (6) un jour dans Athènes, Démonax vint dans l'assemblée, et s'étant seulement montré, il imposa silence aux séditieux (7). Comme il *vit qu'ils se repentaient* déjà, il ne dit rien, et se retira aussi lui-même.

Pensez à ceux qui savent (8) ce qu'ils disent et ce qu'ils font, et vous *trouverez*, comme je [le] crois, *que*, dans toutes les actions, les hommes estimés et admirés *sont* du nombre des plus instruits, mais *que* les hommes décriés et méprisés *sont* de la classe des plus ignorants. Si vous voulez donc être estimé et admiré, tâchez d'acquérir la connaissance la plus approfondie de ce que vous voulez faire.

III.

92. Timée rapporte qu'un Sybarite, qui passait (9) un jour par un champ, dit qu'il s'était donné un effort rien que pour

---

(1) *Tourn.* : sur [les] amis.

(2) *Tourn.* : pour [l'] acquisition et [pour l'] usage d'amis.

(3) *Tourn.* : car il disait entendre à la vérité ceci de beaucoup [de gens], qu'un ami est, etc. Rendez ici *que* par ὡς, et sur le mode à employer, voy. plus haut, p. 144, REM.

(4) *Tourn.* : que de l'acquisition d'amis.

(5) *Tourn.* : en effet, il disait [les] voir acquérant soigneusement, etc.

(6) Génit. absolu. Voy. §. 370, I.

THÈMES CORRIGÉS.

I.

90. Ἤκουσά ποτε Σωκράτους περὶ φίλων διαλεγομένου, ἐξ ὧν ἔμοιγε δοκεῖ μάλιστ᾽ ἄν τις ὠφελεῖσθαι πρὸς φίλων κτῆσίν τε καὶ χρείαν. τοῦτο μὲν γὰρ δὴ πολλῶν ἔφη ἀκούειν, ὡς πάντων κτημάτων κράτιστον ἂν εἴη φίλος σαφὴς καὶ ἀγαθός· ἐπιμελουμένους δὲ παντὸς μᾶλλον ὁρᾷν ἔφη τοὺς πολλοὺς ἢ φίλων κτήσεως. καὶ γὰρ οἰκίας, καὶ ἀγροὺς, καὶ ἀνδράποδα, καὶ βοσκήματα, καὶ σκεύη κτωμένους τε ἐπιμελῶς ὁρᾷν ἔφη, καὶ τὰ ὄντα σώζειν πειρωμένους· φίλον δὲ, ὃ μέγιστον ἀγαθὸν εἶναί φασιν, ὁρᾷν ἔφη τοὺς πολλοὺς οὔτε ὅπως κτήσονται φροντίζοντας, οὔτε ὅπως οἱ ὄντες ἑαυτοῖς σώζωνται [1].

II.

91. Στάσεώς ποτε Ἀθήνησι γενομένης, Δημῶναξ εἰσῆλθεν εἰς τὴν ἐκκλησίαν, καὶ φανεὶς μόνον, σιωπᾷν ἐποίησεν αὐτούς. ὁ δὲ, ἰδὼν ἤδη μετεγνωκότας, οὐδὲν εἰπὼν καὶ αὐτὸς ἀπηλλάγη [2].

Ἐνθυμοῦ τῶν εἰδότων ὅ τι τε λέγουσι καὶ ὅ τι ποιοῦσι· καὶ, ὡς ἐγὼ νομίζω, εὑρήσεις ἐν πᾶσιν ἔργοις τοὺς μὲν εὐδοκιμοῦντάς τε καὶ θαυμαζομένους ἐκ τῶν μάλιστα ἐπισταμένων ὄντας, τοὺς δὲ κακοδοξοῦντάς τε καὶ καταφρονουμένους, ἐκ τῶν ἀμαθεστάτων. εἰ οὖν ἐπιθυμεῖς εὐδοκιμεῖν τε καὶ θαυμάζεσθαι, πειρῶ κατεργάσασθαι ὡς μάλιστα τὸ εἰδέναι ἃ βούλει πράττειν [3].

III.

92. Ἱστορεῖ Τίμαιος, ὅτι ἀνὴρ Συβαρίτης, εἰς ἀγρόν ποτε πορευόμενος, ἔφη, ἰδὼν τοὺς ἐργάτας σκάπτοντας αὐτὸς ῥῆγμα λαβεῖν·

---

[1] Xenoph. *Mem.* S. II., 4, 1. — [2] Luc. *in Demonac.* §. 64. — [3] Xenoph. *Memor.* III, 6, 17.

(7) *Tourn.* : les fit taire ; et faites ainsi rapporter *les*, αὐτούς, à τοὺς στασιαστάς, *séditieux*, sous-entendu implicitement dans le mot *sédition*, στάσις, qui précède.

(8) *Tourn.* : aux sachant.

(9) *Tourn.* : passant.

avoir vu (1) les ouvriers *bêcher.* « Et moi, » répondit un des auditeurs (2), « j'ai un point de côté rien que pour vous [l'] *entendre raconter* (3). »

Romulus, *ayant appris que* beaucoup des villes d'Italie *étaient* mal régies par des gouvernements tyranniques et oligarchiques, entreprit de recueillir et d'attirer à lui les bannis de ces villes, qui étaient fort nombreux, voulant augmenter la puissance de Rome, et affaiblir celle (4) de ses voisins.

Si je m'*aperçois* qu'un homme dans la pauvreté *aime* les lettres, je trouve son sort préférable à celui des riches (5).

ATTRACTION AVEC L'INFINITIF.

§. 280.

Κροῖσος ἐνόμιζεν εἶναι ὀλβιώτατος.

[*Volumus esse beati.* — *Credo me legisse.*]

RÈGLE. Quand, dans les tournures réfléchies, le pronom régime est exprimé, l'attribut de la proposition complétive s'accorde avec ce pronom. *Ex.*: Crésus *se* croyait le plus *heureux* des hommes : Κροῖσος ἐνόμιζεν ἑαυτὸν εἶναι πάντων ὀλβιώτατον. Mais l'usage le plus général est de supprimer le pronom réfléchi, et de mettre au nominatif l'attribut de la proposition complétive, en le faisant accorder avec le sujet de la proposition principale. *Ex.*: *Crésus* croyait être ou *qu'il était* le plus *heureux* des mortels : Κροῖσος ἐνόμιζεν εἶναι πάντων ὀλβιώτατος;

THÈMES.

I.

93. *Espérez qu'honorant* vos parents, *vous prospérerez.*

On témoignait au Perse Siramnès de l'étonnement de ce que (7) lui, dont les discours étaient si sages, obtenait si peu de succès dans ses actions. *Il répondit qu'il était lui maître* de ses discours, mais que le *sort* [l'] *était* de ses actions avec le Grand Roi.

---

(1) *Tourn.* : dit, ayant vu les ouvriers bêchant, s'être lui-même donné un effort. Sur le cas du pron. et du partic., voy. la Règle suivante, §. 280.

(2) *Tourn.* : auquel avoir répondu quelqu'un des ayant entendu.

(3) *Tourn.* : mais [moi] même j'ai un point de côté vous entendant, etc. Voy. note 1.

(4) Pour rendre *celle*, voy. la *Méthode*, §. 309.

πρὸς ὃν ἀποκρίνασθαί τινα τῶν ἀκουσάντων· « Αὐτὸς δὲ σοῦ διηγου-
μένου ἀκούων πεπόνηκα τὴν πλευράν [1]. »

Ῥωμύλος μαθὼν πολλὰς τῶν κατὰ τὴν Ἰταλίαν πόλεων πονηρῶς
ἐπιτροπευομένας ὑπὸ τυραννίδων τε καὶ ὀλιγαρχιῶν, τοὺς ἐκ τούτων
ἐκπίπτοντας τῶν πόλεων, συχνοὺς ὄντας, ὑποδέχεσθαι καὶ μετάγειν ὡς
ἑαυτὸν ἐπεχείρει, τήν τε Ῥωμαίων δύναμιν αὐξῆσαι βουληθείς, καὶ τὰς
τῶν περιοίκων ἐλαττῶσαι [2].

Ἂν αἴσθωμαί τινα ἐν πενίᾳ λόγων ἐρῶντα, πρὸ τῶν πλουτούν-
των οὗτος [3].

ATTRACTION AVEC L'INFINITIF.

§. 280.

Κροῖσος ἐνόμιζεν εἶναι ὀλβιώτατος.

[*Volumus esse beati.* — *Credo me legisse.*]

autrement : ἐνόμιζε πάντων μάλιστα εὐδαιμονεῖν. On peut alors (6)
employer aussi le pronom αὐτός, qui reste au nominatif : Je dis
qu'il faut que *je* sois *couronné* : Φημὶ δεῖν αὐτὸς στεφανοῦ-
σθαι. On voit que, dans cette construction, les Grecs diffèrent
entièrement des Latins, qui veulent un pronom de la même
personne que celle du premier verbe, en régime avec l'infinitif
suivant. Les Grecs le suppriment quand les deux verbes ont
le même sujet : *Credo* me *legisse :* νομίζω ἀνεγνωκέναι, comme
en français.

THÈMES CORRIGÉS.

I.

93. Ἔλπιζε, τιμῶν τοὺς γονεῖς, πράξειν καλῶς [4].

Σειράμνης ὁ Πέρσης πρὸς τοὺς θαυμάζοντας ὅτι, τῶν λόγων αὐτοῦ
νοῦν ἐχόντων, αἱ πράξεις οὐ κατορθοῦνται, τῶν μὲν λόγων ἔφη κύριος αὐτὸς εἶναι, τῶν δὲ πράξεων τὴν τύχην μετὰ τοῦ βασιλέως [5].

---

[1] Athen. XII, 518 D = IV, 426. — [2] Dionys. Halicarn. *Antiq. R.*,
lib. II, c. 15, t. I, p. 267, *ed.* Reisk. — [3] Liban. *ad Div.* Basil.
Epist. 145, t. II, p. 939, *ed.* S. Basil. *Oper.* 1518. — [4] *Poët. Gnom.*
Monost. 101. — [5] Plut. *Præf. Apophth.*

(5) Tourp. : *hic mihi præ divitibus.*
(6) Surtout pour faire insister sur l'idée.
(7) *Tourn.* : Siramnès le Perse à ceux (§. 321) s'étonnant que,
ses discours ayant du sens (*Gen. abs.* ; §. 370), les actions ne réus-
sissent pas, dit qu'à la vérité il était lui maître, etc.

Diogène de Sinope disait souvent de lui-même *qu'il accom-plissait* et *qu'il supportait* les imprécations de la tragédie : car [*il disait qu'*]*il était errant, sans foyer, privé* d'une patrie, *pauvre*, mal *vêtu, vivant* au jour le jour. Et cependant il n'était pas moins fier de ces choses-là, qu'Alexandre [ne l'était] de l'empire de la terre, lorsque, ayant conquis jusqu'à l'Inde (1), il revint à Babylone.

Les Ombriens, dans les combats contre leurs ennemis, jugent très-honteux [pour eux de] *vivre ayant été vaincus ;* mais [ils croient] nécessaire [de] vaincre ou de mourir.

On rapporte qu'Alexandre dit que, s'il n'était pas né Alexandre, *il aurait voulu naître Diogène.*

II.

94. Hippias d'Elée *prétendait qu'il était le plus sage* des Grecs, parce que, non-seulement il *présentait* (2) à Olympie et dans les autres assemblées de la Grèce, des poëmes de tout genre et des discours de sa composition sur différents sujets ; mais encore parce qu'il *montrait* (3) aux Grecs d'autres ouvrages, son anneau, sa lécythe, son strigile, sa lanière et sa ceinture, comme les ayant faits tous lui-même.

On demandait à Diogène (4) pourquoi les hommes donnent aux mendiants et non pas aux philosophes : [C'est] parce que, répondit-il, *ils s'attendent à devenir boiteux et aveugles,* mais philosophes, jamais.

III.

95. Denys le jeune *disait qu'il nourrissait* beaucoup de sophistes, non qu'il les admirât (5), mais parce qu'*il voulait* (6) *être admiré* par leur moyen.

Le célèbre Hérode Atticus pleurant (7) la mort de son fils, et se tenant renfermé dans les ténèbres, Démonax ayant eu accès auprès de lui, *dit qu'il était mage,* et *qu'il pouvait* évoquer l'ombre de son fils, s'il lui nommait seulement trois hommes

---

(1) *Tourn.* : conquis même les Indiens, οἱ Ἰνδοί.
(2) *Tourn.* : non-seulement présentant.
(3) *Tourn.* : mais encore montrant.
(4) Tourn. : *Diogenes interrogatus.*
(5) *Tourn.* : ne les admirant pas.
(6) *Tourn.* : mais voulant.
(7) *Tourn.* : auprès du célèbre Hérode pleurant, etc., Démonax ayant eu accès, etc.

Διογένης ὁ Σινωπεὺς συνεχῶς ἐπέλεγεν ὑπὲρ ἑαυτοῦ, ὅτι τὰς ἐκ τῆς τραγῳδίας ἀρὰς αὐτὸς ἐκπληροῖ καὶ ὑπομένει· εἶναι γὰρ πλάνης, ἄοικος, πατρίδος ἐστερημένος, πτωχὸς, δυςείμων, βίον ἔχων τὸν ἐφήμερον. καὶ ὅμως ἐπὶ τούτοις μέγα ἐφρόνει οὐδὲν ἧττον, ἢ Ἀλέξανδρος ἐπὶ τῇ τῆς οἰκουμένης ἀρχῇ, ὅτε καὶ Ἰνδοὺς ἑλὼν εἰς Βαβυλῶνα ὑπέστρεψεν [1].

Ὀμβρικοὶ ἐν ταῖς πρὸς τοὺς πολεμίους μάχαις αἴσχιστον ἡγοῦνται ἡττημένοι ζῆν· ἀλλ' ἀναγκαῖον ἢ νικᾷν, ἢ ἀποθνήσκειν [2].

Φασὶν Ἀλέξανδρον εἰπεῖν, ὡς, εἴπερ Ἀλέξανδρος μὴ ἐγεγόνει, ἐθελῆσαι ἂν Διογένης γενέσθαι (1) [3].

II.

94. Ὁ Ἠλεῖος Ἱππίας ἠξίου σοφώτατος εἶναι τῶν Ἑλλήνων, οὐ μόνον ποιήματα παντοδαπά, καὶ λόγους αὐτοῦ ποικίλους προφέρων, Ὀλυμπιάσι τε καὶ ἐν ταῖς ἄλλαις πανηγύρεσι τῶν Ἑλλήνων· ἀλλὰ καὶ ἄλλα ἐπιδεικνὺς ἔργα, τόν τε δακτύλιον, καὶ τὴν λήκυθον, καὶ στλεγγίδα, καὶ ἱμάντα, καὶ ζώνην, ὡς ἅπαντα πεποιηκὼς αὐτός [4].

Διογένης, ἐρωτηθεὶς διὰ τί προςαίταις μὲν ἐπιδιδόασι, φιλοσόφοις δὲ οὔ, ἔφη· «Ὅτι χωλοὶ μὲν καὶ τυφλοὶ γενέσθαι ἐλπίζουσι, φιλοσοφῆσαι δὲ, οὐδέποτε [5]. »

III.

95. Ὁ νεώτερος Διονύσιος ἔλεγε πολλοὺς τρέφειν σοφιστάς, οὐ θαυμάζων ἐκείνους, ἀλλὰ δι' ἐκείνων θαυμάζεσθαι βουλόμενος [6].

Ἡρώδῃ τῷ πάνυ υἱὸν πενθοῦντι, καὶ ἐν σκότῳ ἑαυτὸν καθείρξαντι, [Δημώναξ] προσελθὼν ἔλεγε μάγος τε εἶναι καὶ δύνασθαι αὐτῷ ἀναγαγεῖν τοῦ παιδὸς τὸ εἴδωλον, εἰ μόνον αὐτῷ τρεῖς τινας ἀνθρώπους

---

(1) Les Latins ont quelquefois imité cette tournure. Ov. *Metam.* XIII, v. 142 sq. : *Sed enim quia* rettulit Ajax esse *Jovis* pronepos. Hor. *Ep.* I, 7, 22 : *Vir bonus et sapiens dignis* ait esse paratus.

[1] Ælian. *V. H.* III, 29. — [2] Nic. Damasc. *voc.* Ὀμβρικοί. — [3] Diog. Laërt. *in Diog.*, lib. VI, p. 145. E. — [4] Dion. Chrysost. *Orat.* LXX, p. 624 D. — [5] Diog. Laërt. *in Diog.*, lib. VI, p. 151 B. — [6] Plut. *Apophth.*

qui n'eussent (1) jamais eu à pleurer aucune perte. Hérode, ayant longtemps hésité, et se trouvant fort embarrassé (car il ne pouvait, je pense, citer personne (2)) : « Hé quoi ! homme ridicule, lui dit Démonax, tu *crois souffrir seul* des maux intolérables, quand tu ne vois (3) personne exempt du deuil et des larmes ! »

IV.

96. Lorsque les Spartiates Sperthias et Boulis, qui s'étaient offerts d'eux-mêmes pour subir la peine que Xerxès leur infligerait en réparation du meurtre des hérauts de Darius tués à Sparte, furent arrivés à Suses, et admis en présence du roi, ils [lui] parlèrent en ces termes : « Roi des Mèdes, les Lacédémoniens nous ont envoyés pour expier (4) par notre mort celle des hérauts qui ont péri à Sparte. » Xerxès leur répondit, par grandeur d'âme, *qu'il* ne *ressemblerait* point aux Lacédémoniens, *qui avaient violé* (5) le droit des gens [en] mettant à mort des hérauts ; *qu'il* ne *ferait* pas *lui-même* ce qu'il leur reprochait, et qu' [en] tuant à son tour leurs envoyés (6), *il n'absoudrait* point les Lacédémoniens de leur crime.

V.

97. Hercule, mis à l'épreuve par Eurysthée, ne *croyait* point *être malheureux*, mais il exécutait avec ardeur tout ce qui était exigé de lui : et vous, lorsque Dieu vous exerce et vous éprouve (7), vous vous récrierez (8), vous vous indignerez !

Épicure *disait qu'il était* prêt à disputer de bonheur avec Jupiter même *ayant* du pain et de l'eau.

Un jeune homme d'Érétrie avait fort longtemps fréquenté l'école de Zénon. Le père à son retour lui demanda (9) ce qu'il avait appris (10) [de] bon. Il *dit qu'il le ferait voir*. Le père s'étant fâché, et [lui] ayant donné des coups, le jeune homme

---

(1) *Tourn.* : n'ayant.

(2) *Tourn.* : car il n'avait (voy. §. 388, 5) [à] dire quelqu'un [de] tel.

(3) *Tourn.* : ne voyant.

(4) *Tourn.* : devant expier, *luituros.*

(5) *Tourn.* : car eux avoir violé... ayant tué, etc.

(6) *Tourn.* : ceux-là.

(7) *Tourn.* : éprouvé et exercé par Dieu.

ὀνομάσειε μηδένα πώποτε πεπενθηκότας. ἐπιπολὺ δὲ ἐκείνου ἐνδοιάσαν-
τος, καὶ ἀπορῦντος (οὐ γὰρ εἶχέ τινα, οἶμαι, εἰπεῖν τοιοῦτον), « Εἶτ',
ἔφη, ὦ γελοῖε, μόνος ἀφόρητα πάσχειν νομίζεις, μηδένα ὁρῶν
πένθους ἄμοιρον ¹ ! »

IV.

96. [Ἐπεὶ] Σπερθίης (1) τε καὶ Βοῦλις, ἄνδρες Σπαρτιῆται (2),
[οἳ] ἐθελονταὶ ὑπέδυσαν ποινὴν τίσειν Ξέρξῃ τῶν Δαρείου κηρύκων τῶν
ἐν Σπάρτῃ ἀπολομένων, ἀνέβησαν ἐς Σοῦσα καὶ βασιλέϊ (3) ἐς ὄψιν
ἦλθον, λέγουσι τάδε· « Ὦ βασιλεῦ Μήδων, ἔπεμψαν ἡμέας (4) Λακεδαιμόνιοι ἀντὶ τῶν ἐν Σπάρτῃ ἀπολομένων κηρύκων, ποινὴν ἐκείνων
τίσοντας. » Λέγουσι δὲ αὐτοῖσι (5) ταῦτα, Ξέρξης, ὑπὸ μεγαλοφροσύνης,
οὐκ ἔφη ὅμοιος (6) ἔσεσθαι Λακεδαιμονίοισι· κείνους (7) μὲν γὰρ
συγχέαι τὰ πάντων ἀνθρώπων νόμιμα, ἀποκτείναντας κήρυκας· αὐτὸς
δὲ, τὰ (8) κείνοισι ἐπιπλήσσει, ταῦτα οὐ ποιήσειν, οὐδ', ἀνταπο-
κτείνας ἐκείνους, ἀπολύσειν Λακεδαιμονίους τῆς αἰτίης (9) ².

V.

97. Ὁ μὲν Ἡρακλῆς, ὑπὸ Εὐρυσθέως γυμναζόμενος, οὐκ ἐνόμιζεν ἄθλιος εἶναι, ἀλλ' ἀόκνως ἐπετέλει πάντα τὰ πρασσόμενα·
σὺ δὲ ὑπὸ τοῦ θεοῦ ἀθλούμενος καὶ γυμναζόμενος, μέλλεις κεκραγέναι
καὶ ἀγανακτεῖν ³ ;

Ὁ Ἐπίκουρος ἔλεγεν ἑτοίμως ἔχειν καὶ τῷ Διὶ περὶ εὐδαιμονίας
διαγωνίζεσθαι, μάζαν ἔχων καὶ ὕδωρ ⁴.

Μειράκιον Ἐρετρικὸν Ζήνωνι προσεφοίτησε πλείονα χρόνον. ἐπανελ-
θόντα δὲ ἤρετο ὁ πατὴρ τί ἄρα μάθοι σοφόν. ὁ δὲ ἔφη δείξειν. χα-
λεπήναντος δὲ τοῦ πατρός, καὶ πληγὰς ἐντείναντος, τὴν ἡσυχίαν ἀγα-

---

(1) Ion. p. Σπερθίας. — (2) P. Σπαρτιᾶται. — (3) P. βασιλεῖ. — (4) P.
ἡμᾶς. — (5) P. αὐτοῖς. — (6) P. ὅμοιος. — (7) P. ἐκείνους. — (8) P. ἄ, *quæ.*
— (9) P. αἰτίας.

¹ Luc. *Demon.* . §. 25, t. V, p. 243. — ² Her., VII, 134, 136. —
³ Arrian. *Diss.* III, 22, 57. — 4 Ælian. *V. H.* IV, 13.

(8) *Tourn.* : devez-vous, μέλλεις, etc.
(9) *Tourn.* : le père interrogea lui revenu.
(10) Μανθάνω à l'*aor.* 2 *optat.*

★ 12

les endura sans s'émouvoir, *disant que* ce qu'il *avait appris*, c'était de supporter la colère d'un père (1).

Démocrate, montant, dans [sa] vieillesse, à la citadelle d'Athènes, et se trouvant essoufflé, *disait qu'il faisait* ce que (2) [fait] aussi toute la république d'Athènes; *qu'il soufflait* fort, mais *qu'il n'avait* guère de force.

———

Ἐδέοντο Κύρου εἶναι προθύμου.

[*Mihi non licet esse pigro.*]

II. RÈGLE. En général, quand le sujet de la proposition complétive n'est pas exprimé, l'attribut se met au cas où est employé dans la proposition principale ce sujet sous-entendu; autrement dit, l'attribut du second verbe à l'infinitif s'accorde

THÈMES.

I.

98. Simonide *disait qu'il* ne s'était jamais *repenti* de s'être tu, mais qu'il *s'était* souvent *repenti d'avoir parlé* (3).

Nul état ne saurait trouver le repos dans des lois, quelles qu'elles puissent être, si les *citoyens croient* (4) qu'il [leur] faut tout dépenser en excès, et qu'ils doivent de plus vivre complètement *oisifs*, ne *prenant* aucune peine, si ce n'est pour les festins, l'ivresse et la recherche des voluptés.

Je sais qu'il *est inhérent à certains hommes*, comme aux chevaux, [*d'*] *être* d'autant plus *fougueux*, qu'ils ont (5) [plus] abondamment ce qu'il leur faut.

II.

99. Il arrivait à *Gygès tournant* le chaton de sa bague en dedans de *devenir invisible*, et [le *retournant*] en dehors, de [redevenir] *visible*.

———

(1) *Tourn.* : le père s'étant fâché et lui ayant donné des coups (*génitif absolu*), étant demeuré en repos, et ayant enduré, il dit qu'il avait appris ceci, supporter la colère d'un père.

(2) *Tourn.* : comme en latin, *quod*.

(3) *Tourn.* : Simonide disait jamais lui ne *s'être repenti s'étant tu*, mais *ayant parlé*, souvent.

(4) *Tourn.* : les citoyens croyant, etc.; au *génit. absolu*, ainsi que les partic. suivants.

γῶν, καὶ ἐγκαρτερήσας, τοῦτο ἔφη μεμαθηκέναι, φέρειν ὀργὴν πατρός [1].

Δημοκράτης, ἀναβαίνων εἰς τὴν ἀκρόπολιν ἐν γήρᾳ, καὶ πνευστιῶν, ποιεῖν ἔφη ὅπερ καὶ ξύμπασα ἡ Ἀθηναίων πόλις· πνεῖν μὲν γὰρ μέγα, ἰσχύειν δὲ μικρόν [2].

Ἐδέοντο Κύρου εἶναι προθύμου.

[*Mihi non licet esse pigro.*]

avec le sujet ou le régime du premier. *Ex.* : la plupart des *Lyciens* d'aujourd'hui, qui se disent *être Xanthiens*, sont étrangers : Τῶν νῦν φαμένων Ξανθίων εἶναι οἱ πολλοί εἰσι ἐπήλυδες. Ils prièrent *Cyrus d'être plein* d'ardeur : Ἐδέοντο Κύρου εἶναι προθύμου. Voyez la Remarque suivante, p. 182.

THÈMES CORRIGÉS.

I.

98. Σιμωνίδης ἔλεγε μηδέποτε αὐτῷ μεταμελῆσαι σιγήσαντι, φθεγξαμένῳ δὲ, πολλάκις [3].

Πόλις οὐδεμία ἂν ἠρεμήσαι κατὰ νόμους οὐδ' οὑςτιναςοῦν, ἀνδρῶν οἰομένων ἀναλίσκειν μὲν δεῖν πάντα εἰς ὑπερβολὰς, ἀργῶν δὲ εἰς ἅπαντα ἡγουμένων αὖ δεῖν γίγνεσθαι, πλὴν εἰς εὐωχίας καὶ πότους καὶ ἀφροδισίων σπουδὰς διαπονουμένων [4].

Οἶδα ὅτι, ὥςπερ ἐν ἵπποις, οὕτω καὶ ἐν ἀνθρώποις τισὶν ἐγγίγνεται, ὅσῳ ἂν ἔκπλεω τὰ δέοντα ἔχωσι, τοσούτῳ ὑβριστοτέροις εἶναι [5].

II.

99. Γύγη ξυνέβαινε, στρέφοντι μὲν εἴσω τὴν σφενδόνην, ἀδήλῳ γίγνεσθαι, ἔξω δὲ, δήλῳ [6].

---

[1] Ælian. *V. H.* IX, 33. — [2] Stob. *Tit.* XX. — [3] *Idem*, XXXI. — [4] Plat. *Epist.* VII, p. 326 D. — [5] Xenoph. *Hier.*, cap. X, 2. — [6] Plat. *Rep.* II, p. 360 A.

(5) Au *subj. prés.* avec ἄν.

Abradate, transporté des paroles de Panthée, lui touchant la tête, et ayant levé les yeux au ciel, fit cette prière : O très-grand Jupiter, *accorde-moi* de *me montrer époux digne* de Panthée, et *ami digne* de Cyrus, qui nous a traités (1) avec honneur !

REMARQUE. Au lieu de faire accorder, après l'infinitif, l'attribut avec le régime du verbe de la proposition principale, comme nous venons de le voir, on peut aussi mettre cet attribut à l'accusatif; et cette construction est très-familière aux Grecs. *Ex.* : Je *vous prie* de porter des suffrages conformes à la justice,

THÈME.

100. Léonidas, sur le point de combattre aux Thermopyles, *recommanda à ses soldats* de dîner promptement, comme *devant souper* chez Pluton.

Hippias étant l'aîné des enfants de Pisistrate, obtint la domination ; mais *il arriva à Hipparque, devenu célèbre* à cause de son malheur, de *passer* aussi dans la suite pour avoir exercé la tyrannie.

Il est permis aux *particuliers*, à moins que leur pays ne soit en guerre, d'*aller* où ils veulent, ne *craignant* pas que quelqu'un ne les tue : mais tous les tyrans marchent partout comme en pays ennemi : aussi croient-ils nécessaire de passer leur vie armés eux-mêmes, et de conduire toujours avec eux d'autres hommes en armes.

Il est d'hommes sages, s'ils ne reçoivent pas d'injures, de rester en repos ; mais [il est] d'*hommes courageux, éprouvant une injure*, de *changer* la paix en guerre.

----

(1) *Tourn.* : nous ayant traités.

Ὁ Ἀβραδάτης, ἀγασθεὶς τοῖς λόγοις [Πανθείας], καὶ θιγὼν αὐτῆς τῆς κεφαλῆς, ἀναβλέψας εἰς τὸν οὐρανὸν, ἐπεύξατο· Ἀλλ᾽, ὦ Ζεῦ μέγιστε, δός μοι φανῆναι ἀξίῳ μὲν Πανθείας ἀνδρὶ, ἀξίῳ δὲ Κύρου φίλῳ τοῦ ἡμᾶς τιμήσαντος[1].

———

pensant que, etc. : Δέομαι ὑμῶν τὰ δίκαια ψηφίσασθαι, ἐνθυμουμένους (pour ἐνθυμουμένων), ὅτι, κ. τ. λ. (Lysias, p. 64.) Il *vous* est permis de *devenir* solidement *amis* avec les Lacédémoniens : Λακεδαιμονίοις ἔξεστιν ὑμῖν φίλους (pour φίλοις) γενέσθαι βεβαίως. (Thucyd., IV, 20.) (1).

THÈME CORRIGÉ.

100. Ὡς ἔμελλε Λεωνίδας ἐν Θερμοπύλαις μάχεσθαι, τοῖς στρατιώταις παρήγγειλε ταχέως ἀριστοποιεῖσθαι, ὡς ἐν ᾅδου δειπνησομένους[2].

[Τῶν Πεισιστράτου παίδων] πρεσβύτατος μὲν ὢν Ἱππίας ἦρξεν· Ἱππάρχῳ δὲ ξυνέβη, τοῦ πάθους τῇ δυστυχίᾳ ὀνομασθέντα, καὶ τὴν δόξαν τῆς τυραννίδος ἐς τὰ ἔπειτα προσλαβεῖν[3].

Τοῖς μὲν ἰδιώταις, ἂν μὴ ἡ πόλις αὐτῶν κοινὸν πόλεμον πολεμῇ, ἔξεστιν, ὅποι ἂν βούλωνται, πορεύεσθαι, μηδὲν φοβουμένους, μή τις αὐτοὺς ἀποκτείνῃ· οἱ δὲ τύραννοι πάντες πανταχῇ ὡς διὰ πολεμίας πορεύονται· αὐτοί τε γοῦν ὡπλισμένοι οἴονται ἀνάγκην εἶναι διάγειν, καὶ ἄλλους ὁπλοφόρους ἀεὶ συμπεριάγεσθαι[4].

Ἀνδρῶν σωφρόνων μέν ἐστιν, εἰ μὴ ἀδικοῖντο, ἡσυχάζειν, ἀγαθῶν δὲ, ἀδικουμένους ἐξ εἰρήνης πολεμεῖν[5].

———

(1) Ces accusatifs paraissent résulter de l'ellipse du pronom sousentendu au cas voulu par l'infinitif : δέομαι ὑμῶν [ὑμᾶς] ψηφίσασθαι. Ἔξεστιν ὑμῖν [ὑμᾶς] φίλους γενέσθαι.

[1] Xenoph. *Cyropæd.*, lib. VI, c. 4, §. 4. — [2] Diod. Sic. XI, 9. — [3] Thuc. VI, 55. — [4] Xenoph. *Hier.*, cap. 2. — [5] Thucyd. I, 120.

INFINITIF CONSIDÉRÉ
COMME UN NOM INDÉCLINABLE.

§. 281.

Θέλω γράφειν.

[*Amat ludere.*]

RÈGLE. J. L'infinitif peut servir de complément direct à un verbe de la proposition principale, comme si c'était un nom indéclinable à l'accusatif. Ex.: *Je veux écrire* : Θέλω γράφειν (1).

1°. Quand les deux verbes se rapportant au même sujet, le second exprime le but et la conséquence du premier, ou lui sert de complément direct, et pourrait se traduire par l'infinitif en latin, comme après *volo, nolo, malo, cupio, conor, audeo*, etc., il se met aussi à l'infinitif en grec. *Ex.* : J'entreprends d'écrire : Ἐπιχειρῶ γράφειν. J'ose dire : Τολμῶ λέγειν. Je désire de partir : Ἐπιθυμῶ ἀπελθεῖν.

THÈMES.

I.

101. La loi *veut répandre* ses bienfaits sur la vie des hommes ; mais elle ne [le] peut pas, quand ils ne *veulent* pas [le] *souffrir* : [c'est] dans leur soumission (2) [qu']elle montre sa vertu particulière.

Ressouvenez-vous que tous les hommes disent que la sagesse

---

(1) Cet emploi de l'infinitif comme complément direct d'un autre verbe, quoique beaucoup moins familier aux Latins, se rencontre cependant chez leurs écrivains, et particulièrement chez les poëtes. En voici quelques exemples: Perversè *dicere* homines perverse dicendo facillime *consequuntur*. Cic. De Or. I, 33. *Ferre* laborem consuetudo *docet.* Cic. Tusc. II, 16. Epaminondas *cantare* ad chordarum sonum *doctus est* a Dionysio. Corn. Nep. XV, 2. A Græcis Galli urbes mœnibus *cingere didicerunt.* Just. XLIII, 4. *Vincere scis*, Hannibal, victoria *uti nescis.* Liv. XXII, 51. *Mori* nemo sapiens miserum *dixerit.* Cic. Fam., VI, 3. Omnes trahimur ad cognitionis et scientiæ cupiditatem,

INFINITIF CONSIDÉRÉ
COMME UN NOM INDÉCLINABLE.

§. 281.

Παροξύνω σε μανθάνειν.

[Tibi suadeo ut legas ; te hortor ad legendum.]

2°. Quand, les deux verbes se rapportant à des sujets différents, le second est précédé de l'une des prépositions *à* ou *de*
en français, et se traduirait en latin par le subjonctif avec *ut*, il
se met encore en grec à l'infinitif. *Ex.* : Je vous prie *de* venir,
te rogo ut venias : Δέομαί σου ἐλθεῖν. Il m'a excité à apprendre,
impulit me ut discerem : Παρώξυνεν ἐμὲ μανθάνειν. Il m'a persuadé *de* partir, *persuasit mihi ut proficiscerer :* Ἔπεισεν ἐμὲ
πορεύεσθαι. Je vous engage à écrire, *hortor te ut scribas :* Παραινῶ
σοι γράφειν. Il m'a ordonné *de* venir vers vous, *imperavit mihi
ut ad te irem :* Ἐκέλευσεν ἐμὲ ou ἐμοὶ πρὸς σὲ ἐλθεῖν. Il m'a empê-
ché d'écrire, *impedivit me quominus scriberem :* Ἐκώλυσέ με
γράφειν ou μὴ γράφειν.

THÈMES CORRIGÉS.

I.

101. Νόμος βούλεται μὲν εὐεργετεῖν βίον ἀνθρώπων· οὐ
δύναται δέ, ὅταν αὐτοὶ μὴ βούλωνται πάσχειν. ἐν γὰρ τοῖς
πειθομένοις ἐνδείκνυται τὴν ἰδίαν ἀρετήν [1].

Ὑπομίμνησκε σεαυτὸν, ὅτι πάντες ἄνθρωποι μέγιστον ἀγαθὸν τὴν

---

[1] Epict. *fragm.* CXXII.

in qua *excellere* pulchrum *putamus; labi* autem, *errare, nescire,
decipi* et malum et turpe *ducimus.* Cic. Off., I, 6. *Oderunt peccare*
boni virtutis amore. Hor. Ep. I, 16, 52. Stoici omnino *irasci nesciunt.*
Cic. De Or., III, 18.

(2) *Tourn.* : dans eux obéissants.

est le plus grand des biens ; mais qu'il y en a fort peu qui *s'efforcent* (1) [d'] *acquérir* ce bien si précieux (2).

Aristote disait que ceux qui *cherchent* [à] *démontrer* ce qui est évident font la même chose que ceux qui *prétendent* (3) *montrer* le soleil avec une lampe.

II.

102. Chilon dit à son frère, qui s'indignait de n'avoir point été éphore, tandis que lui l'était (4) : « C'est que je *sais souffrir* une injustice, mais toi, non. »

Si vous *voulez entendre* bien parler [de vous], *apprenez à* bien *parler* [des autres] : mais, après avoir [5] *appris* à bien *parler, essayez de bien faire*, et vous recueillerez aussi une bonne réputation (6).

On demandait à Épictète comment on pourrait affliger son ennemi : « En *s'arrangeant* de manière, dit-il, *à se comporter* le mieux possible (7). »

———

OBSERVATION. L'infinitif, employé comme complément direct d'un verbe, peut être aussi précédé de l'article neutre τό, mais cette locution est moins fréquente. Elle est d'usage surtout

THÈME.

103. Cherchant la vérité, vous ne chercherez pas *à vaincre* de toute manière ; et ayant trouvé la vérité, vous ne *pourrez* plus *être vaincu* (8).

On demandait à Épaminondas (9) ce qui lui était arrivé de plus agréable [dans la vie] ; il répondit : « *Avoir gagné* la bataille de Leuctres du vivant de mon père et de ma mère. »

On demandait (10) à Denys le jeune, précipité du trône, A

———

(1) *Tourn.* : mais que peu sont *s'étant efforcés*.
(2) *Tourn.* : ce bien le plus grand.
(3) *Tourn.* : font une chose pareille aux prétendant, etc. Voyez §. 335.
(4) *Tourn.* : lui [l'] étant ; au *gén. absolu*.
(5) *Tourn.* : mais ayant.
(6) *Tourn.* : le bien entendre parler de vous.
(7) *Tourn.* : Épictète, interrogé comment quelqu'un affligerait l'ennemi, dit : *s'arrangeant* [pour] *se comporter* le mieux possible.
(8) *Tourn.* : vous n'aurez pas le être vaincu.

φρόνησιν εἶναι λέγουσιν· ὀλίγοι δέ εἰσιν οἱ τὸ μέγιστον ἀγαθὸν τοῦτο κτήσασθαι εὐτονήσαντες [1].

Ἀριστοτέλης τοὺς τὰ ἐναργῆ πράγματα πειρωμένους δεικνύναι, ὅμοιον ἔφη ποιεῖν τοῖς διὰ λύχνου τὸν ἥλιον φιλοτιμουμένοις δεικνύναι [2].

II.

102. Χείλων πρὸς τὸν ἀδελφὸν δυςφοροῦντα ὅτι μὴ ἔφορος ἐγένετο, αὐτοῦ ὄντος, « Ἐγὼ μὲν γάρ, εἶπεν, ἐπίσταμαι ἀδικεῖσθαι, σὺ δὲ οὔ [3]. »

Εἰ βούλει καλῶς ἀκούειν, μάθε καλῶς λέγειν· μαθὼν δὲ καλῶς λέγειν, πειρῶ καλῶς πράττειν, καὶ οὕτω καρπώσῃ τὸ καλῶς ἀκούειν [4].

Ἐπίκτητος, ἐρωτηθεὶς πῶς ἄν τις τὸν ἐχθρὸν λυπήσῃ, ἔφη· « Ἑαυτὸν παρασκευάζων βέλτιστα πράττειν [5]. »

———

quand l'infinitif équivaut au substantif qui en est formé; comme τὸ νικᾶν, pour ἡ νίκη, *la victoire*.

THÈME CORRIGÉ.

103. Ζητῶν τὴν ἀλήθειαν, οὐ ζητήσεις τὸ ἐκ παντὸς τρόπου νικᾶν· καὶ εὑρὼν τὴν ἀλήθειαν, ἕξεις τὸ μὴ νικᾶσθαι [6].

Ὁ Ἐπαμινώνδας, ἐρωτηθεὶς τί ἥδιστον αὐτῷ γέγονεν, ἀπεκρίνατο· « Τὸ τοῦ πατρὸς ἔτι ζῶντος καὶ τῆς μητρὸς νικῆσαι τὴν ἐν Λεύκτροις μάχην [7]. »

Ὁ νεώτερος Διονύσιος, ἐκπεσὼν τῆς ἀρχῆς, πρὸς τὸν εἰπόντα, Τί σε

———

[1] Stob. *Tit.* I. — [2] *Ibid.* II. — [3] Diog. Laërt. *in Chil.*, lib. I, p. 17 D. — [4] Epict. *fragm.* VII. — [5] *Ibid.* CXXX. — [6] *Ibid.* XXXIX. — [7] Plut. *An Seni resp. sit ger.*, t. III, p. 1408.

(9) *Tourn.* : Epaminondas interrogé quelle chose (*quid*) lui est arrivée la plus agréable.

(10) *Tourn.* : Denys le jeune à celui ayant dit, Que t'a servi Platon et philosophie? A supporter aisément, dit-il, etc.

quoi vous ont servi (1) Platon et la philosophie? « *A supporter* sans peine, répondit-il, un si grand changement de fortune. »

Πρὸς τὸ μετρίων δεῖσθαι πεπαιδευμένος.

II. L'infinitif, en grec comme en français, se met aussi après les prépositions, et reçoit l'article τό comme un véritable nom.

THÈMES.

I.

104. Un Sybarite, qui avait fait un voyage à Lacédémone, ayant vu les habitudes et les exercices [dans] lesquels les habitants (3) étaient nourris dès l'enfance, dit qu'ils ne faisaient rien [d']étonnant [en] mourant volontiers à la guerre, *pour* ne pas *vivre* de la sorte.

Ne craignez pas de faire une longue route [pour aller] vers ceux qui professent quelque connaissance utile. Car il est honteux que les marchands *traversent* de si vastes mers *pour accroître* leur fortune, et que les jeunes gens ne *supportent* pas même des voyages par terre *pour perfectionner* leur intelligence.

II.

105. [Il est] besoin d'un pilote et de vent *pour* bien *voguer :* il faut de la raison et de la fortune *pour être heureux.*

Pour quelle autre chose pourrait-on, grands dieux, souhaiter d'être riche et d'avoir beaucoup de bien, que *pour pouvoir* secourir ses amis ?

Lycurgue, *au lieu de donner* à chacun des enfants en particulier des esclaves [pour] gouverneurs, a préposé pour les gouverner un homme pris parmi ceux dont les principales magistratures sont composées, et qui à cause de cela est appelé *pædonome.*

---

(1) Sur le nombre du verbe ici, voy. plus haut, p. 114, REM. I.

(2) Les Latins ont quelquefois imité les Grecs en faisant comme eux l'infinitif régime d'une préposition. C'est ainsi qu'Ovide a dit : Quod crimen dicis, *præter amasse,* meum? *Her.* VII, 164. Et Sénèque : Multum interest *inter dare et accipere.* Benef. V, 10.

(3) Mettez simplement le verbe au plur., en sous-entendant le nom des habitants dans celui du pays : *dans lesquels* (plur. neut.) *ils sont élevés dès l'enfance.*

Πλάτων καὶ φιλοσοφία ὠφέλησε; « Τὸ τηλικαύτην, ἔφη, τύχης μεταβολὴν ῥᾳδίως ὑπομένειν [1]. »

———

Πρὸς τὸ μετρίων δεῖσθαι πεπαιδευμένος.

neutre. *Ex.* : Instruit *à avoir* besoin de peu : Πρὸς τὸ μετρίων δεῖσθαι πεπαιδευμένος (2).

THÈMES CORRIGÉS.

I.

104. Συβαρίτης ἐπιδημήσας Λακεδαίμονι, καὶ τὰ ἔθη ἰδὼν, καὶ τὰς καρτερήσεις οἷς ἐκ παίδων ἀνατρέφονται, οὐδὲν ἔφη θαυμαστὸν αὐτοὺς ποιεῖν, ῥᾳδίως ἐν τοῖς πολέμοις ἀποθνήσκοντας, ὑπὲρ τοῦ μὴ οὕτω ζῆν [2].

Μὴ κατόκνει μακρὰν ὁδὸν πορεύεσθαι πρὸς τοὺς διδάσκειν τι χρήσιμον ἐπαγγελλομένους· αἰσχρὸν γὰρ τοὺς μὲν ἐμπόρους τηλικαῦτα πελάγη διαπερᾶν, ἕνεκα τοῦ πλείω ποιῆσαι τὴν ὑπάρχουσαν οὐσίαν, τοὺς δὲ νεωτέρους μηδὲ τὰς κατὰ γῆν πορείας ὑπομένειν ἐπὶ τῷ βελτίω καταστῆσαι τὴν ἑαυτῶν διάνοιαν [3].

II.

105. Εἰς μὲν τὸ εὐπλοῆσαι κυβερνήτου καὶ πνεύματος χρεία· εἰς δὲ τὸ εὐδαιμονῆσαι λογισμοῦ καὶ τύχης 4.

Τοῦ [γάρ] ποτ' ἄλλου, πρὸς θεῶν, τίς οὕνεκα
Εὔξαιτο πλουτεῖν, εὐπορεῖν τε χρημάτων,
Ἢ τοῦ δύνασθαι παραβοηθεῖν τοῖς φίλοις [5];

Ὁ Λυκοῦργος ἀντὶ τοῦ ἰδίᾳ ἑκάστοις [τῶν παίδων] παιδαγωγοὺς δούλους ἐφιστάναι, ἄνδρα ἐπέστησε κρατεῖν αὐτῶν, ἐξ ὧνπερ αἱ μέγισται ἀρχαὶ καθίστανται, ὃς δὴ καὶ παιδονόμος καλεῖται [6].

———

[1] *Idem*, *Apoph. Reg. et Imp.*, t. I, p. 307. — [2] Stob. *Tit.* XXVII. — [3] Isocr. *ad Demon.* §. 4, p. 4. — [4] Demoph. *Similit.*, p. 617, *apud* Th. Gale. — [5] *Poët. Gnom.* Antiph. XII. — [6] Xenoph. *R. L.*, c. II.

Au lieu d'amollir leurs pieds par des chaussures, il ordonna de les endurcir en les faisant marcher nu-pieds. *Au lieu de* les *énerver* par le luxe des vêtements, il prescrivit de les habituer à n'en avoir qu'un par an, pensant qu'ils se garantiraient mieux ainsi du froid et du chaud.

III.

106. Socrate ne se hâtait pas de rendre ses familiers éloquents, habiles dans les affaires, déliés ; mais il pensait qu'il fallait que la saine raison fût auparavant née en eux : car il jugeait que ceux qui possèdent ces qualités (1) *sans être* sensés, [ne] sont [que] plus injustes et plus capables de faire le mal.

Les animaux apprennent à obéir par *ces deux mobiles*, *être châtiés* quand ils essaient de désobéir, et, quand ils servent avec zèle, *être bien traités* (2).

Comme Cyrus ne *passait* point *d'une défaite à* ne pas *faire* les choses dans lesquelles il était inférieur, mais [qu']il s'appliquait *à essayer* encore [de] faire mieux, bientôt il égala les jeunes gens de son âge dans l'équitation ; bientôt même il les surpassa, *parce qu'il aimait* le travail (3).

IV.

107. Socrate engageait ses disciples à devenir habiles en astronomie, mais seulement (4) *jusqu'à pouvoir* connaître le temps de la nuit, du mois et de l'année, à cause des voyages, de la navigation et des gardes nocturnes.

Critias dit que Cléon, *avant d'entrer* dans la carrière des affaires publiques, n'avait aucun de ses biens qui ne fût engagé ; mais il laissa ensuite une fortune de cinquante talents.

Votre père sait ce dont vous avez besoin *avant que* vous [le] lui *ayez demandé* (5).

---

(1) *Tourn.* : que les pouvant ces choses-là.

(2) *Tourn.* : les animaux apprennent le obéir par ces deux choses, par le être châtiés...... et par le être bien traités.

(3) *Tourn.* : comme Cyrus ne fuyait pas *du être inférieur dans le* ne pas *faire* les choses (*quæ*) dans lesquelles il avait du désavantage (à *l'opt. prés.*), mais qu'il s'appliquait *dans le essayer* de nouveau [de] mieux faire, bientôt, d'un côté, il égala dans l'équitation ceux de son âge ; bientôt, d'un autre, il [les] surpassa, *à cause du aimer* l'ouvrage.

(4) *Tourn.* : et en celle-ci toutefois jusqu'au pouvoir, etc.

(5) *Tourn.* : avant le vous avoir demandé à lui.

Ἀντὶ τοῦ ἀπαλύνειν τοὺς πόδας ὑποδήμασιν, ἔταξεν ἀνυποδησίᾳ κρατύνειν. καὶ ἀντὶ τοῦ ἱματίοις διαθρύπτεσθαι, ἐνόμισεν ἑνὶ ἱματίῳ δι᾿ ἔτους προςεθίζεσθαι· νομίζων οὕτω καὶ πρὸς ψύχη καὶ πρὸς θάλπη ἄμεινον ἂν παρασκευάσασθαι [1].

III.

106. Σωκράτης τὸ μὲν λεκτικοὺς καὶ πρακτικοὺς καὶ μηχανικοὺς γίγνεσθαι τοὺς συνόντας οὐκ ἔσπευδεν, ἀλλὰ πρότερον τούτων ᾤετο χρῆναι σωφροσύνην αὐτοῖς ἐγγενέσθαι. τοὺς γὰρ ἄνευ τοῦ σωφρονεῖν ταῦτα δυναμένους, ἀδικωτέρους τε καὶ δυνατωτέρους κακουργεῖν ἐνόμιζεν εἶναι [2].

Τὰ ζῶα ἐκ δυοῖν τούτοιν τὸ πείθεσθαι μανθάνουσιν, ἔκ τε τοῦ, ὅταν ἀπειθεῖν ἐπιχειρῶσι, κολάζεσθαι, καὶ ἐκ τοῦ, ὅταν προθύμως ὑπηρετῶσιν, εὖ πάσχειν [3].

Ὡς ὁ Κῦρος οὐκ ἀπεδίδρασκεν ἐκ τοῦ ἡττᾶσθαι, εἰς τὸ μὴ ποιεῖν ἃ ἥττωτο, ἀλλ᾿ ἐκαλινδεῖτο ἐν τῷ πειρᾶσθαι αὖθις βέλτιον ποιεῖν, ταχὺ μὲν εἰς τὸ ἴσον ἀφίκετο τῇ ἱππικῇ τοῖς ἡλικιώταις· ταχὺ δὲ παρῄει, διὰ τὸ ἐρᾶν τοῦ ἔργου [4].

IV.

107. Ἐκέλευεν ὁ Σωκράτης [τοὺς συνόντας αὐτῷ] ἀστρολογίας ἐμπείρους γίγνεσθαι, καὶ ταύτης μέντοι μέχρι τοῦ νυκτός τε ὥραν, καὶ μηνὸς, καὶ ἐνιαυτοῦ δύνασθαι γιγνώσκειν, ἕνεκα πορείας τε καὶ πλοῦ, καὶ φυλακῆς [5].

Λέγει Κριτίας Κλέωνα πρὸ τοῦ παρελθεῖν ἐπὶ τὰ κοινὰ, μηδὲν τῶν οἰκείων ἐλεύθερον εἶναι (1)· μετὰ δὲ, πεντήκοντα ταλάντων τὸν οἶκον ἀπέλιπε [6].

Οἶδεν ὁ πατὴρ ὑμῶν ὧν χρείαν ἔχετε, πρὸ τοῦ ὑμᾶς αἰτῆσαι αὐτόν [7].

---

(1) Tel est le texte de Coray. Mais, avec quelques critiques, on peut lire ici ou Κλέωνι ou bien ἔχειν, au lieu de εἶναι, si l'on n'aime mieux sous entendre κατὰ devant μηδέν.

[1] Xenoph. *R. L.*, c. II. — [2] Ibid. *Mem.* IV, 3, 1. — [3] Ibid. *OEcon.* XIII, 6. — [4] Ibid. *Cyr.* I, cap. IV. — [5] Ibid. *Memor.* IV, 7, 4. — — [6] Ælian. *V. H.* X, 17. — [7] Matth. VI, 8.

S'il arrivait à ceux qui s'enivrent (1) chaque jour, d'avoir mal à la tête *avant* de *boire* le vin pur, pas un de nous n'[en] boirait.

Anarcharsis disait que l'huile est une drogue qui donne la folie, *parce que* les athlètes qui [en] étaient frottés *devenaient furieux* les uns contre les autres (2).

V.

108. Quelqu'un louant, en présence d'Agésilas, un orateur *sur* ce qu'il savait *agrandir* les petites choses (3), « Je ne juge pas bon cordonnier, dit-il, [celui] qui met une grande chaussure à un petit pied. »

Anacharsis disait qu'il ne comprenait pas comment les Grecs, qui portaient des lois contre ceux qui se livraient à des violences, accordaient des honneurs aux athlètes *pour se frapper* les uns les autres (4).

Il disait que la place publique [était] un lieu déterminé *pour se tromper* et *se faire tort* réciproquement.

Une lionne essuyant des reproches insultants de la part d'une renarde, parce qu'elle ne faisait qu'un petit à la fois : Je n'en fais qu'un, dit-elle, mais c'est un lion (5).

VI.

109. On demandait à Solon, pourquoi il n'avait pas porté de loi contre le parricide : « *Parce que* je ne *l'ai* pas *cru* possible, » dit-il (6).

Outre que Sophocle *était* beau dans sa jeunesse (7), il avait aussi appris dans son enfance la danse et la musique chez Lampros.

---

(1) *Tourn. :* aux s'enivrant.

(2) *Tourn. :* à cause du être furieux les athlètes, etc.

(3) *Tourn. :* sur le agrandir.

(4) *Tourn. :* Anacharsis disait s'étonner comment les Grecs portant des lois contre les commettant des violences, honorent les athlètes *pour le se frapper* les uns les autres.

(5) *Tourn. :* une lionne étant reprochée par une renarde *pour le enfanter* un seul [petit] en tout, [J'enfante] un seul, dit-elle, mais un lion.

(6) *Tourn. :* à cause du ne s'[y] être pas attendu.

(7) *Tourn. :* Sophocle, *outre le être* beau.

Εἰ τοῖς μεθυσκομένοις ἑκάστης ἡμέρας

Ἀλγεῖν συνέβαινε τὴν κεφαλὴν πρὸ τοῦ πιεῖν

Τὸν ἄκρατον, ἡμῶν οὐδὲ εἷς ἔπινεν ἄν [1].

Ἀνάχαρσις τὸ ἔλαιον μανίας φάρμακον ἔλεγε, διὰ τὸ ἀλειφομένους τοὺς ἀθλητὰς ἐπιμαίνεσθαι ἀλλήλοις [2].

V.

108. [Ἀγησίλαος ἀκούων] ἐπαινοῦντός τινος ῥήτορα ἐπὶ τῷ δυνατῶς αὔξειν τὰ μικρὰ πράγματα, « Οὐδὲ σκυτοτόμον, ἔφησεν, ἡγοῦμαι σπουδαῖον, ὃς μικρῷ ποδὶ ὑποδήματα μεγάλα περιτίθησι [3]. »

Ἀνάχαρσις θαυμάζειν ἔλεγε πῶς οἱ Ἕλληνες, νομοθετοῦντες κατὰ τῶν ὑβριζόντων, τοὺς ἀθλητὰς τιμῶσιν ἐπὶ τῷ τύπτειν ἀλλήλους [4].

Τὴν ἀγορὰν ὡρισμένον ἔφη τόπον εἰς τὸ ἀλλήλους ἀπατᾶν καὶ πλεονεκτεῖν [5].

Λέαινα, ὀνειδιζομένη ὑπὸ ἀλώπεκος, ἐπὶ τὸ διὰ παντὸς ἕνα τίκτειν, « Ἕνα, ἔφη, ἀλλὰ λέοντα [6]. »

VI.

109. Σόλων ἐρωτηθεὶς διὰ τί κατὰ πατροκτόνου νόμον οὐκ ἔθηκε, « Διὰ τὸ ἀπελπίσαι, » ἔφη [7].

Σοφοκλῆς, πρὸς τῷ καλὸς γεγενῆσθαι τὴν ὥραν, ἣν καὶ ὀρχηστικὴν δεδιδαγμένος καὶ μουσικὴν, ἔτι παῖς ὤν, παρὰ Λάμπρῳ [8].

---

[1] Clearch. *apud* Athen., lib. XIV, cap. I, p. 613, B. *ed.* Casaub. = t. V, p. 221, *ed.* J. Schweigh. — [2] Diog. Laërt. *in Anach.*, lib. I, p. 27 C. — [3] Plut. *Apoph. Lacon. Ages.* — [4] Diog. Laërt. *in Anach.*, lib. I, p. 27 C. — [5] Ibid. — [6] *Fab. Æsop.*, n°. 319, *ed.* Hauptm. — [7] Diog. Laërt. *in Solon.*, lib. I, p. 14 F. — [8] Athen., lib. I, cap. 17, p. 21 f.

—

Observation. On peut sous-entendre quelquefois la préposition ἕνεκα ou χάριν, *causâ*, devant l'infinit. *Ex.* : Chalcidée et Alcibiade, dans leur navigation, s'emparaient de tous

THÈMES.

I.

110. J'ai, dit Thucydide, écrit dès le commencement les causes pour lesquelles les Athéniens et les Péloponnésiens rompirent la trève, ainsi que la nature de leurs différends, *à fin* que quelques personnes *ne cherchassent* pas un jour d'où survint aux Grecs une guerre si considérable.

Lorsque le butin fut exposé, Cyrus, ayant convoqué les chefs, tant des Mèdes que des Hyrcaniens, et les homotimes, leur parla ainsi : « Mes amis, Gobryas nous a donné à tous bien généreusement l'hospitalité. Si, après avoir mis (1) à part ce qui, selon l'usage, appartient aux dieux, et ce qui suffit pour le reste de l'armée, nous donnions à Gobryas le surplus du butin, nous agirions bien, *pour montrer* à l'instant (2) que nous nous efforçons de surpasser nos bienfaiteurs en générosité. » Dès qu'ils eurent entendu cela, tous l'approuvèrent, tous en firent l'éloge.

II.

111. Qu'ils sont déraisonnables ceux qui placent leur confiance dans les idoles ! Ils les ont fabriquées de leurs mains, et ils adorent leur ouvrage (3), disant : Ce sont-là (4) nos créateurs. Et comment peuvent-ils prendre (5) pour les auteurs de leur être ces dieux qu'ils ont forgés et pétris de leurs mains ? Mais bien plus, les mettant en sûreté *pour qu'ils ne soient point pillés* par les voleurs, ils les appellent les gar-

---

(1) *Tourn.* : ayant mis.

(2) *Tourn.* : *pour nous être* évidents tout de suite.

(3) *Tourn.* : les choses qu' (*quæ*) ont faites les doigts d'eux.

(4) *Tourn.* : ceux-ci sont les créateurs de nous.

(5) *Tourn.* : comment donc jugent-ils créateurs les forgés et pétris par eux ?

---

ceux qu'ils rencontraient, *pour n'être point découverts :* Ὁ Χαλ-
κιδεὺς καὶ ὁ Ἀλκιβιάδης πλέοντες, ὅσοις ἐπιτύχοιεν, συνελάμβανον,
τοῦ μὴ ἐξάγγελτοι γενέσθαι. Thucid. VIII, 14.

THÈMES CORRIGÉS.

I.

110. Διότι οἱ Ἀθηναῖοί τε καὶ Πελοποννήσιοι, ἔφη Θουκυδίδης,
ἔλυσαν τὰς σπονδὰς, τὰς αἰτίας ἔγραψα πρῶτον, καὶ τὰς διαφορὰς,
τοῦ μή τινας ζητῆσαί ποτε, ἐξ ὅτου τοσοῦτος πόλεμος τοῖς Ἕλλησι
κατέστη [1].

Ὡς παρῆν ἡ λεία, ὁ Κῦρος συγκαλέσας τούς τε τῶν Μήδων ἄρχοντας
καὶ τῶν Ὑρκανίων, καὶ τοὺς ὁμοτίμους, ἔλεξεν ὧδε· «Ἄνδρες φίλοι,
ἐξένισεν ἡμᾶς ἅπαντας πολλοῖς ἀγαθοῖς ὁ Γωβρύας. εἰ οὖν, ἔφη, τοῖς
θεοῖς ἐξελόντες τὰ νομιζόμενα, καὶ τῇ ἄλλῃ στρατιᾷ τὰ ἱκανὰ, δοίημεν
τὴν ἄλλην τούτῳ λείαν, ἆρ' ἂν, ἔφη, καλὸν ποιήσαιμεν τοῦ εὐθὺς φα-
νεροὶ εἶναι, ὅτι καὶ τοὺς εὖ ποιοῦντας πειρώμεθα νικᾶν εὖ ποιοῦντες.»
Ὡς δὲ τοῦτ' ἤκουσαν, πάντες μὲν ἐπήνουν, πάντες δ' ἐνεκωμίαζον [2].

II.

111. Ὡς ἀνοηταίνουσιν οἱ πεποιθότες ἐπὶ τοῖς εἰδώλοις! εἰργά-
σαντο γὰρ ταῦτα ταῖς χερσὶν αὐτῶν, καὶ προσκυνοῦσιν ἃ ἐποίησαν
οἱ δάκτυλοι αὐτῶν, λέγοντες· «Οὗτοι οἱ πλαστουργοὶ ἡμῶν.» Πῶς
οὖν πλαστουργοὺς τοὺς ὑπ' αὐτῶν δημιουργηθέντας καὶ διαπλασθέντας
νομίζουσιν; ἀλλὰ καὶ τηροῦντες αὐτὰ ἐν ἀσφαλείᾳ, τοῦ μὴ ὑπὸ κλε-
πτῶν συληθῆναι, φύλακας ἀποκαλοῦνται τῆς σφῶν σωτηρίας· καί τοί

---

[1] Thuc. I, 23. — [2] Xenoph. *Cyrop.* V, 3, 2.

*13

diens de leur salut. Quelle démence d'agir ainsi (1) et de ne point voir que ceux qui ne peuvent se garder et se défendre eux-mêmes, ne sauraient être les protecteurs et les sauveurs des autres.

III.

112. Minos, le plus ancien des souverains dont nous ayons entendu parler (2), se créa une marine, et domina sur la mer appelée aujourd'hui mer de la Grèce (3) ; il régna aussi sur les Cyclades, fut le premier qui fonda des colonies dans la plupart de ces îles, après [en] avoir expulsé (4) les Cariens, et il [en] établit ses fils gouverneurs. Il purgea aussi, autant qu'il put, la mer de la piraterie, *pour rendre* ses revenus plus considérables (5).

Périclès, voyant d'un côté que les Athéniens s'irritaient de leur situation présente, et qu'ils n'avaient pas la meilleure manière de voir, et d'autre part croyant qu'il avait raison de s'opposer à ce qu'ils fissent des sorties (6), il ne les convoqua ni en assemblée ni en conférence, *pour qu'ils* ne *commissent* pas quelque *faute* [en] s'assemblant plutôt par colère que par raison. Il veilla sur la ville, et, autant qu'il le put, il la maintint en repos.

———

III. L'infinitif joue pareillement le rôle de nominatif, de fran-

Καιρός ἐστι τοῦ λέγειν.

[*Tempus legendi.*]

1°. Génitif. *Exemples.* Il est temps *de parler* : Καιρός

THÈME.

113. La meilleure *manière de se venger* est [de] ne point ressembler à celui qui fait l'injure (7).

L'avarice ne sait point trouver le *terme d'acquérir.*

———

(1) *Tourn.* : de quelle démence sont ces choses-là (*hæc*), et le ne point connaître que (ὅτι, *indic.*), etc.

(2) *Tourn.* : de ceux que nous connaissons par ouï-dire. Sur le *que* à mettre ici avec *attraction*, voy. §. 287.

(3) *Tourn.* : sur la mer Hellénique d'aujourd'hui. Voy. plus haut, p. 108, §. 269, Règle.

(4) *Tourn.* : ayant expulsé.

(5) *Tourn.* : pour les revenus venir davantage à lui.

γε πόσης ταῦτα ἀφροσύνης, καὶ τὸ μὴ γινώσκειν ὅτι, οὐκ ἐξαρκοῦντες ἑαυτοὺς φυλάσσειν καὶ βοηθεῖν, πῶς ἄλλοις γένοιντο φύλακες καὶ σωτῆρες [1];

III.

112. Μίνως παλαίτατος ὧν ἀκοῇ ἴσμεν ναυτικὸν ἐκτήσατο καὶ τῆς νῦν Ἑλληνικῆς θαλάσσης ἐπὶ πλεῖστον ἐκράτησε· καὶ τῶν Κυκλάδων νήσων ἦρξέ τε καὶ οἰκιστὴς πρῶτος τῶν πλείστων ἐγένετο, Κᾶρας ἐξελάσας καὶ τοὺς ἑαυτοῦ παῖδας ἡγεμόνας ἐγκαταστήσας· τό τε λῃστικόν, ὡς εἰκὸς, καθῄρει ἐκ τῆς θαλάσσης, ἐφ' ὅσον ἠδύνατο, τοῦ τὰς προςόδους μᾶλλον ἰέναι αὐτῷ [2].

Περικλῆς, ὁρῶν μὲν τοὺς Ἀθηναίους πρὸς τὸ παρὸν χαλεπαίνοντας, καὶ οὐ τὰ ἄριστα φρονοῦντας, πιστεύων δὲ ὀρθῶς γιγνώσκειν περὶ τοῦ μὴ ἐπεξιέναι, ἐκκλησίαν τε οὐκ ἐποίει αὐτῶν, οὐδὲ ξύλλογον οὐδένα, τοῦ μὴ ὀργῇ τι μᾶλλον ἢ γνώμῃ ξυνελθόντας ἐξαμαρτεῖν· τήν τε πόλιν ἐφύλασσε, καὶ δι' ἡσυχίας μάλιστα, ὅσον ἠδύνατο, εἶχεν [3].

---

génitif, de datif, et se construit absolument comme en français.

Καιρός ἐστι τοῦ λέγειν.

[*Tempus legendi.*]

ἐστι τοῦ λέγειν.

THÈME CORRIGÉ.

113. Ἄριστος τρόπος τοῦ ἀμύνεσθαι, τὸ μὴ ἐξομοιοῦσθαι [τῷ ἀδικήσαντι] [4].

Φιλοχρηματίη τοῦ κτήσασθαι εὑρεῖν ἀρκέοντα οὖρον οὐκ οἶδε (1) [5].

---

[1] Joan. Damasc. *Vit.* Barl. et Joasaph. *apud* Boisson. *Anecd. gr.*, vol. IV, p. 81. — [2] Thucyd. I, 4. — [3] Thucyd. II, 22. — [4] Marc. Aur., cap. XXX, 4, *ed.* Joly. — [5] Euseb. *apud.* Stob. *Tit.* VIII.

(1) Cette maxime est écrite en ionien, dialecte de l'auteur. Dans le dialecte commun il faudrait : Φιλοχρηματία τοῦ κτήσασθαι εὑρεῖν ἀρκοῦντα ὅρον οὐκ οἶδε.

(6) *Tourn. :* croyant décider juste sur le non sortir.

(7) *Tourn. :* au ayant fait injure.

Nous jugeons que parler comme il faut est la plus grande preuve qu'on pense bien (1).

Réussir sans le mériter devient pour les insensés une *occasion de déraisonner*.

Aristippe injurié un jour s'en alla. L'autre (2) [le] poursuivant [en] lui disant, « Pourquoi fuis-tu ? » « Parce que, répondit-il, « si tu as la *liberté d'injurier*, moi, j'ai [celle] *de ne pas entendre* (3). »

———

REMARQUE I. On peut aussi supprimer l'article devant l'infinitif, quand il sert de complément à un substantif, même dans le cas où l'on emploierait le gérondif en *di* en latin.

Cette tournure, très-fréquente, s'emploie quand on considère le nom comme produisant l'action exprimée par l'infinitif, et sur lequel il agit ainsi directement comme sur son régime

THÈMES.

I.

114. Suivant un bruit répandu dans l'Attique, on n'avait dans l'origine pas même la *permission de rire* à l'Académie. Les Académiciens essayaient de conserver ce lieu inaccessible à l'insolence et à l'oisiveté (4).

Pittacus, ayant éprouvé une injustice de la part de quelqu'un, et ayant la *possibilité de* l'[en] *punir*, [le] renvoya [en] disant : « Pardon vaut mieux que vengeance : l'un est d'un naturel doux, l'autre d'un [naturel] sauvage. »

Délibérez longtemps avant de dire ou de faire quelque chose : car vous n'aurez pas *la liberté de ressaisir* vos paroles ou vos actions.

La maladie de Philoctète fut pour les Grecs une *raison* apparente *de l'abandonner*.

———

(1) *Tourn.* : du bien penser.

(2) *Tourn.* : l'autre (τοῦ δὲ, §. 316) poursuivant disant ; au *génit.* absolu.

(3) *Tourn.* : tu as à la vérité la liberté d'injurier ; mais moi j'ai, etc.

(4) *Tourn.* : Il circule un bruit attique, qui dit que la *permission de rire* n'existait pas même à l'Académie, car ils essayaient, etc., sous-ent. οἱ Ἀκαδημαϊκοί dans Ἀκαδημία.

Τὸ λέγειν, ὡς δεῖ, τοῦ φρονεῖν εὖ μέγιστον σημεῖον ποιούμεθα [1].

Τὸ εὖ πράττειν παρὰ τὴν ἀξίαν ἀφορμὴ τοῦ κακῶς φρονεῖν τοῖς ἀνοήτοις γίγνεται [2].

Ἀρίστιππος λοιδορούμενός ποτε ἀνεχώρει · τοῦ δ' ἐπιδιώκοντος εἰπόντος · « Τί φεύγεις; » « Ὅτι, φησί, τοῦ μὲν κακῶς λέγειν σὺ τὴν ἐξουσίαν ἔχεις, τοῦ δὲ μὴ ἀκούειν, ἐγώ [3]. »

---

immédiat ou direct à l'accusatif. Par exemple, dans ὥρα ἐστὶν ἀπιέναι, *tempus est abire*, et non *abeundi*; l'idée est qu'on s'en va, parce qu'il en est temps, et qu'ainsi le temps arrivé opère l'acte du départ, comme s'il y avait ὥρα ποιεῖ τὸ ἀπιέναι. Mais ὥρα τοῦ ἀπιέναι, *tempus abeundi*, exprime plutôt le temps où l'on a l'habitude de s'en aller.

THÈMES CORRIGÉS.

I.

114. Λόγος τις διαρρεῖ Ἀττικὸς, ὃς λέγει πρότερον ἐν Ἀκαδημίᾳ μηδὲ γελάσαι ἐξουσίαν εἶναι · ὕβρει γὰρ καὶ ῥαθυμίᾳ ἐπειρῶντο τὸ χωρίον ἄβατον φυλάττειν [4].

Πιττακὸς ἀδικηθεὶς ὑπό τινος, καὶ ἔχων ἐξουσίαν αὐτὸν κολάσαι, ἀφῆκεν, εἰπών · Συγγνώμη τιμωρίας ἀμείνων · τὸ μὲν γὰρ ἥμερον φύσεώς ἐστι, τὸ δὲ, θηριώδους [5].

Βουλεύου πολλὰ πρὸ τοῦ λέγειν τι ἢ πράττειν · οὐ γὰρ ἕξεις ἄδειαν ἀνακαλέσασθαι τὰ λεχθέντα ἢ πραχθέντα [6].

Ἡ νόσος Φιλοκτήτου ἦν τοῖς Ἕλλησι πρόφασις ἐκβαλεῖν αὐτόν [7].

---

[1] Isocr. *Nicocl.*, §. 3, *ed.* Coray. — [2] Demosth. *Olynth.* I, t. I, p. 16, 1, Reisk. — [3] Diog. Laërt., lib. II, p. 50 D. — [4] Æl. *V. H.* III, 35. — [5] Epict. *fragm.* LXVIII. — [6] Epict. *fragm.* CI. — [7] Soph. *Phil.* 1034.

Cyrus et la monarchie des Perses, qui renversa Crésus, furent pour d'autres nations et pour les Ioniens des *obstacles* qui survinrent, *pour les empêcher* de se développer (1).

Agésilas se chargea, si on lui donnait trente Spartiates (2), d'ôter au Barbare le *loisir* de *faire* la guerre aux Grecs.

Les hommes éclairés, qui possèdent *l'art* d'*enseigner* les autres, inspirent à beaucoup *le désir* d'avoir aussi part à la science.

II.

Lettre du paysan PolyaÏse à son ami Eustaphyle.

115. Ayant dressé (3) un piége aux scélérats [de] renards, j'avais attaché un morceau de viande au trébuchet : car ils faisaient la guerre à nos raisins, et l'on annonçait (4) que mon maître, homme dur et emporté, arriverait incessamment. Je voulais, ayant pris le renard, le lui livrer moi-même ; mais le larron n'est pas venu ; au contraire, Plangon, le petit chien de Malte, que nous nourrissions [pour le] doux amusement de ma maîtresse (5), s'étant, par trop de gourmandise, jeté sur l'appât, est étendu mort depuis trois jours. Quel pardon d'un tel accident (6) obtenir de la part d'un homme [aussi] sévère ? Fuyons à toutes jambes. Adieu, campagne, adieu tous mes biens ; il est *temps de* me *sauver* moi-même, et de *ne* point *attendre* le mal, mais *de me mettre en sûreté* avant de le souffrir.

REMARQUE II. Mais si l'article au génitif peut se supprimer quelquefois devant l'infinitif, complément ou régime d'un substantif, il doit toujours s'ajouter quand cet infinitif est complément d'un comparatif non exprimé par ἤ, *quàm*, ou de tout autre mot qui gouverne le génitif. *Ex.* : Il est *plus sûr*

---

(1) *Tourn.* : à d'autres ailleurs et aux Ioniens survinrent obstacles de ne point (μή) s'être accrus, Cyrus et la royauté perse ayant renversé Crésus.

(2) Tourn. : *si dederint triginta Spartanorum.*

(3) *Tourn.* : je dressai...... ayant attaché, etc.

(4) *Tourn.* : le maître était annoncé devoir arriver.

(5) *Tourn.* : que nous nourrissons doux amusement à la maîtresse.

(6) *Tourn.* : de telles choses.

Ἐπεγένετο ἄλλοις ἄλλοθι κωλύματα μὴ αὐξηθῆναι καὶ Ἴωσι Κῦρος καὶ ἡ Περσικὴ βασιλεία, Κροῖσον καθελοῦσα [1].

Ἀγησίλαος ὑπέστη, ἐὰν δῶσιν αὐτῷ τριάκοντα Σπαρτιατῶν, ἀσχολίαν τῷ βαρβάρῳ παρέξειν στρατεύειν ἐπὶ τοὺς Ἕλληνας [2].

Οἱ παιδευτοί, οἳ καὶ τοὺς ἄλλους διδάσκειν τέχνην ἔχουσι, πολλοὺς μετασχεῖν τῆς παιδείας εἰς ἐπιθυμίαν καθιστᾶσιν [3].

II.

Lettre du paysan Polyalse à son ami Eustaphyle.

115. Πάγην ἔστησα ἐπὶ τὰς μιαρὰς ἀλώπεκας, κρεάδιον τῆς σκανδάλας ἀφάψας· ἐπολέμουν γὰρ τὰς σταφυλάς· ὁ δεσπότης δὲ, ἀργαλέος ἄνθρωπος καὶ δριμὺς, ἐπιστήσεσθαι κατηγγέλλετο, τὴν κλέπτην ἀλώπεκα συλλαβὼν ἐβουλόμην παραδοῦναι αὐτῷ· ἀλλ' ἡ μὲν οὐχ ἧκε· Πλαγγὼν δὲ, τὸ Μελιταῖον κυνίδιον, ὃ τρέφομεν ἄθυρμα τῇ δεσποίνῃ προςηνές, ὑπὸ τῆς ἄγαν λιχνείας ἐπὶ τὸ κρέας ὁρμῆσαν, κεῖταί σοι τρίτην ταύτην ἡμέραν ἐκτάδην νεκρόν. καὶ τίς παρ' ἀνθρώπῳ σκυθρωπῷ τῶν τοιούτων συγγνώμη; φευξόμεθα ᾗ ποδῶν ἔχομεν, χαιρέτω δὲ ὁ ἀγρὸς καὶ τἀμὰ πάντα· ὥρα γὰρ σώζειν ἐμαυτὸν, καὶ μὴ παθεῖν ἀναμένειν, ἀλλὰ πρὸ τοῦ παθεῖν φυλάξασθαι [4].

----

de se taire que de parler : Ἀσφαλέστερον τοῦ λέγειν τὸ σιγᾶν. (Epict. *fragm.* 77.) Les maîtres *empêchent* avec des liens leurs esclaves *de s'enfuir* : Τοῦ δραπετεύειν τοὺς οἰκέτας δεσμοῖς ἀπείργουσιν οἱ δεσπόται. (Xénoph. *Memor. Socr.* II, 1, 16.)

----

[1] Thuc. I, 16. — [2] Xenoph. *Ages.* I, 7. — [3] Isocr. *De Big.* p. 349 in.; περὶ ἀντιδ., §. 235. — 4 Alciphr. III, *ep.* 22.

THÈMES.

I.

116. Il est plus nécessaire de guérir l'âme que le corps : car il vaut mieux *être mort que* mal *vivre*.

Il vaut *mieux avertir que blâmer* : l'un a quelque chose de doux et d'amical (1), l'autre de dur et d'outrageux ; l'un corrige les pécheurs, l'autre ne fait que les confondre.

Rien ne m'est *plus à cœur que* de *devenir* aussi bon que possible.

Artaxerxès, fils de Xerxès, et surnommé Longuemain, parce qu'il avait une main plus longue [que l'autre], disait qu'il est *plus digne* d'un roi d'ajouter *que de retrancher* (2).

Curius était occupé à faire cuire des choux dans une marmite, quand les Samnites, après leur défaite, vinrent pour lui offrir de l'or. Il leur répondit que celui qui savait se contenter d'un pareil repas, n'avait pas besoin d'or, et qu'il trouvait *plus beau de commander* à ceux qui avaient de l'or, *que d'en avoir* lui-même (3).

II.

117. On demandait à Lycurgue : « Pourquoi les Lacédémoniens s'exercent-ils à la brièveté du langage ? » « Parce qu'elle est *voisine du silence*, » répondit-il (4) ?

Je vous conseille dans un jugement de dire la vérité : car sachez bien qu'être convaincu de mensonge, *empêche* surtout les hommes *d'obtenir* quelque pardon.

III.

118. Socrate appelait insigne imposteur, non pas même le fripon qui tire de ses dupes de l'argent ou quelque effet, mais

---

(1) *Tourn.* : l'un est doux et amical, l'autre est, etc.

(2) *Tourn.* : que le ajouter est plus royal que le retrancher : à l'*aoriste*.

(3) *Tourn.* : les Samnites après la défaite étant venus vers Curius, et [lui] donnant de l'or (*génit. abs.*), il se trouva faisant cuire des choux dans une marmite. Mais il répondit aux Samnites que, dînant d'un pareil dîner, il n'avait pas besoin d'or ; mais que le *commander* aux ayant de l'or était *plus beau* à lui *que le* [en] *avoir*.

(4) *Tourn.* : Lycurgue au disant, « Pourquoi les Lacédémoniens

THÈMES CORRIGÉS.

I.

116. Ψυχὴν σώματος ἀναγκαιότερον ἰᾶσθαι· τοῦ γὰρ ζῆν κακῶς τὸ τεθνάναι κρεῖσσον [1].

Κρεῖττον τὸ νουθετεῖν τοῦ ὀνειδίζειν· τὸ μὲν γὰρ ἤπιόν τε καὶ φίλον, τὸ δὲ, σκληρόν τε καὶ ὑβριστικόν· καὶ τὸ μὲν διορθοῖ τοὺς ἁμαρτάνοντας, τὸ δὲ μόνον ἐξελέγχει [2].

Ἐμοὶ οὐδέν ἐστι πρεσβύτερον τοῦ ὡς ὅτι βέλτιστον ἐμὲ γενέσθαι [3].

Ἀρταξέρξης ὁ Ξέρξου ὁ Μακρόχειρ προςαγορευθεὶς, διὰ τὸ τὴν ἑτέραν χεῖρα μακροτέραν ἔχειν, ἔλεγεν ὅτι τὸ προςθεῖναι τοῦ ἀφελεῖν βασιλικώτερόν ἐστι [4].

Σαυνιτῶν μετὰ τὴν ἧτταν ἀφικομένων πρὸς Κούριον, καὶ χρυσίον διδόντων, ἔτυχεν ἐν χύτραις ἕψων γογγυλίδας (1)· ἀπεκρίνατο δὲ τοῖς Σαυνίταις μηδὲν χρυσίου δεῖσθαι τοιοῦτον δεῖπνον δειπνῶν· αὐτῷ δὲ βέλτιον εἶναι τοῦ χρυσίον ἔχειν τὸ κρατεῖν τῶν ἐχόντων [5].

II.

117. Λυκοῦργος πρὸς τὸν εἰπόντα, « Διὰ τί Λακεδαιμόνιοι τὴν βραχυλογίαν ἀσκοῦσιν, » εἶπεν· « Ὅτι ἐγγύς ἐστι τοῦ σιγᾶν [6]. »

Σοὶ συμβουλεύω ἐν τῇ δίκῃ τἀληθῆ λέγειν· τὸ γὰρ ψευδόμενον φαίνεσθαι, εὖ ἴσθι, ὅτι καὶ τοῦ συγγνώμης τινὸς τυγχάνειν ἐμποδὼν μάλιστα ἀνθρώποις γίγνεται [7].

III.

118. Σωκράτης ἀπατεῶνα ἐκάλει, οὐ μικρὸν μὲν, οὐδ᾽ εἴ τις ἀργύριον ἢ σκεῦος παρά του πειθοῖ λαβὼν ἀποστεροίη, πολὺ δὲ μέγιστον, ὅςτις,

---

[1] Epict. *fragm.* XCII. — [2] *Ibid.* CVII. — [3] Plat. *Symp.*, p. 264. — [4] Plut. *Apoph. Reg. et Imp.* — [5] *Ibid.* — [6] Stob. *Tit.* XXXIII. — [7] Xenoph. *Cyrop.* III, 1, 9.

(1) Γογγυλίς est le *brassica rapa* de Linné, suivant le professeur Schneider, dans son *Lex. gr. allem.* C'est le chou-rave.

s'exercent-ils à la brièveté du langage, » dit : « Parce qu'elle est près *du se taire.* »

l'important sans mérite qui trompe ses concitoyens, en se donnant pour un habile politique. Il me semble donc que Socrate
[en] tenant de pareils discours, *détournait* aussi ses disciples
de se faire trop valoir (1).

Ayant reçu de la nature la facilité de nous persuader les
uns les autres, et de nous manifester ce que nous voulions,
non seulement *nous avons été exempts de vivre* d'une manière
sauvage, mais encore nous étant rassemblés [en société], nous
avons bâti des villes, établi des lois, inventé les arts; et c'est
la parole qui a produit presque tout ce que nous avons imaginé (2).

REMARQUE. Quand, après un comparatif, le *que* français
se rend par ἤ, *quàm*, l'infinitif complément peut prendre ou
ne pas prendre l'article. *Ex. :* Il vaut *mieux* pour les gens
déraisonnables être commandés *que commander :* Κρεῖσσον
ἄρχεσθαι τοῖς ἀνοήτοις ἢ ἄρχειν, ou ἢ τὸ ἄρχειν. (Democr.,
p. 629.) Si l'infinitif du premier membre régit aussi le substan-

THÈME.

119. Il est *meilleur* [de] réfléchir avant d'agir *que* [de] *se
repentir.*

Qu'aucun homme sage (3) ne reste étranger à l'exercice des
magistratures : car *il est impie* de *se soustraire* aux services
que les autres réclament de nous, et *lâche de céder* aux méchants. *Il est insensé d'aimer mieux* être mal gouverné *que*
de bien *gouverner.*

Rien ne *convient mieux* à un chef *que* de ne *mépriser* personne, *d'être* sans morgue, et de *commander* à tous également.

Préférez de corriger vos passions *plutôt que d'être corrigé*
à cause de vos passions.

---

(1) *Tourn.:* Socrate appelait imposteur non petit, pas même si quelqu'un
ayant pris de quelqu'un par persuasion argent ou vase, [l'en] frustrait,
mais de beaucoup le plus grand [imposteur], quiconque, n'étant digne
d'aucune estime, avait trompé, persuadant qu'il serait (*opt.*) capable de
gouverner l'état. Il me paraissait tenant de pareils discours, etc.

(2) *Tourn. :* le nous persuader les uns les autres étant né en
nous et le manifester, etc., et la parole est celle nous ayant produit
presque toutes les choses imaginées par nous.

(3) *Tourn. :* que personne étant sage.

μηδενὸς ἄξιος ὤν, ἐξηπατήκει, πείθων ὡς ἱκανὸς εἴη τῆς πόλεως ἡγεῖσθαι. ἐμοὶ μὲν οὖν ἐδόκει καὶ τοῦ ἀλαζονεύεσθαι ἀποτρέπειν τοὺς
συνόντας τοιάδε διαλεγόμενος [1].

Ἐγγενομένου ἡμῖν τοῦ πείθειν ἀλλήλους, καὶ δηλοῦν πρὸς ἡμᾶς αὐτοὺς περὶ ὧν ἂν βουληθῶμεν, οὐ μόνον τοῦ θηριωδῶς ζῆν ἀπηλ-
λάγημεν, ἀλλὰ καὶ συνελθόντες πόλεις ᾠκίσαμεν, καὶ νόμους ἐθέμεθα,
καὶ τέχνας εὕρομεν, καὶ σχεδὸν ἅπαντα τὰ δι' ἡμῶν μεμηχανημένα
λόγος ἡμῖν ἐστιν ὁ συγκατασκευάσας [2].

———

tif qui suit le *que*, il peut se sous-entendre dans le second
membre comme en français, et le second substantif se met
alors au même cas que le premier. *Ex.*: Il vaut *mieux* reprendre ses propres fautes *que celles d'autrui* : Κρεῖσσον τὰ
οἰκεῖα ἐλέγχειν ἁμαρτήματα, ἢ τὰ ὀθνεῖα. (*Ibid.*)

THÈME CORRIGÉ.

119. Προβουλεύεσθαι κρεῖσσον τῶν πράξεων, ἢ μετανοεῖν [3].

Μηδεὶς φρόνιμος ὢν τοῦ ἄρχειν ἀλλοτριούσθω. καὶ γὰρ ἀσεβὲς
τὸ ἀποσπᾷν ἑαυτὸν τῆς τῶν δεομένων εὐχρηστίας· καὶ ἀγεννὲς, τοῖς
φαύλοις παραχωρεῖν. ἀνόητον γὰρ τὸ αἱρεῖσθαι κακῶς ἄρχεσθαι,
ἢ καλῶς ἄρχειν [4].

Οὐδὲν ἄλλο ἡγεμόνι πρέπει, ἢ τὸ μηδένα ὑπερηφανεῖν, μηδὲ
ἁβρύνεσθαι, ἀλλ' ἐξ ἴσου πάντων προΐστασθαι [5].

Αἱροῦ πρότερον τὰς ἐπιθυμίας κολάζειν, ἢ διὰ τὰς ἐπιθυμίας
κολάζεσθαι [6].

———

[1] Xenoph. *Memor.* I, 7, 5. — [2] Isocr. *Nicocl.*, §. 3. — [3] Democr.
Sent., p. 628. — [4] Epict. *fragm.* CXXXI. — [5] *Ibid.* CXXXII. —
[6] *Ibid.* CXIII.

Τὸ φιλεῖν ἀκαίρως ἴσον ἐστὶ τῷ μισεῖν.

2°. NOMINATIF et DATIF. *Exemples :* Aimer *à contre-*
ἐστὶ τῷ μισεῖν. Littéra-

THÈME.

120. *Rappeler* ses services et [en] parler, est presque la même chose que les *reprocher* (1).

Bien *vivre* diffère *de vivre* somptueusement.

On demandait à Chilon : « Qu'y a-t-il de plus difficile ? » « *Se connaître* soi-même, » répondit-il (2).

Le bavardage entraîne beaucoup de fautes, mais *se taire* est sûr.

Tout est soumis à *la richesse* (3).

Rien ne caractérise le prince comme son amour pour ses sujets : ce qui constitue aussi le père, ce n'est pas seulement d'avoir donné l'être ; mais c'est encore d'*aimer*, après *avoir donné* la vie (4).

Il est grand *de penser* comme on doit dans l'adversité (5).

Il est bon non-seulement de ne pas faire d'injustice, mais même de ne [le] pas vouloir.

Toujours bien *raisonner* est d'un esprit divin.

Mettre tout instrument d'accord est l'affaire d'un musicien ; *se mettre* à l'unisson de toute fortune est le propre d'un homme éclairé.

IV. C'est par l'infinitif, employé ainsi aux différents cas,

Dicendi, τοῦ λέγειν, de dire.
Dicendo, ἐν τῷ λέγειν, en disant.

THÈMES.

I.

121. Quelqu'un blâmant Hécatée le rhéteur de n'avoir rien

---

(1) *Tourn.* : est égal, peu s'en faut, à le reprocher.
(2) *Tourn.* : Chilon interrogé quoi [de] plus difficile , Le connaître soi-même, dit-il.
(3) *Tourn.* : au être riche.
(4) *Tourn.* : le avoir engendré ne fait pas seul le père, mais aussi *le aimer après le avoir engendré.*
(5) *Tourn.* : grand est le penser dans l'adversité ce qu'il faut.

Τὸ φιλεῖν ἀκαίρως ἴσον ἐστὶ τῷ μισεῖν.

temps est la même chose que haïr : Τὸ φιλεῖν ἀκαίρως ἴσον
lement, *est égal à haïr*.

THÈME CORRIGÉ.

120. Τὸ τὰς ἰδίας εὐεργεσίας ὑπομιμνήσκειν καὶ λέγειν
μικροῦ δεῖν ὅμοιόν ἐστι τῷ ὀνειδίζειν [1].

Τὸ καλῶς ζῆν τοῦ πολυτελῶς διαφέρει [2].

Χίλων ἐρωτηθεὶς τί χαλεπώτατον «Τὸ γινώσκειν ἑαυτόν, » ἔφη [3].

Πολυλογία πολλὰ σφάλματα ἔχει, τὸ δὲ σιγᾶν ἀσφαλές [4].

Ἅπαντα τῷ πλουτεῖν ἔσθ᾿ ὑπήκοα [5].

Οὐδὲν οὕτω δείκνυσι τὸν τὴν ἀρχὴν ἔχοντα, ὡς ἡ φιλοστοργία ἡ
περὶ τοὺς ἀρχομένους· καὶ πατέρα οὐ τὸ γεννῆσαι μόνον ποιεῖ,
ἀλλὰ καὶ τὸ φιλεῖν μετὰ τὸ γεννῆσαι [6].

Μέγα τὸ ἐν συμφοραῖς φρονεῖν ἃ δεῖ [7].

Ἀγαθὸν οὐ [μόνον] τὸ μὴ ἀδικεῖν, ἀλλὰ τὸ μηδὲ ἐθέλειν [8].

Θείου νοῦ τὸ ἀεὶ διαλογίζεσθαι καλόν [9].

Μουσικοῦ μὲν ἔργον τὸ πᾶν ὄργανον ἁρμόσασθαι, πεπαιδευμέ-
νου δὲ ἀνδρὸς, τὸ πάσῃ τύχῃ (1) συμφωνῆσαι [10].

que l'on peut rendre en grec les gérondifs latins. *Exemples :*

Inter ambulandum, ἐν τῷ περιπατεῖν, en se promenant.
Ad dicendum, πρὸς τὸ λέγειν, à *ou* pour dire.

THÈMES CORRIGÉS.

I.

121. Ἀρχιδαμίδας, μεμφομένου τινὸς Ἑκαταῖον τὸν σοφιστὴν, ὅτι,

---

[1] Demosth. *De Cor.*, p. 316, 10. — [2] Epict. *fragm.* XXVIII. —
[3] Stob. *Tit.* XIX. — 4 *Ibid.* XXXIV. — [5] Aristoph. *Plut.* 146. —
[6] Div. J. Chrysost. *De educ. liber.* — [7] Democr., p. 627. — [8] *Ibid.*,
p. 628. — 9 *Ibid.*, p. 632. — [10] Demoph. *Similit.*, p. 616.

(1) Le texte ordinaire porte ψυχῇ. J'ai adopté la correction de Th.
Gale.

dit dans un repas à Lacédémone (1) où il avait été reçu, « Vous me paraissez ignorer, dit Archidamidas, que celui qui sait parler, connaît aussi le moment *de parler.* »

Anacréon est étrange d'avoir fait rouler (2) toute sa poésie sur l'ivresse. Il est, en effet, décrié pour s'être livré (3) à la mollesse et à la volupté dans ses vers, parce que la plupart des gens ignorent (4) qu'étant à jeun il feint, sans nécessité, d'être ivre *en écrivant.*

En naviguant, il faut obéir au pilote; *en vivant,* il faut obéir à celui qui peut raisonner.

L'homme le plus dur envers son fils *en* lui *faisant* des remontrances, est amer dans ses paroles, mais père dans ses actions.

L'Académie passant pour un lieu malsain (5), et les médecins conseillant à Platon de transporter sa demeure au Lycée, il n'en voulut rien faire, disant : « Quant à moi, je ne serais pas allé m'établir même sur les hauteurs du mont Athos *pour vivre* plus longtemps (6). »

II.

122. Si *parler* continuellement, beaucoup et vite, était la *marque de* bien penser, les hirondelles pourraient passer pour beaucoup plus sensées que nous.

En se livrant à la paresse et *en aimant* les excès, les douleurs sont à l'instant jointes aux plaisirs : mais s'exercer (7) à la vertu, et régler sagement sa vie, procure toujours des jouissances pures et plus solides.

La conversation roulait sur Alexandre, le roi [de Macédoine], comme ne buvant pas beaucoup, mais comme prolongeant beaucoup le temps *en buvant* et *en s'entretenant avec* ses amis. Philinus prouva la futilité de ces propos (8) d'après les jour-

---

(1) Un *repas à Lacédémone* se rendra simplement par τὸ συσσίτιον, qui signifie proprement *les repas communs* établis par Lycurgue.

(2) *Tourn. :* est étrange ayant fait rouler, etc.

(3) *Tourn. :* est décrié s'étant livré.

(4) *Tourn. :* la plupart ignorant; au *gén. absolu.*

(5) *Génit. absol.,* ainsi que les mots suivants.

(6) Les anciens croyaient que les habitants du mont Athos vivaient fort longtemps. — *Aller s'établir,* μετοικεῖν, ici à l'aor. 1 *ind.* avec ἄν.

(7) *Tourn. :* mais le s'exercer...... et le régler sagement, etc.

(8) *Tourn. :* démontra eux disant des futilités.

παραληφθεὶς εἰς τὸ συσσίτιον αὐτῶν, οὐδὲν ἔλεγεν, « Ἀγνοεῖν μοι δοκεῖς, εἶπεν, ὅτι ὁ εἰδὼς λόγον, καὶ τὸν τοῦ λέγειν καιρὸν οἶδεν [1]. »

Ἄτοπος ὁ Ἀνακρέων, ὁ πᾶσαν αὐτοῦ τὴν ποίησιν ἐξαρτήσας μέθης. τῇ γὰρ μαλακίᾳ καὶ τῇ τρυφῇ ἐπιδοὺς ἑαυτὸν ἐν τοῖς ποιήμασι διαβέβληται, οὐκ εἰδότων τῶν πολλῶν, ὅτι, νήφων ἐν τῷ γράφειν, προσποιεῖται μεθύειν, οὐκ οὔσης ἀνάγκης [2].

Ἐν μὲν τῷ πλεῖν, πείθεσθαι δεῖ τῷ κυβερνήτῃ· ἐν δὲ τῷ ζῆν, τῷ λογίζεσθαι δυναμένῳ βέλτιον [3].

Ὁ σκληρότατος πρὸς υἱὸν ἐν τῷ νουθετεῖν,
Τοῖς μὲν λόγοις πικρός ἐστι, τοῖς δ' ἔργοις πατήρ [4].

Ὁ Πλάτων, νοσεροῦ χωρίου λεγομένου εἶναι τῆς Ἀκαδημίας, καὶ συμβουλευόντων αὐτῷ ἰατρῶν εἰς τὸ Λύκειον μετοικῆσαι, οὐκ ἠξίωσεν, εἰπών· « Ἀλλ' ἔγωγε οὐκ ἂν οὐδὲ εἰς τὰ ἄκρα τὰ τοῦ Ἄθω μετῴκησα ἂν ὑπὲρ τοῦ μακροβιώτερος γενέσθαι [5]. »

II.

122. Εἰ τὸ συνεχῶς καὶ πολλὰ καὶ ταχέως λαλεῖν
Ἦν τοῦ φρονεῖν παράσημον, αἱ χελιδόνες
Ἐλέγοντ' ἂν ἡμῶν σωφρονέστεραι πολύ [6].

Ἐν μὲν τῷ ῥᾳθυμεῖν, καὶ τὰς πλησμονὰς ἀγαπᾶν, εὐθὺς αἱ λῦπαι ταῖς ἡδοναῖς παραπεπήγασι· τὸ δὲ περὶ τὴν ἀρετὴν φιλοπονεῖν, καὶ σωφρόνως τὸν ἑαυτοῦ βίον οἰκονομεῖν ἀεὶ τὰς τέρψεις εἰλικρινεῖς καὶ βεβαιοτέρας ἀποδίδωσι [7].

Λόγος ἦν περὶ Ἀλεξάνδρου τοῦ βασιλέως, ὡς οὐ πολὺ πίνοντος, ἀλλὰ πολὺν χρόνον ἐν τῷ πίνειν καὶ διαλέγεσθαι τοῖς φίλοις ἕλκοντος. ἀπεδείκνυε δ' αὐτοὺς φλυαροῦντας Φίλινος ἐκ τῶν βασιλικῶν

---

[1] Plut. *Apophth. Lacon.*, p. 340, *ed.* H. Steph. 1568, *in*-18. — [2] Athen., lib. X, c. 7, p. 429 B = t. IV, p. 69, J. Schweigh. — [3] Stob. *Tit.* I. — [4] *Poët. Gnom.* Menand. XII. — [5] Æl. *V. H.* IX, 10. — [6] *Poët. Gnom.* Nicostr. — [7] Isocr. *ad Demon.*, §. 5, p. 10, *ed.* Coray.

naux royaux, dans lesquels il est très-fréquemment écrit : « Le roi s'est endormi aujourd'hui pour avoir trop bu. »

Cicéron étant parvenu à *l'âge d'apprendre*, se distingua par ses heureuses dispositions, et se fit un nom et une réputation parmi les enfants, au point que leurs pères venaient dans les écoles, voulant le voir de leurs yeux, et s'informer eux-mêmes de cette pénétration et de cette intelligence si vantées qu'il montrait pour les sciences (1).

———

OBSERVATIONS, 1°. On peut sous-entendre l'article devant l'infinitif, employé comme sujet de la proposition. Ex. : *Etre asservi* à ses passions est pire que de l'être à des tyrans : Δουλεύειν πάθεσι χαλεπώτερον ἢ τυράννοις. (Demoph., p. 621.)

2°. On peut sous-entendre la préposition ἐν avec l'infinitif, employé pour rendre le gérondif en *do* des Latins, ou toute tournure qui exprime en français la manière ou la raison. *Ex.:* Triomphez de la colère *en consultant* la raison : Νίκησον ὀργὴν

THÈMES.

I. 1°.

123. Dans le bonheur *trouver* un ami est facile, mais dans le malheur, rien [de] plus difficile.

Il vaut mieux *s'entretenir* plus souvent avec soi - même qu'avec les autres (2).

De même qu'il est doux de *voir* la mer du rivage, de même il est agréable à un [homme] sauvé de *se souvenir* de ses dangers.

De même qu'il vaut mieux *se bien porter* couché à l'étroit sur un misérable grabat, que d'*être malade* sur un lit bien large, où l'on ne fait que se retourner : de même il vaut mieux,

———

(1) *Tourn.* : de la célébrée pénétration et intelligence de lui touchant les sciences.

(2) *Tourn.* : s'entretenir plus avec soi-même qu'avec les autres est meilleur.

ἐφημερίδων, ἐν αἷς συνεχέστατα γέγραπται, ὅτι τήνδε τὴν ἡμέραν ἐκ τοῦ πότου ἐκάθευδεν [1].

Κικέρων ἐν ἡλικίᾳ τοῦ μανθάνειν γενόμενος, δι᾽ εὐφυΐαν ἐξέλαμψε, καὶ ἔλαβεν ὄνομα καὶ δόξαν ἐν τοῖς παισίν, ὥςτε τοὺς πατέρας αὐτῶν ἐπιφοιτᾷν τοῖς διδασκαλείοις, ὄψει τε βουλομένους ἰδεῖν τὸν Κικέρωνα, καὶ τὴν ὑμνουμένην αὐτοῦ περὶ τὰς μαθήσεις ὀξύτητα καὶ σύνεσιν ἱστορῆσαι [2].

———

τῷ λογίζεσθαι καλῶς. (*Monostich.* 349.) L'infinitif ainsi employé peut être considéré aussi comme un datif correspondant à l'ablatif de manière des Latins. Voy. la *Méth.*, Synt. partic., §. 338, 2°.

3°. Il est permis aussi de sous-entendre quelquefois article et préposition. *Ex.* : Il est *habile à parler* : Δεινός ἐστι λέγειν (c'est-à-dire κατὰ τὸ λέγειν) (1). Cette construction a particulièrement lieu avec les adjectifs.

THÈMES CORRIGÉS.

I. 1°.

123. Ἐν εὐτυχίᾳ φίλον εὑρεῖν εὔπορον · ἐν δὲ δυςτυχίᾳ, πάντων ἀπορώτατον [3].

Διαλέγεσθαι ἄμεινον ἑαυτῷ πλέον, ἤπερ τοῖς πέλας [4].

Ὡς ἡδὺ τὴν θάλασσαν ἀπὸ γῆς ὁρᾷν, οὕτως ἡδὺ τῷ σωθέντι μεμνῆσθαι τῶν πόνων [5].

Ὥσπερ ἐπὶ σμικροῦ σκίμποδος θλιβόμενον ὑγιαίνειν ἄμεινον, ἢ ἐπὶ πλατείας κλίνης κυλινδούμενον νοσεῖν · οὕτω καὶ ἐν μικρᾷ πε-

---

[1] Plut. *Symp. Probl.*, lib. I, VI, t. II, p. 1107, H. Steph. — [2] *Idem, in Cicer.*, §. 2. — [3] Democr. *Sent.*, p. 631. — [4] Demoph. *Sent.*, p. 621. — [5] Epict. *fragm.* CXXI.

(1) C'est ainsi que Tacite a dit : Agricola fuit *peritus obsequi eruditusque* utilia honestis *miscere.* Agric., 8. Cet hellénisme, imité particulièrement par les poëtes latins, se trouve quelquefois chez les meilleurs prosateurs. Uterque princeps optimus erat, *dignusque* alter *eligi*, alter *eligere.* Plin. Paneg., 7. Mœsta civitas fuit, *vinci insueta.* Liv. IV, 31. Prædixerat his Datames, cum quibus iter faciebat, ut *parati* essent *facere* quod ipsum vidissent. Nep. XIV, 9. Cæsar tantummodo *contentus* cum una legione titulum *retinere* provinciæ. Vell. Paterc. II, 49.

se refermant dans une petite fortune, *avoir le cœur content,* que *vivre triste et chagrin* au sein de la grandeur (1).

II. 1°.

Un Tyran dépeint son sort.

124. Craindre la foule et la solitude, *craindre* de ne pas avoir de gardes, et *craindre* ses gardes mêmes, ne pas *vouloir* avoir autour de soi des gens sans armes, et ne point *trouver* de plaisir à les voir armés (2), n'est-ce point là un sort déplorable (3)? De plus, *se fier* à des étrangers plutôt qu'à des citoyens, *souhaiter* d'avoir des hommes libres pour esclaves, et *être forcé* de rendre des esclaves libres, tout cela ne vous paraît-il pas les indices d'une âme frappée de crainte? Or, non-seulement la peur répand elle-même la tristesse dans l'âme qu'elle habite, mais, compagne de toutes nos jouissances, elle en devient le poison.

III. 2°.

Portrait d'Alexandre.

125. Alexandre mourut (4) dans la cent-quatorzième olympiade (5). Il vécut trente-deux ans et huit mois (6), et régna douze ans et huit mois (7). Doué d'une beauté rare, de la plus grande ardeur pour le travail, d'une extrême vivacité, d'une fermeté d'âme extraordinaire, il était très-passionné pour la gloire, très-avide de périls et très-fidèle observateur des devoirs religieux. Fort tempérant dans les jouissances des sens, à l'égard de celles (8) de l'âme, il n'était insatiable que de louanges. Il était extrêmement *habile pour saisir* ce qu'il fallait faire dans les cas encore douteux et incertains, très-*heureux pour conjecturer* les probabilités d'après les apparences, très-*savant* pour *ranger*, *équiper* et *ordonner* une armée; et

----

(1) *Tourn.* : de même que *se bien porter*, froissé (*à l'acc.*) sur un petit grabat, est meilleur qu'*être malade* se roulant (*à l'acc.*) sur un lit large; de même aussi *être satisfait* se resserrant (*à l'acc.*) dans une petite fortune, est meilleur que *s'affliger* se trouvant (*à l'acc.*) dans une grande.

(2) *Tourn.* : et ne pas les voir armés avec plaisir.

(3) *Tourn.* : comment n'est-ce point une chose cruelle?

(4) Employez l'imparfait. Voy. la *Méthode*, §. 358.

ριουσίᾳ βέλτιον συστελλόμενον εὐθυμεῖν, ἢ ἐν μεγάλῃ τυγχάνοντα
δυςθυμεῖν [1].

II. 1°.

Τύραννος τὴν ἑαυτοῦ κατάστασιν διηγεῖται.

124. Τὸ φοβεῖσθαι μὲν ὄχλον, φοβεῖσθαι δ᾽ ἐρημίαν, φοβεῖσθαι δὲ ἀφυλαξίαν, φοβεῖσθαι δὲ καὶ αὐτοὺς τοὺς φυλάσσοντας,
καὶ μήτ᾽ ἀνόπλους ἐθέλειν ἔχειν περὶ αὐτὸν, μήθ᾽ ὡπλισμένους
ἡδέως θεᾶσθαι, πῶς οὐκ ἀργαλέον ἐστὶ πρᾶγμα; ἔτι δὲ ξένοις μᾶλλον μὲν ἢ πολίταις πιστεύειν, ἐπιθυμεῖν δὲ τοὺς μὲν ἐλευθέρους
δούλους ἔχειν, τοὺς δὲ δούλους ἀναγκάζεσθαι ποιεῖν ἐλευθέρους,
οὐ πάντα σοι ταῦτα δοκεῖ ψυχῆς ὑπὸ φόβων καταπεπληγμένης τεκμήρια
εἶναι; ὅ γέ τοι φόβος οὐ μόνον αὐτὸς ἐνὼν ταῖς ψυχαῖς λυπηρός ἐστιν,
ἀλλὰ καὶ πάντων τῶν ἡδέων συμπαρακολουθῶν λυμεὼν γίγνεται [2].

III. 2°.

Ἀλεξάνδρου ἠθοποιΐα.

125. Ἐτελεύτα μὲν Ἀλέξανδρος τῇ τετάρτῃ καὶ δεκάτῃ καὶ ἑκα-
τοστῇ ὀλυμπιάδι· ἐβίω δὲ δύο καὶ τριάκοντα ἔτη, καὶ τοῦ τρίτου μῆνας
ἐπέλαβεν ὀκτώ· ἐβασίλευσε δὲ δώδεκα ἔτη, καὶ τοὺς ὀκτὼ μῆνας τούτους. τό τε σῶμα κάλλιστος, καὶ φιλοπονώτατος, καὶ ὀξύτατος γενόμενος, καὶ τὴν γνώμην ἀνδρειότατος, καὶ φιλοτιμότατος, καὶ φιλοκινδυ-
νότατος, καὶ τοῦ θείου ἐπιμελέστατος· ἡδονῶν μὲν, τῶν μὲν τοῦ σώματος ἐγκρατέστατος, τῶν δὲ τῆς γνώμης, ἐπαίνου μόνου ἀπληστότατος·
ξυνιδεῖν δὲ τὸ δέον ἔτι ἐν τῷ ἀφανεῖ ὂν δεινότατος, καὶ ἐκ τῶν
φαινομένων τὸ εἰκὸς ξυμβαλεῖν ἐπιτυχέστατος, καὶ τάξαι
στρατιὰν καὶ ὁπλίσαι τε καὶ κοσμῆσαι δαημονέστατος· καὶ

---

[1] Epict. *fragm.* XXIV. — [2] Xenoph. *Hier.*, cap. 6.

(5) A l'ablat. en sous-entendant ἐν. Voy. la *Méthode*, §. 338, 4°.
(6) A l'acc. Voy. la *Méthode*, §. 345.
(7) Voy. la note précédente.
(8) *Tourn.* : mais de celles (§. 309) de l'âme, il était insatiable de
la seule louange.

[quand il s'agissait d'] *enflammer* le courage des soldats, [de les] *remplir* de brillantes espérances, [de] *bannir* dans les dangers par sa propre intrépidité la crainte de leur âme, il était [pour] tout cela *doué des plus heureuses dispositions.*

IV. 2°.

Suite du Thème précédent.

126. Il exécutait aussi avec la plus grande hardiesse toutes les entreprises douteuses, et il *excellait pour prendre* sur l'ennemi tous les avantages qu'on (1) ne lui enlève qu'en le gagnant de vitesse, avant même qu'il ait pu craindre ce qui devait arriver. *Très-fidèle à observer* les conventions et les traités, *il se tenait fort sur ses gardes pour* ne pas *être* dupe des trompeurs. Très-économe de ses richesses pour ses plaisirs particuliers, il n'en était nullement avare pour exercer sa bienfaisance. Si Alexandre a commis quelques fautes par vivacité ou par emportement, je pense qu'on ne les trouvera pas très-graves, si l'on réfléchit équitablement à sa jeunesse, à la continuité de sa prospérité, et à cette espèce d'hommes qui s'attachent à la personne des rois pour [leur plaire], mais non pour les plus louables desseins.

V. 2°.

127. Le polype est *terrible pour manger*, et extrêmement *rusé pour tendre* des piéges.

Faites l'épreuve de l'homme plutôt par ses actions que par ses discours : car plusieurs, pervers dans leur vie, sont *très-persuasifs dans leurs discours* (2).

Les Athéniens dans la guerre médique (3) fournirent les moyens les plus nombreux et les plus avantageux pour la liberté de la Grèce (4), Thémistocle, général *très-capable de parler, de penser* et *d'agir*, plus de vaisseaux que tous les autres, et les guerriers les plus expérimentés.

Les Athéniens sont novateurs, *prompts à concevoir* et *à exécuter* ce qu'ils ont résolu (5).

---

(1) *Tourn.* : quelqu'un, τίς.
(2) *Tourn.* : *très-persuasif à parler.*
(3) Ἐν τῷ κατὰ τῶν Μήδων πολέμῳ.
(4) *Tourn.* : des Grecs, οἱ Ἕλληνες.
(5) Employez l'*aor.* du *subj.* avec ἄν. Voy. plus bas, p. 258, Règle III.

τὸν θυμὸν τοῖς στρατιώταις ἐπᾶραι, καὶ ἐλπίδων ἀγαθῶν ἐμπλῆ-
σαι, καὶ τὸ δεῖμα ἐν τοῖς κινδύνοις τῷ ἀδεεῖ τῷ αὑτοῦ ἀφανίσαι,
ξύμπαντα ταῦτα γενναιότατος.

IV. 2°.

Τὰ ἑξῆς.

126. Καὶ οὖν καὶ ὅσα ἐν τῷ ἀφανεῖ πρᾶξαι, ξὺν μεγίστῳ θάρσει
ἔπραξεν· ὅσα τε φθάσας ὑφαρπάσαι τῶν πολεμίων, πρὶν καὶ δεῖσαί
τινα αὐτὰ ὡς ἐσόμενα, προλαβεῖν δεινότατος. καὶ τὰ μὲν ξυν-
τεθέντα ἢ ὁμολογηθέντα φυλάξαι βεβαιότατος· πρὸς δὲ τῶν ἐξα-
πατώντων μὴ ἁλῶναι ἀσφαλέστατος· χρημάτων δὲ ἐς μὲν ἡδονὰς
τὰς αὑτοῦ φειδωλότατος, ἐς δὲ εὐποιΐαν τῶν πέλας, ἀφθονώτατος. εἰ
δέ τι ἐπλημμελήθη Ἀλεξάνδρῳ δ᾽ ὀξύτητα, ἢ ὑπ᾽ ὀργῆς, οὐ μεγάλα
τίθεμαι ἔγωγε, εἰ τὴν νεότητά τέ τις τὴν Ἀλεξάνδρου μὴ ἀνεπιεικῶς
ἐνθυμηθείη, καὶ τὸ διηνεκὲς τῆς εὐτυχίας, καὶ τοὺς πρὸς ἡδονὴν, οὐκ
ἐπὶ τῷ βελτίστῳ τοῖς βασιλεῦσι ξυνόντας [1].

V. 2°.

127. Ὁ πολύπους ἐστὶ καὶ φαγεῖν δεινὸς, καὶ ἐπιβουλεῦσαι
σφόδρα πανοῦργος [2].

Πεῖραν ἀνθρώπου ἐκ τῶν ἔργων μᾶλλον λάμβανε ἢ ἐκ τῶν λόγων·
πολλοὶ γὰρ βίῳ μέν εἰσι κακοί, λέγειν δὲ πιθανώτατοι [3].

Οἱ Ἀθηναῖοι [ἐν τῷ κατὰ τῶν Μήδων πολέμῳ] πλεῖστα καὶ κάλλιστα
ὑπὲρ τῆς τῶν Ἑλλήνων ἐλευθερίας συνεβάλοντο, στρατηγὸν μὲν, Θε-
μιστοκλέα, ἱκανώτατον εἰπεῖν καὶ γνῶναι καὶ πρᾶξαι· ναῦς
δὲ πλέους τῶν ἄλλων ἁπάντων, ἄνδρας δ᾽ ἐμπειροτάτους [4].

Οἱ Ἀθηναῖοί [εἰσι] νεωτεροποιοὶ καὶ ἐπινοῆσαι ὀξεῖς καὶ ἐπι-
τελέσαι ἔργῳ ὃ ἂν γνῶσιν [5].

---

[1] Arrian. *Exped. Alex.*, lib. VII, p. 167, ed. H. Steph. = VII, 28,
29, Schmied. — [2] Ælian. *H. A.*, I, 27. — [3] Demoph. *Sent.*, p. 623.
— [4] Lysias, *Orat. fun.*, §. 10. — [5] Thucyd. I, 70.

VI. 2°.

128. Anarcharsis fit le tour de la Grèce, désirant de voir une sagesse stable et solide. Je ne puis (1) dire s'il la trouva quelque part ailleurs; mais enfin il rencontra à Chènes (2), petite et faible ville (3), un homme de bien : Myson était son nom. Or, ce Myson avait toutes les qualités nécessaires (4) *pour* bien *administrer* sa maison, *pour cultiver* ses champs avec intelligence, *pour faire régner* les bonnes mœurs dans son ménage, et *pour donner* une éducation libérale à ses enfants. Le Scythe (5) n'en demanda pas davantage, et il ne chercha plus une sagesse verbeuse, quand il avait des actions sous les yeux (6).

VII. 2°. et 3°.

129. Les louanges que vous vous donnez à vous-même ne vous exposent à aucun reproche (7), si vous ne vous louez que pour vous justifier d'une calomnie ou d'une accusation ; comme Périclès [disant aux Athéniens] : « Vous vous irritez contre moi qui crois n'être *inférieur* à personne ni *pour concevoir* ce qui est nécessaire et pour *l'exposer*, ni *pour se montrer* ami de sa patrie et inaccessible à la corruption. » *En parlant* (8) de lui-même avec [cette] gravité, non seulement il échappa (9) alors au reproche de forfanterie, de vanité et de prétention, mais encore il montre une élévation d'esprit et une supériorité de vertu, qui, *en ne se laissant pas abattre*, humilie et subjugue l'envie.

L'homme paraît l'emporter sur tous les autres animaux en *cela qu'il désire* la considération.

---

(1) Voy. la *Méthode*, §. 388, 5.

(2) Χηναί, ἐν Χηναῖς. Voy. aussi la *Méthode*, §. 388, 5°.

(3) Ce mot devra être mis au même cas que celui avec lequel il forme une apposition, mais il ne prendra pas la préposition comme en latin : *Corinthi, in loco nobili.*

(4) *Tourn.* : était *bon.*

(5) *Tourn.* : *l'étranger Scythe*, ὁ Σκύθης ξένος.

(6) *Tourn.* : des actions étant présentes.

(7) *Tourn.* : se louer soi-même est irréprochablement, si vous le faites vous justifiant, etc., comme Périclès : « Vous vous irritez contre moi homme tel qui crois n'être, etc. »

VI. 2°.

128. Ἀνάχαρσις περιῄει τὴν Ἑλλάδα ἐν κύκλῳ, ποθῶν ἰδεῖν σοφίαν στάσιμον καὶ ἑδραίαν· καὶ εἰ μέν που ἄλλοθι ἐξεῦρεν εἰπεῖν οὐκ ἔχω· εὗρε δ' οὖν ἐν Χηναῖς, σμικρῷ καὶ ἀσθενεῖ πολίσματι, ἄνδρα ἀγαθόν· ὄνομα ἦν αὐτῷ ὁ Μύσων. ἀγαθὸς δὲ ἦν ἄρα ὁ Μύσων οἶκον οἰκῆσαι καλῶς καὶ γῆν τημελῆσαι δεξιῶς, καὶ γάμου προστῆναι σωφρόνως, καὶ παῖδας ἐκθρέψαι γεννικῶς. καὶ ἐξήρκεσε τῷ Σκύθῃ ξένῳ μηκέτι σοφίαν ζητεῖν λαλιστέραν, παρόντων ἔργων [1].

VII. 2°. et 3°.

129. Αὐτὸν ἐπαινεῖν ἀμέμπτως ἐστὶν, ἂν ἀπολογούμενος τοῦτο ποιῇς πρὸς διαβολὴν ἢ κατηγορίαν, ὡς Περικλῆς· « Καίτοι ἐμοὶ τοιουτῷ ἀνδρὶ ὀργίζεσθε, ὃς οὐδενὸς ἥσσων οἴομαι εἶναι γνῶναί τε καὶ τὰ δέοντα, καὶ ἑρμηνεῦσαι ταῦτα, φιλόπολίς τε καὶ χρημάτων κρείσσων. » Οὐ γὰρ μόνον ἀλαζονείαν καὶ κενότητα καὶ φιλοτιμίαν ἐκπέφευγε τῷ λέγειν τηνικαῦτα περὶ αὑτοῦ σεμνὸν, ἀλλὰ καὶ φρόνημα καὶ μέγεθος ἀρετῆς διαδείκνυσι, τῷ μὴ ταπεινοῦσθαι ταπεινούσης καὶ χειρουμένης τὸν φθόνον [2].

Δοκεῖ τούτῳ διαφέρειν ἀνὴρ τῶν ἄλλων ζώων τῷ τιμῆς ὀρέγεσθαι [3].

---

[1] Max. Tyr. *Dissert.* XXXI, 1. — [2] Plut. *Quom. se quis. laud. possit*, t. II, p. 958, Steph. — [3] Xenoph. *Hier.* VII, 3.

(8) Voy. plus haut, p. 210. OBSERV. 2°.
(9) Employez le parf. moy. Voy. la *Méthode*, §. 118, 2°.

[*Venit quæsitum*, ἦλθε ζητῆσαι.]

V. Règle. En grec, comme en français, on emploie l'infinitif après les verbes de mouvement, dans le cas où les Latins mettent le supin en *um* ou le participe en *turus*. Ex. : Il est

THÈMES.

I.

13o. Nous devons étudier; car *nous sommes venus* au monde *pour apprendre*.

Vaniteux, *va le montrer* aux sots.

Le roi David dit à Joab et aux chefs de son armée : Allez, et comptez Israël depuis Bersabée jusqu'à Dan, et je saurai son nombre. Et Joab *partit pour faire* le dénombrement du peuple d'Israël. Les chefs et lui parcoururent (1) tout le pays, et revinrent au bout de neuf mois et vingt jours à Jérusalem; et Joab donna au roi le compte du recensement du peuple. Il y avait dans Israël huit cent mille hommes tirant l'épée, et dans Juda cinq cent mille combattants. Mais cette action déplut au Seigneur, et il frappa Israël.

II.

131. En été, quand la chaleur fait souffrir de la soif, un lion et un sanglier *étaient venus boire* à une petite source. Ils disputèrent (2) à qui boirait (3) le premier : de là ils en vinrent aux prises. S'étant tout à coup mis à reprendre haleine, ils aperçurent des vautours qui attendaient [pour] dévorer celui des deux qui tomberait (4) le premier. C'est pourquoi ayant mis un terme à leur inimitié et à leur rivalité, ils [se] dirent : Il vaut mieux pour nous devenir amis que de servir de pâture aux vautours et aux corbeaux.

---

(1) *Tourn. :* ils parcoururent.

(2) *Ils disputèrent...... ils en vinrent :* sur la manière de rendre ces temps, voy. la *Méthode*, §. 358.

(3) Employez l'aor. du subjonct.

(4) *Tourn. :* qui d'eux tomberait (à l'*aor. du subjonct.*) celui-là (οὗτος) dévorer, à l'*aor. inf.*

[*Venit quæsitum*, ἦλθε ζητῆσαι.]

venu chercher *ou* pour chercher : Ἦλθε ζητῆσαι. En latin : *Venit quæsitum* ou *quæsiturus*.

THÈMES CORRIGÉS.

I.

130. [Ἡμᾶς χρὴ ἀσκεῖσθαι · καὶ γὰρ εἰς βίον] μανθάνειν ἤλθομεν [1].

[Κενόσπουδε], χώρει ὀφθῆναι [τοῖς ἠλιθίοις] [2].

Εἶπεν ὁ βασιλεὺς Δαυὶδ πρὸς Ἰωάβ, καὶ πρὸς τοὺς ἄρχοντας τῆς δυνάμεως αὐτοῦ · Πορεύθητε, καὶ ἀριθμήσατε τὸν Ἰσραὴλ ἀπὸ Βηρσαβεὲ, καὶ ἕως Δὰν, καὶ γνώσομαι τὸν ἀριθμὸν αὐτῶν. καὶ ἐξῆλθεν Ἰωάβ ἐπισκέψασθαι τὸν λαὸν τὸν Ἰσραὴλ, καὶ περιώδευσαν ἐν πάσῃ τῇ γῇ, καὶ παρεγένοντο ἀπὸ τέλους ἐννέα μηνῶν καὶ εἴκοσι ἡμερῶν εἰς Ἱερουσαλήμ · καὶ ἔδωκεν Ἰωάβ τὸν ἀριθμὸν τῆς ἐπισκέψεως τοῦ λαοῦ πρὸς τὸν βασιλέα · καὶ ἐγένετο Ἰσραὴλ ὀκτακόσιαι χιλιάδες ἀνδρῶν σπωμένων ῥομφαίαν, καὶ Ἰούδα πεντακόσιαι χιλιάδες ἀνδρῶν μαχητῶν. ἀλλὰ τὸ πρᾶγμα τοῦτο ἀπήρεσε τῷ Κυρίῳ, καὶ ἐπάταξε τὸν Ἰσραὴλ [3].

II.

131. Θέρους ἐν ὥρᾳ, ὅτε τὸ καῦμα δίψει λυπεῖ, εἰς μικρὰν πηγὴν λέων καὶ κάπρος ἦλθον πιεῖν. ἤριζον δὲ τίς πρῶτος αὐτῶν πίῃ· ἐκ τούτου δὲ πρὸς φόνον ἀλλήλων διηγέρθησαν. ἄφνω δὲ ἐπιστραφέντες πρὸς τὸ ἀναπνεῦσαι, εἶδον γύπας ἐκδεχομένους, ὃς αὐτῶν πέσῃ, τοῦτον καταφαγεῖν. διὰ τοῦτο λύσαντες τὴν ἔχθραν, εἶπον· Κρεῖσσόν ἐστιν ἡμᾶς φίλους γενέσθαι, ἢ βρῶμα γυπὶ καὶ κόραξιν 4.

---

[1] Soph. *Œd. C.* 12. — [2] Eurip. *Iph. A.* 679. — [3] *Bibl. Reg.* II, 24. — [4] Æsop. fab. 224, *ed.* Jo. Chr. Gottl. Ernesti.

[*Suave auditu, mirabile visu.*]

VI. Règle. Dans ces tournures, *agréable à entendre, admirable à voir*, les Grecs, comme les Français, mettent, après l'adjectif, l'infinitif actif ou passif, mais sans préposition. Ex. : Ἡδὺ ἀκούειν, agréable à entendre; admirable à voir, θαυμαστὸς ἰδεῖν; très-laid à voir, αἴσχιστος ὀφθῆναι, proprement, à

THÈMES.

I.

132. Pompée ayant fui de Rome vers la mer, Métellus, chef du trésor public, le fit fermer pour s'opposer à César qui voulait s'emparer des fonds (1). César le menaça de le tuer : Métellus étant frappé d'épouvante, « Jeune homme, lui dit-il, cela m'était *plus difficile à dire qu'à faire.* »

Pour l'homme (2) honnête et vertueux, la première des professions, le premier des arts est l'agriculture, au moyen de laquelle nous nous procurons (3) ce qui nous est nécessaire. Cette profession en effet paraît être *la plus facile à apprendre*, et *la plus agréable à exercer*, *la plus propre à produire* les corps les plus beaux et les plus robustes, et à laisser à l'esprit le plus de liberté pour s'occuper de ses amis et des intérêts publics.

Corinthe était [comme] le vestibule du Péloponnèse. Cette ville, située entre deux mers, était *agréable à voir*, elle abondait en délices, mais elle avait des habitants sans grâce et sans amabilité.

II.

133. De même qu'Homère entreprit d'éclairer par la fable et l'histoire les hommes si *difficiles à instruire*, de même Socrate employa souvent un semblable moyen, tantôt avouant qu'il parlait sérieusement, tantôt feignant de plaisanter.

-----

(1) *Tourn.* : comme, Pompée fuyant (*gén. abs.*), etc., Métellus étant chef, etc., empêchait César voulant prendre les fonds, etc.

(2) *Tournez* par le dat. , et voy. la *Méthode*, §. 337, I.

(3) Voy. la *Méthode*, §. 352, 2°.

[*Suave auditu, mirabile visu.*]

être vu (1). Ce qui se traduirait en latin par le supin passif en *u* : *Suave auditu, mirabile, turpe visu.* — Cet emploi de l'infinitif a lieu en grec surtout avec les adjectifs ῥάδιος, *facile*, et χαλεπός, *difficile*.

THÈMES CORRIGÉS.

I.

132. Ἐπεὶ, Πομπηΐου φεύγοντος ἐπὶ θάλασσαν ἐκ τῆς Ῥώμης, καὶ Μέτελλος, ἔπαρχος ὢν τοῦ ταμιείου, βουλόμενον Καίσαρα χρήματα λαβεῖν ἐκώλυε, καὶ τὸ ταμιεῖον ἀπέκλεισεν, ἠπείλησεν ἀποκτενεῖν αὐτόν· καταπλαγέντος δὲ τοῦ Μετέλλου· «Τοῦτο, εἶπεν, ὦ νεανίσκε, φῆσαί μοι χαλεπώτερον ἦν ἢ ποιῆσαι [1].»

Ἀνδρὶ καλῷ τε κἀγαθῷ ἐργασία ἐστὶ καὶ ἐπιστήμη κρατίστη ἡ γεωργία, ἀφ' ἧς τὰ ἐπιτήδεια ἄνθρωποι πορίζονται. αὕτη γὰρ ἡ ἐργασία μαθεῖν τε ῥᾴστη δοκεῖ εἶναι, καὶ ἡδίστη ἐργάζεσθαι, καὶ [ἱκανωτάτη] τὰ σώματα κάλλιστά τε καὶ εὐρωστότατα παρέχεσθαι, καὶ ταῖς ψυχαῖς ἥκιστα ἀσχολίαν παρέχειν φίλων τε καὶ πόλεων συνεπιμελεῖσθαι [2].

Ἡ Κόρινθος [ἦν] τὰ τῆς Πελοποννήσου προπύλαια· καὶ [αὕτη] ἡ δυοῖν θαλάσσαιν ἐν μέσῳ κειμένη πόλις χαρίεσσα μὲν ἰδεῖν, καὶ ἀμφιλαφῶς ἔχουσα τρυφημάτων, τοὺς δὲ οἰκήτορας ἀχαρίστους καὶ ἀνεπαφροδίτους κεκτημένη [3].

II.

133. Ὥσπερ Ὅμηρος διά τε μύθων καὶ ἱστορίας ἐπεχείρησε τοὺς ἀνθρώπους παιδεύειν, σφόδρα ἐργώδεις ὄντας παιδευθῆναι· καὶ Σωκράτης πολλάκις ἐχρῆτο τῷ τοιούτῳ, ποτὲ μὲν σπουδάζειν ὁμολογῶν, ποτὲ δὲ παίζειν προσποιούμενος [4].

---

(1) Horace a dit de même, *niveus videri*, Carm. IV, 2, 59; et *vultus nimium lubricus adspici*, Carm. I, 19, 8.

[1] Plut. *Apoph. Reg. et Imp.* — [2] Xenoph. *Œcon.* VI, 8. — [3] Alciphr. III, epist. 60. — [4] Dion. Chrysost. *Orat.* LV, p. 561 A B.

III.

134. Apollon est représenté dans l'adolescence, âge auquel l'homme paraît le plus beau (1). Le soleil aussi a toute la force de la jeunesse. Ensuite, il est appelé Phébus, à cause de sa pureté et de son éclat (2) : et en effet, pur et resplendissant, il est *très-beau à voir*.

Il n'est pas permis aux Egyptiens d'immoler des pourceaux à d'autres dieux qu'à la lune et à Bacchus, à qui ils en sacrifient dans le même temps, [je veux dire] dans la même pleine lune : ils en mangent alors. Mais pourquoi les Egyptiens ont-ils (3) les pourceaux en horreur les autres jours de fête, et [pourquoi] en (4) immolent-ils dans celle-ci? Ils en apportent une raison qu'il *n'est pas convenable* pour moi *de dire*, quoique je la sache (5).

———

[*Dedit mihi libros legendos :* Ἔδωκέ μοι βιϐλία ἀναγιγνώσκειν.]

VI. RÈGLE. Les Grecs, comme les Français, expriment encore par l'infinitif ce que les Latins rendent par les participes futurs actifs et passifs. *Ex.* : Il m'a *donné* des livres *à lire*,

THÈMES.

I.

135. Nos parents, dans notre enfance, nous ont confiés à un gouverneur qui regardait de tout côté pour qu'il ne nous arrivât pas de mal (6) : devenus hommes, Dieu *nous donne à garder*

———

(1) *Tourn.* : dans lequel les hommes paraissent plus beaux qu'eux-mêmes. Voy. la *Méthode*, §. 305.

(2) *Tourn.* : à cause du être pur et éclatant. Voyez plus haut, p. 188, II.

(3) Employez ici le parfait, et voyez la *Méthode*, §. 254.

(4) Ici l'art. avec le nom. Voy. la *Méthode*, §. 306.

(5) *Tourn.* : Les Egyptiens n'ont pas le droit d'immoler des porcs aux autres dieux ; mais ayant immolé des porcs à la lune et à Bacchus seuls, dans le même temps, dans la même pleine lune, ils mangent des chairs. Or, pourquoi ayant les pourceaux en horreur dans les autres fêtes, [en] immolent-ils dans celle-ci, il est à la vérité une raison dite de cela par les Egyptiens ; mais cependant elle n'est pas à moi [la] sachant *trop convenable* (*) *à dire*.

(6) *Tourn.* : regardant de tout côté pour le n'être point fait de mal.

(*) Ce sens se rendra simplement par le comparatif.

III.

134. Ὁ Ἀπόλλων [ἀνεπλάσθη] βούπαιδος ἡλικίαν ἔχων, καθ᾽ ἣν καὶ οἱ ἄνθρωποι εὐειδέστεροι ἑαυτῶν φαίνονται· καὶ νεαρώτατός ἐστιν ὁ ἥλιος. μετὰ δὲ ταῦτα Φοῖβος λέγεται διὰ τὸ καθαρὸς εἶναι καὶ λαμπρός· κάλλιστος γὰρ ὀφθῆναι, καθαρὸς ὢν καὶ λαμπρός (1) [1].

Τοῖσι μὲν ἄλλοισι θεοῖσι θύειν ὗς οὐ δικαιεῦσι Αἰγύπτιοι· Σελήνη δὲ καὶ Διονύσῳ μούνοισι, τοῦ αὐτοῦ χρόνου, τῇ αὐτῇ πανσελήνῳ τοὺς ὗς θύσαντες, πατέονται τῶν κρεῶν. διότι δὲ τοὺς ὗς ἐν μὲν τῇσι ἄλλῃσι ὁρτῇσι ἀπεστυγήκασι, ἐν δὲ ταύτῃ θύουσι, ἔστι μὲν λόγος περὶ αὐτοῦ ὑπ᾽ Αἰγυπτίων λεγόμενος· ἐμοὶ μέντοι ἐπισταμένῳ οὐκ εὐπρεπέστερός ἐστι λέγεσθαι [2] (2).

[*Misi eum quæsiturum* : Ἔπεμψα αὐτὸν ζητῆσαι.]

dedit mihi libros legendos : Ἔδωκέ μοι βιβλία ἀναγιγνώσκειν. Je *l'ai envoyé chercher* l'âne, *misi eum asinum quæsiturum* : Ἔπεμψα αὐτὸν ζητῆσαι τὸν ὄνον.

THÈMES CORRIGÉS.

I.

135. Παῖδας μὲν ὄντας ἡμᾶς οἱ γονεῖς παιδαγωγῷ παρέδοσαν, ἐπιβλέποντι πανταχοῦ πρὸς τὸ μὴ βλάπτεσθαι· ἄνδρας δὲ γενομένους ὁ Θεὸς παραδίδωσι τῇ ἐμφύτῳ συνειδήσει φυλάττειν. ταύτης οὖν

---

[1] Phurn. *De nat. deor.*, cap. 32, p. 225, *ed.* Th. Gal. — [2] Herod. II, 47.

(1) J'ai rétabli ici le texte d'après les variantes de l'édition de Thom. Gale. J'en préviens, afin qu'on ne soit point surpris des changements introduits ici.

(2) Voici le même passage dans le dialecte commun : Τοῖς μὲν ἄλλοις θεοῖς θύειν ὗς οὐ δικαιῶσι Αἰγύπτιοι· σελήνη δὲ καὶ Διονύσῳ μόνοις, τοῦ αὐτοῦ χρόνου, τῇ αὐτῇ πανσελήνῳ, τοὺς ὗς θύσαντες, γεύονται τῶν κρεῶν. διότι δὲ τοὺς ὗς ἐν μὲν ταῖς ἄλλαις ἑορταῖς ἀπεστυγήκασιν, ἐν δὲ ταύτῃ θύουσι, ἔστι μὲν λόγος περὶ τούτου ὑπ᾽ Αἰγυπτίων λεγόμενος· ἐμοὶ μέντοι ἐπισταμένῳ οὐκ εὐπρεπέστερός ἐστι λέγεσθαι.

à la conscience innée en nous. Il ne faut donc jamais mépriser cette garde, parce que nous serions (1) désagréables à Dieu et ennemis de notre propre conscience.

Les Scythes, dès que leurs enfants sont nés (2), leur *donnent à boire* du lait de jument et de vache.

Les adolescents, chez les Perses, passent la nuit autour du lieu des séances des magistrats, pour veiller à la sûreté de la ville et pour se former à la prudence (3); pendant le jour, ils se mettent aussi à la disposition des magistrats *pour qu'ils les emploient* (4), s'ils ont besoin [d'eux] pour quelque service public.

II.

136. Eudamidas de Corinthe, étant très-pauvre lui-même, avait eu des amis opulents, Arétée de Corinthe et Charixène de Sicyone. En mourant (5) il laissa un testament, ridicule peut-être pour d'autres (6), mais qui ne paraîtra point tel à [tout] homme vertueux et qui honore l'amitié. Ce testament avait été ainsi conçu : « *Je lègue* à Arétée ma mère *à nourrir* et à *entretenir* dans sa vieillesse, et à Charixène, ma fille *à marier*, avec une dot aussi forte qu'il pourra la lui donner. Si, dans l'intervalle, l'un des deux venait à mourir, que l'autre le remplace. » A peine les deux héritiers eurent-ils connaissance des legs qui leur avaient été faits, qu'ils vinrent (7) pour les régler conformément au testament. Charixène mourut, n'ayant survécu que de cinq jours (8). Arétée, se comportant comme le meilleur des héritiers, se chargea de sa part et de la sienne; il nourrit la mère d'Eudamidas, et il maria sa fille, de cinq talents qu'il (9) avait, [en] ayant donné deux à sa propre fille et deux à celle (10) de son ami. Il voulut même que les noces de toutes les deux fussent célébrées le même jour (11).

---

(1) Employez le futur.

(2) *Tourn.* : donnent aux enfants à l'instant nés.

(3) *Tourn.* : pour la sûreté de la ville et pour prudence.

(4) *Tourn.* : mais ils se donnent aussi à employer aux magistrats s'ils ont besoin de quelque chose pour l'état.

(5) *Tourn.* : comme il se mourait, il laissa.

(6) Voy. la *Méthode*, §. 337, I.

(7) *Tourn.* : ils vinrent réglant.

(8) *Tourn.* : cinq jours seuls; et voy. la *Méthode*, §. 345.

(9) Sur le cas ici du relatif en grec, voy. p. 254, Règle I.

(10) Voy. la *Méthode*, §. 309.

(11) Tourn. : en un seul jour, ἐπὶ μιᾶς ἡμέρας.

τῆς φυλακῆς μηδαμῶς καταφρονητέον· ἐπεὶ καὶ τῷ Θεῷ ἀπάρεστοι, καὶ
τῷ ἰδίῳ συνειδότι ἐχθροὶ ἐσόμεθα [1].

Οἱ Σκύθαι γενομένοις εὐθέως τοῖς παιδίοις διδόασιν ἵππων καὶ
βοῶν πίνειν γάλα [2].

Οἱ ἔφηβοι παρὰ τοῖς Πέρσαις κοιμῶνται μὲν περὶ τὰ ἀρχεῖα, φυλακῆς ἕνεκα τῆς πόλεως καὶ σωφροσύνης· παρέχουσι δὲ καὶ τὴν
ἡμέραν ἑαυτοὺς τοῖς ἄρχουσι χρῆσθαι ἤν τι δέωνται ὑπὲρ τοῦ
κοινοῦ [3].

II.

136. Εὐδαμίδας Κορίνθιος Ἀρεταίῳ τῷ Κορινθίῳ καὶ Χαριξείνῳ
τῷ Σικυωνίῳ φίλοις ἐκέχρητο εὐπόροις οὖσι, πενέστατος αὐτὸς ὤν.
ἐπεὶ δὲ ἀπέθνησκε, διαθήκας ἀπέλιπε, τοῖς μὲν ἄλλοις ἴσως γελοίους,
ἀνδρὶ δὲ ἀγαθῷ, καὶ φιλίαν τιμῶντι, οὐ τοιαύται δόξουσιν. ἐγέγραπτο
γὰρ ἐν αὐταῖς· «Ἀπολείπω Ἀρεταίῳ μὲν τὴν μητέρα μου τρέφειν, καὶ γηροκομεῖν· Χαριξείνῳ δὲ τὴν θυγατέρα μου ἐκδοῦ-
ναι μετὰ προικός, ὁπόσην ἂν πλείστην ἐπιδοῦναι παρ' αὐτοῦ δύνηται.
ἢν δέ τι ἅτερος (1) αὐτῶν ἐν τοσούτῳ πάθῃ, καὶ τὴν ἐκείνου μερίδα
ἐχέτω ὁ ἕτερος. » Οἱ κληρονόμοι δέ, οἷς ταῦτα κατελέλειπτο, ὡς ἤκουσαν, ἧκον εὐθὺς διαιτῶντες τὰ ἐκ τῶν διαθηκῶν. ὁ μὲν οὖν Χαρίξεινος
πέντε μόνας ἡμέρας ἐπιβιούς, ἀπέθανεν· ὁ δὲ Ἀρεταῖος, ἄριστος κλη-
ρονόμων γενόμενος, τήν τε ἐκείνου, καὶ τὴν αὑτοῦ μερίδα παραλαβών,
τρέφει τε τοῦ Εὐδαμίδα τὴν μητέρα· καὶ τὴν θυγατέρα ἐκδέδωκεν, ἀπὸ
ταλάντων πέντε, ὧν εἶχε, δύο μὲν τῇ αὑτοῦ θυγατρί, δύο δὲ τῇ τοῦ
φίλου ἐπιδούς, καὶ τὸν γάμον γε αὐταῖν ἐπὶ μιᾶς ἡμέρας ἠξίωσε
γενέσθαι 4.

---

[1] Epict. *fragm.* XCVII. — [2] Antiph. *apud Athen.* VI, p. 226 D =
t. II, p. 370. — [3] Xenoph. *Cyrop.* I, 2, 9. — 4 Luc. *Tox.* 22, t. VI,
p. 82, *ed.* Bip.

(1) Attique pour ὁ ἕτερος. Voy. Mich. Maittaire, *Dialect. ling. gr.*,
p. 15 A = p. 22 A, *ed.* Frid. Guil. Sturz. Lips. 1807.

III.

137. Les réponses, les exclamations qui nous échappent dans l'action, la passion et les événements imprévus, *laissent voir* (1) la pensée de chacun [de nous] aussi nettement que dans un miroir.

La première fois qu'on vit un chameau (2), les hommes, frappés de sa grandeur, s'enfuirent épouvantés (3). Mais avec le temps, ayant remarqué sa douceur, ils osèrent s'en approcher. Bientôt après, s'étant doutés que cet animal est sans fiel, ils portèrent [pour le lui] le dédain au point de lui mettre un frein, et de le *donner à conduire* à des enfants.

IV.

138. Les Egyptiens, avant le règne de Psammétichus, croyaient qu'ils étaient nés (4) les premiers de tous les hommes. Psammétichus, après son avénement au trône, voulut savoir quels étaient (5) les hommes nés les premiers. Comme [en] faisant des recherches, il ne put trouver aucun moyen de le découvrir, il invente un semblable expédient. *Il donne* à un berger deux enfants nouveau-nés *à élever* (6) parmi ses troupeaux. Il lui ordonne d'empêcher (7) que personne ne prononce un mot devant eux, de les laisser couchés (8) réduits à eux-mêmes dans une cabane solitaire, de leur amener des chèvres à un temps réglé ; et, après les avoir rassasiés de lait (9), de vaquer à ses autres occupations. Ce moyen réussit. Deux ans après que le berger eut commencé à exécuter les ordres du roi (10), comme il ouvrait la porte et qu'il entrait dans la cabane, les deux enfants se traînant et étendant les mains vers lui, se mirent à crier (11) : *Bécos* (12) ! Psammétichus, les ayant entendus lui-même, s'informa quels étaient les hommes qui se servaient

---

(1) *Tourn.* : donnent nettement, comme dans miroirs, la pensée de chacun à considérer.

(2) *Tourn.* : quand pour la première fois un chameau fut vu.

(3) *Tourn.* : les hommes effrayés et frappés de la grandeur, fuirent.

(4) Voy. plus haut, §. 280, p. 174, RÈGLE.

(5) A l'*optat*.

(6) *Tourn.* : à nourrir d'une nourriture telle que celle-ci. Voyez §. 343, I.

(7) *Tourn.* : ayant ordonné personne ne prononcer.

III.

137. Αἱ γινόμεναι παρὰ τὰ ἔργα, καὶ τὰ πάθη, καὶ τὰς τύχας, ἀποφάσεις καὶ ἀναφωνήσεις, ὥςπερ ἐν κατόπτροις, καθαρῶς παρέχουσι τὴν ἑκάστου διάνοιαν ἀποθεωρεῖν [1].

Ὅτε πρῶτον κάμηλος ὤφθη, οἱ ἄνθρωποι φοβηθέντες, καὶ τὸ μέγεθος καταπλαγέντες, ἔφευγον· ὡς δὲ, χρόνου προϊόντος, συνεῖδον αὐτῆς τὸ πρᾷον, ἐθάρρησαν μέχρι τοῦ προςελθεῖν. αἰσθόμενοι δὲ μετὰ μικρὸν τὸ ζῶον ὡς χολὴν οὐκ ἔχει, εἰς τοσοῦτον καταφρονήσεως ἦλθον, ὥςτε καὶ χαλινοὺς αὐτῇ περιθέντες, παισὶν ἐλαύνειν δεδώκασιν [2].

IV.

138. Οἱ Αἰγύπτιοι, πρὶν μὲν ἢ Ψαμμήτιχον σφέων βασιλεῦσαι, ἐνόμιζον ἑαυτοὺς πρώτους γενέσθαι πάντων ἀνθρώπων. Ψαμμήτιχος δὲ βασιλεύσας ἠθέλησεν εἰδέναι, οἵ τινες γένοιντο πρῶτοι. ὡς δὲ οὐκ ἐδύνατο πυνθανόμενος πόρον οὐδένα τούτου ἀνευρεῖν, οἳ γένοιντο πρῶτοι ἀνθρώπων, ἐπιτεχνᾶται τοιόνδε· παιδία δύο νεογνὰ διδοῖ ποιμένι τρέφειν ἐς τὰ ποίμνια τροφήν τινα τοιάνδε, ἐντειλάμενος μηδένα ἀντίον αὐτῶν μηδεμίαν φωνὴν ἱέναι, ἐν στέγῃ δὲ ἐρήμῃ ἐφ' ἑαυτῶν κεῖσθαι αὐτά, καὶ τὴν ὥραν ἐπάγειν αὐτοῖς αἶγας· πλήσαντα δὲ τοῦ γάλακτος, τἄλλα διαπράσσεσθαι. ἅπερ οὖν καὶ ἐγένετο. ὡς γὰρ διέτης χρόνος ἐγεγόνει ταῦτα τῷ ποιμένι πράσσοντι, ἀνοίγοντι τὴν θύραν καὶ εἰσιόντι τὰ παιδία ἀμφότερα προςπίπτοντα βεκὸς ἐφώνουν, ὀρέγοντα τὰς χεῖρας. ἀκούσας δὲ καὶ αὐτὸς ὁ Ψαμμήτιχος, ἐπυνθάνετο οἵτινες ἀνθρώπων

---

[1] Plut. *Præf. Apophth.* — [2] *Æsop. fab.* 128.

(8) *Tourn.* : eux être couchés.

(9) *Tourn.* : ayant rassasié, à l'*accus.*

(10) *Tourn.* : dès qu'un temps de deux ans fut révolu au berger exécutant ces choses-là, à lui ouvrant la porte et entrant les enfants, etc.

(11) *Tourn.* : ils crièrent.

(12) Βεκός, indéclinable.

* 15

du mot *bécos* (1), et il apprit que les Phrygiens appelaient (2) ainsi le pain. Les Égyptiens convinrent alors que les Phrygiens étaient (3) plus anciens qu'eux.

V.

139. Phérénice *mena* son fils *combattre* comme athlète aux jeux olympiques. Les Hellanodices (4) ne voulant pas lui permettre d'assister au spectacle de [ces] jeux, elle se présenta devant l'assemblée (5), et plaida sa cause en disant qu'elle avait un père vainqueur à Olympie, trois frères et un fils qui s'y présentaient comme combattants (6). Elle triompha [ainsi] du peuple et de la loi qui écartait les femmes du spectacle, et vit célébrer la solennité olympique.

VI.

140. Adherbal étant assiégé par Jugurtha son frère dans Cirta, où il s'était réfugié, envoya des ambassadeurs à Rome, [pour supplier les Romains de (7)] ne point abandonner un roi ami et allié, qui *était* en péril. Le sénat *envoya* des ambassadeurs *pour faire lever* le siége. Mais Jugurtha, sans égard pour eux, ayant enceint la ville d'un fossé, réduisit les habitants par la famine; et, ne respectant ni les liens du sang, ni les droits des suppliants, il égorgea son frère, sorti de la ville avec les insignes des suppliants, et qui, abdiquant la royauté, demandait seulement la vie.

Judas Machabée *envoya* des ambassadeurs à Rome *pour* établir avec les Romains des relations d'amitié et d'alliance. Ils revinrent de Rome apportant une lettre que le sénat avait écrite en réponse sur des tablettes d'airain, et qu'il *avait envoyée* à Jérusalem *pour* y *être* un monument de paix et d'alliance des Romains avec le peuple juif.

----

(1) *Tourn.* : quels des hommes appellent quelque chose bécos.

(2) *Tourn.* : et il trouva (à l'*imparf.* de narrat., §. 358) les Phrygiens appelant; voy. p. 170, III, Règle.

(3) Voy. plus haut, §. 280, p. 174, Règle.

(4) Présidents et arbitres des jeux.

(5) *Tourn.* : s'étant présentée, elle plaida, etc.

(6) *Tourn.* : et trois frères et elle-même (*Voy.* p. 174, 175, Règle.) un fils combattant des jeux olympiques.

(7) Ces mots doivent se sous-entendre.

βεκός τι καλοῦσι. πυνθανόμενος δὲ, εὕρισκε Φρύγας καλοῦντας τὸν ἄρτον. οὕτω συνεχώρησαν Αἰγύπτιοι τοὺς Φρύγας πρεσβυτέρους εἶναι ἑαυτῶν [1].

V.

159. Φερενίκη τὸν υἱὸν ἦγεν εἰς Ὀλύμπια ἀθλεῖν. κωλυόντων δὲ αὐτὴν τῶν Ἑλλανοδικῶν τὸν ἀγῶνα θεάσασθαι, παρελθοῦσα, ἐδικαιολογήσατο, πατέρα μὲν Ὀλυμπιονίκην ἔχειν, καὶ τρεῖς ἀδελφοὺς, καὶ αὐτὴ παῖδα Ὀλυμπίων ἀγωνιστήν· καὶ ἐξενίκησε τὸν δῆμον, καὶ τὸν εἴργοντα νόμον τῆς θέας γυναῖκας, καὶ ἐθεάσατο Ὀλύμπια [2].

VI.

140. Ὁ Ἀτάρβας ὁ ἀδελφὸς Ἰογόρθα καταφυγὼν εἰς Κίρταν, καὶ συγκλεισθεὶς [ὑπ᾽ αὐτοῦ] εἰς πολιορκίαν, ἐξαπέστειλε πρεσβευτὰς εἰς Ῥώμην, μὴ περιϊδεῖν βασιλέα φίλον καὶ σύμμαχον κινδυνεύοντα· ἡ δὲ σύγκλητος ἔπεμψε πρέσβεις λύσειν τὴν πολιορκίαν. οὐ προσέχων δὲ Ἰογόρθας, καὶ περιταφρεύσας τὴν πόλιν, ἐνδείᾳ κατεπόνησε τοὺς ἐν τῇ πόλει· τὸν δὲ ἀδελφὸν ἐξελθόντα μεθ᾽ ἱκετηρίας, καὶ τῆς μὲν βασιλείας ἐξιστάμενον, τὸ δὲ ζῆν αἰτούμενον, ἀπέσφαξεν, οὐκ ἐντραπεὶς οὔτε συγγένειαν, οὔτε τὸν τῆς ἱκεσίας νόμον [3].

Ἀπέστειλεν Ἰούδας ὁ Μακκαβαῖος εἰς Ῥώμην πρέσβεις στῆσαι αὐτοῖς φιλίαν καὶ συμμαχίαν· καὶ ἀνῆλθον ἐκ Ῥώμης ἐπιστολὴν φορεύοντες, ἣν ἀντέγραψεν ἡ γερουσία ἐπὶ δέλτοις χαλκαῖς, καὶ ἐπέστειλεν εἰς Ἱερουσαλὴμ εἶναι ἐκεῖ μνημόσυνον εἰρήνης καὶ συμμαχίας Ῥωμαίων μετὰ τοῦ ἔθνους Ἰουδαίων [4].

---

[1] Herod. II, 2. En dial. com. — [2] Æl. *V. H.* X, 1. — [3] Diod. *fragm.* lib. XXXIV, t. X, p. 132, *ed.* Bip. — [4] *Bibl. Sept. Macc.* I, 8.

VII.

Lettre du paysan Philométor à son ami Philisus. Il lui raconte la folie philosophique qui s'est emparée de son fils.

141. J'ai *envoyé* mon fils à la ville *vendre* du bois et de l'orge, lui faisant promettre de revenir le même [jour] (1) me [en] rapporter (2) l'argent. Mais une folie qui, je ne sais par l'effet de quel démon (3), s'est emparée de lui, l'a totalement changé, et lui a fait perdre l'esprit. Ayant vu un de ces maniaques que l'on a coutume (4), à cause de leur délire furieux, d'appeler chiens (5), il a si bien imité leurs vices (6), qu'il surpasse maintenant leur patron. Il présente un aspect *repoussant* et *horrible à voir*, agitant sa chevelure en désordre, le regard impudent (7), affublé d'un vieux manteau qui le laisse à moitié nu, portant une besace pendue à son côté (8), tenant toujours à la main un bâton noueux de poirier sauvage, pieds nus, sale, désœuvré ; méconnaissant, reniant nos champs et nous, les auteurs de ses jours, il dit que tout a été produit par la nature, et que ce n'est point à nos parents, mais au mélange des éléments, que nous devons l'existence. J'improuve fort Solon et Dracon, qui ont jugé convenable de condamner à la peine de mort ceux qui volent des grappes de raisin, et qui ont laissé impunis ceux qui font perdre la raison aux jeunes gens.

ACCUSATIF SUJET DE L'INFINITIF.

§. 282.

Τὸ ἁμαρτάνειν ἀνθρώπους ὄντας οὐδὲν θαυμαστόν.

RÈGLE. Si l'infinitif employé, comme sujet, est accompagné de quelque mot déclinable qui lui serve à lui-même de sujet ou d'attribut, on met ce mot à l'accusatif. Ex. : Rien d'éton-

---

(1) Voyez la *Méthode*, §§. 310 et 345.
(2) *Tourn.* : rapportant.
(3) *Tourn.* : je ne puis dire par qui des démons. Sur la manière de rendre ici *pouvoir*, voy. la *Méthode*, §. 388, 5.
(4) Voy. la *Méthode*, §. 258, à la fin.
(5) Il s'agit ici des philosophes *cyniques*.
(6) *Tourn.* : par l'imitation des vices, il a surpassé, etc.

VII.

Φιλομήτωρ Φιλίσῳ.

141. Ἐγὼ μὲν τὸν παῖδα ἀποδόσθαί εἰς ἄστυ ξύλα καὶ κριθὰς ἀπέπεμψα, ἐπανήκειν τὴν αὐτὴν τὰ κέρματα κομίζοντα παρεγγυῶν· χόλος δὲ ἐμπεσὼν ἐξ ὅτου δαιμόνων εἰς αὐτὸν οὐκ ἔχω λέγειν, ὅλον παρήμειψε, καὶ φρενῶν ἔξω κατέστησε. Θεασάμενος γὰρ ἕνα τουτωνὶ τῶν μεμηνότων, οὓς, διὰ τὸ μανιῶδες πάθος, κύνας ἀποκαλεῖν εἰώθασιν, ὑπερέβαλε τῇ μιμήσει τῶν κακῶν τὸν ἀρχηγέτην· καὶ ἔστιν ἰδεῖν Θέαμα ἀποτρόπαιον καὶ φοβερὸν, κόμην αὐχμηρὰν ἀνασείων, τὸ βλέμμα ἰταμὸς, ἡμίγυμνος ἐν τριβωνίῳ, πηρίδιον ἐξηρτημένος, καὶ ῥόπαλον ἐξ ἀχράδος πεποιημένον μετὰ χεῖρας ἔχων, ἀνυπόδητος, ῥυπῶν, ἄπρακτος· τὸν ἀγρὸν καὶ ἡμᾶς οὐκ εἰδὼς τοὺς γονεῖς, ἀλλ' ἀρνούμενος, φύσει λέγων γεγονέναι τὰ πάντα, καὶ τὴν τῶν στοιχείων σύγκρασιν αἰτίαν εἶναι γενέσεως, οὐχὶ τοὺς πατέρας. μέμφομαι τῷ Σόλωνι καὶ τῷ Δράκοντι, οἳ τοὺς μὲν κλέπτοντας σταφυλὰς Θανάτω ζημιοῦν ἐδικαίωσαν, τοὺς δὲ ἀνδραποδίζοντας ἀπὸ τοῦ φρονεῖν τοὺς νέους ἀθώους εἶναι τιμωρίας ἀπέλιπον [1].

ACCUSATIF SUJET DE L'INFINITIF.

§. 282.

Τὸ ἁμαρτάνειν ἀνθρώπους ὄντας οὐδὲν Θαυμαστόν.

nant que des hommes se trompent : Τὸ ἁμαρτάνειν ἀνθρώπους ὄντας οὐδὲν Θαυμαστόν· mot à mot : le se tromper *étant hommes* n'est nullement étonnant.

---

[1] Alciphr. III, 4o.

(7) *Tourn.* : impudent [*quant*] au regard ; et voy. la *Méth.*, §. 344.
(8) *Tourn.* : suspendu [*quant*] à la besace ; et voy. la *Méth.*, §. 349.

THÈMES.

I.

142. Il est plus avantageux d'*être homme de bien*, que d'avoir beaucoup de richesses (1).

La richesse n'est pas au nombre des biens ; le luxe est au nombre des maux, et la tempérance est au rang des biens. Or, la tempérance excite à la frugalité et à l'acquisition des [vrais] biens ; mais la richesse [nous porte] au luxe, et [nous] écarte de la tempérance. Il est donc difficile *d'être tempérant étant riche* ou *d'être riche étant tempérant*.

Il est impossible que *celui qui ne s'occupe* pas de la manière dont il vit, *ait* des mœurs bien réglées (2).

Penser que nous serons *méprisables* aux yeux des autres (3), si nous n'employons pas tous les moyens pour nuire à nos ennemis, c'est le propre d'hommes tout-à-fait privés de noblesse d'âme et de raison. Car, disons-nous, il faut entendre par un homme méprisable, non pas celui qui est dans l'impuissance de nuire, mais bien plutôt celui qui ne peut être utile.

II.

143. Socrate montrait qu'il est *désavantageux* de *passer* pour *riche*, pour *courageux*, pour *fort* sans l'être : car on impose à de telles gens des obligations qui surpassent leurs forces ; et comme ils ne peuvent faire ce dont ils paraissaient capables, ils n'obtiennent aucune indulgence (4).

Hé quoi ! un musicien ne souffrirait pas volontiers que sa lyre ne fût (5) pas d'accord ; un coryphée ne voudrait point avoir un chœur dont les voix ne s'accordassent (6) pas le mieux possible ; et chacun sera en discorde avec soi-même, il ne

---

(1) Tourn. : *le être homme de bien* est plus avantageux que beaucoup de richesses.

(2) Tourn. : *négligeant* de vivre, il *est impossible d'être bien réglé* dans ses mœurs.

(3) Tourn. : *le penser* devoir être *méprisables* aux autres, si nous ne nous vengeons pas de nos ennemis par tout moyen, est d'hommes, etc.

(4) Tournez ainsi tout cet exemple : Socrate démontrait désavantageux le *paraître* et *riche*, et *courageux* et *vigoureux* ne [l'] *étant* pas ; car être imposé à eux des choses les plus grandes que leurs facultés, et

THÈMES CORRIGÉS.

I.

142. Πολλῶν χρημάτων τὸ χρηστὸν εἶναι λυσιτελέστερον ἐστι [1].

Ὁ πλοῦτος, οὐ τῶν ἀγαθῶν· ἡ πολυτέλεια, τῶν κακῶν· ἡ σωφρο- σύνη, τῶν ἀγαθῶν. καλεῖ δὲ ἡ μὲν σωφροσύνη ἐπὶ τὴν εὐτέλειαν, καὶ τὴν κτῆσιν τῶν ἀγαθῶν· ὁ δὲ πλοῦτος, ἐπὶ τὴν πολυτέλειαν, καὶ ἀφέλκει τῆς σωφροσύνης. δυςχερὲς ἄρα π λ ο υ τ ο ῦ ν τ α σ ω φ ρ ο ν ε ῖ ν, ἢ σ ω φ ρ ο ν ο ῦ ν τ α π λ ο υ τ ε ῖ ν [2].

Ἀ μ ε λ ο ῦ ν τ α τοῦ ζῆν οὐκ ἔνεστ᾽ εὐσχημονεῖν [3].

Τὸ οἴεσθαι εὐκαταφρονήτους τοῖς ἄλλοις ἔσεσθαι, ἐὰν μὴ τοὺς ἐχθροὺς παντὶ τρόπῳ βλάψωμεν, σφόδρα ἀγεννῶν καὶ ἀνοήτων ἀνθρώπων. φαμὲν γὰρ τὸν εὐκαταφρόνητον νοεῖσθαι [οὐ] μὲν κατὰ τὸ ἀδύνατον εἶναι βλάψαι· ἀλλὰ πολὺ μᾶλλον νοεῖται κατὰ τὸ ἀδύνατον εἶναι ὠφελεῖν [4].

II.

143. Σωκράτης καὶ τὸ π λ ο ύ σ ι ο ν, καὶ τὸ ἀ ν δ ρ ε ῖ ο ν, καὶ τὸ ἰ σ χ υ- ρ ὸ ν μ ὴ ὄ ν τ α δ ο κ ε ῖ ν ἀλυσιτελὲς ἀπέφαινε. προςτάττεσθαι γὰρ αὐτοῖς ἔφη μείζω ἢ κατὰ δύναμιν, καὶ μὴ δυναμένους ταῦτα ποιεῖν, δοκοῦν- τας ἱκανοὺς εἶναι, συγγνώμης οὐκ ἂν τυγχάνειν [5].

Εἶτα μουσικὸς μὲν οὐκ ἂν ἑκὼν δέξαιτο ἀνάρμοστον αὐτῷ τὴν λύραν εἶναι, καὶ χοροῦ κορυφαῖος μὴ ὅτι μάλιστα συνᾴδοντα τὸν χορὸν ἔχειν· αὐτὸς δέ τις ἕκαστος διαστασιάσει πρὸς ἑαυτὸν, καὶ οὐχὶ τοῖς

---

[1] Stob. *Tit.* XXXV. — [2] Epict. *fragm.* XXI. — [3] *Monost.* 44. — [4] Epict. *fragm.* LXX. — [5] Xenoph. *Memor.* I, 7, 4.

ne (μὴ) pouvant faire ces choses-là, [en] paraissant capables, ne pouvoir [*rendu par* ἂν] obtenir de pardon.

(5) Voy. plus haut, §. 279, p. 160, I, du *subj.*, 1°.

(6) *Tourn.* : ne s'accordant pas.

montrera point une vie en harmonie avec ses discours; mais il dira avec Euripide : « Ma bouche a fait le serment, mais mon cœur n'est point engagé ; » et il cherchera à paraître bon de préférence à l'être. Cependant, s'il faut ajouter quelque foi à Platon, le dernier degré de l'injustice *est de paraître juste sans l'être* (1).

VERBES APPELÉS IMPERSONNELS.

§. 283.

Ἔξεστί μοι ἀπιέναι.

Il m'est permis de m'en aller.

RÈGLE. Ces verbes, qui ne s'emploient qu'à la 3ᵉ personne du singulier, ont ordinairement en grec un infinitif pour sujet. Ils sont de deux sortes : les uns ne sont usités qu'à la 3ᵉ per-

THÈMES.

I.

144. *Il faut* que celui (2) qui s'empresse de voir la vertu, comme sa patrie, passe à côté des voluptés comme à côté des Sirènes.

Il faut, dans le malheur, appeler la raison à son secours, comme un bon médecin.

Il faut faire du bien à ses amis présents, et dire du bien de ses amis absents.

Il importe de s'exercer non à beaucoup savoir, mais à beaucoup penser (3).

On doit user de la plaisanterie comme du sel, modérément (4).

Dans l'excès de nos maux cette parole célèbre du grand Job peut nous servir de leçon (5) : Le Seigneur [me l'] a donné, le

----

(1) *Tourn.* : est le paraître juste ne [l'] étant pas.
(2) Voy. la *Méthode*, §. 309.
(3) *Tourn.* : de s'exercer à fréquente pensée, non à grand savoir.
(4) *Tourn.* : Il faut, etc.
(5) *Tourn.* : nous avons leçon cette parole, etc.

λόγοις ὁμολογοῦντα τὸν βίον παρέξεται, ἀλλ᾽, « Ἡ γλῶττα μὲν ὀμώμοκεν, ἡ δὲ φρὴν ἀνώμοτος, » κατ᾽ Εὐριπίδην ἐρεῖ, καὶ τὸ δοκεῖν ἀγαθὸς πρὸ τοῦ εἶναι διώξεται! ἀλλ᾽ οὗτός ἐστιν ὁ ἔσχατος τῆς ἀδικίας ὅρος, εἴ τι δεῖ Πλάτωνι πείθεσθαι, τὸ δοκεῖν δίκαιον εἶναι μὴ ὄντα[1].

VERBES APPELÉS IMPERSONNELS.

§. 283.

Ἔξεστί μοι ἀπιέναι.

Il m'est permis de m'en aller.

sonne sing., tels que ἔξεστι, *il est permis ;* δεῖ, χρή, *il faut*, etc.; les autres, mais en plus grand nombre, s'emploient de cette manière, quoiqu'ils soient usités à toutes les personnes.

THÈMES CORRIGÉS.

I.

144. Δεῖ, ὥσπερ Σειρῆνας, τὰς ἡδονὰς παρελθεῖν τὸν κατασπεύδοντα τὴν ἀρετὴν ἰδεῖν, ὡς πατρίδα[2].

Τὸν λογισμὸν, ὥσπερ ἰατρὸν ἀγαθὸν, ἐπικαλεῖσθαι δεῖ ἐν ἀτυχίᾳ βοηθόν[3].

Παρόντας μὲν τοὺς φίλους δεῖ εὐποιεῖν, ἀπόντας δὲ εὐλογεῖν[4].

Πολύνοιαν, οὐ πολυμαθίαν ἀσκεῖν χρή[5].

Τῷ γελοίῳ, καθάπερ ἁλὶ, πεφεισμένως δεῖ χρῆσθαι[6].

Ἔχομεν διδασκάλιον ἐν ταῖς ὑπερβολαῖς τῶν συμφορῶν, τὴν περιβόητον ἐκείνην φωνὴν τοῦ μεγάλου Ἰώβ· « Ὁ Κύριος ἔδωκεν, ὁ Κύριος

---

[1] Div. Bas. *ad Adolesc.* — [2] Demoph. *Simil.*, p. 615. — [3] Épict. *fragm.* CLXII. — [4] *Ibid.* CLV. — [5] Democr. *Sent.*, p. 628. — [6] Demoph. *Simil.*, p. 615.

Seigneur [me l'] a ôté; *il a été fait* comme il *a plu* au Seigneur : que le nom du Seigneur soit béni (1) dans tous les siècles !

II.

145. *Il arrive* à celui (2) qui enfouit sa richesse [d'] enfouir aussi son cœur avec elle : car, dit l'Evangile (3), où est le trésor, là est aussi le cœur.

Il appartient aux méchants d'être méfiants, comme aux bons d'être confiants.

Il convient mieux à un jeune homme de se taire que de parler.

Il ne convient pas aux hommes vertueux de dire des mensonges.

Il me *suffit* de vivre encore cinq ans, disait un vieillard; Et à moi trois, disait un autre; Et à moi quatre, reprenait un troisième. « Mes amis, dit Epicharme, pourquoi différez-vous et discutez-vous pour quelques jours ? »

Il est possible que les hommes soient trompés par les événements; mais les gens de cœur doivent rester toujours les mêmes par les sentiments.

III.

146. *On dit* (4) de Scylla qu'elle dévorait les navigateurs qui passaient à côté d'elle. Cette Scylla était une belle courtisane, habitant d'une île, et [qui] avait avec elle des parasites corrompus et impudents, avec lesquels elle mangeait les étrangers.

On rapporte que Pythagore, ayant rencontré des hommes ivres et en débauche, ordonna au joueur de flûte qui donnait le branle à la bande joyeuse, de changer de ton, et de leur jouer sur le mode dorien; et qu'ils (5) revinrent tellement à eux par l'effet de cette mélodie, qu'ayant jeté leurs couronnes, ils retournèrent chez eux tout confus.

IV.

147. *On rapporte* que le voleur Eurybate étant emprisonné

---

(1) Voy. la *Méthode*, §. 365, III.
(2) *Tourn.* : à l'enfouissant.
(3) *Tourn.* : car *dit-il*, sous-ent. ὁ Κύριος, le Seigneur.
(4) *Tourn.* : il est dit, *dicitur*.
(5) Sur la manière de rendre ce pronon, voy. la *Méth.*, §. 316.

ἀφείλετο. ὡς τῷ Κυρίῳ ἔδοξεν, οὕτως καὶ ἐγένετο· εἴη τὸ ὄνομα Κυρίου εὐλογημένον εἰς τοὺς αἰῶνας [1] ! »

II.

145. Συμβαίνει τῷ κατορύσσοντι τὸν πλοῦτον, συγκατορύσσειν καὶ τὴν καρδίαν. ὅπου γὰρ ὁ θησαυρός, φησίν, ἐκεῖ καὶ ἡ καρδία [2].

Προσήκει τοῖς πονηροῖς ἀπιστεῖν, ὥσπερ τοῖς χρηστοῖς πιστεύειν [3].

Νέῳ σιγᾶν μᾶλλον ἢ λαλεῖν πρέπει [4].

Ψεύδη τοῖς ἐσθλοῖς οὐ πρέπει λέγειν [5].

Ἐπεὶ πρεσβύτης τις ἔλεγεν· Ἐμοὶ πέντε ἔτη ἀπόχρη βιῶναι, ἄλλος δέ, Ἐμοὶ τρία, τρίτου δὲ εἰπόντος, Ἐμοί γε τέσσαρα, ὑπολαβὼν ὁ Ἐπίχαρμος, « Ὦ βέλτιστοι, εἶπε, τί στασιάζετε καὶ διαφέρεσθε ὑπὲρ ὀλίγων ἡμερῶν [6] ;

Ταῖς μὲν τύχαις ἐνδέχεται σφάλλεσθαι τοὺς ἀνθρώπους, ταῖς δὲ γνώμαις οἱ αὐτοὶ ἀεὶ ἀνδρεῖοι ὀρθῶς εἰσί [7].

III.

146. Λέγεται περὶ Σκύλλης, ὅτι κατήσθιε τοὺς παραπλέοντας. ἦν δὲ αὕτη νησιώτης καλὴ ἑταίρα, καὶ εἶχε παρασίτους, λοιμούς τε καὶ κυνώδεις, μεθ' ὧν τοὺς ξένους κατήσθιεν [8].

Λέγεται Πυθαγόραν, κωμασταῖς περιτυχόντα μεθύουσι, κελεῦσαι τὸν αὐλητὴν τὸν τοῦ κώμου κατάρχοντα, μεταβαλόντα τὴν ἁρμονίαν, ἐπαυλῆσαί σφισι τὸ δώριον · τοὺς δὲ οὕτως ἀναφρονῆσαι ὑπὸ τοῦ μέλους, ὥστε τοὺς στεφάνους ῥίψαντας, αἰσχυνομένους ἐπανελθεῖν [9].

IV.

147. Λέγεται τὸν Εὐρύβατον, κλέπτην ὄντα, εἰρχθέντα καὶ παρα-

---

[1] Div. Bas. *Epist.* 201. — [2] Ibid. *Hom. adv. Divit.* — [3] Isocr. *ad Demon.*, §. 4, p. 5. — [4] *Gnom. Monost.* 326. — [5] *Ibid.* 301. — [6] Æl. *V. H.* II, 34. — [7] Thucyd. II, 87. — [8] Heraclit. *De Incredib.* 2. — [9] S. Basil. *ad Adolesc.*

et gardé à vue, ses gardiens, qui buvaient ensemble, le délivrèrent et l'invitèrent (1) à leur montrer son adresse à grimper le long des murs. Il repoussa d'abord leur demande; mais ceux-ci le priant comme s'il ne voulait pas (2), lorsqu'ils l'eurent persuadé à grand' peine, s'étant mis (3) des éponges et des crampons, il monta (4) en courant le long des murs. Ses gardes considérant et admirant son habileté, il atteignit le toît, et étant monté dessus, il sauta en bas avant que les autres eussent (5) cerné [la maison].

REMARQUE. Les verbes impersonnels, tels que πρέπειν, προςήκειν, qui ont ordinairement leur complément au datif, peuvent se construire aussi avec l'accusatif, quand, pris impersonnellement, ils sont suivis d'un infinitif. Ex.: *Il convient que les enfants héritent de l'amitié qu'on portait à leur père,*

ON.

[Amant virtutem. — Aiunt, ferunt, memorant, perhibent. — Nemo sine virtute potest esse beatus. — Qui bonum alienum appetit, meritò amittit proprium. — Cervi dicuntur diutissimè vivere.]

OBSERVATION. Nous venons de voir que le pronom indéfini peut se rendre par le verbe pris impersonnellement. Il peut se traduire encore:

1°. Par le verbe employé au passif, mais avec un sujet, comme en latin. Ex.: *On dit* que les abeilles ont une reine: Μέλισσαι λέγονται βασίλισσαν ἔχειν, *apes dicuntur reginam habere.*

2°. Par le verbe mis absolument au plur., sans sujet exprimé, mais en sous-entendant ἄνθρωποι, *homines*, ou tout autre mot analogue, comme en latin, *dicunt, referunt, perhibent.* Ex.: *On dit* que l'olivier fut trouvé originairement dans Athènes: Ἐν Ἀθήναις εὑρεθῆναι λέγουσι πρῶτον τὴν ἐλαίαν.

______

(1) *Tourn.*: vu que (ἐπειδή, *indic.*) les gardant buvant ensemble le délièrent et invitèrent, etc., lui d'abord repousser, etc.

(2) *Tourn.*: comme ne voulant pas.

(3) Au *moyen.* Voy. la *Méthode*, §. 552, 2°.

(4) A *l'infinitif*, ainsi que les verbes *il atteignit* et *il sauta*, comme dépendant de *on rapporte.*

(5) *Tourn.*: que ceux-là eussent, à l'aor. *subj.*

φυλαττόμενον, ἐπειδὴ συμπίνοντες ἔλυσαν αὐτὸν οἱ φυλάσσοντες, καὶ (1) ἐκέλευσαν ἐπιδείξασθαι τὴν ἐπὶ τοὺς τοίχους ἀναῤῥίχησιν, τὸ μὲν πρῶτον διωθεῖσθαι, δεομένων δὲ, ὡς οὐ βουλόμενον, ἐπεὶ μόλις ἀνέπεισαν, περιθέμενον (2) τοὺς σπόγγους καὶ τὰς ἐγκεντρίδας, ἀναδραμεῖν εἰς τοὺς τοίχους· ἀναβλέποντες δὲ ἐκεῖνοι καὶ θαυμάζοντες (3) τὰς τέχνας, λαβεῖν αὐτὸν τὸν ὄροφον, καὶ ὑπερβάλλοντα, πρὶν ἐκεῖνοι κύκλῳ περιέλθωσι, καταπηδῆσαι [1].

comme des biens qui leur appartenaient : Πρέπει τοὺς παῖδας, ὥσπερ τῆς οὐσίας, οὕτω καὶ τῆς φιλίας τῆς πατρικῆς κληρονομεῖν. (Isocr. *ad Demon.*, § 1.)

Nota. Pour ἔξεστι et ἔνεστι, voy. les exercices sur le §. 388, 2°., Troisième Partie de ce Cours.

ON.

[*Amant virtutem. — Aiunt, ferunt, memorant, perhibent. — Nemo sine virtute potest esse beatus. — Qui bonum alienum appetit, meritò amittit proprium. — Cervi dicuntur diutissimè vivere.*]

3°. Par le pronom indéfini τις, *quelqu'un.* Ex. : *On frappe à la porte :* Ἀράσσει τις θύραν.

4°. Par l'article ὁ, signifiant *celui,* et ordinairement construit avec le participe ou l'adjectif. *Ex. :* En trahissant ses alliés, souvent *on* ne *s'aperçoit* pas qu'*on* se *perd* aussi soimême : Οἱ τοῖς κοινωνοῖς ἐπιβουλεύοντες, λανθάνουσι πολλάκις καὶ αὐτοὺς προςαπολοῦντες. (*Fab. Æsop.*, n°. 116, edit. Gottl. Ernesti.)

5°. Par la seconde personne du singulier, comme en latin. *Ex. :* En fréquentant les méchants, on deviendra méchant soimême : Κακοῖς ὁμιλῶν καὶ αὐτὸς ἐκβήσῃ κακός. (Gnom. *Monost.* 440.)

----

(1) Les éditions portent simplement ἐκέλευσαν. J'ai ajouté καὶ, d'après la correction proposée par M. Boissonade, sur *Aristénète*, p. 515.

(2) On lit ordinairement περιθέμενος. J'ai corrigé περιθέμενον, d'après le même critique, *ubi supr.*

(3) Nominatifs absolus. Voy. M. Boissonade, *ibid.*

[1] Suid. *Voc.* Εὐρύβατος.

6°. Par οὐδείς, μηδείς, *nemo*, comme en latin, quand la phrase est négative. Ex. : *On ne s'acquiert pas* de gloire avec

THÈMES.

I.

148. RÈGLE, 1°. *On dit* que Moïse, ce génie sublime, qui s'est acquis par sa sagesse un si grand nom (1) chez tous les peuples, ayant exercé son intelligence dans les sciences des Égyptiens, aborda ainsi la contemplation de l'Être suprême.

Endymion se livra le premier à l'observation des astres au point de veiller toute la nuit (2), et de dormir la plus grande partie du jour. C'est pourquoi *l'on dit* qu'il est l'amant de la lune, comme lui étant cher à cause de son genre d'étude (3).

On rapporte par tradition qu'Atlas soutient le ciel sur ses épaules; ce qui est impossible, parce qu'il était lui-même sous le ciel (4). Atlas était un homme savant, qui pénétra le premier les secrets de l'astronomie (5). Comme il prédisait (6) les tempêtes, les aspects des constellations et leurs couchers, *on dit fabuleusement* qu'il portait le ciel sur ses épaules.

II.

149. RÈGLE, 2°. Notre Sauveur dit : Soyez heureux lorsqu'*on* vous *diffamera* (7), [lorsqu']*on* vous *persécutera*, [lorsqu'en] mentant *on dira* contre vous toute espèce d'injure, à cause de moi.

On dit que Glaucus, fils de Sisyphe, fut dévoré par ses chevaux. C'est qu'on ignore (8) que, faisant de grandes dépenses et négligeant entièrement ses affaires pour nourrir des chevaux, il fut ruiné, et que les moyens d'existence lui manquèrent.

Tout travail est plus agréable que le repos, lorsqu'*on obtient* ce pour quoi (9) *l'on travaille*, ou qu'*on sait* qu'*on* [*l'*]*obtiendra* (10).

---

(1) *Tourn.* : dont le nom à cause de [sa] sagesse est très-grand chez tous les hommes.

(2) Sur le *cas*, voy. la *Méthode*, §. 345.

(3) *Tourn.* : à cause de cela.

(4) *Tourn.* : étant lui-même aussi sous le ciel : le partic. à l'*accusat.* comme dépendant de φέρειν sous-entendu.

(5) *Tourn.* : les choses touchant l'astronomie. Voy. la *Méth.*, §. 376, II.

(6) *Tourn.* : prédisant.

(7) Ὅταν (comp. de ὅτε et de ἄν), avec le *subjonctif* à l'aor. 2.

(8) *Tourn.* : Ignorant.

la volupté : Οὐδεὶς ἔπαινον ἡδοναῖς ἐκτήσατο. (Gnom. *Monost.* 220.)

THÈMES CORRIGÉS.

I.

148. RÈGLE 1°. Λέγεται Μωϋσῆς ἐκεῖνος ὁ πάνυ, οὗ μέγιστόν ἐπὶ σοφίᾳ παρὰ πᾶσιν ἀνθρώποις ὄνομα, τοῖς Αἰγυπτίων μαθήμασιν ἐγγυμνασάμενος τὴν διάνοιαν, οὕτω προςελθεῖν τῇ θεωρίᾳ τοῦ ὄντος [1].

Πρῶτος Ἐνδυμίων τῇ περὶ τοὺς ἀστέρας ἐσχόλασε θεωρίᾳ, ὡς ἀγρυπνεῖν τὴν πᾶσαν νύκτα, καὶ τὰς ἡμέρας ἐπὶ πλεῖον καθεύδειν· διὸ καὶ ἐρώμενος εἶναι λέγεται τῆς Σελήνης, ὡς ὑπάρχων αὐτῇ τούτου ἕνεκα προςφιλής [2].

Ἄτλας παραδέδοται φέρων τὸν οὐρανὸν ἐπὶ τῶν ὤμων· ὁ ἀδύνατον, ὑπὸ οὐρανὸν καὶ αὐτὸν ὄντα. ἀνὴρ δὲ σοφὸς ὢν, τὰ κατὰ ἀστρολογίαν πρῶτος κατώπτευσε. προλέγων δὲ χειμῶνας, καὶ μεταβολὰς ἄστρων, καὶ δύσεις, ἐμυθεύθη φέρειν ἐπ' ὤμων τὸν κόσμον [3].

II.

149. RÈGLE 2°. Ὁ σωτὴρ ἡμῶν φησί· Μακάριοί ἐστε ὅταν ὀνειδίσωσιν ὑμᾶς καὶ διώξωσι, καὶ εἴπωσι πᾶν πονηρὸν ῥῆμα καθ' ὑμῶν, ψευδόμενοι, ἕνεκεν ἐμοῦ [4].

Φασὶν ὅτι Γλαῦκος ὁ τοῦ Σισύφου κατεβρώθη ὑπὸ τῶν ἵππων, ἀγνοοῦντες ὅτι ἱπποτροφῶν, καὶ τῶν οἰκείων οὐδενὸς ἐπιμελούμενος, καὶ μεγάλας δαπάνας ποιούμενος, ἐπετρίβη, καὶ ἀπέλιπεν αὐτὸν ὁ βίος [5].

Τῆς ἡσυχίης πάντες οἱ πόνοι ἡδίονες, ὅταν ὧν εἵνεκεν πονέουσι τυγχάνωσιν, ἢ εἰδέωσι κύρσοντες [6] (*).

---

[1] S. Basil. *Orat. ad Adolesc.* — [2] Anonym. *De Incredib.*, 12, p. 90, ap. Th. Gale. — [3] Heracl. *De Incred.*, c. 4. — [4] Matth. V, 11. — [5] Palæph., c. 26. — [6] Democr. *apud* Stob. Tit. XXVII.

(*) Voici ce passage en dialecte commun : Τῆς ἡσυχίας πάντες οἱ πόνοι ἡδίους, ὅταν ὧν ἕνεκα πονοῦσι τυγχάνωσιν, ἢ εἰδῶσι κύρσοντες.

(9) *Tourn.* : hæc quorum causá.
(10) *Tourn.* : qu'on sait devant [l'] obtenir, au *part. fut.*

III.

150. Règle 3°. Si l'*on croit* qu'un Dieu surveille tout, *on* ne *péchera* ni en secret ni en public.

Si l'*on dépasse* la mesure, les choses les plus agréables deviennent les plus insipides.

On pourrait se figurer (1) la flatterie [comme] une liaison honteuse, mais avantageuse au flatteur (2).

On a pu vivre heureux (3) dans la pauvreté, mais le moins du monde au sein de l'opulence et des honneurs.

N'aimant personne, qu'*on croie* [bien] n'être aimé de personne.

Si l'*on compare* (4) tout le temps [qui s'est écoulé] depuis Auguste, à partir duquel (5) l'empire romain devint une monarchie, jusqu'à l'époque de Marc-Aurèle, *on* ne *trouvera* point, environ en deux cents ans, des successions de souverains aussi multipliées, des événements de guerres civiles et étrangères [aussi] divers, des révolutions de peuples, des prises de villes [aussi nombreuses que dans cet intervalle].

IV.

151. Règle 4°. Quand *on n'a* point *servi*, *on* ne *pourrait* non plus être un maître digne d'éloge.

Quand, négligeant les choses pour lesquelles *on est né*, *on cherche* à se livrer à d'autres (6), *on tombe* dans des malheurs.

Un corbeau, pris dans un piége, fit vœu à Apollon de lui sacrifier de l'encens ; mais, échappé au danger, il ne se ressouvint [plus] de sa promesse. Attrapé à un autre piége, ayant laissé Apollon, il promit de sacrifier à Mercure ; mais celui-ci lui dit : Méchant, comment te croirais-je (7), [toi] qui as méconnu et outragé ton premier maître ?

Cette fable nous apprend que lorsqu'*on a été* ingrat envers ses bienfaiteurs, étant tombé dans le malheur, on ne trouve [plus] de secours (8).

---

(1) Rendez *pouvoir* par ἄν avec l'*optat.*, et tournez : la flatterie être une liaison, etc.

(2) *Tourn. :* au flattant.

(3) *Tourn. :* on a passé heureux sa vie.

(4) Ce verbe à l'*opt. aor.*, et son corrélatif *on trouvera*, à l'*optat. aor.* 2, avec ἄν.

(5) *Tourn. :* depuis lequel.

III.

150. Règle 3°. Ἢν πιστεύῃ τις Θεὸν ἐπισκοπεύειν πάντα, οὔτε λάθρα οὔτε φανερῶς ἁμαρτήσεται [1].

Εἴ τις ὑπερβάλλοι τὸ μέτριον, τὰ ἐπιτερπέστατα ἀτερπέστατα ἂν γίγνοιντο [2].

Τὴν κολακείαν ὑπολάβοι ἄν τις ὁμιλίαν αἰσχρὰν εἶναι, συμφέρουσαν δὲ τῷ κολακεύοντι [3].

Ἐν πενίᾳ μέν τις διετέλεσεν εὐδαίμων, ὡς ἥκιστα δὲ πλούτῳ καὶ ἀρχαῖς [4].

Ὑπ' οὐδενὸς φιλεῖσθαι δοκείτω τις μηδένα φιλῶν [5].

Εἴ τις παραβάλοι πάντα τὸν ἀπὸ τοῦ Σεβαστοῦ χρόνον, ἐξ οὗπερ ἡ Ῥωμαίων δυναστεία μετέπεσεν εἰς μοναρχίαν, οὐκ ἂν εὕροι ἐν ἔτεσι περί που διακοσίοις, μέχρι τῶν Μάρκου καιρῶν, οὔτε βασιλειῶν οὕτως ἐπαλλήλους διαδοχάς, οὔτε πολέμων ἐμφυλίων τε καὶ ξένων τύχας ποικίλας, ἐθνῶν τε κινήσεις καὶ πόλεων ἁλώσεις [6].

IV.

151. Règle 4°. Ὁ μὴ δουλεύσας οὐδ' ἂν δεσπότης γένοιτο ἄξιος ἐπαίνου [7].

Οἱ τῶν μέν, πρὸς ἃ πεφύκασιν, ἀμελοῦντες, τὰ δὲ ἑτέρων ἐπιτηδεύειν πειρώμενοι, δυςτυχίαις περιπίπτουσιν [8].

Κόραξ, ὑπὸ παγίδος κρατηθείς, ηὔξατο τῷ Ἀπόλλωνι λιβανωτὸν ἐπιθύσειν· σωθεὶς δ' ἐκ τοῦ κινδύνου, τῆς ὑποσχέσεως ἐπελάθετο· πάλιν δὲ ὑφ' ἑτέρας κρατηθεὶς παγίδος, ἀφεὶς τὸν Ἀπόλλωνα, τῷ Ἑρμῇ ὑπέσχετο θῦσαι· ὁ δὲ πρὸς αὐτὸν ἔφη· Ὦ κάκιστε, πῶς σοι πιστεύσω, ὃς τὸν πρότερον δεσπότην ἤρνησας καὶ ἠδίκησας;

Ὅτι οἱ πρὸς τοὺς εὐεργετοῦντας ἀγνώμονες γενόμενοι, περιστάσει ἐμπεσόντες, οὐχ ἕξουσι βοήθειαν [9].

---

[1] Democrat. *Sent.*, p. 632. — [2] Epict. *fragm.* LV. — [3] Theophr. *Charact.* 3. — [4] Epict. *fragm.* CXXXIII. — [5] *Ibid.* CLVI. — [6] Herodian. *Hist. procem.*, lib. I. — [7] Stob. *Tit.* LX. — [8] Æsop. *fab.* n°. 94. — [9] — *Ibid.*, n°. 206.

(6) *Tourn.* : à celles (§. 309) d'autres.
(7) *Tourn.* : te croirai-je.
(8) *Tourn.* : on n'aura pas.

V.

152. Règles 5°. et 6°. Si (1) l'*on se ressouvenait* toujours que Dieu est témoin de ce qu'*on fait* par l'organe de l'âme ou du corps (2), *on ne pécherait* (3) point dans toutes ses prières et toutes ses actions ; mais *on habiterait* avec Dieu.

Si l'*on veut* passer une vie exempte de peines, que l'*on considère* les événements à venir comme déjà arrivés.

On ne délibère pas sûrement avec colère.

On ne devient (4) *pas* promptement riche étant juste.

ADJECTIF CONJONCTIF *QUI*, ῞ΟΣ, ῞Η, ῞Ο, ET SES DÉRIVÉS.

§. 284.

Ἡδονὴν φεῦγε ἥτις ὕστερον λύπην τίκτει.

Ἃ πεφύτευκας, ταῦτα θερίσεις.

[*Deus qui regnat, mater quœ œgrotat*, etc.]
[*Virtus et vitium quœ sunt contraria.*]

Règle. I. L'adjectif conjonctif, ou le pronom relatif *qui*, ὅς, ἥ, ὅ (§ 48), sert à joindre deux propositions (5). Il y a toujours un antécédent exprimé ou sous-entendu auquel il se rapporte, et il se met à la tête de la proposition à laquelle il appartient, et où il joue le rôle de sujet ou de régime. *Ex.* : Fuyez *un plaisir* (première proposition) *qui* (sujet) ensuite enfante la peine (seconde proposition) : Ἡδονὴν φεῦγε ἥτις ὕστερον λύπην τίκτει. Vous moissonnerez ce (première proposition) *que* (régime) vous aurez semé : Ἃ πεφύτευκας, ταῦτα θερίσεις. Ne recherchez point ceux que vous n'estimez pas : Μὴ θεράπευε οὓς μὴ τιμᾷς, *ne colito quos nihili œstimas* : ἀνθρώπους, antécédent sous-entendu devant οὕς.

II. Les règles de concordance de l'adjectif conjonctif sont les

---

(1) Ἐάν, avec le subjonctif.

(2) *Tourn.* : de ce qu'on fait en âme ou corps, κατά, avec l'*accusatif*.

(3) Οὐ μή, avec le *subj.*

(4) Employez l'*aor.* marquant habitude. Voyez la *Méthode*, §. 255, II, p. 218.

(5) Pour des développements, voyez la *Méthode*.

V.

152. RÈGLES 5°. et 6°. Ἐὰν ἀεὶ μνημονεύῃς ὅτι ᾧ ἐργάζῃ κατὰ ψυχὴν ἢ σῶμα, Θεὸς παρέστηκεν ἔφορος, ἐν πάσαις σοῦ ταῖς προς-ευχαῖς καὶ ταῖς πράξεσιν οὐ μὴ ἁμαρτάνῃς· ἕξεις δὲ τὸν Θεὸν σύν-οικον [1].

Εἰ βούλει ἄλυπον βίον ζῆν, τὰ μέλλοντα συμβαίνειν ὡς ἤδη συμ-βεβηκότα λογίζου [2].

Οὐδεὶς μετ᾽ ὀργῆς ἀσφαλῶς βουλεύεται [3].

Οὐδεὶς ἐπλούτησεν ταχέως δίκαιος ὤν [4].

ADJECTIF CONJONCTIF *QUI*, Ὅϲ, Ἥ, Ὅ,
ET SES DÉRIVÉS.

§. 284.

Ἡδονὴν φεῦγε ἥτις ὕστερον λύπην τίκτει.

Ἃ πεφύτευκας, ταῦτα θερίσεις.

[*Deus qui regnat, mater quæ ægrotat, etc.*]
[*Virtus et vitium quæ sunt contraria.*]

mêmes que celles de l'adjectif qualificatif. (Voyez plus haut, p. 80.) *Ex.* : Le *père qui* aime son fils, ὁ πατὴρ ὃς τὸν υἱὸν φιλοστορ-γεῖ ; *que* son fils aime, ὃν ὁ υἱὸς φιλοστοργεῖ. La *mère qui* aime sa fille, ἡ μήτηρ ἣ τὴν θυγατέρα φιλοστοργεῖ ; *que* sa fille aime, ἣν ἡ θυγάτηρ φιλοστοργεῖ. L'animal *qui*, les animaux *qui*, τὸ ζῶον ὅ, τὰ ζῶα ἅ. Le *père* et la *mère qui* aiment leurs enfants, ὁ πατὴρ καὶ ἡ μήτηρ οἳ τὰ τέκνα φιλοστοργοῦσι ; *que* leurs enfants aiment, οὓς τὰ τέκνα φιλοστοργεῖ.

Quand les antécédents sont des noms d'êtres inanimés de genres différents, le relatif se met au pluriel neutre, et le verbe au singulier d'après la règle τὰ ζῶα τρέχει, plus haut, p. 88. *Ex.* : La guerre et la paix *qui* exercent la plus grande influence sur l'existence des hommes : Πόλεμος τε καὶ εἰρήνη, ἃ μεγίστην ἔχει δύναμιν ἐν τῷ βίῳ τῷ τῶν ἀνθρώπων. Isocr. *De pace*, §. I.

---

[1] Epict. *fragm.* CXX. — [2] *Ibid.* CLVIII. — [3] Gnom. *Monost.* 353. — [4] *Ibid.* 423.

Le relatif peut aussi, comme l'adjectif (voy. p. 82, 3°), ne s'accorder qu'avec celui de ses antécédents dont il est le plus rapproché. *Ex.* : Les *guerres*, les *périls*, le *trouble* dans

THÈMES.

I.

153. Les Galactophages sont une nation scythe, *dont* était Anacharsis, estimé un des Sept Sages, [et] *qui* vint en Grèce, pour étudier (1) les usages des autres [peuples].

Quelqu'un demandait à Agésilas quelles connaissances doivent acquérir les enfants : « Celles, répondit-il, *qui* leur seront utiles aussi quand ils seront devenus hommes (2). »

Diogène disait que Socrate lui-même avait aussi du luxe : car il était recherché dans sa maisonnette, dans sa couchette et même dans les pantoufles *dont* il se servait quelquefois.

A quarante stades de marche de Memphis (3), il y a une éminence montagneuse sur *laquelle* sont beaucoup de pyramides, sépultures des rois.

Les Athéniens honorèrent Socrate d'une statue d'airain, *qu'*ils placèrent dans le Pompéion (4).

II.

154. Hérode, ayant ouvert la sépulture de David, n'[y] trouva point de richesses déposées ; mais [il trouva] une grande quantité d'ornements en or et en objets précieux, *qu'*il enleva tout entiers (5). Il eut envie, [en] faisant une recherche plus exacte, d'aller (6) plus avant, et même jusqu'aux tombeaux dans *lesquels* étaient les corps de David et de Salomon. Mais deux de

---

(1) *Tourn.* : afin que, ἵνα, avec le *subj. aor.*

(2) *Tourn.* : Agésilas, quelqu'un demandant (*génit. absolu*) quelles choses (τίς, τίνος, *quis*, *quid*) il faut les enfants apprendre, « Celles, dit-il, *dont* ils se serviront aussi étant devenus hommes. »

(3) *Tourn.* : à celui s'étant avancé quarante stades (*accus.*) de (ἀπὸ) Memphis.

(4) Edifice public d'Athènes, d'où partaient les *pompes*, πομπαί, ou processions de jeunes garçons et de jeunes filles, qui allaient par intervalles figurer dans les fêtes que donnaient les autres nations. *Voyez* Barthél. *Voyage d'Anach.*, ch. XII.

lesquels nous sommes plongés : Πόλεμοι καὶ κίνδυνοι καὶ ταραχὴ, εἰς ἣν νῦν καθέσταμεν. Isocr. *ibid.*, §. 9.

THÈMES CORRIGÉS.

I.

153. Γαλακτοφάγοι σκυθικὸν ἔθνος, ὧν ἦν καὶ Ἀνάχαρσις, εἷς τῶν ἑπτὰ σοφῶν νομισθείς, ὃς ἦλθεν εἰς τὴν Ἑλλάδα, ἵνα ἱστορήσῃ τὰ τῶν ἄλλων νόμιμα [1].

Ἀγησίλαος, ἐπιζητοῦντός τινος τίνα δεῖ μανθάνειν τοὺς παῖδας, « Ταῦτ᾽, εἶπεν, οἷς καὶ ἄνδρες γενόμενοι χρήσονται [2]. »

Διογένης ἔλεγε καὶ τὸν Σωκράτην αὐτὸν τρυφῆσαι· περιειργάσθαι γὰρ καὶ τῷ οἰκιδίῳ, καὶ τῷ σκιμποδίῳ, καὶ ταῖς βλαύταις δὲ αἷσπερ οὖν ἐχρῆτο Σωκράτης ἔστιν ὅτε [3].

Τετταράκοντα ἀπὸ τῆς Μέμφιδος σταδίους προελθόντι, ὀρεινή τις ὀφρύς ἐστιν, ἐφ᾽ ᾗ πολλαὶ πυραμίδες εἰσί, τάφοι τῶν βασιλέων [4].

Σωκράτη οἱ Ἀθηναῖοι χαλκῆς εἰκόνος ἐτίμησαντο, ἣν ἔθεσαν ἐν τῷ Πομπείῳ [5].

II.

154. Ὁ Ἡρώδης, ἀνοίξας τὸν Δαυΐδου τάφον, ἀποθέσιμα μὲν χρήματα οὐχ εὗρε, κόσμον δὲ χρυσοῦ καὶ κειμηλίων πολὺν, ὃν ἀνείλετο πάντα. σπουδὴν δ᾽ εἶχε, ἐπιμελεστέραν ποιούμενος τὴν ἔρευναν, ἐνδοτέρω τε χωρεῖν, καὶ κατὰ τὰς θήκας, ἐν αἷς ἦν τοῦ Δαυΐδου καὶ τοῦ Σαλο-

---

[1] Nic. Damasc. *apud*. Stob. *Tit.* III. — [2] Plut. *Apoph. Lac. in Ages.* t. I, p. 377. — [3] Æl. *V. H.* IV, 11. — [4] Strab. lib. XVII, p. 808; *epit.* Strab., p. 220, *edit.* Almel. — [5] Diog. Laërt. *in Socr.*, lib. II, p. 43, F.

(5) *Tourn.* : un ornement considérable d'or et d'objets précieux, lequel il enleva, etc.

(6) Sur la manière de rendre l'infinitif complém. d'un subst., voy. plus haut, p. 198, Rem. I.

ses gardes périrent tués par une flamme qui s'offrit de l'intérieur à leur passage au moment où ils entraient (1); et lui-même sortit saisi d'épouvante.

III.

155. Hercule, ayant vu Hésione exposée à un monstre marin, promit [de] la sauver (2) s'il recevait (3) de Laomédon les chevaux (4) *que* Jupiter lui avait donnés (5) pour dédommagement de l'enlèvement de Ganymède.

Saint Basile dit à l'avare : Le pain *que* vous tenez renfermé est à celui qui a faim (6); l'habit *que* vous gardez dans vos cassettes est à celui qui est nu; la chaussure *qui* se gâte chez vous est à celui qui va nu-pieds; l'argent *que* vous enfouissez appartient à celui qui est dans le besoin.

On dit que [ce fut] dans Athènes que furent d'abord trouvés l'*olivier* et le *figuier, que* la terre produisit les premiers.

Cyrus, voyant Astyage paré de *sourcils* teints, de *fard* et de *cheveux* postiches, *qui étaient de mode* chez les Mèdes, dit en le regardant : O [ma] mère, que mon grand-père est beau !

§. 285.

Ὃν εἶδες ἄνδρα, οὗτός ἐστι.

Οὗτός ἐστιν, ὃν εἶδες ἄνδρα.

[*Quas mihi scripsisti literas.*]

RÈGLE. Les Grecs joignent souvent, comme les Latins, l'adjectif conjonctif au substantif, et le mettent au même cas. *Exemple :* Cet homme est celui que vous avez vu; *pourra se*

THÈME.

156. La crainte du Seigneur est comme un jardin fertile : *la gloire qu'il donne vaut mieux que toute [autre].*

---

(1) *Tourn. :* deux des gardes à lui périrent, une flamme d'en dedans se presentant (*gén. abs.*) à eux entrant.

(2) Ce verbe au *fut.* de l'*inf.*

(3) *Tourn. :* s'il recevra.

(4) Sur le *genre*, voy. plus haut, p. 118, note 2, et p. 157, note 10.

(5) Employez l'*aor.*

μῶνος τὰ σώματα. καὶ δύο μὲν αὐτῷ τῶν δορυφόρων διεφθάρησαν, φλο-
γὸς ἔνδοθεν εἰςιούσιν ἀπαντώσης· περίφοβος δ' αὐτὸς ἐξῄει ¹·

III.

155. Ἡσιόνην ἰδὼν ἐκκειμένην κήτει Ἡρακλῆς, ὑπέσχετο σώσειν
αὐτήν, εἰ τὰς ἵππους παρὰ Λαομέδοντος λήψεται, ἃς ὁ Ζεὺς ποινὴν τῆς
Γανυμήδους ἁρπαγῆς ἔδωκεν αὐτῷ ².

Βασίλειος ὁ ἅγιος πρὸς τὸν πλεονέκτην· Τοῦ πεινῶντός ἐστιν ὁ ἄρτος,
ὃν σὺ κατέχεις· τοῦ γυμνητεύοντος τὸ ἱμάτιον, ὃ σὺ φυλάσσεις ἐν
ἀποθήκαις· τοῦ ἀνυποδέτου τὸ ὑπόδημα, ὃ παρὰ σοὶ κατασήπεται·
τοῦ χρῄζοντος τὸ ἀργύριον, ὃ κατορύξας ἔχεις ³.

Ἐν Ἀθήναις εὑρεθῆναι λέγουσι πρῶτον τὴν ἐλαίαν καὶ τὴν
συκῆν, ἃ καὶ πρῶτον ἡ γῆ ἀνέδωκεν 4.

Ὁ Κῦρος, ὁρῶν Ἀστυάγην κεκοσμημένον καὶ ὀφθαλμῶν ὑπογραφῇ,
καὶ χρώματος ἐντρίψει, καὶ κόμαις προςθέτοις, ἃ δὴ νόμιμα
ἦν ἐν Μήδοις, ἐμβλέπων αὐτῷ ἔλεγεν· Ὦ μῆτερ, ὡς καλός μοι ὁ
πάππος 5 !

------

§. 285.

Ὃν εἶδες ἄνδρα, οὗτός ἐστι.

Οὗτος ἐστιν, ὃν εἶδες ἄνδρα.

[*Quas mihi scripsisti literas.*]

traduire par : Οὗτός ἐστιν ὃν εἶδες ἄνδρα : *lat.*, hic est quem
vidisti virum; *ou par :* ὃν εἶδες ἄνδρα, οὗτός ἐστι : *lat.*, quem
vidisti virum hic est (*).

THÈMES CORRIGÉ.

156. Ὁ τοῦ Κυρίου φόβος καθάπερ κῆπος εὔφορός ἐστιν· ἣν δόξαν
παρέχει ἁπάσης ἐστὶ κρείσσων 6.

------

¹ Joseph. *Antiq. Jud.*, lib. XVI, c. 7. — ² Apollod. II, 5, 9.—
³ Div. Bas. *Hom.* ad S. Luc. XII, 16 *sq.* — 4 Æl. *V. H.* III, 38. —
5 Xenoph. *Cyr.* I, 3, 2. — 6 *Bibl. Sacr.*

(*) Comme dans Virg. *Æn.* I, 577 : Urbem quam *statuo*, *vestra*
est. Petron. *Sat.*, c. 134 : Hunc adolescentem quem *vides*, *malo astro*
natus est.

(6) Tournez comme en latin, *est esurientis* ; et de même pour les
tournures suivantes.

Hérode dit : *Jean que* j'ai décapité est celui-ci ; il est lui-même ressuscité (1) des morts.

Les Argiens envoyèrent des ambassadeurs à Suses demander (2) à Artaxerxès, fils de Xerxès, si (3) *l'alliance qu'ils avaient contractée* avec Xerxès subsistait encore. Le roi Artaxerxès répondit qu'elle subsistait au mieux, et qu'il ne considérait aucune ville [comme] plus amie qu'Argos.

Les *cavaliers* et les *fantassins* avec *lesquels il était* venu, parurent nombreux au fils du roi d'Assyrie (4).

Cette *voix*, dit Démosthène, *qu'*élève le crieur public, d'après les lois, il est juste de la considérer [comme] la voix commune de la patrie.

---

§. 286.

Ὑφ' ὧν κρατεῖσθαι τὴν ψυχὴν αἰσχρὸν, τούτων ἐγκράτειαν ἄσκει.

Règle. Les Grecs placent souvent le relatif avant l'antécédent, surtout quand cet antécédent est un pronom démonstratif. *Ex. :* Exercez-vous à maîtriser *toutes les choses par lesquelles* il est honteux que l'âme soit maîtrisée, l'intérêt,

THÈME.

157. Conformez-vous *aux choses auxquelles* vous êtes destiné ; aimez, mais sincèrement, *les hommes* avec *lesquels* vous êtes appelé à vivre.

Ce qu'il est honteux de faire, croyez qu'il n'est pas même bien de *le* dire.

Ne (5) craignez pas même de mourir pour *les choses* pour *lesquelles* vous voulez vivre.

Épicure disait : « Rien n'est suffisant pour *celui* à *qui* peu ne suffit pas. »

Timothée, censurant amèrement la prodigalité d'Aristophon, lui dit (6) : « Rien n'est honteux pour *celui* à *qui* rien ne suffit. »

---

(1) A *l'aoriste.*
(2) Voy. plus haut, p. 222, VI, Règle.
(3) Εἰ, avec l'indic.
(4) **Tourn.** : *visi sunt multi quos habens venit equites et pedites.*
(5) Μή, avec l'*impér. prés.*
(6) *Tourn.* : Timothée à Aristophon, étant prodigue, le reprenant très-amèrement, dit, etc.

Ὁ Ἡρώδης εἶπεν, ὅτι ὃν ἐγὼ ἀπεκεφάλισα Ἰωάννην οὗτός ἐστιν, αὐτὸς ἠγέρθη ἐκ νεκρῶν [1].

Ἀργεῖοι ἔπεμψαν ἐς Σοῦσα ἀγγέλους ἐρωτᾶν Ἀρταξέρξην τὸν Ξέρξου, εἰ σφισιν ἔτι ἐμμένει ἣν πρὸς Ξέρξην φιλίαν συνεκεράσαντο. βασιλεὺς δὲ Ἀρταξέρξης μάλιστα ἐμμένειν ἔφη, καὶ οὐδεμίαν νομίζειν πόλιν Ἄργους φιλιωτέραν [2].

Τῷ υἱῷ τοῦ τῶν Ἀσσυρίων βασιλέως ἔδοξαν πολλοὶ οὓς αὐτὸς ἔχων ἧκεν ἱππέας καὶ πεζούς [3].

Δημοσθένης φησίν· Ἣν ὁ κῆρυξ κατὰ τοὺς νόμους φωνὴν ἀφίησι, ταύτην κοινὴν τῆς πατρίδος δίκαιόν ἐστιν ἡγεῖσθαι [4].

<hr>

§. 286.

Ὑφ' ὧν κρατεῖσθαι τὴν ψυχὴν αἰσχρόν, τούτων ἐγκράτειαν ἄσκει.

la colère, le plaisir, la peine : Ὑφ' ὧν κρατεῖσθαι τὴν ψυχὴν αἰσχρόν, τούτων ἐγκράτειαν ἄσκει πάντων, κέρδους, ὀργῆς, ἡδονῆς, λύπης : mot à mot, *quibus vinci animum turpe, horum imperium exerce omnium.* Au lieu de, ἄσκει ἐγκράτειαν τούτων πάντων, ὑφ' ὧν, *etc.*

THÈME CORRIGÉ.

157. Οἷς συγκεκλήρωσαι πράγμασι, τούτοις συνάρμοζε σεαυτόν· καὶ οἷς συνείληχας ἀνθρώποις, τούτους φίλει, ἀλλ' ἀληθινῶς [5].

Ἃ ποιεῖν αἰσχρόν, ταῦτα νόμιζε μηδὲ λέγειν εἶναι καλόν [6].

Ὧν ἕνεκα ζῆν ἐθέλεις, τούτων χάριν καὶ ἀποθανεῖν μὴ κατόκνει [7].

Ἐπίκουρος ἔλεγεν· Ὧ ὀλίγον οὐχ ἱκανόν, ἀλλὰ τούτῳ γε οὐδὲν ἱκανόν [8].

Τιμόθεος πρὸς Ἀριστοφῶντα, ἄσωτον ὄντα, πικρότατα καθικόμενος αὐτοῦ, εἶπεν· « Ὧ ἱκανὸν οὐδέν, ἀλλὰ τούτῳ γε αἰσχρὸν οὐδέν [9]. »

<hr>

[1] Marc. VI, 16. — [2] Herod. VII, 151. — [3] Xenoph. *Cyrop.* I, 4, 7. — [4] Demosth. *De Cor.*, t. I, p. 304, *ed.* Tauchn. — [5] Marc. Anton. VI, 39. — [6] Isocr. *ad Demon.*, §. 4, p. 3. — [7] Stob. *Tit.* I. — [8] Æl. *V. H.*, IV, 15. — [9] *Ibid.* XIV, 3.

N'entreprenez pas de faire à autrui *ce que* vous évitez de souffrir vous-même.

Souvent *celui qu'*on a offensé en paroles, tire de vous vengeance en actions (1).

Dites du bien *de ceux dont* vous voudriez vous faire des amis (2) : car la louange est le commencement de l'amitié, et le blâme, de la haine.

═══════

Ὧν τὰς δόξας ζηλοῖς, μιμοῦ τὰς πράξεις.

RÈGLE. Les Grecs sous-entendent aussi assez souvent l'antécédent du pronom relatif. *Ex.* : Imitez les actions de *ceux dont* vous voulez égaler la réputation : ὧν τὰς δόξας ζηλοῖς,

THÈME.

158. Heureux *celui qui* possède [la] fortune et [la] raison ! il s'[en] sert à propos (3).

Un homme est estimable ou méprisable, non seulement suivant *ce qu'il* (4) fait, mais encore suivant *ce qu'il* veut.

Celui que les dieux aiment, meurt jeune.

Si vous vous chargez d'un rôle au-dessus de vos forces, vous vous en acquittez mal, et vous abandonnez *celui que* vous pouviez remplir.

Quand vous ressentez de la paresse pour vous lever le matin de bonne heure, ayez cette pensée toute prête (5) : Je m'éveille pour [remplir] le devoir d'un homme : souffrirai-je donc encore d'aller faire (6) *les choses pour lesquelles* (7) je suis né, pour *lesquelles* j'ai été mis au monde ? ou bien ai-je été créé pour me tenir (8) chaudement étendu dans mes couvertures ?

---

(1) *Tourn.* : souvent on a payé vengeance en actions à celui qu'on a blessé en paroles. Sur *on* voy. plus haut, p. 238, 2°.; et sur l'*aor.* à employer ici, la *Méthode*, §. 255, II, *fin.*

(2) *Tourn.* : que vous voudriez vous faire amis. Ἄν et le *subj. prés.*

(3) Tourn. : *utitur benè ad* quæ *oportet.*

(4) Plur. neutre, *ex quibus.*

(5) *Tourn.* : qu'il vous soit sous la main.

(6) *Tourn.* : si je vais vers le faire; εἰ, *si*, avec l'*indic.*, et ἐπί, *ad*, avec l'*infin.* précédé de l'article. Voy. p. 188, II.

Ὁ φεύγεις παθεῖν, τοῦτο μὴ ἐπιχείρει διατιθέναι [1].

Πολλάκις ὃν τοῖς λόγοις ἐλύπησαν, τούτῳ τοῖς ἔργοις τὴν τιμωρίαν ἔδοσαν [2].

Οὓς ἂν βούλῃ ποιήσασθαι φίλους, ἀγαθόν τι λέγε περὶ αὐτῶν · ἀρχὴ μὲν γὰρ φιλίας, ἔπαινος, ἔχθρας δὲ, ψόγος [3].

Ὧν τὰς δόξας ζηλοῖς, μιμοῦ τὰς πράξεις.

μιμοῦ τὰς πράξεις. *Isocr. Pour :* μιμοῦ τὰς πράξεις τῶν ἀνθρώπων ὧν τὰς δόξας ζηλοῖς.

THÈME CORRIGÉ.

158. Μακάριος, ὃς οὐσίαν καὶ νοῦν ἔχει · χρῆται γὰρ εἰς ἃ δεῖ καλῶς [4].

Δόκιμος ἀνὴρ καὶ ἀδόκιμος οὐκ ἐξ ὧν πράσσει μόνον, ἀλλὰ καὶ ἐξ ὧν βούλεται [5].

Ὃν οἱ θεοὶ φιλοῦσιν, ἀποθνήσκει νέος [6].

Ἐὰν ὑπὲρ δύναμιν ἀναλάβῃς τι πρόσωπον, καὶ ἐν τούτῳ ἠσχημόνησας, καὶ ὃ ἠδύνασο ἐκπληρῶσαι, παρέλιπες [7].

Ὄρθρου ὅταν δυσόκνως ἐξεγείρῃ, πρόχειρον ἔστω, ὅτι ἐπὶ ἀνθρώπου ἔργον ἐγείρομαι · ἔτι οὖν δυσκολαίνω, εἰ πορεύομαι ἐπὶ τὸ ποιεῖν ὧν ἕνεκα γέγονα, καὶ ὧν χάριν προῆγμαι εἰς τὸν κόσμον ; ἢ ἐπὶ τοῦτο κατεσκεύασμαι, ἵνα κατακείμενος τοῖς στρωματίοις ἐμαυτὸν (*) θάλπω [8] ;

---

[1] Epict. *fragm.* XLII. — [2] Isocr. *ad Demon.* §. 4, p. 7. — [3] *Ibid.*
— [4] Democr. *Sent.*, p. 629. — [5] *Ibid.*, p. 628. — [6] Gnom. *monost.* 230.
[7] Epict. *Man.*, c. 37, *ed.* J. Schw. — [8] Marc. Anton., V, 1.

(*) Voy. M. Burnouf, §. 323, 2, et Matthiæ, §. 489, II, p. 972 de
notre traduction.

(7) Tourn. : *quorum causâ.*
(8) *Tourn.* : pour cela que, ἐπὶ τοῦτο, ἵνα, suiv. du *subj.*

DU RELATIF AU CAS DE L'ANTÉCÉDENT.

§. 287.

Μεταδίδως αὐτῷ τοῦ σίτου οὗπερ αὐτὸς ἔχεις.

RÈGLE. I. Le grec admet dans la syntaxe de l'adjectif relatif une irrégularité ou une particularité très-remarquable. Quand l'antécédent, régime d'un premier verbe, doit être mis au GÉNITIF ou au DATIF, le relatif se met en grec au même cas, lors même que le verbe dont il est le régime gouvernerait l'accusatif. Ex. : *Vous lui faites part* de la nourriture que *vous avez vous-même* : Μεταδίδως αὐτῷ τοῦ σίτου οὗπερ αὐτὸς ἔχεις. *Ici*, οὗπερ ἔχεις *pour* ὅνπερ ἔχεις, qui serait contraire au génie de la langue grecque (*).

II. Avec cette sorte de construction, quand l'antécédent est

THÈMES.

I.

159. Avec *les biens que nous renfermons* dans notre âme, nous acquérons les moyens de satisfaire même les besoins que nous éprouvons (1).

Diogène disait des [gens qui sont] épouvantés de leurs rêves, qu'ils ne s'occupent pas *de ce qu'ils font* en veillant, mais qu'ils *s'inquiètent* fort des *visions qu'ils* ont [en] dormant.

Arion de Méthymne, qui, au rapport des Corinthiens (2), fut porté sur un dauphin jusqu'au cap Ténare, et qui ne le cédait à personne sur la cithare, est le premier de [tous] *ceux que nous* connaissions, qui ait composé, nommé et exécuté un dithyrambe à Corinthe.

(*) L'attraction des relatifs n'est point inconnue des Latins, qui l'ont imitée des Grecs. C'est par un hellénisme qu'on peut expliquer des passages tels que ceux-ci : Cic. *ad Fam.* V, 14 : *Cum scribas et aliquid agas* eorum, quorum *consuesti, gaudeo;* pour *quæ consuesti agere.* Sall. *Fragm. orat.* L. Philip. p. 363, *ed.* Burn. : *Arma civilia cepit, non pro sua, aut* quorum *simulat, injuria,* pour aut *eorum injuria, quos simulat.* Ov., *Tr.* V, 6, 36 : *Isto,* quo *reris, grandius illud erit.* Liv. I, 29 : *Raptim,* quibus *quisque poterat, elatis, exibant,* pour *iis elatis, quæ quisque poterat auferre.* Hor., *Serm.* I, 6, 15 : *Judice,* quo *nosti,* populo, pour *quem nosti,* mauvaise correction introduite par Alde, qui avait méconnu l'hellénisme *quo nosti,* employé par Horace, et qui se trouve dans les meilleurs manuscrits et les plus an-

DU RELATIF AU CAS DE L'ANTÉCÉDENT.

§. 287.

Μεταδίδως αὐτῷ τοῦ σίτου οὗπερ αὐτὸς ἔχεις.

un adjectif démonstratif, il se retranche ordinairement, et le relatif prend le cas où se mettrait son antécédent, s'il était exprimé. Ex. : *Je me sers* de ce que *j'ai* : οἷς ἔχω χρῶμαι · *mot à mot*, quibus habeo utor : *pour* χρῶμαι τοῖς χρήμασιν ἃ ἔχω, qui ne se dirait pas.

III. Lorsqu'on fait suivre le relatif d'un nom qui s'y rapporte, ce nom se met naturellement au même cas que ce relatif. *Ex. :* J'abandonne l'opinion que j'avais : ἀμελῶ ἧς εἶχον δόξης.

THÈMES CORRIGÉS.

I.

159. Τοῖς ἀγαθοῖς, οἷς ἔχομεν ἐν τῇ ψυχῇ, τούτοις κτώμεθα καὶ τὰς ὠφελείας ὧν δεόμενοι τυγχάνομεν [1].

Διογένης πρὸς τοὺς περὶ τὰ ὀνείρατα ἐπτοημένους ἔλεγεν, ὡς ὑπὲρ ὧν μὲν πράττουσιν ὕπαρ, οὐκ ἐπιστρέφονται, ὑπὲρ ὧν δὲ καθεύδοντες φαντασιοῦνται πολυπραγμονοῦσιν [2].

Λέγουσι Κορίνθιοι Ἀρίονα τὸν Μηθυμναῖον ἐπὶ δελφῖνος ἐξενειχθῆναι (*) ἐπὶ Ταίναρον, ἐόντα (**) κιθαρῳδὸν τῶν τότε ἐόντων οὐδενὸς δεύτερον, καὶ διθύραμβον, πρῶτον ἀνθρώπων τῶν ἡμεῖς ἴδμεν (***), ποιήσαντά τε καὶ ὀνομάσαντα καὶ διδάξαντα ἐν Κορίνθῳ [3].

---

[1] Isocr. *Orat. de Pace, sive social.*, p. 194, §. 12. — [2] Diog. Laërt. *in Diog.*, lib. VI, p. 148, A. — [3] Herod., 1, 23.

(*) Ion. pour ἐξενεχθῆναι.

(**) Ion. pour ὄντα.

(***) Ion. pour ὧν ἡμεῖς ἴσμεν.

ciennes éditions. Voy. Grotefend, *Gram. lat.*, §. 142, Rem. 2, et mon édit. du *Panég.* d'Isocr., p. 89.

(1) *Tourn.* : par les biens (*datif*) que nous avons dans l'âme, nous acquérons le soulagement de ce dont nous nous trouvons ayant besoin.

(2) *Tourn.* : les Corinthiens disent Arion le Méthymnien avoir été porté sur un dauphin au cap Ténare, [n'] étant sur la cithare le second d'aucun de ceux d'alors, et ayant le premier des hommes que *nous connaissons*, composé, etc.

II.

160. Denys demandant un jour à Aristippe pourquoi il était venu (1), « Pour *partager* (2), répondit-il, *ce que j'ai*, et pour *participer à ce que je n'ai pas*. »

Un jour d'assemblée, quelqu'un ayant dit à Phocion (3) : « Vous avez l'air, Phocion, de réfléchir. » « Vous devinez juste, répondit-il ; car je réfléchis si je ne pourrais pas (4) *retrancher quelque chose de ce que* je vais *dire* aux Athéniens. »

Solon, qui, à l'invitation des Athéniens (5), leur donna des lois, voyagea dix ans (6) pour ne pas être à la fin contraint (7) d'*abroger quelqu'une des lois qu'il avait établies*.

Vous apprendrez dans quel trouble était Philippe aux préparatifs de Démosthène, *par les lettres qu'il écrivit* dans le Péloponnèse.

Ni l'occasion ni l'intérêt n'ont (8) jamais porté l'homme de bien à sacrifier rien *de ce qu'il croyait juste* (9) et *avantageux à sa patrie*.

EMPLOI DES MODES APRÈS LES RELATIFS.

Le relatif *qui*, ὅς, ἥ, ὅ, se construit en grec avec les trois modes, l'*indicatif*, l'*optatif* et le *subjonctif* (*).

Règle. I. L'indicatif s'emploie, sans ἄν, en grec après les relatifs qui se rapportent à des objets déterminés, même lorsqu'ils sont accompagnés d'une négation qui veut le subjonctif en français et en latin. *Ex.* : Les Crétois eurent, les premiers des Grecs, des lois qu'ils reçurent de Minos, *qui*, le premier aussi,

---

(1) Ἥκω, à l'*opt. prés.* Ce verbe au présent a la valeur du parf. ou de l'aor., et à l'imparf. celle du plus-que-parf.

(2) Ἐπί, avec le fut. de l'infin. précédé de l'article au *datif*. Voy. p. 222, VI.

(3) *Tourn.* : une assemblée étant (*gén. abs.*), à celui ayant dit, etc., « Vous devinez juste, » dit-il, etc.

(4) *Tourn.* : si je puis retrancher, *indic.*

(5) *Tourn.* : qui donna des lois aux Athéniens ayant invité.

(6) Sur le cas, voy. la *Méthode*, §. 345.

(7) *Tourn.* : afin qu'il ne fût pas contraint, ἵνα μή, avec l'aor. *du subj.*

(8) Sur le nombre du verbe, voy. p. 114, rem. I.

(9) *Tourn.* : aucune des choses qu'il a jugées justes et avantageuses : *nihil* [eorum] *quorum judicavit justorum et utilium.*

(*) Dans cette partie difficile de la Syntaxe grecque, j'ai pris pour

II.

160. Ἀρίστιππος, Διονυσίου ποτὲ ἐρομένου ἐπὶ τί ἥκοι, ἔφη· « Ἐπὶ τῷ μεταδώσειν ὧν ἔχω, καὶ μεταλήψεσθαι ὧν μὴ ἔχω[1]. »

Ἐκκλησίας γενομένης, Φωκίων πρὸς τὸν εἰπόντα, « Σκεπτομένῳ, ὦ Φωκίων, ἔοικας, » Ὀρθῶς, ἔφη, τοπάζεις· σκέπτομαι γὰρ εἴ τι δύναμαι περιελεῖν ὧν μέλλω λέγειν πρὸς Ἀθηναίους[2].

Σόλων, ὃς Ἀθηναίοις νόμους κελεύσασι ἐποίησεν, ἀπεδήμησεν ἔτη δέκα, ἵνα δὴ μή τινα τῶν νόμων ἀναγκασθῇ λῦσαι, ὧν ἔθετο[3].

Ἐν οἵαις ἦν ταραχαῖς ὁ Φίλιππος [ἐπὶ ταῖς τοῦ Δημοσθένους παρασκευαῖς] ἐκ τῶν ἐπιστολῶν ἐκείνου μαθήσεσθε, ὧν εἰς Πελοπόννησον ἔπεμψεν[4].

Τὸν ἀγαθὸν ἄνδρα οὔτε καιρὸς οὔτε κέρδος οὐδέποτε προηγάγετο ὧν ἔκρινε δικαίων καὶ συμφερόντων τῇ πατρίδι οὐδὲν προδοῦναι[5].

EMPLOI DES MODES APRÈS LES RELATIFS.

eut l'empire de la mer : Κρῆτες πρῶτοι Ἑλλήνων νόμους ἔσχον, Μίνωος θεμένου, ὃς καὶ πρῶτος ἐθαλασσοκράτησε. (Nic. Damasc.) Je n'ai pas à ma solde un homme *qui ne soit* capable des mêmes travaux que moi : Παρ' ἐμοὶ οὐδεὶς μισθοφορεῖ, ὅστις μὴ ἱκανός ἐστιν ἴσα ποιεῖν ἐμοί. (Xénoph.)

Remarques. I. On voit par ce dernier exemple qu'il ne faut point en général se régler sur le latin pour la syntaxe du *qui* relatif ou conjonctif en grec. Les Latins emploient souvent le pronom relatif avec le subjonctif, non seulement pour rem-

---

[1] Laërt. *in Aristip.*, lib. II, p. 52, C. — [2] Plut. *Apoph. Reg. et Imper.* — [3] Herod. I, 29. — [4] Demosth. *De Cor.*, p. 301, *ed.* Reisk. — [5] Idem, *ibid.*, p. 325, 10.

guide Matthiæ, et j'ai fait aussi plusieurs emprunts à l'ouvrage de Car. Lud. Struve, intitulé : *De relativorum*, ὅς ἄν, ὡς ἄν, *et similium, varia constructione apud Lucianum Dissertatio, denuo edente* L. de Sinner, 1838. La réimpression en France de cette petite dissertation, pleine de recherches et de critique, est un nouveau et réel service rendu à nos écoles par le zèle philologique du savant M. de Sinner.

placer l'antécédent, mais encore pour exprimer la cause ou le but d'une action. Ils disent, par exemple : *adsunt viri qui dicant;* phrase où *qui* équivaut à *ut dicant.* Cette construction est contraire au génie de la langue grecque, dans laquelle on ne dirait pas : πάρεισιν ἄνδρες οἳ φήσαιεν ou φήσωσι. Il faut : οἳ φήσουσι ou λέξουσι, comme nous le verrons plus bas, §. 290.

II. Le relatif se construit avec l'indicatif ou l'optatif, accompagné de ἄν, lorsqu'il sert à lier des propositions hypothétiques ou conditionnelles, équivalentes de deux autres, dont la principale, posée avec εἰ, *si,* aurait sa subordonnée corrélative accompagnée de ἄν. *Ex.* : C'est cet homme *qui* l'aurait fait *si* le roi l'eût permis ; en grec : οὗτός ἐστιν ὁ ἀνήρ, ὃς ἂν τοῦτο ἐποίησεν, εἰ ὁ βασιλεὺς εἴασεν. Ce qui équivaut à οὗτος ὁ ἀνὴρ τοῦτο ἂν ἐποίησεν, εἰ ὁ βασιλεὺς εἴασεν, cet homme l'aurait fait, *si* le roi l'eût permis. De même encore cette phrase : C'est cet homme *qui* le ferait, *si* le roi le permettait, se traduira par : οὗτός ἐστιν ὁ ἀνήρ, ὃς ἂν τοῦτο ποιοίη, εἰ ὁ βασιλεὺς ἐῴη, parce qu'elle équivaut à celle-ci : οὗτος ὁ ἀνὴρ ποιοίη ἂν τοῦτο, εἰ ὁ βασιλεὺς ἐῴη, cet homme le ferait, *si* le roi le permettait. On voit ici que l'emploi de l'indicatif ou de l'optatif dépend avec ὅς, comme avec εἰ, du degré de certitude des propositions conditionnelles. Voy. la *Méthode*, § 366.

III. *Les relatifs indéterminés, tels que* quiconque, celui qui, *ou* ceux qui, *se rapportant à des noms communs pris dans un sens général, tels que* homme, peuple, *prennent ordinairement le verbe à l'*optatif, *sans* ἄν, *si le verbe qui précède est au* passé, ou si toute la proposition a rapport à ce temps, *et au* subjonctif, *avec* ἄν, *s'il est au* présent *ou au*

THÈMES.

I.

(*Sur la première Règle.*)

161. L'homme juste est, non pas celui qui ne commet pas d'injustice(1), mais [celui] *qui,* pouvant être injuste, ne [le] *veut* pas ; ni [celui] *qui s'est abstenu* de prendre de petites choses, mais *qui a le courage* de n'en pas prendre de grandes, pouvant s'en emparer et les garder impunément ; ni [celui] *qui n'observe*

---

(1) *Tourn.* : Non le ne commettant pas d'injustice, οὐχ ὁ μὴ ἀδικῶν.

futur, ou si toute la proposition se rapporte à l'avenir ; car ici l'emploi du subjonctif exige, outre le caractère indéterminé du sujet ou du régime, que la chose ou l'action dont il s'agit soit *actuelle*, *habituelle*, ou n'ait point encore eu lieu, du moins à l'époque en question. Exemples :

Il menaça de faire périr *tous ceux qu'il trouverait* les armes à la main : Ἠπείλησε διαφθεῖραι ἅπαντας οὕςτινας εὕροι ὡπλισμένους.

Personne ne s'approche avec plaisir des *lieux où il a été* malheureux : Ἐν οἷς ἂν ἀτυχήσῃ τις ἄνθρωπος τόποις, ἥκιστα τούτοις πλησιάζων ἥδεται.

Il punira quiconque aura violé la loi : Κολάσει ὅντιν' ἂν παρανομήσῃ.

REMARQUES. I. Il faut distinguer ces cas de ceux où le verbe qui suit le relatif a la valeur propre ou potentielle de l'optatif, qui alors doit s'employer avec ἄν. *Ex.* : Il n'est personne *qui* tuât (c'est-à-dire qui pût tuer) cet homme : Οὐκ ἔστι τοῦτον ὅςτις ἂν κατακτάνοι.

II. Après un pronom relatif se rapportant à un antécédent, pris dans un sens général, indéterminé ou conditionnel, la négation se traduit par μή, et non par οὐ. Ex. : *Celui qui ne sait* pas se rendre maître de son ventre, souffre les maux les plus nombreux : Ὅςτις γαστρὸς μὴ κρατεῖν ἐπίσταται, οὗτος τὰ πλείω τῶν κακῶν ἔχει κακά. (*Gnom.* Cratès, III.) Il vaut mieux se taire que dire *ce qui* ne convient *pas* : Κρεῖττον σιωπᾷν ἢ λαλεῖν ἃ μὴ πρέπει. (*Ibid.* Monostich. 459.)

THÈMES CORRIGÉS.

I.

(Sur la première Règle.)

161. Ἀνὴρ δίκαιός ἐστιν, οὐχ ὁ μὴ ἀδικῶν,
    ἀλλ' ὅςτις, ἀδικεῖν δυνάμενος, μὴ βούλεται·
    οὐδ' ὃς τὰ μικρὰ λαμβάνειν ἀπέσχετο,
    ἀλλ' ὃς τὰ μεγάλα καρτερεῖ μὴ λαμβάνων,
    ἔχειν δυνάμενος καὶ κρατεῖν ἀζημίως·
    οὐδ' ὃς γε ταῦτα πάντα διατηρεῖ μόνον,

** 17*

pas seulement toutes ces règles (1); mais *qui*, ayant un cœur sincère et pur, *veut* être juste, et non le paraître (2).

Il n'y a personne *qui ne s'aime* soi-même.

Il n'y a point d'homme *qui soit* heureux en toute chose (3).

Il n'y a point de menuisier *qui ait* construit une porte assez solide, pour qu'un chat ou un voleur ne puisse passer à travers (4).

II.

162. La maladie seule où la mort d'un ami affligeait Démonax, parce qu'il considérait (5) l'amitié comme le plus grand des biens ici-bas. C'est pour cela qu'il était l'ami de tout le monde, et il *n'y avait personne qu'il ne considérât* [comme] un de ses proches, pourvu que ce fût un homme (6).

Il y avait dans la Sogdiane un rocher sur lequel on annonçait à Alexandre que beaucoup de Sogdianiens s'étaient réfugiés comme dans un fort inexpugnable. Alexandre néanmoins résolut d'attaquer cette position. Un propos plein de suffisance, tenu par les Barbares, avait à la fois piqué son amour-propre et enflammé sa colère (7). Ayant été appelés à une conférence, où Alexandre leur proposa (8) de leur accorder la liberté de retourner sains et saufs dans leurs foyers, à condition qu'ils lui livrassent le fort, ils l'invitèrent (9), avec une risée digne de Barbares, à chercher des soldats ailés *qui enlevassent* (10) pour lui (11) la hauteur.

III.

(*Sur la deuxième et la troisième Règle.*)

163. Diogène disait qu'il n'y avait point de travail honorable *dont* la fin ne fût le courage et la force d'âme.

---

(1) *Tourn.* : *hæc omnia.*

(2) *Tourn.* : *esse justus, neque videri esse vult.*

(3) Πάντα, *omnia*, sous-ent. κατά, *secundùm.*

(4) *Tourn.* : pas un menuisier n'a fait une porte ainsi solide, à travers *laquelle* un chat et un voleur *n'entre pas.*

(5) *Tourn.* : comme jugeant l'amitié le plus grand bien, etc.

(6) *Tourn.* : étant du moins homme.

(7) *Tourn.* : l'avait jeté dans l'amour-propre avec colère.

(8) *Tourn.* : et [Alexandre] proposant (*gén. abs.*) qu'il leur soit permis (ὅτι ὑπάρχει, avec le *dat.*) de retourner saufs dans leurs foyers, avant livré le fort. Sur le cas ici de l'*adj.* et du *partic.*, voy. p. 180, Règle II.

ἀλλ' ὅστις ἄδολον γνησίαν τ' ἔχων φύσιν,
εἶναι δίκαιος, κοὐ δοκεῖν εἶναι θέλει [1].
Οὐκ ἔστιν οὐδείς, ὅστις οὐχ αὑτὸν φιλεῖ [2].
Οὐκ ἔστιν ὅστις πάντ' ἀνὴρ εὐδαιμονεῖ [3].
Οὐδὲ εἷς τέκτων ὀχυρὰν οὕτως ἐποίησε θύραν, δι' ἧς γαλῆ καὶ κλέπτης οὐκ εἰσέρχεται [4].

II.

162. Μόνον Δημώνακτα ἠνία φίλου νόσος ἢ θάνατος, ὡς ἂν καὶ τὸ μέγιστον τῶν ἐν ἀνθρώποις ἀγαθῶν τὴν φιλίαν ἡγούμενον· καὶ διὰ τοῦτο φίλος ἦν ἅπασι, καὶ οὐκ ἔστιν ὁντινα οὐκ οἰκεῖον ἐνόμιζεν, ἄνθρωπόν γε ὄντα [5].

Ἦν ἐν τῇ Σογδιανῇ πέτρα, ἐς ἣν πολλοὺς τῶν Σογδιανῶν ξυμπεφευγέναι Ἀλεξάνδρῳ, ὡς ἐς ἀνάλωτον δῆθεν τὸ χωρίον, ἐξηγγέλλετο. ἀλλὰ καὶ ὡς [αὐτῷ] προσβάλλειν ἐδόκει τῷ χωρίῳ· καὶ γάρ τι καὶ ὑπέρογκον ὑπὸ τῶν βαρβάρων λεχθὲν, ἐς φιλοτιμίαν ξὺν ὀργῇ ἐβεβλήκει Ἀλέξανδρον· προκληθέντες γὰρ ἐς ξύμβασιν, καὶ προτεινομένου σφίσιν, ὅτι σώοις ὑπάρχει ἐπὶ τὰ σφέτερα ἀπαλλαγῆναι, παραδοῦσι τὸ χωρίον· οἱ δὲ σὺν γέλωτι βαρβαρίζοντες, πτηνοὺς ἐκέλευον ζητεῖν στρατιώτας Ἀλέξανδρον, οἵτινες αὐτῷ ἐξαιρήσουσι τὸ ὄρος [6].

III.

(Sur la deuxième et la troisième Règle.)

163. Διογένης οὐδένα καλὸν ἔφησεν εἶναι πόνον, οὗ μὴ τέλος εἴη εὐψυχία, καὶ τόνος ψυχῆς [7].

---

[1] *Poët. Gnom.* Philem. II. — [2] Ibid. *Monost.* 553. — [3] *Ibid.* Philip. II, — [4] *Ibid.* Apollod. I. — [5] Luc. *Demon.*, c. 10, t. V, p. 236, *ed.* Bip. — [6] Arrian. *Exped. Alex.*, lib. IV, p. 91-92, *ed.* H. Steph. = IV, 28, 6, Schmied. — [7] Epict. *fragm.* LVII.

(9) *Tourn.* : mais eux (οἱ δέ) ordonnèrent à Alexandre de chercher, etc.
(10) Tournez par le futur. Voy. p. 257, Rem. I.
(11) *Tourn.* : à lui.

Chez les Lyciens, *tout homme* libre *qui a été surpris* commettant un vol, *devient* esclave.

Les Libyens Ialchlées, lorsque plusieurs [d'entre eux] recherchent un femme en mariage, dînent en sa présence (1) chez son père : ils font beaucoup de railleries, et la femme *épouse celui qui l'a fait rire* (2).

Considérez d'abord en esprit *tout ce que vous devez* dire ; car chez beaucoup la langue devance la pensée.

Les avances que vous aurez faites (3) à vos parents, attendez-vous à les recevoir aussi de vos enfants (4).

Les Thraces s'étant précipités dans [la ville de] Mycalesse, pillèrent (5) les maisons et les temples, ils égorgèrent les habitants (6), n'épargnant ni la vieillesse ni le jeune âge, mais massacrant indistinctement *tout ce qu'ils rencontraient* (7), femmes, enfants, jusqu'aux bêtes de somme et *tous* les autres être animés *qu'ils voyaient*.

IV.

164. Il *faut* que les bons rois s'efforcent de faire régner la concorde, non-seulement dans les *villes qu'ils gouvernent*, mais encore dans leurs propres demeures et dans les *lieux qu'ils habitent*.

Beaucoup [d'hommes] après avoir acquis (8) l'or, objet de tant de vœux, en ont péri victimes (9). Tant il est vrai que la prudence humaine ne sait pas mieux faire le meilleur choix, que celui qui se contenterait de ce qu'il aurait obtenu du sort (10). Mais les dieux, mon fils, qui sont de tous les temps,

---

(1) *Tourn.* : la femme étant présente.

(2) *Tourn.* : Or eux raillant beaucoup (*gén. abs.*), celui pour lequel la femme a ri, elle l'épouse.

(3) Ce futur se rendra par l'*aor.* du *subj.* et la particule exigée par la règle précédente, p. 258, III.

(4) *Tourn* : les mêmes attendez aussi de vos enfants.

(5) Sur le temps où doivent être mis ce verbe et le suivant, voyez la *Méthode*, §. 358.

(6) *Tourn.* : les hommes.

(7) Mettez ce verbe et le suivant à l'aor. du mode voulu par la règle.

(8) *Tourn.* : ayant acquis.

(9) *Tourn.* : à cause de celui-ci.

(10) *Tourn.* : que si (ἢ εἰ) quelqu'un, tirant au sort, ce qu'il aurait obtenu (*optat.*), il le faisait (*optat.*).

Παρὰ τοῖς Λυκίοις ὃς ἂν ἐλεύθερος ἁλῷ κλέπτων, δοῦλος γί-νεται [1].

Ἰαλχλευεῖς Λίβυες, ὅταν πολλοὶ μνηστεύσωνται γυναῖκα, παρὰ τῷ κηδεστῇ δειπνοῦσι, παρούσης τῆς γυναικός· πολλὰ δὲ σκωπτόντων, ἐφ᾽ ᾧ ἂν ἡ γυνὴ γελάσῃ, τούτῳ συνοικεῖ [2].

Πᾶν ὅ τι ἂν μέλλῃς λέγειν, πρότερον ἐπισκόπει τῇ γνώμῃ· πολλοῖς γὰρ ἡ γλῶττα προτρέχει τῆς διανοίας [3].

Οὓς ἂν ἐράνους εἰσενέγκῃς τοῖς γονεῦσι, τοὺς αὐτοὺς προς-δέχου καὶ παρὰ τῶν τέκνων [4].

Ἐσπεσόντες οἱ Θρᾷκες ἐς τὴν Μυκαλησσὸν, τάς τε οἰκίας καὶ τὰ ἱερὰ ἐπόρθουν, καὶ τοὺς ἀνθρώπους ἐφόνευον, φειδόμενοι οὔτε πρεσβυτέρας οὔτε νεωτέρας ἡλικίας, ἀλλὰ πάντας ἑξῆς, ὅτῳ (*) ἐντύχοιεν, καὶ παῖδας καὶ γυναῖκας, κτείνοντες, καὶ προςέτι καὶ ὑποζύγια, καὶ ὅσα ἄλλα ἔμψυχα ἴδοιεν [5].

IV.

164. Χρὴ τοὺς ὀρθῶς βασιλεύοντας, μὴ μόνον τὰς πόλεις ἐν ὁμονοίᾳ πειρᾶσθαι διάγειν, ὧν ἂν ἄρχωσιν, ἀλλὰ καὶ τοὺς ἰδίους οἴκους καὶ τοὺς τόπους, ἐν οἷς ἂν κατοικῶσιν [6].

Πολλοὶ τὸν πολύευκτον χρυσὸν κτησάμενοι, διὰ τοῦτον ἀπώλοντο· οὕτως ἥ γε ἀνθρωπίνη σοφία οὐδὲν μᾶλλον οἶδε τὸ ἄριστον αἱρεῖσθαι, ἢ εἰ κληρούμενος, ὅ τι λάχοι, τοῦτό τις πράττοι. Θεοὶ δὲ, ὦ παῖ, αἰεὶ ὄντες πάντα ἴσασι, τὰ γεγενημένα, καὶ τὰ ὄντα, καὶ ὅ τι ἐξ ἑκάστου

---

[1] Nic. Damasc. voc. *Lycii.* — [2] *Ibid.* voc. *Ialchleues.* — [3] Isocr. *ad Demon.*, §. 4, p. 9. — [4] Diog. Laërt. *in Thal.*, lib. I, p. 9, D. — [5] Thucyd. VII, 29. — [6] Isocr. *Nicocl.* §. 10, p. 31.

(*) Pour οἷς. On sait que les Grecs emploient ainsi le pronom relatif au singulier, après un antécédent pluriel pris dans un sens absolu. Voy. *Matthiæ*, §. 475, 1°., p. 937, 938 de notre traduction.

savent tout, le passé, le présent, et ce qui doit résulter de chacun de ces termes (1) : ils avertissent les mortels qui les con-sultent (2), *et auxquels ils sont* favorables, de ce qu'il faut faire ou ne pas faire. S'ils ne (3) veulent point donner leurs conseils à tous [les hommes], il n'y a rien d'étonnant : ils ne *sont pas forcés* (4) de s'occuper de *ceux qu'ils ne* (5) *veulent pas* [protéger].

RELATIF ENTRE DEUX NOMS DIFFÉRENTS.

§. 288.

Πάρεστιν αὐτῷ φόβος, ἣν αἰδὼ καλοῦμεν.

[*Animal, quem vocamus leonem.*]

RÈGLE. Quand le relatif se trouve, non plus entre deux cas du même nom, mais entre deux noms différents, il peut s'accorder avec le dernier. Ainsi, de même qu'on peut dire en latin, *animal quem vocamus hominem*, on peut dire aussi en grec, τὸ ζῶον ὅνπερ ἄνθρωπον καλοῦμεν. Il a l'espèce de

THÈME.

165. Charon ayant quitté sa barque, vint à la lumière. Ayant, à l'exemple des fils d'Aloéus, mis, avec l'aide de Mercure, Pélion sur Ossa, il monta dessus et dit [en] regardant tout du haut de cet observatoire : « Je vois une vaste terre, un grand lac qui circule alentour, des montagnes, des fleuves plus grands que le Cocyte et le Pyriphlégéthon, des hommes tout petits, et quelques trous où ils se fourrent (6). » « Ce sont des *villes*, dit Mercure, *que* tu prends [pour des] *trous.* »

Les Phéniciens doublèrent avec leur flotte le *cap qui est appelé les clefs* de Cypre.

---

(1) Mais les dieux étant toujours savent toutes choses (*omnia*), les passées et les présentes, et ce qui résultera de chacune d'elles.

(2) *Tourn.* : et à ceux des hommes les consultant auxquels ils sont favorables, ils indiquent, etc.

(3) Εἰ δέ μή, avec l'*indic.*

(4) *Tourn.* : car nécessité n'est pas à eux [de] s'occuper de ceux dont ils ne veulent pas [s'occuper].

(5) Μή.

(6) *Tourn.* : et certains trous d'eux.

αὐτῶν ἀποβήσεται· καὶ τῶν συμβουλευομένων ἀνθρώπων οἷς ἂν ἵλεῳ ὦσι, προσημαίνουσιν ἅ τε χρὴ ποιεῖν καὶ οὐ χρή· εἰ δὲ μὴ πᾶσιν ἐθέλουσι συμβουλεύειν, οὐδὲν θαυμαστόν· οὐ γὰρ ἀνάγκη αὐτοῖς ἐστιν ὧν ἂν μὴ θέλωσιν ἐπιμελεῖσθαι [1].

RELATIF ENTRE DEUX NOMS DIFFÉRENTS.

§. 288.

Πάρεστιν αὐτῷ φόβος, ἣν αἰδὼ καλοῦμεν.

[*Animal, quem vocamus leonem.*]

crainte *que* nous appelons *pudeur* : Πάρεστιν αὐτῷ φόβος, ἣν αἰδὼ καλοῦμεν. Le ciel *qu'*on appelle *pôles* : Ὁ οὐρανὸς, οὓς δὴ πόλους καλοῦσιν, Plat. : *cœlum* quos polos *vocant.*

Cette tournure a lieu lorsque le second substantif sert d'attribut ou de déterminatif au premier.

THÈME CORRIGÉ.

165. Χάρων, τὸ πορθμεῖον ἀπολιπὼν, ἀνελήλυθεν ἐς τὸ φῶς· καὶ Ἑρμοῦ συμβαλλομένου, ὡς οἱ Ἀλωέως υἱεῖς, ἐπ᾽ Ὄσσῃ Πήλιον ἐπιθεὶς, ἀνέβη, καὶ ἐκ περιωπῆς ἅπαντα καθορῶν· «Ὁρῶ γῆν πολλὴν, ἔφη, καὶ λίμνην τινὰ μεγάλην περιρρέουσαν, καὶ ὄρη, καὶ ποταμοὺς τοῦ Κωκυτοῦ καὶ Πυριφλεγέθοντος μείζονας· καὶ ἀνθρώπους πάνυ σμικροὺς, καί τινας φωλεοὺς αὐτῶν. » Καὶ ὁ Ἑρμῆς· « Πόλεις ἐκεῖναί εἰσιν, ἔφη, οὓς φωλεοὺς εἶναι νομίζεις [2]. »

Τῇσι νηυσὶ οἱ Φοίνικες περιέπλωον τὴν ἄκρην αἳ καλεῦνται Κληῗδες τῆς Κύπρου (1) [3].

---

[1] Xenoph. *Cyr.*, lib. I, *cap. ult. fin.* — [2] Luc. *Char. siv. Contempl.*, c. 1-6, t. III, p. 29-38, Bip. — [3] Herod. V., 108.

(1) En dialecte commun : ταῖς ναυσὶ περιέπλουν τὴν ἄκραν, αἳ καλοῦνται Κληῗδες τῆς Κύπρου.

Il faut détester la *sédition*, *qui* est la plus funeste de toutes. les guerres.

Thésée, émule (1) de la vertu d'Hercule, entreprit d'exécuter des travaux propres à l'environner d'estime et de gloire (2). Il détruisit donc d'abord le [brigand] nommé Corynète, qui se servait pour tuer les passants de la *massue* appelée coryné, *qui* était son *arme* défensive (3).

ADJECTIFS RELATIFS ET CONJONCTIFS.

§. 289.

Ο῟ΙΟΣ, ῞ΟΣΟΣ, ῾ΗΛΊΚΟΣ, ETC.

Règle I. Les adjectifs οἷος, tel, *talis*, ὅσος, aussi grand, *tantus*, ἡλίκος, si grand que, *quantus*, ont toujours comme ὅς, ἥ, ὅ, leur antécédent exprimé ou sous-entendu.

En grec comme en latin l'adjectif corrélatif prend généralement dans chaque membre de phrase le genre et le nombre du nom auquel il se rapporte, et le cas qu'exige le mot dont ce nom est le complément.

Exemples : Soyez *tel* envers vos parents *que* vous voudriez que vos enfants fussent envers vous : Τοιοῦτος γίνου πρὸς τοὺς γονεῖς, οἵους ἂν εὔξαιο περὶ σεαυτὸν γενέσθαι τοὺς σαυτοῦ παῖδας. (Isocr. *ad Dem.*)

Plus les grandeurs humaines ont d'élévation et d'éclat, *plus* elles sont exposées à une chute terrible : Τὰ ἀνθρώπινα πράγματα, ὅσον ἂν ἐπάρθῃ καὶ λάμψῃ, τοσούτῳ μείζονα τὴν πτῶσιν ἐργάζεται. (**S.** Chrysost).

Ces adjectifs sont soumis aux mêmes règles de syntaxe que celles qui ont été établies plus haut, p. 256-159, pour le pronom relatif ὅς, ἥ, ὅ. Nous voyons ici ὅσον avec ἄν et le subjonctif, d'après la Règle III, p. 258.

Nous allons présenter les diverses manières dont les propositions corrélatives en français peuvent se rendre en grec par les adjectifs relatifs et conjonctifs.

---

(1) *Tourn.* : étant émule.
(2) *Tourn.* : embrassant et estime et gloire.
(3) *Tourn.* : il détruisit donc d'abord le nommé Corynète (Voy. la *Méthode*, §. 321), se servant de la nommée *Coryné*, *qui* était à lui arme défensive, et tuant les passants.

['Απομισητέον] τὴν στάσιν, ὃς δὴ πάντων πολέμων ἐστι χαλιπώτατος [1].

Θησεὺς ζηλωτὴς ὢν τῆς Ἡρακλέους ἀρετῆς, ἐπεβάλετο τελεῖν ἄθλους περιέχοντας ἀποδοχήν τε καὶ δόξαν. πρῶτον μὲν οὖν ἀνεῖλε τὸν ὀνομαζόμενον Κορυνήτην, χρώμενον τῇ προσαγορευομένῃ κορύνῃ, ὅπερ (*) ἦν αὐτῷ ὅπλον ἀμυντήριον, καὶ τοὺς παριόντας ἀποκτείνοντα [2].

ADJECTIFS RELATIFS ET CONJONCTIFS.

§. 289.

ΟῚΟΣ, ῝ΟΣΟΣ, ἩΛΊΚΟΣ, ETC.

TEL.

[*Is* ou *talis fuit pater meus.*]

RÈGLE I. *Tel*, sans corrélatif et non suivi de *que*, se rend par τοιοῦτος.

EXEMPLES : Il a tenu de *tels* discours : Λόγους τοιούτους ἔλεξεν. La chose étant telle : Τοιούτου πράγματος ὄντος.

TEL...... TEL.

[*Qualis pater est, talis filius.*]

RÈGLE II. *Tel* répété peut se traduire : 1°. par οἷος..... τοιοῦτος, ου τοιόςδε.

EXEMPLE : *Telles* mœurs, *telle* vie et *telles* actions : Οῖο ν τὸ ἦθος, τοιοῦτος ου τοιόςδε ὁ βίος καὶ πράξεις.
2°. Par ὁποῖος... τοιοῦτος.

EXEMPLE : Tel est le naturel de l'homme, tel est aussi son langage : Ὁποία ἡ φύσις τοῦ ἀνθρώπου, τοιοῦτός ἐστι καὶ ὁ λόγος.

---

[1] Plat. *Leg.* I, p. 629 D. — [2] Diod. Sic., lib. IV, c. 59, t. III, p. 170, *ed*. Bip.

(*) Le texte ordinaire porte ἥτις. J'ai cru pouvoir adopter ici ὅπερ, leçon de plusieurs bons msts., et correction indiquée et conseillée par le célèbre helléniste God. Hermann, dans ses notes sur les *Idiot.* de Vig., p. 708, note 28, *édit.* de 1802.

TEL QUE.

[Non sum talis qualis tu.
Non is sum qui tu.
Ea esse debet liberalitas, ut nemini noceat.]

Règle III. *Tel que* se rend : 1°. par τοιοῦτος,... οἷος ou οἷός περ.

Exemples : Etant *tel qu'*il est : Ὢν τοιοῦτος, οἷός ἐστι.

Celui-là n'a rien fait de *tel* que ce que vous avez fait : Ἐκεῖνος οὐδὲν τοιοῦτον οἷον σὺ κατειργάσατο.

Je me montrerai *tel que* par le passé : Ἐγὼ παρέξω τοιοῦτον ἐμαυτὸν, οἷόν περ ἐν τῷ παρελθόντι χρόνῳ.

2°. Par τοιοῦτος... ὁποῖός τις.

Exemple : Les circonstances où se trouve l'État sont *telles que* nous le soupçonnons : Οἱ καιροί εἰσι τῇ πόλει τοιοῦτοι, ὁποίους αὐτοὺς ἡμεῖς ὑπολαμβάνομεν εἶναι.

3°. Par τοῖος... ὁποῖος.

Exemple : La ville paraîtrait être *telle que celui* qui serait proclamé : Τοία ἡ πόλις δόξει εἶναι, ὁποῖός τις ἂν ᾖ ὁ κηρυττόμενος.

4°. Par τοιοῦτος... ὅς, *talis qui.*

Exemple : N'aimez pas trop des vertus *telles, qu'*elles puissent vous être communes avec les méchants : Τοιαύτας ἀρετὰς μὴ ἀγάπα λίαν, ὧν καὶ τοῖς φαύλοις μέτεστι. Mot à mot : *tales virtutes non valdè adames, quarum improbi participes fieri possint.*

Remarquez que, dans cette dernière tournure, les Grecs, différents des Latins et des Français, emploient l'indicatif.

5°. Par τοιοῦτος... ὥστε, avec l'infinitif.

Exemple : L'homme rustique est *tel, qu'il* parle toujours à haute voix : Ὁ ἄγροικος τοιοῦτός τις, ὥστε μεγάλη τῇ φωνῇ λαλεῖν.

AUSSI GRAND...... QUE.

[Non tanta est terra, quantus sol.]

Règle IV. 1°. *Aussi grand... que* s'exprime par τοσοῦτος... ὅσος ou ὅσοσπερ, *tantus, quantus,* quand il s'agit de la grandeur, de l'étendue en général, et par τηλικοῦτος... ἡλίκος, ou τηλικοῦτος, ὅσος, surtout quand il s'agit particulièrement de la taille ou de l'âge.

EXEMPLES : Je sens en moi-même pour la patrie une bienveillance *aussi grande que* je souhaite l'obtenir de vous: Τοσαύτην εὔνοιαν εἰς τὴν πατρίδα ἐμαυτῷ σύνοιδα, ὅσην παρ' ὑμῶν εὔχομαι τυχεῖν.

Je tâcherai de vous réciter de l'autre discours une partie *aussi étendue que celle* de tout-à-l'heure : Πειράσομαι μέρος ἑτέρου λόγου τοσοῦτον, ὅσονπερ ἄρτι, διελθεῖν. Il n'est pas *aussi grand, aussi âgé que* vous : Οὐ τηλικοῦτός ἐστι, ἡλίκος σύ. Il a fait *d'aussi grands* mensonges *que* personne au monde : Τηλικαῦτα ἐψεύσατο, ἡλίκα οὐδεὶς ἀνθρώπων πώποτε.

2°. Quand *aussi grand, si grand*, n'a point de corrélatif exprimé, il se rend par τοσοῦτος, τηλικοῦτος.

EXEMPLES : Ils s'exposent volontairement eux-mêmes à *d'aussi grands* malheurs : Ὑπὸ τοσαύτας συμφορὰς ἑκόντες σφᾶς αὐτοὺς ὑποβάλλουσι.

Étant *aussi grand, aussi âgé* : Τηλικοῦτος ὤν.

Il est insensé, pour un faible intérêt, d'affronter un *si grand* péril : Ἀνόητον περὶ μικροῦ τηλικοῦτον κίνδυνον ἄρασθαι.

AUSSI.... QUE, AUTANT.... QUE, TANT.... QUE, AUTANT DE.... QUE DE.

> [*Tàm prudens est quàm fortis.*
> *Tantùm modestiæ, quantùm doctrinæ.*
> *Tot fructus, quot flores.*
> *Tantùm te amo, quantùm me amas.*
> *Non in eo inest tantùm doctrinæ, quantùm arrogantiæ.*
> *Non sunt tot fructus, quot flores.*]

RÈGLE V. 1°. *Aussi... que, autant... que, tant... que,* s'expriment par τοσοῦτον... ὅσον ou ὅσονπερ, οὕτω,... ὡς, *sic, ut,* avec les adjectifs et les verbes sans idée de pluralité.

EXEMPLES : Il est aussi laborieux *que* vous : Τοσοῦτον φιλόπονός ἐστιν, ὅσον σύ.

Philippe ne s'est pas *autant* agrandi par sa propre force, *que* par notre négligence: Οὐ παρὰ τὴν αὐτοῦ ῥώμην τοσοῦτον ἐπηύξηται ὁ Φίλιππος, ὅσον παρὰ τὴν ἡμετέραν ἀμέλειαν.

Rien n'est *aussi beau que* la justice : Οὐδὲν οὕτω καλόν ἐστι, ὡς ἡ δικαιοσύνη.

2°. *Tant de... que de, autant de... que de,* se traduisent, avec un substantif singulier, quand il ne s'agit que de la quantité, par τοσοῦτον... ὅσον, *tantùm...*, *quantùm*, suivi du génitif, ou par τοσοῦτος... ὅσος, *tantus..*, *quantus*, quand il y a idée de grandeur et d'étendue : avec un substantif pluriel, ils se rendent par τόσοι... ὅσοι, τοσοῦτοι... ὅσοι, ou ὅσοιπερ.

Eₓₑₘₚₗₑₛ : *Autant de* vin *que d'*eau : τοσοῦτον οἴνου, ὅσον ὕδατος.

De mémoire d'homme il n'y eut jamais dans un pays *autant* d'allégresse pour le salut d'un prince, *que* le monde entier en ressentit pour celui de Caïus : Μέμνηται οὐδεὶς τοσαύτην χώρας γενέσθαι χάραν ἐπὶ σωτηρίᾳ ἡγεμόνος, ὅσην ἐπὶ Γαΐῳ τῆς οἰκου-μένης.

Quelle peste ou quel tremblement de terre a dépeuplé *autant* de villes, a anéanti ou englouti *autant* de races d'hommes, *que* l'ambition et la volupté ? Τίς λοιμὸς ἢ σεισμὸς τοσαύτας πόλεις ἐκένωσεν, ἢ τοσαῦτα γένη ἀνθρώπων ἠφάνισεν ἢ κατέδυσεν, ὅσα ἡ φιλοτιμία καὶ ἡ ἡδονή ;

SI GRAND.... QUE, SI.... QUE, TANT.... QUE.

> [*Tanta est Dei bonitas, ut nos amet.*
> *Deus est tam bonus, ut amet homines.*
> *Eo nuntio ità perculsus est, ut mortuus sit.*
> *Tanti fit, ut.*]

Rₑ̀ɢₗₑ **VI.** Mais *si grand... que*, sans idée de comparaison, se rend par τοσοῦτος, τηλικοῦτος, ὥςτε, avec l'indicatif ou l'infi-tif, et *si... que*, *tant... que*, par τοσοῦτον... ὥςτε (1).

Eₓₑₘₚₗₑₛ : De *si grands* malheurs ont fondu sur lui, qu'il en est devenu fou : Τηλικαῦται ου τοσαῦται συμφοραὶ συνέπεσον αὐτῷ, ὥςτε γνώμης ἐξέστη ου ἐκστῆναι.

Il est *si* ingrat et *si* méchant, *qu'*il ne mérite aucun pardon : Τοσοῦτον ἀχάριστος καὶ πονηρός ἐστιν, ὥςτε μηδὲν ἔχειν συγγνώμης.

Il aime *tant* le travail, qu'il ne veut pas même se reposer : Τοσοῦτον φιλοπονεῖ, ὥςτε οὐδ᾽ ἡσυχίαν ἄγειν θέλει.

Les anciens étaient arrivés à *tant* d'humanité et de piété,

---

(1) Ces rapports peuvent encore s'exprimer par οὕτως... ὡς ou ὥςτε, *ita... ut*; mais ὥς ou ὥςτε veut l'infinitif ou l'indicatif en grec. *Ex.* : La vie d'un homme sage doit être *si pure*, *qu'*elle n'admette aucun soupçon d'action coupable : Οὕτως χρὴ καθαρὸν τὸν βίον εἶναι τοῦ σώφρονος ἀνδρὸς, ὥςτε μὴ ἐπιδέχεσθαι δόξαν αἰτίας πονηρᾶς. *Voy.* plus bas, §. 291.

qu'ils défendaient de tirer, pendant les fêtes, vengeance des délits commis antérieurement : Εἰς τοσοῦτον φιλανθρωπίας καὶ εὐσεβείας οἱ παλαιοὶ ἀφίκοντο, ὥςτε τῶν προτέρων γεγενημένων ἀδικημάτων λαμβάνειν δίκην ἐπέσχον ἐν ταῖς ἑορταῖς.

AUTANT.... AUTANT.

[*Quot homines, tot sententiæ.*
Quantùm doctrinæ in eo adolescente, tantùm modestiæ inerat.
Quàm delectat urbanitas, tam offendit rusticitas.]

Règle VII. *Autant... autant* répété se rend par ὅσον... τοσοῦτον, ou ὅσονπερ... τοσοῦτον, ou ἐφ' ὅσον... τοσοῦτον, *quantùm, tantùm*, devant un verbe ou un adjectif, et par ὅσος... τοσοῦτος, *tantus, quantus*, devant un substantif.

Exemples : *Autant* l'homme extérieur dépérit, autant l'homme intérieur se renouvelle : Ὅσον ὁ ἔξωθεν ἄνθρωπος διαφθείρεται, τοσοῦτον ὁ ἔσω ἀνακαινοῦται.

Autant Philippe était astucieux, *autant* Alexandre était magnanime : Ὅσονπερ ὁ μὲν Φίλιππος πανοῦργος, τοσοῦτον δὲ ὁ Ἀλέξανδρος μεγαλόφρων ἐγένετο.

Autant j'ai toujours de bienveillance, *autant* vous avez d'envie : Ὅσην εὔνοιαν ἐγὼ ἔχων διατελῶ, τοσοῦτον ὑμεῖς φθόνον ἔχετε.

Autant vous avez de passions, *autant* vous avez de maîtres cruels : Ὅσα ἔχεις πάθη, τοσούτους ὠμοὺς δεσπότας.

D'AUTANT PLUS.... QUE, A PROPORTION QUE.

[*Eò modestior est, quò doctior.*]

Règle VIII. *D'autant plus... que*, *à proportion que*, en latin *eò, quò*, s'expriment, avec un verbe, par τοσούτῳ μᾶλλον... ὅσῳ ou ὅσῳπερ (1), *tantò magis, quantò*, ou bien en transposant les corrélatifs, ὅσῳ, ὅσῳπερ... τοσούτῳ μᾶλλον, *quantò, tantò*. Avec un adjectif ou un adverbe, ces tournures se rendront par τοσούτῳ... ὅσῳ, ὅσῳπερ, ou en renversant, ὅσῳ ou ὅσῳπερ... τοσούτῳ; et l'adjectif ou l'adverbe se mettra au comparatif.

---

(1) Les Grecs emploient aussi τοσοῦτον, ὅσον : mais les exemples en sont assez rares. Voy. J. F. Fischer, *Animadvv. ad Weller. Gramm. gr.*, *Specimen secundum*, p. 140.

EXEMPLES : Les juges doivent *d'autant plus* prêter leur appui aux hommes jeunes et sans expérience, *que* ceux-ci sont moins capables de les induire en erreur : Τοσούτῳ μᾶλλον δεῖ τοῖς ἀπείροις βοηθεῖν τοὺς δικαστάς, ὅσωπερ ἂν ἧττον ἐξαπατήσειαν αὐτούς.

L'homme est *d'autant plus* malheureux, *qu'il* est plus vicieux : Τοσούτῳ ἀθλιώτερος ὁ ἄνθρωπος, ὅσῳ ou ὅσωπερ κακίων. Autrement, ὅσῳ ou ὅσωπερ κακίων ὁ ἄνθρωπος, τοσούτῳ ἀθλιώτερος.

THÈMES.

I.

166. Combattez (1) pour (2) rester *tel que* [la] sagesse a voulu vous faire.

Pensez que vous serez heureux, non si (3) vous régnez sur tous les hommes avec crainte et dangers, mais si, étant *tel qu'il faut* (4), vous formez des désirs raisonnables.

Ne secondez ni ne protégez aucune action coupable : car vous paraîtrez faire aussi vous-même des choses *telles que celles* que vous aidez les autres à commettre (5).

Comment mettrai-je (6) sous vos yeux les souffrances du pauvre? Ayant regardé autour de lui dans son intérieur, il voit qu'il n'a point d'or et qu'il n'en aura jamais (7) ; mais [que] ses meubles et ses habits, *tels que* peuvent être (8) les biens des indigents, ne valent en tout que quelques oboles.

Suivez à l'égard de la religion l'exemple que vous ont donné vos ancêtres (9) : mais soyez persuadé que le plus beau sacrifice que vous puissiez offrir, le plus grand culte que vous puissiez rendre (10), est de vous montrer aussi juste et aussi vertueux

---

(1) A l'*aor.* de l'*impérat.*

(2) Ἵνα, *ut*, avec le *subj. prés.*

(3) Voy. plus haut, p. 137, §. 277, 2°.

(4) Mettez le corrélatif à l'accus., en vertu de l'ellipse de σὲ εἶναι, *qualem te oportet esse.*

(5) Tourn. : *talia qualia aliis agentibus opituleris.* Le verbe au *prés. du subj.* avec ἄν.

(6) Employez l'*aor. du subj.* Voy. la *Méthode*, §. 365, 3°.

(7) *Tourn.* : il voit qu'à lui l'or ni n'est pas ni ne sera jamais à lui.

(8) Γίνεσθαι, au *subj. prés.* avec ἄν.

Je vis *d'autant* plus agréablement , *que* je possède plus de livres : Τοσούτῳ ἥδιον ζῶ, ὅσῳ πλείω κέκτημαι βιβλία.

PLUS.... PLUS.

[*Quò doctior , eò modestior est.*]

Règle IX. *Plus. . . plus* se rend de même que *d'autant plus*, par τοσούτῳ... ὅσῳ, ὅσωπερ, ou ὅσῳ... τοσούτῳ.

Exemple : *Plus* vous êtes fort , *plus* il est juste que vous souteniez le faible : Ὅσωπερ ἂν ἰσχυρότερος ᾖς, τοσούτῳ δικαιότερος ἂν εἴης ἀσθενέστερον διαβαστάσαι.

THÈMES CORRIGÉS.

I.

166. Ἀγώνισαι ἵνα τοιοῦτος συμμείνῃς, οἷόν σε ἠθέλησε ποιῆσαι φιλοσοφία [1].

Νόμιζε εὐδαιμονήσειν, οὐκ ἐὰν ἁπάντων ἀνθρώπων μετὰ φόβων καὶ κινδύνων ἄρχῃς, ἀλλ' ἐὰν, τοιοῦτος ὢν οἷον χρὴ, μετρίων ἐπιθυμῇς [2].

Μηδενὶ πονηρῷ πράγματι μήτε παρίστασο, μήτε συνηγόρει· δόξεις γὰρ καὶ αὐτὸς τοιαῦτα πράττειν, οἷάπερ ἂν τοῖς ἄλλοις πράττουσι βοηθῇς [3].

Πῶς σοι ὑπ' ὄψιν ἀγάγω τὰ πάθη τοῦ πένητος; ἐκεῖνος περισκεψάμενος τὰ ἔνδον, ὁρᾷ ὅτι χρυσὸς μὲν αὐτῷ οὔτε ἐστὶν, οὔτε γενήσεται πώποτε· σκεύη δὲ καὶ ἐσθὶς τοιαῦτα, οἷα ἂν γένηται πτωχῶν κτήματα, ὀλίγων τὰ πάντα ὀβολῶν ἄξια [4].

Τὰ περὶ τοὺς Θεοὺς ποίει μὲν, ὡς οἱ πρόγονοι κατέδειξαν· ἡγοῦ δὲ τοῦτο εἶναι θῦμα κάλλιστον, καὶ θεραπείαν μεγίστην, ἐὰν ὡς βέλτιστον καὶ δικαιότατον σεαυτὸν παρέχῃς· μᾶλλον γὰρ ἐλπὶς τοὺς

---

[1] Marc. Aurel., c. X, *ed.* Joly. — [2] Isocr. *ad Nicocl.*, §. 7, p. 17. — [3] Isocr. *ad Demon.*, §. 4, p. 8. — [4] Div. Basil. *Hom. in Avar.*

(9) *Tourn.* : fais les choses (τὰ) touchant les dieux, comme les ancêtres ont montré.

(10) *Tourn.* : Mais pense ceci être sacrifice le plus beau, et culte le plus grand, si (ἐὰν, *subj.*) tu te montres, etc.

que vous pourrez (1) ; car il est à espérer que ceux qui sont *tels* (2) obtiendront plutôt quelque faveur des dieux, que ceux qui immolent de nombreuses victimes (3).

II.

167. *Tels* sont (4) les gouvernants, *tels* deviennent les états.

Les rois auront des états *tels que* les opinions qu'ils se seront faites (5).

Les Spartiates qui se rendirent (6) auprès du roi de Perse (7) pour porter (8) la peine du meurtre de ses hérauts (9), furent renvoyés; et de plus, à cause de leur courage, le roi les engagea à rester dans ses états (10). « Et comment, dirent-ils, pourrions-nous (11) abandonner une patrie *telle, que* (12) nous avons fait une si *grande* route afin de mourir (13) pour elle? »

Non seulement abstenez-vous de commettre des fautes (14), mais encore de contracter des habitudes *telles, qu'*elles doivent nécessairement faire naître le soupçon (15).

Le flatteur est un homme *tel, que*, [en vous] accompagnant, il [vous] dira : « Remarquez-vous comme on vous regarde? »

III.

168. Chacun est digne d'*autant* d'estime (16) *qu'*en méritent les occupations auxquelles il se livre (17).

Le Tartare est un lieu ténébreux en enfer (18), placé à *autant* de distance de la terre, *que* la terre l'est du ciel (19):

---

(1) Tourn. : *quàm optimum et quàm justissimum.* Voy. la *Méthode*, §. 304, 2.

(2) *Tourn.* : que les tels.

(3) *Tourn.* : que les immolant, etc.

(4) Au subjonctif.

(5) Employez l'*aor. du subj.* avec ἄν.

(6) *Tourn.* : les Spartiates les étant venus.

(7) Tourn. : *apud Persam*, chez le Perse. Cette manière de désigner le souverain par le nom de la nation est familière aux Grecs. Voy. mon édition du *Concion. gr.* Ire Part., p. 128, not. 4, et p. 174, not. 1 ; p. 24, not. 8, et p. 79, not. 5, 2e éd.

(8) Voy. plus haut, p. 188, II.

(9) *Tourn.* : pour porter la peine pour les hérauts.

(10) *Tourn.* : chez lui.

(11) Δύναμαι, à l'*opt. prés.* avec ἄν.

(12) Tourn. : *patriam talem pro qua*, etc. Voyez plus haut, p. 268, Règle III, 4°.

τοιούτους, ἢ τοὺς ἱερεῖα πολλὰ καταβάλλοντας, πράξειν τι παρὰ τῶν θεῶν ἀγαθόν [1].

II.

167. Ὁποῖοί τινες οἱ προστάται ὦσι, τοιαῦται καὶ αἱ πολιτεῖαι γίγνονται [2].

Οἱ βασιλεῖς τοιαύτας ἔξουσι τὰς βασιλείας, οἷας περ ἂν τὰς αὐτῶν γνώμας παρασκευάσωσιν [3].

Οἱ Λάκωνες οἱ ἐπὶ τὸ ὑποσχεῖν δίκας ὑπὲρ τῶν κηρύκων ὡς τὸν Πέρσην ἐλθόντες, ἀφείθησάν τε, καὶ διὰ τὴν ἀρετὴν ἠξίου αὐτοὺς παρ' αὐτῷ μένειν· « Καὶ πῶς, ἔφασαν, ἂν δυναίμεθα τοιαύτην πατρίδα καταλιπεῖν, ὑπὲρ ἧς τοσαύτην ὁδὸν ἤλθομεν ἀποθανούμενοι [4]; »

Μὴ μόνον ἀπέχεσθε τῶν ἁμαρτημάτων, ἀλλὰ καὶ τῶν ἐπιτηδευμάτων τῶν τοιούτων, ἐν οἷς ἀναγκαῖόν ἐστιν ὑποψίαν γίγνεσθαι [5].

Ὁ κόλαξ τοιοῦτός τίς ἐστιν, ὥστε πορευόμενον ἅμα εἰπεῖν· « Ἐνθυμῇ ὡς ἀποβλέπουσι πρὸς σὲ οἱ ἄνθρωποι [6]; »

III.

168. Τοσούτου ἄξιος ἕκαστός ἐστιν, ὅσου ἄξιά ἐστι ταῦτα περὶ ἃ ἐσπούδακεν [7].

Ὁ Τάρταρος τόπος ἐστὶν ἐρεβώδης ἐν ᾅδου, τοσοῦτον ἀπὸ γῆς ἔχων διάστημα, ὅσον ἀπ' οὐρανοῦ γῆ [8].

---

[1] Isocr. *ad Nicocl.*, §. 6, p. 16. — [2] Xenoph. *De redit. Athen.* I, 1. — [3] Isocr. *ad Nicocl.*, §. 3, p. 14. — [4] Serin. *apud* Stob. XXXVII.— [5] Isocr. *Nicocl.*, §. 12, p. 34, *ed.* Coray. — [6] Theoph. *Char.* II. — [7] Marc. Aur., VII, 3. — [8] Apollod. *Bibl.* I, 1, 2.

(13) *Tourn.* : devant mourir, *morituri.*

(14) *Tourn.* : non (μή) seulement abstenez-vous de fautes, mais encore d'habitudes, etc.

(15) *Tourn.* : dans lesquelles il est nécessaire le soupçon s'engendrer.

(16) *Tourn.* : comme en latin : *tanti dignus quisque est, quanti digna sunt*, etc., sous-ent. τιμήματος, *pretii.*

(17) *Tourn.* : les choses auxquelles il s'applique, σπουδάζειν, au *parf.*

(18) *Tourn.* : ἐν ᾅδου, sous-ent. τῷ δώματι ou οἴκῳ, *domo.* Voyez §. 374, I.

(19) *Tourn.* : un lieu ayant une distance aussi *grande* de terre, que la terre du ciel.

Quelqu'un demandant à Agis (1) : « *Combien* (2) sont les Lacédémoniens ? » « *Autant qu'il* faut (3), dit-il, pour repousser les méchants. »

Les Sindes jettent *autant* de *poissons* sur la sépulture, *que* le mort (4) a tué (5) d'ennemis.

IV.

169. Diogène disait que les avares ressemblent aux hydropiques. En effet, ceux-là remplis d'or, et ceux-ci d'eau, [en] désirent (6) encore davantage : mais c'est pour la perte des uns et des autres (7). Car leurs maladies s'accroissent d'*autant* plus *que* leurs désirs sont satisfaits.

Certaines gens en sont venus à ce degré de folie, qu'ils pensent que l'injustice est honteuse, à la vérité, mais qu'elle est fructueuse, et que la justice est recommandable, mais qu'elle est improductive, et qu'elle est plus utile aux autres qu'à ceux qui la possèdent (8). C'est qu'ils ignorent sans doute (9) que, pour arriver à la richesse, à la gloire, en un mot, au bonheur, rien ne peut donner (10) d'*aussi grands* moyens *que* la vertu.

V.

170. Rien ne paraît à quelques infortunés (11) *aussi* doux *que* de vivre, quoique souffrant des maux équivalents de la mort; ce qui arriva à Persée, roi de Macédoine.

Métrodore de Scepsis rapporte que le poëte Hipponax était tout à la fois (12) petit et mince de taille (13), mais *si* vigoureux,

---

(1) *Tourn.* : Agis, quelqu'un s'informant, *génit. abs.*

(2) Voy. la *Méthode*, §. 201, Tableau.

(3) *Tourn.* : tant qu'ils sont suffisants pour, etc., ὅσος ἱκανός, avec l'*infin.* Voy. plus haut, p. 211, 3°.

(4) *Tourn.* : l'enterré.

(5) *Tourn.* : est ayant tué. Le partic. *parf. moy.* et le verbe au *subj. prés.*, qui exprime le sens indéterminé avec ὅσος, comme avec le relatif ὅς. Voy. plus haut, p. 258, Règle III.

(6) Mettez ce verbe et les suivants à l'infinitif, comme dépendant du premier, *il disait*. Les Grecs, ainsi que les Latins, emploient cette construction, quand les propositions suivantes se rattachent à la première comme conséquences ou développements directs de la pensée qui s'y trouve énoncée; de telle sorte que le premier verbe pourrait, comme ici, se répéter devant chacun de ceux qui le suivent.

(7) *Tourn.* : mais les uns et les autres pour [leur] perte, *sed utrosque in malum.*

Ἄγις, πυνθανομένου τινὸς πόσοι εἰσὶν οἱ Λακεδαιμόνιοι, « Ὅσοι ἱκανοί, εἶπε, τοὺς κακοὺς ἀπερύκειν [1]. »

Σινδοὶ τοσούτους ἰχθῦς ἐπὶ τοὺς τάφους ἐπιβάλλουσιν, ὅσους πολεμίους ὁ θαπτόμενος ἀπεκτονὼς ᾖ [2].

IV.

169. Ὁμοίους τοὺς φιλαργύρους ταῖς ὑδρωπικοῖς εἶναι ἔφη ὁ Διογένης. ἐκείνους μὲν γὰρ πλήρεις ὄντας, ἀργυρίου ἐπιθυμεῖν πλείονος, τούτους δ' ὕδατος, ἀμφοτέρους δὲ, πρὸς κακόν. ἐπιτείνεσθαι γὰρ μᾶλλον τὰ πάθη, ὅσῳ τὰ ἐπιθυμούμενα πορίζεται [3].

Εἰς τοῦτό τινες ἀνοίας ἐληλύθασιν, ὥσθ' ὑπειλήφασι τὴν μὲν ἀδικίαν ἐπονείδιστον μὲν εἶναι, κερδαλέαν δὲ, τὴν δὲ δικαιοσύνην εὐδόκιμον μὲν, ἀλυσιτελῆ δὲ, καὶ μᾶλλον δυναμένην τοὺς ἄλλους ὠφελεῖν, ἢ τοὺς ἔχοντας αὐτήν· κακῶς εἰδότες, ὡς οὔτε πρὸς χρηματισμὸν, οὔτε πρὸς δόξαν, οὔθ' ὅλως πρὸς εὐδαιμονίαν οὐδὲν ἂν συμβάλοιτο τηλικαύτην δύναμιν, ὅσηνπερ ἀρετή [4].

V.

170. Οὐδὲν οὕτω γλυκὺ φαίνεται τῶν ἠτυχηκότων ἐνίοις, ὡς τὸ ζῆν, καίπερ αὐτῶν ἄξια θανάτου πασχόντων, ὅπερ συνέβη εἰς Περσέα τὸν Μακεδόνων βασιλέα γενέσθαι [5].

Μητρόδωρος ὁ Σκήψιός φησιν Ἱππώνακτα τὸν ποιητὴν οὐ μόνον μικρὸν γενέσθαι τὸ σῶμα, ἀλλὰ καὶ λεπτόν· ἀκρότονον δ' οὕτως, ὡς

---

[1] Plut. *Apoph. Lac.*, t. I, p. 381, Steph. — [2] Nicol. Damasc. *De mor. gent.* Voc. *Sindi.* — [3] Stob. VIII, 104. — [4] Isocr. *Social. orat.*, p. 164, §. 12. — [5] Diod. Sic. *fragm.*, lib. XXXI, 3, p. 81, t. II. Ang. Maio.

(8) *Tourn.* : mais pouvant plus aider les autres que les ayant elle.
(9) *Tourn.* : sachant mal, εἴδω (οἶδα), au *part. parf. moy.* Voy. §. 252.
(10) *Tourn.* : que ni pour l'enrichissement, ni pour la gloire, ni enfin pour le bonheur, rien ne pourrait (ἄν avec l'*opt.*) donner aussi grande faculté, etc.
(11) *Tourn.* : à quelques-uns des infortunés. Sur ce *génitif partitif*, voy la *Méthode*, §. 298. I.
(12) *Tourn.* : non seulement petit, mais encore mince, etc.
(13) Sur le cas, voy. la *Méthode*, §. 344. I.

que, entre autres [choses], il lançait à une très-grande distance une lécythe (1) vide. quoique les corps légers, ne pouvant (2) fendre l'air, n'aient point une grande force d'impulsion.

VI.

171. Cnéus Pompée fut *autant* aimé des Romains *que* son père en fut haï : mais, dans sa jeunesse, il était entièrement attaché au parti de Sylla.

Le cottabe était un jeu qui se faisait chez les Grecs dans un repas (3). Voici *quel* il était (4). On remplissait d'eau un bassin (5), et l'on faisait flotter à la surface de petits plateaux vides (6), qu'on tâchait d'enfoncer [en] jetant dessus (7) les gouttes qui restaient dans les coupes. Celui qui en enfonçait le plus, remportait le prix du cottabe. Diogène dit à un jeune homme qui jouait au cottabe dans le bain : « *D'autant mieux, d'autant pis.* »

Préférez une pauvreté juste à une richesse injuste : car la justice est *d'autant meilleure* que les richesses, *que* les unes ne sont utiles qu'aux vivants, tandis que l'autre procure de la gloire même aux morts,

VII.

172. Il faut souhaiter à tout le monde plutôt la vertu qu'une richesse dangereuse pour les insensés. Le vice, en effet, s'accroît avec les richesses, *et plus on est* (8) *dépourvu* de raison, *plus* on s'abandonne aux excès, quand on peut satisfaire sa rage des voluptés (9).

Ctésippe, fils de Chabrias, en vint à *tant de prodigalité,*

---

(1) Sorte de fiole où les anciens mettaient l'huile et les essences dont ils se frottaient au bain.

(2) *Tourn.* : les corps légers, à cause du ne pas pouvoir fendre l'air, n'ayant pas, etc. ; au *génit. absolu.*

(3) *Tourn.* : le cottabe était aux Grecs un jeu dans un repas.

(4) *Tourn.* : il était tel.

(5) *Tourn.* : un bassin était rempli d'eau.

(6) *Tourn.* : flottaient sur lui de petits plateaux vides.

(7) *Tourn.* : sur lesquels jetant les gouttes des coupes ils tâchaient d'enfoncer.

πρὸς τοῖς ἄλλοις καὶ κενὴν λήκυθον βάλλειν μέγιστόν τι διάστημα, τῶν ἐλαφρῶν σωμάτων, διὰ τὸ μὴ δύνασθαι τὸν ἀέρα τέμνειν, οὐκ ἐχόντων βίαιον τὴν φοράν [1].

VI.

171. Γναῖος Πομπήϊος ὑπὸ Ῥωμαίων ἠγαπήθη τοσοῦτον, ὅσον ὁ πατὴρ ἐμισήθη· νέος δὲ ὢν, παντάπασι τῇ Σύλλα μερίδι προςέθηκεν αὑτόν [2].

Ὁ κότταβος ἦν τοῖς Ἕλλησι ἐν συμποσίῳ παίγνιον. ἦν δὲ τοιοῦτον· λεκάνη ὕδατος ἐπληροῦτο, ἐπένει τε ἐπ᾽ αὐτῆς ὀξύβαφα κενὰ, ἐφ᾽ ἃ βάλλοντές τὰς λάταγας ἐκ καρχησίων, ἐπειρῶντο καταδύειν· ἀνηρεῖτο δὲ τὰ κοττάβια ὁ πλείω καταδύσας. Διογένης πρὸς τὸ κοττα-θίζον ἐν τῷ βαλανείῳ μειράκιον ἔφη· «Ὅσῳ βέλτιον, τοσούτῳ χεῖρον [3]. »

Μᾶλλον ἀποδέχου δικαίαν πενίαν, ἢ πλοῦτον ἄδικον· τοσούτῳ γὰρ κρείττων δικαιοσύνη χρημάτων, ὅσῳ τὰ μὲν ζῶντας μόνον ὠφελεῖ, ἡ δὲ καὶ τελευτήσασι δόξαν παρασκευάζει 4.

VII.

172. Ἀρετὴν πᾶσι μᾶλλον εὐκτέον, ἢ πλοῦτον, ἀνοήτοις σφαλερόν. ὑπὸ γὰρ χρημάτων αὔξεται κακία· καὶ ὅσῳ τις ἂν ἀφρονέστερος ᾖ, τοσούτῳ πλέον ἐξυβρίζει, τὸ λυσσῶδες αὐτοῦ τῶν ἡδονῶν ἐκπληροῦν ἔχων 5.

Κτήσιππος ὁ Χαβρίου υἱὸς εἰς τοσοῦτον ἦλθεν ἀσωτίας, ὡς

---

[1] Athen. XII, 552 C., Cas., = IV, p. 552 Schw. — [2] Plut. *Apoph.*, t. I, p. 358. — [3] Schol. Aristoph. *ad Nub.*, v. 1069; Athen., lib. XV, c. 2, p. 667, E, *ed.* Cas., = V, p. 430; Laërt., lib. VI, p. 148, F. — [4] Isocr. *ad Demon.*, §. 4, p. 8, *ed.* Coray. — [5] Epict. *fragm.* XCIX.

(8) Au *subj.* avec ἄν.

(9) *Tourn.* : pouvant satisfaire. Sur la manière de rendre ici *pouvoir*, voy. la *Méthode*, §. 388, 5.

qu'il vendit même pour ses jouissances les pierres du monument de son père, pour lequel les Athéniens avaient dépensé (1) mille drachmes.

Les Lacédémoniens étaient *tant* en arrière de l'instruction commune, *qu'*ils n'apprenaient pas même (2) les lettres, qui ont *tant* de pouvoir pour rendre (3) ceux qui les connaissent et qui en font un bon usage, expérimentés, non seulement dans les affaires de leur temps, mais encore dans celles qui ont jamais pu se présenter (4).

VIII.

173. Quelqu'un disant à Démonax (5) peu de temps avant sa mort : « Quels ordres donnez-vous pour votre sépulture ? » « Ne (6) vous [en] mettez pas en peine, répondit-il (7) ; l'odeur me fera bien enterrer (8). » « Quoi donc, ajouta-t-on (9), ne serait-ce point une honte (10) que de donner le corps d'un *si grand* homme pour pâture aux chiens et aux oiseaux de proie ? » « Et qu'y aurait-il donc de mal, dit-il, à ce que je fusse, même après ma mort, utile à quelques animaux (11) ? »

Le peuple eut *tant d'affection* pour Scipion, *que*, quoique son âge ne le permît pas, et que les lois s'y opposassent (12), il mit une grande ardeur à le revêtir de la dignité consulaire.

Croyez que l'instruction est un bien *d'autant plus* grand que l'ignorance, *que*, si tous les hommes peuvent trouver de l'avantage à se livrer aux autres vices, celui-là seul porte toujours dommage à ceux qu'il tient (13).

---

(1) *Tourn.* : dépensèrent.

(2) Voy. plus haut, p. 122, Règle.

(3) *Tourn.* : que (ὥστε) les connaissant elles, et usant convenablement d'elles, non seulement devenir exprimentés, etc.

(4) *Tourn.* : mais encore de celles ayant jamais été.

(5) *Tourn.* : quelqu'un interrogeant Démonax, *génit. abs.*

(6) Μή, avec l'*impérat. prés.*

(7) *Tourn.* : dit-il.

(8) *Tourn.* : l'odeur m'enterrera.

(9) *Tourn.* : mais celui-là disant, (*génit. abs.*) : quoi donc, etc.

(10) *Tourn.* : ne serait-il pas honteux donner, etc.?

(11) *Tourn.* : Et certes rien [d'] étrange, dit-il, [est] ceci, si je dois (μέλλω), même étant mort, être utile à quelques animaux vivants.

καὶ τοῦ μνήματος τοῦ πατρὸς, εἰς ὃ Ἀθηναῖοι χιλίας ἀνήλωσαν δραχμὰς, τοὺς λίθους πωλῆσαι εἰς τὰς ἡδυπαθείας [1].

Οἱ Λακεδαιμόνιοι τοσοῦτον ἀπολελειμμένοι τῆς κοινῆς παιδείας ἦσαν, ὥστ’ οὐδὲ γράμματα ἐμάνθανον, ἃ τηλικαύτην ἔχει δύναμιν, ὥστε τοὺς ἐπισταμένους αὐτὰ, καὶ χρωμένους ὀρθῶς αὐτοῖς, μὴ μόνον ἐμπείρους γίγνεσθαι τῶν ἐπὶ τῆς ἡλικίας τῆς αὐτῶν πραχθέντων, ἀλλὰ καὶ τῶν πώποτε γενομένων [2].

VIII.

173. Δημώνακτα ὀλίγον πρὸ τῆς τελευτῆς ἐρομένου τινός, « Περὶ ταφῆς τί κελεύει; » « Μὴ πολυπραγμονεῖτε, ἔφη· ἡ γὰρ ὀδμή με θάψει. » φαμένου δὲ ἐκείνου· «Τί οὖν; οὐκ αἰσχρὸν ὀρνέοις καὶ κυσὶ βορὰν προτεθεῖναι (?) τηλικούτου ἀνδρὸς σῶμα; » « Καὶ μὴν οὐδὲν ἄτοπον, ἔφη, τοῦτο, εἰ μέλλω καὶ ἀποθανὼν ζώοις τισὶ χρήσιμος ἔσεσθαι [3]. »

Ὁ δῆμος τηλικαύτην εὔνοιαν ἔσχε πρὸς τὸν Σκιπίωνα, ὥστε, μήτε τῆς ἡλικίας συγχωρούσης, μήτε τῶν νόμων ἐπιτρεπόντων, μεγάλην εἰςφέρεσθαι σπουδὴν εἰς τὸ τὴν ὕπατον ἀρχὴν αὐτῷ περιθεῖναι [4].

Ἡγοῦ τὴν παιδείαν τοσούτῳ μεῖζον ἀγαθὸν εἶναι τῆς ἀπαιδευσίας, ὅσῳ τὰ μὲν ἄλλα μοχθηρὰ πάντες κερδαίνοντες πράττουσιν, αὕτη δὲ μόνη καὶ προςεζημίωσε τοὺς ἔχοντας [5].

---

[1] Athen., lib. IV, c. 18, p. 165 E, = t. II, p. 143, Schweigh. — [2] Isocr. *Panath.*. §. 83, p. 277. — [3] Luc. *Demon.*. §. 66, t. V, p. 254, Bip. — [4] Diod. Sic. *fragm.*, lib. XXXII, t. X, p. 64, Bip. — [5] Isocr. *ad Demon.*, § 4, p. 7.

(12) *Tourn.* : ni l'âge permettant, ni les lois autorisant, *génit. abs.*

(13) *Tourn.* : que tous à la vérité gagnent pratiquant les autres vices, mais [que] celui-ci seul punit les ayant [lui]. Mettez *punit* à l'aor., qui marque habitude. Voy. la *Méth.*, §. 255, II, à la fin.

IX.

174. Les envieux sont *d'autant plus* malheureux que les autres, *que* ceux-ci (1) souffrent de leurs propres infortunes, tandis que les envieux (2), outre leurs maux personnels, ne cessent de s'affliger encore du bonheur d'autrui.

Je pense qu'il faut que les rois soient *d'autant plus* vertueux que les particuliers, *qu'*ils possèdent de plus grandes prérogatives (3).

Autant une certaine partie de la Libye offre peu de ces productions nécessaires à la vie de l'homme civilisé, *autant* elle est féconde en serpents de toute espèce et de toute grandeur.

Il faut vous appliquer de manière que (4), *autant* vous êtes supérieur aux autres en dignités, *autant* vous l'emportiez aussi sur eux en vertus.

Les monarchies présentent le plus d'avantages à l'homme le plus distingué par ses qualités (5). Si (6) cela n'existe point partout, *tel* est du moins l'esprit de ce gouvernement. Qui donc parmi (7) les hommes sensés ne souhaiterait pas (8) de faire partie d'un gouvernement *tel que* sa vertu n'y restera pas ignorée (9)? De plus, nous jugerions (10) avec justice ce gouvernement *d'autant plus* doux, *qu'*il est plus facile de se conformer à la volonté d'un seul homme, que de chercher à satisfaire une foule de sentiments différents.

X.

175. Une seule bouteille de vin de Thasos satisfait (11) un buveur, et même après l'avoir bue (12), il dort d'un meilleur somme qu'Endymion. Mais les louanges d'un seul homme, pas

---

(1) *Tourn.* : que les uns. Voy. la *Méth.*; §. 315, 1.

(2) *Tourn.* : mais les enviant.

(3) *Tourn.* : les prérogatives plus grandes qu'eux (c'est-à-dire les particuliers), pour que les honneurs d'eux. Sur ce complément elliptique du comparatif, qui n'est point en rapport exact avec son complément, voy. Matthiæ, §. 453, p. 890 de notre traduction; et sur la construction ici de l'article, plus haut, p. 77, Règle III, 2°.

(4) Ὅπως, *comment*, et le verbe au *fut.* de l'*indic.*

(5) *Tourn.* : accordent le plus au meilleur, *tribuunt plurimum optimo.*

(6) Εἰ μή, avec l'*indic.*

(7) *Tourn.* : qui des hommes sensés, etc.; *génit.*, sous-ent. ἐκ.

(8) A l'*aor.* de l'*optat.* avec ἄν.

(9) *Tourn.* : dans lequel il ne sera pas (μή) ignoré étant bon, *in quá non latebit existens bonus.*

IX.

174. Τοσοῦτόν εἰσιν οἱ φθονεροὶ δυςτυχέστεροι τῶν ἄλλων, ὅσον οἱ μὲν ἐπὶ ταῖς αὐτῶν συμφοραῖς ἀλγοῦσιν, οἱ δὲ φθονοῦντες, πρὸς τοῖς ἑαυτῶν κακοῖς, καὶ ἐπὶ τοῖς τῶν ἄλλων ἀγαθοῖς λυπούμενοι διατελοῦσιν [1].

Προςήκειν ἡγοῦμαι τοσούτῳ τοὺς βασιλέας βελτίους εἶναι τῶν ἰδιωτῶν, ὅσωπερ καὶ τὰς τιμὰς μείζους αὐτῶν ἔχουσιν [2].

Μέρος τι τῆς Λιβύης ἐφ' ὅσον σπανίζει τῶν πρὸς ἥμερον βίον ἀνηκόντων, ἐπὶ τοσοῦτον πληθύει παντοίων ταῖς ἰδέαις καὶ τοῖς μεγέθεσιν ὄφεων [3].

Χρὴ προςέχειν τὸν νοῦν, ὅπως ὅσουπερ ταῖς τιμαῖς τῶν ἄλλων προέχεις, τοσοῦτον καὶ ταῖς ἀρεταῖς αὐτῶν διοίσεις [4].

Αἱ μοναρχίαι πλεῖστον νέμουσι τῷ βελτίστῳ· καὶ τοῦτο εἰ μὴ πανταχοῦ καθέστηκεν, ἀλλὰ τό γε βούλημα τῆς πολιτείας τοιοῦτόν ἐστιν. τοιγαροῦν τίς οὐκ ἂν εὔξαιτο τῶν εὖ φρονούντων τοιαύτης πολιτείας μετέχειν, ἐν ᾗ μὴ διαλήσει χρηστὸς ὤν; ἀλλὰ μὴν καὶ πραοτέραν τοσούτῳ δικαίως ἂν αὐτὴν κρίναιμεν, ὅσωπερ ῥᾷόν ἐστιν ἑνὸς ἀνδρὸς γνώμῃ προςέχειν τὸν νοῦν μᾶλλον, ἢ πολλαῖς διανοίαις καὶ παντοδαπαῖς ζητεῖν ἀρέσκειν [5].

X.

175. Τὸν οἰνόφλυγα ἐν Θάσιον κατέπλησε, ἀλλὰ καὶ πιών, Ἐνδυμίωνος ἥδιον καθεύδει· τῷ δοξοκόπῳ δὲ οὐκ ἂν οὐδεὶς ἐπαινῶν ἐξαρκέ-

---

[1] Stob. *Tit.* XXXVI. — [2] Isocr. *ad Nicocl.*, §. 10, p. 31. — [3] Diod. Sic. III, 50. — [4] Isocr. *ad Nicocl.*, §. 4, p. 14. — [5] *Ibid.*, §. 5, p. 26.

(10) A l'*optat. aor.* avec ἄν.

(11) Tournez par l'*aor.*, pour marquer que cet effet est ordinaire et constant. Voy. la *Méth.*, §. 255, II, à la fin.

(12) *Tourn.* : et ayant bu.

même de mille, ne pourraient, souvent répétées, contenter celui qui est possédé de la manie de la renommée (1). *Plus* sa gloire s'étend, *plus* il lui devient impossible de goûter le sommeil : mais, comme les frénétiques, il est nuit et jour livré à une agitation continuelle.

Les [autres] portes fermées ne préservent point une ville d'être prise (2), si elle laisse entrer l'ennemi par une seule : l'abstinence, à l'égard des autres voluptés, ne sauve pas non plus un jeune homme, si (3), à son insu, il s'y abandonne lui-même par l'oreille (4); mais *plus* cette volupté s'attaque à la faculté destinée à penser et à raisonner, *plus* elle est nuisible et funeste à celui qui l'admet par négligence (5).

Plus vous mépriserez (6) souverainement la déraison des autres, *plus* vous cultiverez votre propre raison.

Plus les méchants promus aux honneurs en sont indignes, *plus* ils deviennent insouciants et sont remplis d'impudence et d'audace.

XI.

176. On dit que des sages de l'Inde (7), rencontrés en plein air par Alexandre, dans une prairie où ils tenaient leurs conférences (8), ne firent rien autre chose (9), à la vue de lui et de son armée, que de battre du pied la terre sur laquelle ils marchaient (10). Alexandre leur ayant demandé par interprètes quel était leur motif, ils lui firent cette réponse (11) : « O roi Alexandre, chaque homme occupe *autant de terre* que le point sur lequel nous marchons (12); et toi, qui n'es qu'un

---

(1) *Tourn.* : mais personne louant [ne] satisferait (à l'*optat. aor.* avec ἄν) le passionné de renommée, mais pas même mille [louant] souvent.

(2) *Tourn.* : ni les portes fermées ne conservent point une ville non prise, etc., ni l'abstinence, etc.

(3) Ἄν avec le *subj. aor.* Voy. plus haut, p. 137, §. 277, 2°.

(4) *Tourn.* : il ignore s'abandonnant lui-même par l'oreille. Voyez §. 388, 7.

(5) *Tourn.* : mais plus celle-ci s'attaque à la partie née pour penser et raisonner, plus ayant été négligée elle blesse et perd celui [l'] ayant reçue.

(6) Ἄν avec le *subj. aor.*

(7) *Tourn.* : que certains des sages des Indiens. Sur *certains*, voyez §. 293, I.

(8) *Tourn.* : où des conférences étaient à eux.

σειεν, ἀλλ' οὐδὲ χίλιοι πολλάκις. ὅσῳ μέντοι προχωρεῖ τὸ τῆς δόξης ἐπὶ πλέον, τοσούτῳ μᾶλλον οὐκ ἔστι λαχεῖν ὕπνου, ἀλλ', ὥςπερ οἱ φρενιτίζοντες, οὕτως ἀεὶ μετέωρος οὗτος, καὶ νύκτωρ καὶ μεθ' ἡμέραν [1].

Οὔτε πόλιν αἱ κεκλεισμέναι πύλαι τηροῦσιν ἀνάλωτον, ἂν διὰ μιᾶς παραδέξηται τοὺς πολεμίους· οὔτε νέον αἱ περὶ τὰς ἄλλας ἡδονὰς ἐγκράτειαι σώζουσιν, ἄν γε δι' ἀκοῆς λάθῃ προέμενος αὐτόν· ἀλλ' ὅσον μᾶλλον αὕτη τοῦ φρονεῖν καὶ λογίζεσθαι πεφυκότος ἅπτεται, τοσοῦτον μᾶλλον ἀμεληθεῖσα βλάπτει καὶ διαφθείρει τὸν παραδεξάμενον [2].

Ὅσῳ ἂν ἐρρωμενεστέρως τὴν τῶν ἄλλων ἄνοιαν ἀτιμάσῃς, τοσούτῳ μᾶλλον τὴν σεαυτοῦ διάνοιαν ἀσκήσεις [3].

Οἱ κακοὶ ἰόντες ἐς τὰς τιμὰς, ὁπόσῳ ἂν μᾶλλον ἀνάξιοι ὄντες ἴωσι, τοσούτῳ μᾶλλον ἂν ἀκηδέες γίγνονται, καὶ ἀφροσύνης καὶ θράσους πίμπλανται [4].

XI.

176. Τῶν σοφιστῶν τῶν Ἰνδῶν λέγουσιν ἔστιν οὓς (*) καταληφθέντας ὑπ' Ἀλεξάνδρου ὑπαιθρίους ἐν λειμῶνι, ἵναπερ αὐτοῖς διατριβαὶ ἦσαν, ἄλλο μὲν οὐδὲν ποιῆσαι πρὸς τὴν ὄψιν αὐτοῦ τε καὶ τῆς στρατιᾶς, κρούειν δὲ τοῖς ποσὶ τὴν γῆν ἐφ' ἧς βεβηκότες ἦσαν. ὡς δὲ ἤρετο Ἀλέξανδρος δι' ἑρμηνέων οὗτινος αὐτοῖς τὸ ἔργον, τοὺς δὲ ἀποκρίνασθαι ὧδε· « Ὦ βασιλεῦ Ἀλέξανδρε, ἄνθρωπος μὲν ἕκαστος τοσόνδε τῆς γῆς κατέχει, ὅσονπερ τοῦτό ἐστιν ἐφ' ὅτῳ βεβήκαμεν· σὺ δὲ

---

[1] Dion. Chrysost. *Orat.* LXV, p. 606 C. — [2] Plut. *Quomodo adolesc. poët. aud. deb.*, t. I, p. 25, H. Steph. — [3] Isocr. *ad Nicocl.*, §. 4, p. 15. — [4] Stob. *Tit.* XLI.

(*) Voy. la *Méth.* de M. Burnouf, §. 293, I.

(9) Tourn. : *nihil quidem aliud fecisse...., sed calcavisse*, etc.

(10) *Tourn.* : ils étaient marchant ; βαίνω, au *partic. parf.*, avec εἰμί, *sum*.

(11) *Tourn.* : comme (ὡς δέ, *indic.*) Alexandre interrogea par interprètes pourquoi cette (τὸ) action [était] à eux, or eux avoir répondu ainsi. Pour rendre *or eux*, voy. la *Méth.*, §. 316.

(12) *Tourn.* : que ceci sur quoi nous marchons, βαίνω, au *parf.*

homme à peu près semblable aux autres, à l'exception de ton humeur inquiète et malfaisante (1); parti de ton pays natal, tu parcours *tant de contrées* pour te causer à toi-même et aux autres mille embarras (2). Cependant, mort avant peu, tu n'occuperas qu'*autant de terre qu'*il en faudra pour t'ensevelir (3). » Alexandre reconnut la justesse de ces paroles, et n'en continua pas moins de faire tout autre chose que ce qu'il avait approuvé (4).

ADJECTIFS CONJONCTIFS OU RELATIFS

CONTENANT EN EUX-MÊMES LA VALEUR D'UNE CONJONCTION.

§. 290.

Ἐμακάριζον τὴν μητέρα οἵων τέκνων ἐκύρησεν.

[*Misit hominem qui me moneret. Is est qui*, etc.]

Règle. La propriété de l'adjectif conjonctif étant, ainsi que son nom même l'indique, de lier entre elles deux propositions, les Grecs l'emploient quelquefois au lieu de la conjonction même.

Exemples : On félicitait la mère d'avoir de *tels* enfants : Ἐμακάριζον τὴν μητέρα οἵων τέκνων ἐκύρησε (Hérod., I, 32). Οἵων pour ὅτι τοιούτων, *quòd tales nacta esset liberos.*

Envoyez quelqu'un *pour* donner le signal : Πέμψον τινά, ὅστις σημανεῖ (Eurip., *Iph. T.*, v. 1217). Ὅστις σημανεῖ, pour *ἵνα* σημάνῃ, *ut signum det.*

Remarques. I. Cette dernière tournure est familière aux Latins (5), qui l'emploient toujours avec le subjonctif. Les

---

(1) *Tourn.* : mais toi étant homme semblable aux autres, si ce n'est que [tu es] inquiet et malfaisant.

(2) *Tourn.* : *a propriá tantam terram petis, negotia habensque et aliis facessens.*

(3) *Tourn.* : tu occuperas autant de terre qu'il suffit au corps [pour] être enseveli ; au *parf. pass.*

(4) *Tourn.* : ici Alexandre à la vérité approuva ces discours et ceux (ὁ) [les] ayant dits, mais il faisait cependant des choses autres et contraires à celles qu'il approuva. Pour rendre *celles auxquelles* ; voy. plus haut, §. 286, p. 252, Règle.

ἄνθρωπος ὤν, παραπλήσιος τοῖς ἄλλοις, πλήν γε δὴ ὅτι πολυπράγμων
καὶ ἀτάσθαλος, ἀπὸ τῆς οἰκείας τοσαύτην γῆν ἐπεξέρχῃ, πράγματα
ἔχων τε καὶ παρέχων ἄλλοις· καὶ οὖν καὶ ὀλίγον ὕστερον ἀποθανών,
τοσοῦτον καθέξεις γῆς, ὅσον ἐξαρκεῖ ἐντεθάφθαι τῷ σώματι. »
Κἀνταῦθα ἐπήνεσε μὲν Ἀλέξανδρος τούτους τοὺς λόγους, καὶ τοὺς εἰ-
πόντας, ἔπρασσε δὲ ὅμως ἄλλα καὶ τἀναντία οἷς ἐπήνεσεν [1].

ADJECTIFS CONJONCTIFS OU RELATIFS

CONTENANT EN EUX-MÊMES LA VALEUR D'UNE CONJONCTION.

§. 290.

Ἐμακάριζον τὴν μητέρα οἵων τέκνων ἐκύρησεν.

[*Misit hominem qui me moneret. Is est qui,* etc.]

Grecs, au contraire, construisent l'adjectif conjonctif avec
l'indicatif; et ils emploient ordinairement le futur de ce mode
quand le verbe français a rapport à ce temps. Voyez plus
haut, p. 257, Rem.

II. C'est par un emploi analogue que les Grecs se servent du
relatif conjonctif, ὅς ou ὅςτις, avec le sens de ὅτι, *quòd*, parce
que, dans les cas où les Latins mettent de même *is qui, quippe
qui, qui quidem*, comme en français *lui qui, toi qui*, etc.
Ex. : De la honte rejaillira sur toi *qui* n'as pas secouru, c.-à-d.,
parce que tu n'as pas secouru : Σοὶ ὄνειδος ἵξεται, ὅςτις οὐκ ἤμυνας.
(Eurip., *Iph. Aul.*, 912); en latin, *quippe qui non opitula-
tus sis.*

---

[1] Arrian. *De exped. Alex.*, lib. VII, c. 1, p. 146 D, *ed.* H. Steph.
= VII, 1, 7 *sqq.*

(5) C'est ainsi qu'ils ont dit : *Pyrrhus ad Romanos legatum misit,*
qui *pacem æquis conditionibus* peteret. Eutrop. II, 7. *Homines sunt hac
lege generati,* qui *tuerentur illum globum, quæ terra dicitur.* Cic. *Somn.
Scip.* 3. *Literæ posteritatis causá repertæ sunt,* quæ *subsidio obli-
vioni esse possent.* Cic. *Pro Sull.*, 45. *Philippus rex Aristotelem
Alexandro filio doctorem accivit,* a quo ille *agendi* acciperet *præcepta
et loquendi.* Cic. *De Orat.* III, 141. *Bestiis natura sensum et motum
dedit : homini hoc amplius, quòd addidit rationem,* qua regerentur
animi appetitus. Cic. *De Nat. D,* II, 34.

THÈMES.

I.

177. Il ne faut pas nous lamenter *parce que* nous avons été privés (1) de *tels* amis, mais il faut nous ressouvenir que nous avons passé avec eux la meilleure partie de notre vie.

Dès que Cyrus aperçut Panthée couchée à terre, et le corps de son époux étendu [à ses côtés], il versa des larmes sur leur malheur. Puis il dit : « Votre époux, ô Panthée, a eu la plus belle fin, puisqu'il est mort vainqueur (2)! Mais vous, vous ne resterez point sans appui ; j'honorerai votre sagesse et toutes vos vertus (3); je vous donnerai quelqu'un *pour* vous *conduire* partout où il vous plaira d'aller (4) : déclarez seulement vers qui vous désirez qu'on vous mène (5). » « Ne vous en mettez point en peine, Cyrus, dit Panthée (6) : je ne vous cacherai point auprès de qui j'ai dessein de me rendre (7). » Après cet entretien, Cyrus se retira, plaignant la femme *de ce* qu'elle serait privée d'un *tel* mari, et le mari de *ce qu'*il ne verrait plus une *telle* femme.

Les hommes d'à présent vivant dans leurs patries [respectives], entourent leurs villes de remparts, et se *procurent des armes afin de repousser* les agresseurs.

II.

178. Crésus congédia Solon, l'ayant jugé fort ignorant, [*lui*] *qui*, ne s'occupant point des biens présents, recommandait en toute chose de considérer la fin (8).

On rapporte que, du temps que les animaux parlaient, la brebis dit à son maître : « Tu agis d'une manière étonnante [*toi*] *qui* ne nous donnes rien que ce que nous arrachons à la terre, à nous qui te rapportons (9) et de la laine, et des

---

(1) Tournez par l'*aor. 1 pass.*

(2) *Tourn.* : mais celui-ci, certes, ô femme, a la plus belle fin ; car vainquant il a fini.

(3) *Tourn.* : mais moi je vous honorerai à cause et de la sagesse et de toute la vertu.

(4) Ὅποι ἄν, *quòcumque*, avec le *subj. prés.*

(5) Voy. plus haut, p. 162, *Observ.*, et p. 238, *Observ.* 1°.

(6) *Tourn.* : et Panthée dit : « Ayez bon courage, » dit-elle. Ce pléonasme du verbe *dire* est familier aux meilleurs auteurs.

THÈMES CORRIGÉS.

I.

177. Οὐ θρηνητέον οἵων [φίλων] ἐστερήθημεν, ἀλλὰ μνημονευτέον, ὅτι μετὰ τῶν φίλων τὴν καλλίστην βιοτὴν ἐβιώσαμεν [1].

Ἐπεὶ ὁ Κῦρος εἶδε τὴν Πάνθειαν χαμαὶ καθημένην, καὶ τὸν νεκρὸν κείμενον, ἐδάκρυσε μὲν ἐπὶ τῷ πάθει· ἔπειτα δὲ ἐφθέγξατο· « Ἀλλ' οὗτος μὲν δὴ, ὦ γύναι, ἔχει τὸ κάλλιστον τέλος· νικῶν γὰρ τετελεύτηκε· καὶ σὺ δὲ, οὐκ ἔρημος ἔσῃ, ἀλλ' ἐγὼ σὲ καὶ σωφροσύνης ἕνεκα καὶ πάσης ἀρετῆς τιμήσω, καὶ συστήσω ὅστις ἀποκομιεῖ σε ὅποι ἂν αὐτὴ ἐθέλῃς. μόνον, ἔφη, δήλωτον πρὸς ὅντινα χρήζεις κομισθῆναι. » Καὶ ἡ Πάνθεια εἶπεν· « Ἀλλὰ θάρρει, ἔφη, ὦ Κῦρε, οὐ μή σε κρύψω πρὸς ὅντινα βούλομαι ἀφικέσθαι. » Ὁ δὴ ταῦτα εἰπὼν ἀπῄει, κατοικτείρων τήν τε γυναῖκα οἵου ἀνδρὸς στεροῖτο, καὶ τὸν ἄνδρα, οἵαν γυναῖκα καταλιπὼν οὐκέτ' ὄψοιτο [2]. »

Οἱ νῦν πολιτευόμενοι ἐν ταῖς πατρίσι, ταῖς πόλεσιν ἐρύματα περιβάλλονται, καὶ ὅπλα κτῶνται οἷς ἀμυνοῦνται τοὺς ἀδικοῦντας [3].

II.

178. [Κροῖσος Σόλωνα] ἀπεπέμπετο, κάρτα (1) δόξας ἀμαθέα (2) εἶναι, ὅς, τὰ παρεόντα (3) ἀγαθὰ μετεὶς (4), τὴν τελευτὴν παντὸς χρήματος ὁρᾶν ἐκέλευε 4.

Φασὶν, ὅτε φωνήεντα ἦν τὰ ζῶα, τὴν ὄϊν πρὸς τὸν δεσπότην εἰπεῖν· « Θαυμαστὸν ποιεῖς, ὃς ἡμῖν μὲν ταῖς καὶ ἔριά σοι καὶ ἄρνας καὶ τυρὸν παρεχούσαις οὐδὲν δίδως, ὅ τι ἂν μὴ ἐκ τῆς γῆς λάβωμεν· τῷ

---

[1] Stob. *Tit.* CXXI. — [2] Xenoph. *Cyrop.*, lib. VII, c. 3. — [3] Xenoph. *M. S.* II, 1, 14. — 4 Herod. I, 33.

(1) Ion. Pour μάλα. — (2) Pour ἀμαθῇ. — (3) Pour παρόντα. — (4) Pour μετείς.

(7) Voy. plus haut, p. 162, *Observ.*
(8) *Tourn.* : de considérer la fin de toute chose.
(9) *Tourn.* : les te rapportant, et enclavez les mots en régime entre *l'article* et le *partic.*, d'après le §. 314.

Thèm. Gr. IIme *Part. Corrigés.* 19

agneaux, et du fromage ; tandis que (1) tu partages avec ton chien, qui ne te rapporte rien de semblable, le pain même que tu manges (2). » Le chien, qui l'entendit, répondit (3) : « Oui, sans doute ; mais aussi c'est moi qui vous préserve (4) d'être dérobées par [les] hommes et ravies par [les] loups ; car pour vous assurément, si je ne veillais sur vous, vous ne pourriez même paître, dans la crainte de périr. » On dit qu'ainsi les brebis trouvèrent bon que le chien [leur] fût préféré.

§. 291.

CONJONCTIONS DÉRIVÉES DE ὍΣ, Ἥ, Ὅ,
ET ADVERBES CONJONCTIFS.

I.

CONJONCTIONS.

Règle. De l'adjectif conjonctif se tirent plusieurs conjonctions que nous avons déjà vues §. 162, telles que ὡς, ὥσπερ, ὥστε, ὅπως, ἵνα.

Toutes supposent un antécédent exprimé ou sous-entendu. Par exemple, l'antécédent ou corrélatif de ὡς est οὕτω, *sic.*

Exemples : Rien ne nous divise et ne nous sépare les uns des autres, *comme* l'envie et la jalousie : Οὐδὲν οὕτω μερίζειν καὶ

COMME, DE MÊME QUE, TANT.... QUE, SI.... QUE.

[Ut ou quemadmodum ignis aurum probat, sic ou ita miseria fortes viros. Deus est tam bonus, ut amet homines. Eo nuntio ita perculsus est, ut mortuus sit.]

I. *Comme, de même que,* dans les comparaisons, se rendent par ὡς ou ὥσπερ..., οὕτω, et οὕτως devant une voyelle ; en latin, *ut, ita.*

Exemple : Il convient que, *de même que* les enfants héritent des biens de leur père, *de même* ils héritent aussi de ses liaisons de cœur : Πρέπει τοὺς παῖδας, ὡς ου ὥσπερ τῆς οὐσίας, οὕτω καὶ τῆς φιλίας τῆς πατρικῆς κληρονομεῖν. (Isocr. *ad Dem.*)

—————

(1) Pour rendre cette opposition, voy. plus haut, §. 273, p. 126, 127.
(2) *Tourn. :* que tu as. Sur la construction de *que,* voy. §. 287, p. 254.

δὲ κυνί, ὃς οὐδὲν τοιοῦτόν σοι παρέχει, μεταδίδως οὗπερ αὐτὸς ἔχεις

σίτου. » Τὸν κύνα οὖν ἀκούσαντα εἰπεῖν· « Ναὶ μὰ Δία· ἐγὼ γάρ

εἰμι ὁ καὶ ὑμᾶς αὐτὰς σώζων, ὥςτε μήτε ὑπ' ἀνθρώπων κλέπτεσθαι,

μήτε ὑπὸ λύκων ἁρπάζεσθαι· ἐπεὶ ὑμεῖς γε, εἰ μὴ ἐγὼ προφυλάττοιμι

ὑμᾶς, οὐδ' ἂν νέμεσθαι δύναισθε, φοβούμεναι μὴ ἀπόλησθε. » Οὕτω δὴ

λέγεται καὶ τὰ πρόβατα συγχωρῆσαι τὸν κύνα προτιμᾶσθαι [1].

<hr>

§. 291.

CONJONCTIONS DÉRIVÉES DE ᵈΟΣ, ᵈΗ, ᵈΟ,
ET ADVERBES CONJONCTIFS.

I.
CONJONCTIONS.

διασπᾷν ἡμᾶς ἀπ' ἀλλήλων εἴωθεν, ὡς φθόνος καὶ βασκανία (S. Baᶜ.).
Ici οὕτως-ὥς, *sic-ut*.

Puisque les choses n'arrivent point *comme* nous les voulons,
il faut les vouloir *comme* elles arrivent : Ἐπειδὴ οὐ γίνεται τὰ
πράγματα ὡς βουλόμεθα, δεῖ βούλεσθαι ὡς γίνεται (Stob. I). Ici ὡς
répond à *ut*, comme. L'antécédent sous-entendu est οὕτω, *sic*.

Ces conjonctions correspondent à quelques adverbes et à
quelques conjonctions françaises que nous allons indiquer, avec
la manière de les traduire.

COMME, DE MÊME QUE, TANT.... QUE, SI.... QUE.

[*Ut* ou *quemadmodum ignis aurum probat*, *sic* ou *ita miseria fortes viros.*
Deus est tam bonus, *ut amet homines.*
Eo nuntio ita perculsus est, *ut mortuus sit.*]

II. *Tant... que*; *si, aussi... que*; *tellement .. que*; *assez...*
pour, se rendent par οὕτως, ὡς, avec l'indicatif ou l'infinitif,
ou par οὕτως... ὥςτε, avec l'infinitif ou l'indicatif.

EXEMPLES : Je suis *si* dépourvu de ces deux choses, la parole
et l'assurance, *que* je ne sais si aucun autre citoyen en est aussi

<hr>

[1] Xenoph. *M. S.* II, 7, 13.

(3) *Tourn.* : le chien donc ayant entendu, avoir dit. Voy. sur cet
infin., p. 276, not. 6.

(4) *Tourn.* : car moi je suis le aussi préservant vous-mêmes.

* 19

dénué : Οὕτως ἐνδεὴς ἀμφοτέρων γέγονα, φωνῆς ἱκανῆς καὶ τόλμης, ὡς οὐκ οἶδα εἴ τις ἄλλος τῶν πολιτῶν. (Isocr.)

Il faut que la vie de l'homme de bien soit *si* pure, *qu'*elle n'admette pas même le soupçon d'une action coupable : Οὕτως

THÈMES.

I.

179. On demandait à Théocrite pourquoi il n'écrivait pas (1) : « Parce que, dit-il, je ne [le] puis pas *comme* je veux, et je ne [le] veux pas *comme* je puis. »

Empédocle, ayant vu le luxe des Agrigentins, dit : « Les Agrigentins se plongent dans les délices *comme* s'ils devaient mourir demain (2), et ils se bâtissent des maisons *comme* s'ils devaient toujours vivre (3). »

De même que les médecins sont des sauveurs pour les malades, *de même* les lois sont le salut des opprimés (4).

De même que la fumée [en] blessant les yeux ne [nous] permet pas de voir ce qui est à nos pieds, *de même* la colère [en] s'élevant [dans notre âme], obscurcit notre raison, et ne permet pas à la réflexion de saisir facilement ce qui doit en résulter.

Ne voyez-vous pas que la raison s'exile de toutes les actions faites dans la colère, fuyant l'emportement *comme* un tyran cruel ?

Quelqu'un se targuant de son érudition, Aristippe dit : « *De même* que ceux qui mangent le plus (5) ne se portent pas mieux que ceux qui ne prennent [de nourriture] que ce qu'il leur [en] faut (6) ; *de même* les savants ne sont pas ceux qui lisent beaucoup, mais ceux qui ne font que des lectures utiles (7). »

Archytas disait : « *De même qu'*il est difficile de trouver un poisson sans arête (8) ; *de même aussi* [il est difficile de trouver] un homme qui n'ait pas quelque ruse et quelque piquant. »

II.

180. A la naissance de l'art de peindre (9), et lorsqu'il était

---

(1) Théocrite ayant été interrogé pourquoi il n'écrit pas.

(2) *Tourn.* : comme devant mourir demain, *ut cras morituri*.

(3) *Tourn.* : comme devant vivre l'éternité ; ce dernier mot à l'*acc.*, d'après le §. 345.

(4) *Tourn.* : de même sont les lois aux opprimés.

(5) *Tourn.* : de même que non les le plus mangeant se portent mieux que les prenant, etc.

χρὴ καθαρὸν τὸν βίον εἶναι τοῦ σώφρονος ἀνδρὸς, ὥςτε μὴ ἐπιδέχεσθαι δόξαν αἰτίας πονηρᾶς. (Démosth.)
Pour d'autres exemples, voyez plus haut, p. 270, Règle VI.

THÈMES CORRIGÉS.

I.

179. Θεόκριτος ἐρωτηθεὶς διὰ τί οὐ συγγράφει, « Ὅτι, εἶπεν, ὡς μὲν
βούλομαι οὐ δύναμαι, ὡς δὲ δύναμαι οὐ βούλομαι [1]. »

Ἐμπεδοκλῆς τὴν τῶν Ἀκραγαντίνων τρυφὴν ἰδὼν, ἔλεγεν· « Ἀκρα-
γαντῖνοι τρυφῶσι μὲν ὡς αὔριον ἀποθανούμενοι, οἰκίας δὲ κατασκευά-
ζονται ὡς πάντα τὸν χρόνον βιωσόμενοι [2]. »

Ὥςπερ τοῖς νοσοῦσιν ἰατροὶ σωτῆρες, οὕτω καὶ τοῖς ἀδικουμένοις
οἱ νόμοι [3].

Ὥςπερ ὁ καπνὸς, ἐπιδάκνων τὰς ὄψεις, οὐκ ἐᾷ βλέπειν τὸ κείμενον
ἐν τοῖς ποσίν· οὕτως ὁ θυμὸς ἐπαιρόμενος τῷ λογισμῷ ἐπισκοτεῖ, καὶ
τὸ συμβησόμενον ἐξ αὐτοῦ ἄπονον οὐκ ἀφίησι τῇ διανοίᾳ προςλαβεῖν 4.

Ἢ οὐχ ὁρᾷς, ὅτι τῶν ἐν ὀργῇ διαπραττομένων ἁπάντων ὁ λογισμὸς
ἀποδημεῖ, φεύγων τὸν θυμὸν, ὡς πικρὸν τύραννον [5];

Ἀρίστιππος, σεμνυνομένου τινὸς ἐπὶ πολυμαθίᾳ, ἔφη· « Ὥςπερ οὐχ
οἱ τὰ πλεῖστα ἐσθίοντες ὑγιαίνουσι μᾶλλον τῶν τὰ δέοντα προςφερομέ-
νων, οὕτως οὐχ οἱ πολλὰ, ἀλλ' οἱ χρήσιμα ἀναγινώκσοντες, εἰσὶ σπου-
δαῖοι [6]. »

Ἀρχύτας ἔλεγεν· « Ὥςπερ ἔργον ἐστὶν εὑρεῖν ἰχθὺν ἄκανθαν μὴ
ἔχοντα, οὕτω καὶ ἄνθρωπον μὴ κεκτημένον τι δολερὸν καὶ ἀκανθῶδες [7]. »

II.

180. Ὅτε ὑπήρχετο ἡ γραφικὴ τέχνη, καὶ ἦν τρόπον τινὰ ἐν γάλαξι

---

[1] Stob. XIX. — [2] Laërt. *Emped.*, lib. VIII, p. 229 B. — [3] Epict.
fragm. CXXIII. — 4 Stob. *Tit.* XVIII. — [5] *Ibid.* — [6] Diog. Laërt. *in
Aristip.*, lib. II, p. 50, E. — [7] Æl. *V. H.* X, 12.

(6) *Tourn.* : les choses qu'il faut, τὰ δέοντα.
(7) Tourn. : *non multa, sed utilia legentes, sunt docti.*
(8) *Tourn.* : n'ayant point d'arête.
(9) *Tourn.* : lorsque (ὅτε, *indic.*) l'art. de peindre commençait.

encore pour ainsi dire au berceau et dans ses langes, on figurait *si* grossièrement les objets (1) *que* les peintres écrivaient dessus, ceci [est] un bœuf, cela [est] un cheval, ceci [est] un arbre.

Il faut exercer surtout la mémoire des enfants; car elle est *comme* le trésor du savoir; et c'est pour cela que la fable dit (2) que Mnémosyne (3) est la mère des Muses; nous donnant ainsi à entendre que rien n'est de sa nature *aussi* propre *que* la mémoire à engendrer et à nourrir le savoir.

Qui ne sait combien les vicissitudes de la fortune sont promptes et subites (4)? Les Lacédémoniens, par exemple, après avoir exercé leur domination sur les Thébains (5), furent eux-mêmes à leur tour *tellement* domptés par eux, *que,* non seulement les Thébains pénétrèrent dans le Péloponnèse, mais [qu']ils traversèrent même l'Eurotas, et [qu']ils ravagèrent le territoire de Lacédémone.

Perdiccas de Macédoine, qui fit la guerre (6) avec Alexandre, était *si* intrépide, *qu'*il entra seul un jour dans une caverne où une lionne avait son repaire. Il n'[y] surprit pas la lionne, mais il [en] ressortit apportant ses petits.

Télestès, fils d'Eschyle, était un danseur *si* habile, *qu'*en dansant (7) les Sept contre Thèbes (8), il [en] rendait les actions sensibles.

Les Cyrénéens en vinrent à *tant* de mollesse, *qu'*ils engagèrent Platon à devenir leur législateur.

Priam et les autres membres de sa famille n'étaient certes point *assez* insensés, *pour* avoir voulu s'exposer à périr eux, leurs enfants et leur ville, afin qu'Alexandre possédât Hélène.

———

AFIN QUE.

[*Luce ut quiescam.*]

1°. Afin que, rendu par ἵνα, ὡς et ὄφρα.

Règle. Si le verbe de la première proposition est au présent ou au futur, le verbe de la seconde proposition, après ἵνα,

———

(1) *Tourn.* : les animaux.
(2) Tourn. : *fabulati sunt*, μυθολογεῖν, à l'aor.
(3) De μνημοσύνη, *mémoire*.
(4) *Tourn.* : qui ne sait les vicissitudes de la fortune promptes et subites?
(5) *Tourn.* : ayant dominé sur les Thébains.
(6) *Tourn.* : celui (ὁ) ayant fait la guerre.
(7) Sur ce *gérondif*, voyez p. 206, IV.

καὶ σπαργάνοις, οὕτως ἄρα ἀτέχνως εἴκαζον τὰ ζῶα, ὥστε ἐπιγράφειν αὐτοῖς τοὺς γραφέας, τοῦτο βοῦς, ἐκεῖνο ἵππος, τοῦτο δένδρον [1].

Δεῖ πάντων μάλιστα τὴν μνήμην τῶν παίδων ἀσκεῖν· αὕτη γὰρ ὥσπερ τῆς παιδείας ἐστὶ ταμεῖον, καὶ διὰ τοῦτο μητέρα τῶν Μουσῶν ἐμυθολόγησαν εἶναι τὴν Μνημοσύνην, αἰνιττόμενοι οὕτως οὐδὲν γεννᾷν καὶ τρέφειν [τὴν παιδείαν], ὡς ἡ μνήμη, πέφυκεν [2].

Τίς οὐκ οἶδε τὰς τῆς τύχης μεταβολὰς ὀξυρρόπους καὶ ταχείας; Λακεδαιμόνιοι γοῦν Θηβαίων ἄρξαντες, αὐτοὶ πάλιν ὑπ' ἐκείνων οὕτως ἐχειρώθησαν, ὡς τοὺς Θηβαίους μὴ μόνον εἰς Πελοπόννησον ἀφικέσθαι, ἀλλὰ γὰρ καὶ τὸν Εὐρώταν διελθεῖν, καὶ τὴν τῶν Λακεδαιμονίων τεμεῖν χώραν [3].

Περδίκκας ὁ Μακεδὼν, ὁ συστρατευσάμενος Ἀλεξάνδρῳ, οὕτως ἦν εὔτολμος, ὡς ποτε εἰς σπήλαιον παρελθεῖν, ἔνθα εἶχεν εὐνὴν λέαινα, μόνος· καὶ τὴν μὲν λέαιναν οὐ κατέλαβε, τούς γε μὴν σκύμνους αὐτῆς κομίζων προῆλθε [4].

Τελέστης ὁ Αἰσχύλου ὀρχηστὴς οὕτως ἦν τεχνίτης, ὥστε, ἐν τῷ ὀρχεῖσθαι τοὺς Ἑπτὰ ἐπὶ Θήβας, φανερὰ ποιῆσαι τὰ πράγματα δι' ὀρχήσεως [5].

Εἰς τοσοῦτον Κυρηναῖοι τρυφῆς ἐξώκειλαν, ὥστε Πλάτωνα παρεκάλουν, ἵνα αὐτοῖς γένηται νομοθέτης [6].

Οὐ δὴ οὕτω γε φρενοβλαβὴς ἦν ὁ Πρίαμος, οὐδὲ οἱ ἄλλοι προσήκοντες αὐτῷ, ὥστε, τοῖσι σφετέροισι σώμασι, καὶ τοῖσι τέκνοισι, καὶ τῇ πόλι κινδυνεύειν ἐβούλοντο, ὅκως Ἀλέξανδρος Ἑλένῃ συνοικέῃ (*) [7].

AFIN QUE.

[*Luce ut quiescam.*]

ὡς ou ὄφρα, se met au subjonctif; mais si le premier verbe est au passé, le second se met à l'optatif, ordinairement sans ἄν (9).

---

[1] Æl. *V. H.* X, 10. — [2] Plut. *De liber, educ.*, t. 1, p. 16, *ed.* Steph. — [3] Æl. *V. H.* IV, 8. — [4] *Ibid.* XII, 39. — [5] Athen. I, c. 17, p. 22. Cas. = t. 1, p. 81, Schw. — [6] Æl. *V. H.* XII, 3. — [7] Herod. II, 120.

(*) En dial. com.: Οὐ δὴ — τοῖς σφετέροις καὶ τοῖς τέκνοις καὶ τῇ πόλει.— ὅπως — συνοικῇ.

(8) Titre d'une des tragédies d'Eschyle qui nous ont été conservées.

(9) A cet égard, on peut établir ce rapport entre les modes de la langue grecque et les temps de la langue latine, que, dans le cas où, après la conjonction, le latin veut le présent du subjonctif, le grec emploie le subjonctif, et que, dans celui où le latin exige l'imparfait du subjonctif, le grec met l'optatif.

On voit que la syntaxe de ces conjonctions est la même que celle de l'adjectif conjonctif ὅς, *qui*, dont nous parlons plus haut, p. 256-259.

Exemples. *Nous avons* deux oreilles et une seule bouche, *afin que nous écoutions* beaucoup, et *que nous parlions* peu : Διὰ τοῦτο, δύο ὦτα ἔχομεν, στόμα δὲ ἕν, ἵνα πλεῖστα μὲν ἀκούωμεν, ἥκιστα δὲ λέγωμεν.

Agamemnon *ordonna* à Chrysès de s'en aller et de ne le point irriter, *afin qu'il s'en retournât* chez lui sain et sauf : Ἀγαμέμνων ἐκέλευε Χρήσῃ ἀπιέναι, καὶ μὴ ἐρεθίζειν, ἵνα σῶς οἴκαδε ἔλθοι.

Exceptions. 1°. Quand les conséquences d'une action passée s'étendent jusqu'au moment actuel, l'optatif est remplacé par le subjonctif.

Exemple : Je l'*ai corrigé* de la sorte, *afin qu'il* fût sage à l'avenir : Ἐκόλασα τοῦτον οὕτως, ἵνα τὸ μέλλον σωφρονῇ.

2°. Quand, dans les narrations, on emploie le présent au lieu du passé, on substitue l'optatif au subjonctif. C'est ainsi que Polydore racontant son aventure, pourra dire, par

Exemple : Mon père *envoie* en secret beaucoup d'or avec moi, *afin que*, si les murs d'Ilion venaient à tomber, ceux de ses enfants qui lui survivraient, ne *fussent* pas dans le besoin : Πολὺν σὺν ἐμοὶ χρυσὸν ἐκπέμπει λάθρα πατὴρ, ἵνα, εἴποτε Ἰλίου τείχη πέσοι, τοῖς ζῶσιν εἴη παισὶ μὴ σπάνις βίου. (Eurip. *Hec.* 10.)

3°. On peut, après ces conjonctions, employer aussi les temps passés de l'indicatif, quand on veut exprimer qu'une chose qui n'existe point, et qui ne sera point, aurait existé.

THÈMES.

I.

181. De même que le soleil *n'attend* pas les prières et les enchantements *pour se lever* (1), mais qu'il brille aussitôt, et qu'il est salué de tout le monde; de même vous, n'*attendez* pas non plus (2) les applaudissements, le bruit et les éloges *pour faire* (3) le bien; mais faites-le (4) spontanément, et vous serez aimé à l'égal du soleil.

(1) *Tourn.* : afin qu'il se lève.
(2) Voy. plus haut, p. 122, Règle.
(3) Tourn. : afin que vous fassiez, à l'*aor*.
(4) *Tourn.* : mais faites du bien.

Mais alors, si l'état ou l'action exprimée par le verbe devait avoir une certaine durée, employez l'imparfait ou le plus-que-parfait de l'indicatif; dans le cas contraire, il faut l'aoriste de ce même mode. Œdipe dira, par

Exemples : S'il y eût en encore un moyen de clore le sens par lequel le son frappe notre oreille, je n'eusse point hésité de fermer cet organe infortuné, *afin que je fusse* à la fois et aveugle et sourd : Εἰ τῆς ἀκουούσης ἔτι ἦν πηγῆς δι' ὤτων φραγμὸς, οὐκ ἂν ἐσχόμην τὸ μὴ ἀποκλεῖσαι τὸ ἐμὸν ἄθλιον δέμας, ἵνα ἦν τυφλός τε καὶ κλύων μηδέν (1). (Soph. *OEd. R.* v. 1389.)

O Cithéron! pourquoi m'as-tu reçu? et m'ayant reçu, pourquoi ne me faisais-tu pas périr aussitôt, *afin que je ne montrasse* jamais aux hommes d'où j'étais né : Ἰὼ Κιθαιρὼν, τί μ' ἐδέχου; τί μ' οὐ λαβὼν ἔκτεινας εὐθὺς, ὡς ἔδειξα μήποτε ἐμαυτὸν ἀνθρώποις ἔνθεν ἦν γεγώς; (*Ibid.* v. 1361.)

Dans le premier exemple, il y a l'imparfait, parce que l'état d'Œdipe, devenu aveugle et sourd, devait être durable; dans le second, nous trouvons l'aoriste, parce que l'action de *montrer* ne pouvait être qu'instantanée.

4°. Le verbe régi par ὡς, ἵνα, ὄφρα, quel que soit le temps qui précède, peut être mis aussi au futur de l'indicatif, surtout quand il y a idée de prolongation dans l'avenir, avec les verbes du sens de *craindre*, accompagnés de μή, *ne. Ex.* : *marchons* contre les Troyens, *afin qu'*Hector *sache*, etc. : Ἐπὶ Τρωσὶν ἰθύνομεν, ὄφρα Ἕκτωρ εἴσεται, κ. τ. λ : (Hom. *Il. Θ*, 111.) Prenez garde que le fils de Saturne ne s'irrite : [Ὅρα (2)] μή πως Κρονίδης κεχολώσεται. (Hom. *Il. υ*, 312.)

THÈMES CORRIGÉS.

I.

181. Ὥςπερ ὁ ἥλιος οὐ περιμένει λιτὰς καὶ γοητείας, ἵνα ἀνατείλη, ἀλλ' εὐθὺς λάμπει, καὶ πρὸς ἁπάντων ἀσπάζεται· οὕτω μηδὲ σὺ περίμενε κρότους καὶ ψόφους καὶ ἐπαίνους, ἵν' εὖ ποιήσης, ἀλλ' ἑκοντὴς εὐεργέτει· καὶ ἴσα τῷ ἡλίῳ φιληθήση [2].

(1) Mot à mot : S'il y eût en encore une clôture de la source entendant par les oreilles, je n'eusse point hésité de fermer mon corps infortuné, afin que je fusse aveugle et n'entendant rien.

(2) Voy. plus bas, p. 3o3, Rem. 1.

[2] Epict. *fragm.* LXXXVIII.

Socrate *engageait* les jeunes gens à se regarder souvent au miroir, *afin que* [disait-il], s'ils étaient (1) beaux, *ils devinssent* dignes de leur beauté; mais *que*, s'ils [étaient] laids, *ils couvrissent* leur laideur de leur instruction.

Aristippe *disait* qu'il *recevait* de l'argent de ses disciples, non *pour* s'en *servir* (2) lui-même, mais *afin qu'ils sussent* à quoi il faut employer l'argent.

Tous les soldats *voulaient* partir avec Commode *afin d'être* délivrés du séjour en pays étranger, et *de goûter* les délices de Rome (3).

Mercure déroba les bœufs que (4) faisait paître Apollon : mais, *afin de ne pas être découvert* par les traces de leurs pas, il leur mit des chaussures aux pieds.

II.

182. *Discernez* ceux qui flattent par artifice de ceux qui vous cultivent par attachement (5); *afin que* les méchants ne *soient* pas mieux *partagés* que les bons.

Tous ceux qui ont atteint la vieillesse (6) *s'empressent* et *souhaitent* de terminer (7) leur vie dans leur patrie, *afin que* leur corps *soit déposé* (8) dans la terre qui les a nourris (9), et qu'il *ait* part (10) à la sépulture de leurs aïeux.

Respectez la demeure d'autrui (11), *afin de posséder* (12) plus sûrement vos propres maisons.

Démonax *paraissait* (13) s'être attaché davantage à l'école de Socrate, quoique par le costume il parût imiter le philosophe de Sinope (14); mais il *n'avait* point comme lui *imprimé* un

---

(1) Εἰ μέν, *si quidem*, avec l'*optat. prés.*

(2) *Tourn.* : non afin qu'il s'en servît lui-même.

(3) *Tourn.* : les dans Rome délices; d'après la Règle, §. 269, p. 108, 109.

(4) Sur le genre de ce mot au plur., voy. plus haut, p. 118, not. 2, et p. 157, note 10.

(5) *Tourn.* : discernez et les flattant avec art, et les cultivant avec attachement.

(6) *Tourn.* : chacun des étant devenus vieux s'empresse, etc.

(7) Sur le temps où doit être mis ici l'*infinit.*, voy. plus haut, p. 162, *Observ.*

(8) Ce verbe à l'*aor.*

(9) *Tourn.* : dans la terre ayant nourri; à l'*aor.* 1 *moy.* marquant ici le sens réfléchi avec rapport au premier sujet.

(10) À l'*aor.*

Ὁ Σωκράτης ἠξίου τοὺς νέους συνεχῶς κατοπτρίζεσθαι, ἵν᾽, εἰ μὲν καλοὶ εἶεν, ἄξιοι [τοῦ εἴδους] γίγνοιντο· εἰ δ᾽ αἰσχροί, παιδείᾳ τὴν δυςείδειαν ἐπικαλύπτοιεν[1].

Ἀρίστιππος ἀργύριον εἶπε παρὰ τῶν γνωρίμων λαμβάνειν, οὐχ ἵνα αὐτὸς χρῷτο, ἀλλ᾽ ἵνα ἐκεῖνοι εἰδεῖεν εἰς τίνα δεῖ χρῆσθαι τοῖς ἀργυρίοις[2].

Πάντες οἱ στρατιῶται τῷ Κομμόδῳ συναπελθεῖν ἤθελον, ὡς ἀπαλλαγεῖεν μὲν τῆς ἐν τῇ πολεμίᾳ διατριβῆς, ἀπολαύσειαν δὲ τῆς ἐν Ῥώμῃ τρυφῆς[3].

Ἑρμῆς ἔκλεψε βόας ἃς ἔνεμεν Ἀπόλλων· ἵνα δὲ μὴ φωραθείη ὑπὸ τῶν ἰχνῶν, ὑποδήματα τοῖς ποσὶ περιέθηκε[4].

II.

182. Δίόρα καὶ τοὺς τέχνῃ κολακεύοντας, καὶ τοὺς μετ᾽ εὐνοίας θεραπεύοντας, ἵνα μὴ πλέον οἱ πονηροὶ τῶν χρηστῶν ἔχωσιν[5].

Ἕκαστος τῶν γεγηρακότων καὶ σπεύδει καὶ εὔχεται καταλῦσαι τὸν βίον ἐπὶ τῆς πατρίδος, ἵνα τὸ σῶμα παρακατάθηται τῇ θρεψαμένῃ γῇ, καὶ τῶν πατρῴων κοινωνήσῃ τάφων[6].

Ἀπέχεσθε τῶν ἀλλοτρίων, ἵν᾽ ἀσφαλέστερον τοὺς οἴκους τοὺς ὑμετέρους αὐτῶν κεκτῆσθε[7].

Δημώναξ ἐῴκει τῷ Σωκράτει μᾶλλον ᾠκειῶσθαι, εἰ καὶ τῷ σχήματι τὸν Σινωπέα ζηλοῦν ἔδοξεν, οὐ παραχαράττων (*) τὰ ἐς τὴν

---

[1] Diog. Laërt. *Socr.*, lib. II, p. 41 D. — [2] Ibid. *Aristip.*, lib. II, p. 51 A. — [3] Herodian. I, 8. — [4] Apollod. III, 10, 2. — [5] Isocr. *ad Nicocl.*, §. 7, p. 17-18. — [6] Luc. *Patriæ encom.*, c. 9, t. VIII, p. 136, Bip. — [7] Isocr. *Nicocl.*, §. 12, p. 33.

(*) Lucien, par ce mot, fait sans doute allusion à la réponse analogue que l'oracle fit au célèbre cynique. Voy. Diog. de Laërte, *Vie de Diog.*, lib. VI, p. 142, et la note de Ménage.

(11) Tourn. : *abstinete alienis.*
(12) *Tourn.* : afin que vous possédiez; κτάομαι, au *parf. pass.*
(13) *Tourn.* : avait paru, εἴκω, au *plus-que-parf. moy.*, §. 252.
(14) Diogène, né à Sinope, ville de la Paphlagonie, dans l'Asie-Mineure.

caractère particulier à sa vie (1), *pour attirer* l'admiration et *fixer* les regards du public (2).

Afin que les enfants ne *restassent* pas sans supérieur (3), si par hasard aucun homme fait ne se trouvait présent, Lycurgue *établit* que le plus intelligent des enfants de chaque classe leur commanderait.

III.

183. De même que Momus reprochait au dieu créateur du taureau de ne lui avoir pas placé les cornes devant les yeux (4); de même aussi Nigrinus accusait encore ceux qui portent des couronnes de n'en pas connaître la place (5). En effet, disait-il, s'ils se délectent de l'odeur des violettes et des roses, il *fallait* qu'ils fussent couronnés sous le nez, à l'endroit même de la respiration, autant qu'il se peut; *afin qu'ils* [en] *retirassent* (6) le plus possible de plaisir.

Démocrate ayant vu un voleur conduit par les Onze (7) : « Malheureux, dit-il, pourquoi aussi (8) ne *commettais-tu* pas de grands vols et non de petits (9), *afin que* toi aussi *tu conduisisses* (10) [les] autres? »

Nicolas le péripatéticien et Posidonius le stoïcien disent l'un et l'autre (11) dans leurs histoires, que les habitants de Chios, réduits en servitude par Mithridate de Cappadoce, *furent livrés* enchaînés à leurs propres esclaves, *afin qu'ils fussent établis* (12) dans la terre de Colchos.

---

(1) *Tourn.* : ne frappant pas d'une fausse empreinte les choses relatives à la vie, παραχαράττειν τὰ εἰς τὴν δίαιταν.

(2) *Tourn.* : afin qu'il fût admiré et qu'il fût regardé par les se rencontrant sur son passage.

(3) Tourn. : *afin que*, si par hasard aucun homme ne se trouvait étant présent, pas même ainsi (μηδ' ὣς) les enfants fussent isolés de chef.

(4) *Tourn.* : il blâmait le dieu.... n'ayant pas mis les cornes, etc.

(5) *Tourn.* : il accusait les couronnés, parce qu'ils ne savent pas la place de la couronne.

(6) Voy. les Règles précédentes, p. 296, *Except.* 3°.

(7) Les Onze, οἱ Ἕνδεκα, étaient des magistrats à la garde desquels on confiait à Athènes les criminels condamnés à mort. Corn. Népos, *in Phoc.*, c. 4, les nomme *undecim viros*. On prenait un de ces magistrats dans chacune des dix tribus d'Athènes, et le greffier faisait le onzième.

(8) Τί γάρ, *quid enim.*

δίαιταν, ὡς θαυμάζοιτο, καὶ ἀποβλέποιτο ὑπὸ τῶν ἐντυγχανόντων [1].

Ὡς, εἴποτε μηδεὶς τύχοι ἀνὴρ παρὼν, μηδ' ὡς ἔρημοι οἱ παῖδες ἄρχοντος εἴεν, ὁ Λυκοῦργος ἔθηκε τῆς ἴλης ἑκάστης τὸν τορώτατον τῶν ἀρρένων ἄρχειν [2].

III.

183. Ὡς ὁ Μῶμος ἐμέμφετο τοῦ ταύρου τὸν δημιουργὸν θεὸν, οὐ προθέντα τῶν ὀφθαλμῶν τὰ κέρατα · οὕτω δὴ καὶ ὁ Νιγρῖνος ᾐτιᾶτο τῶν στεφανουμένων, ὅτι μὴ ἴσασι τοῦ στεφάνου τὸν τόπον. Εἰ γάρ τοι, ἔφη, τῇ πνοῇ τῶν ἴων τε καὶ ῥόδων χαίρουσιν, ὑπὸ τῇ ῥινὶ μάλιστα ἐχρῆν αὐτοὺς στέφεσθαι, παρ' αὐτὴν, ὡς οἷόν τε, τὴν ἀναπνοὴν, ἵν' ὡς πλεῖστον ἀνέσπων τῆς ἡδονῆς [3].

Δημοκράτης ἰδὼν κλέπτην ὑπὸ τῶν Ἕνδεκα ἀπαγόμενον, «Ἄθλιε, εἶπε· τί γὰρ τὰ μικρὰ ἔκλεπτες, ἀλλ' οὐ τὰ μεγάλα, ἵνα καὶ σὺ ἄλλους ἀπῆγες [4];»

Νικόλαος ὁ περιπατητικὸς, καὶ Ποσειδώνιος ὁ στωϊκὸς, ἐν ταῖς ἱστορίαις, ἑκάτερος τοὺς Χίους φησὶν, ἐξανδραποδισθέντας ὑπὸ Μιθριδάτου τοῦ Καππάδοκος, παραδοθῆναι τοῖς ἰδίοις δούλοις δεδεμένους, ἵν' εἰς τὴν Κόλχων γῆν κατοικισθῶσιν [5].

---

[1] Luc. *Demon.*, c. 5, t. V, p. 234. — [2] Xenoph. *R. L.* II, 8. — [3] Luc. *Nigrin.*, c. 33, t. I, p. 53-54, Bip. — [4] Stob. XI. — [5] Nicol. Damasc., *fragm. hist.*, p. 269, *ed.* Coray, *in* Πρόδρομ. Ἑλλην. Βιβλ.

(9) *Tourn.* : pourquoi volais-tu les petites choses, mais non (ἀλλ' οὐ) les grandes (τὰ μεγάλα, *magna*), etc.

(10) Voyez les Règles précédentes, p. 296, *Except.* 3°.

(11) Tourn. : *uterque dicit.*

(12) Voy. les Règles précédentes, p. 296, *Except.* 1°.

IV.

184. Socrate disait qu'il s'étonnait que ceux qui se font faire des portraits de marbre, *missent* [tous] leurs soins *afin que* la pierre *soit* très-ressemblante, et qu'ils ne s'occupassent point de ne pas paraître eux-mêmes semblables à la pierre (1).

Antigone, assiégeant Mégares, fit avancer les éléphants : mais les Mégariens ayant enduit des pourceaux de poix liquide, [y] mirent le feu, et [les] lancèrent [contre l'ennemi]. Ces animaux (2) se sentant brûlés, allèrent, en poussant de grands cris, se jeter (3) d'une course rapide sur les éléphants, qui (4), devenus furieux et mis en désordre, prirent la fuite d'un côté et d'un autre. Antigone *ordonna* donc aux Indiens de nourrir à l'avenir des cochons avec les éléphants, *afin que* ceux-ci (5) *s'habituassent* à supporter leur vue et leur cri.

———

2°. Afin que, rendu par ὅπως.

Règle. La conjonction ὅπως, signifiant *afin que*, ou *de manière que*, *de sorte que*, ou précédée d'un verbe qui présente l'idée de *soin*, d'*attention*, de *précaution*, sans négation, régit, comme ἵνα, ὡς, le subjonctif, si le verbe qui prédède est au présent ou au futur; et l'optatif, si ce verbe est au passé : mais elle peut prendre le futur de l'indicatif, quel que soit le temps qui précède.

Exemples : *Je fais* cela *afin qu'il guérisse* : Πράττω τοῦτο ὅπως ὑγιαίνῃ.

Je faisais cela *afin qu'il guérît* : Τοῦτο ἔπραττον ὅπως ὑγιαίνοι.

————

(1) *Tourn.* : Socrate disait s'étonner des se faisant faire les portraits de marbre, prévoir la pierre *afin qu'elle sera* (Voy. p. 297, 4°.) très-ressemblante ; mais ne pas s'occuper d'eux-mêmes pour ne pas (ὡς μή, *infin.*) paraître semblables à la pierre.

(2) *Tourn.* : or eux (§. 319) brûlés par le feu. Sur le genre de ce nom au plur., voy. p. 118, note 2, et 157, note 10.

(3) *Tourn.* : se jetaient. Voy. la *Méthode*, §. 358.

IV.

184. Σωκράτης ἔλεγε θαυμάζειν τῶν τὰς λιθίνους εἰκόνας κατασκευαζομένων τοῦ μὲν λίθου προνοεῖν, ὡς ὁμοιότατος ἔσται, αὐτῶν δ' ἀμελεῖν, ὡς μὴ ὁμοίους τῷ λίθῳ φαίνεσθαι [1].

Ἀντίγονος Μέγαρα πολιορκῶν τοὺς ἐλέφαντας ἐπῆγεν· οἱ δὲ Μεγαρεῖς σύας καταλείφοντες ὑγρᾷ πίσσῃ καὶ ὑφάπτοντες ἠφίεσαν· αἱ δὲ, ὑπὸ τοῦ πυρὸς καιόμεναι, κεκραγυῖαι πολλῷ δρόμῳ εἰς τοὺς ἐλέφαντας ἐνέπιπτον· οἱ δὲ οἰστρῶντες καὶ ταρασσόμενοι ἄλλος ἄλλῃ διέφυγον. Ἀντίγονος οὖν τοῦ λοιποῦ προςέταξε τοῖς Ἰνδοῖς τρέφειν ὗς μετὰ τῶν ἐλεφάντων, ἵνα τὴν ὄψιν αὐτῶν καὶ τὴν κραυγὴν τὰ θηρία φέρειν ἐθίζοιτο [2].

———

Ils sont, ils seront, ils étaient prêts à faire *en sorte qu'il juge, qu'il jugeât :* Ἕτοιμοί εἰσιν, ἔσονται, ἦσαν πράττειν ὅπως δικάσει.

Remarques. I. Les verbes ὅρα, *vide*, vois, φρόντιζε, *cura*, *cave*, prends garde, peuvent souvent se sous-entendre devant ὅπως.

Exemple : *Veille* à ce que ton serviteur *remplisse* tous ses devoirs : Ὅπως ὁ οἰκέτης σου ἅπαντα τὰ καθήκοντα πράξει.

II. 1°. Lorsque la conjonction ὅπως est accompagnée de la négation μή, elle ne peut se construire ni avec l'*aoriste premier actif*, ni avec l'aoriste *premier moyen du subjonctif:* elle n'admet que le *futur de l'indicatif*, ou *le présent*, l'*aoriste premier passif*, ou l'*aoriste second du subjonctif.*

———

[1] Diog. Laërt. *in Socr*, lib. II, p. 41 D. — [2] Polyæn.

(4) *Tourn. :* or eux, οἱ δέ.

(5) Se traduira par θηρία, *feræ*, qui en grec, comme en latin, se dit particulièrement de l'éléphant.

Exemple : Empêche-le de frapper son frère (1) : Ἀπεῖρξον αὐτὸν ὅπως μὴ τὸν ἀδελφὸν τύψει.

Il faut faire tous nos efforts pour éviter que nous *ne soyons* esclaves : Δεῖ παντὶ τρόπῳ διατειναμένους φεύγειν ὅπως μὴ ἀνδράποδα ὦμεν.

On ne doit pas *craindre qu'*un homme sage *soit corrompu* par la prospérité : Οὐ φοβητέον ὅπως μὴ σοφὸς ἀνὴρ ὑπὸ τῆς εὐτυχίας λυμανθῇ.

THÈMES.

I.

185. Les Sybarites sont fameux pour leur mollesse, eux qui (2) ne permettent point que les métiers bruyants, comme [ceux] de forgerons, de charpentiers et [autres] semblables, s'établissent dans leur ville, *afin que* leur sommeil (3) *soit* de toute part paisible.

Il faut nous réfugier dans la vertu comme dans un asyle inviolable, *afin* que nous [ne] *soyons exposés* à aucun lâche outrage de la fortune.

On rapporte que lorsque Gobryas se leva pour se retirer chez lui (4), il dit : « Je ne m'étonne plus, ô Cyrus, que, quoique nous possédions une plus grande quantité de vases précieux, de vêtements et d'or, nous valions nous-mêmes moins que vous (5). Nous, en effet, nous *mettons* tous nos soins *à posséder* le plus possible de ces objets (6); vous, au contraire, vous me *paraissez* vous *appliquer à devenir* les meilleurs possible (7). »

Lycurgue *a fait* passer en coutume qu'il était très-honorable pour les hommes déjà sortis (8) de l'adolescence de se

---

(1) *Tourn. :* qu'il ne frappe.
(2) Voyez plus haut, p. 287, Rem. II.
(3) Au pluriel, *somni.*
(4) *Tourn. :* lorsque Gobryas se leva s'en allant à la maison, il est dit avoir dit.
(5) *Tourn. :* je ne m'étonne plus si (εἰ, *indic.*) nous à la vérité nous possédons vases et habits et or plus nombreux que vous, mais nous-mêmes sommes dignes d'une moindre [estime] que vous.
(6) *Tourn. :* nous prenons soin que ces choses-là soient à nous aussi nombreuses que possible. Pour rendre *que possible*, voy. la *Méthode,* §. 3o4, 2.

Afin que le juge *ne se laisse pas* corrompre : Ὅπως μὴ ὁ δικαστὴς δωροδοκηθῇ.

Prenez garde *que*, par la passion d'obtenir de la gloire, *vous n'arriviez* à un résultat contraire : Φυλάττου ὅπως μὴ τοῦ εὐδοξεῖν ἐπιθυμίᾳ εἰς τοὐναντίον ἔλθῃς.

2°. Mais si le verbe qui précède ὅπως μή est au passé, on peut se servir de *l'aoriste premier actif* ou *moyen de l'optatif.*

EXEMPLE : Il *craignit* de tomber (1) malade : Ἐφοβήσατο ὅπως μὴ ἀῤῥωστήσειε.

THÈMES CORRIGÉS.

I.

185. Διαβόητοί εἰσιν ἐπὶ τρυφῇ οἱ Συβαρῖται· οἳ τὰς ποιούσας ψόφον τέχνας οὐκ ἐῶσιν ἐπιδημεῖν τῇ πόλει, οἷον χαλκέων καὶ τεκτόνων καὶ τῶν ὁμοίων, ὅπως αὐτοῖς πανταχόθεν ἀθόρυβοι ὦσιν οἱ ὕπνοι [1].

Καθάπερ εἰς ἄσυλον τέμενος τὴν ἀρετὴν ὁρμητέον, ὅπως εἰς μηδεμίαν ἀγεννῆ τύχης ὕβριν ὦμεν ἔκδοτοι [2].

Ἡνίκα ὁ Γωβρύας εἰς οἶκον ἀπιὼν ἀνίστατο, εἰπεῖν λέγεται· « Οὐκέτι θαυμάζω, ὦ Κῦρε, εἰ ἐκπώματα μὲν καὶ ἱμάτια καὶ χρυσίον ἡμεῖς ὑμῶν πλείονα κεκτήμεθα, αὐτοὶ δὲ ἐλάττονος ὑμῶν ἄξιοί ἐσμεν· ἡμεῖς γὰρ ἐπιμελούμεθα, ὅπως ἡμῖν ταῦτα ὡς πλεῖστα ἔσται· ὑμεῖς δέ μοι δοκεῖτε ἐπιμελεῖσθαι ὅπως αὐτοὶ ὡς κράτιστοι ἔσεσθε [3]. »

Τοῖς [ἤδη] τὴν ἡβητικὴν ἡλικίαν πεπερακόσιν ὁ Λυκοῦργος νόμιμον ἐποίησε κάλλιστον εἶναι τὸ θηρᾶν, εἰ μή τι δημόσιον κωλύοι, ὅπως

---

(1) *Tourn.* : qu'il ne tombât.

[1] Athen. XII, p. 518 C. = IV, p. 426. — [2] Stob. I. — [3] Xenoph. *Cyrop.*, lib. V, c. 2, t. II, p. 482, *ed.* Gail.

(7) Tourn. : *afin que vous soyez* vous-mêmes, etc.
(8) *Tourn.* : aux ayant passé l'adolescence.

livrer à l'exercice de la chasse, à moins que quelque service public ne *s'y opposât*, *afin qu'ils pussent* non moins que les jeunes gens supporter aussi les fatigues de la guerre.

II.

186. Si Dieu nous donne un jour des enfants (1), *nous délibérerons* alors à leur égard, *afin* de les *élever* le mieux possible : car ce sera un bonheur pour nous de trouver [en eux] des soutiens et des nourriciers de [notre] vieillesse.

Un roi gouvernera bien, *s'il veille à ce que* les [hommes] les plus vertueux *obtiennent* les dignités, et que les autres *n'éprouvent* aucune injustice; car ce sont là (2) les premiers et les plus grands éléments d'une bonne administration.

Gélon, tyran de Sicile, *conduisait* souvent les Syracusains à la culture des terres comme à une expédition militaire, *afin que* le terroir étant travaillé [en] *devînt* meilleur, et *qu'ils ne devinssent* pas pires eux-mêmes [en] se livrant à l'oisiveté.

Aristote dit que Satyrus de Samos ayant un procès, ses amis lui *bouchèrent* les oreilles avec de la cire (3), *afin qu'il ne gâtât* point son affaire en se livrant à la colère quand il s'entendrait injurier par ses ennemis (4).

Fabius Maximus était toujours sur ses gardes, *pour ne pas* être forcé par Annibal de livrer bataille dans une position désavantageuse.

III.

187. Socrate se justifiant, disait aux Athéniens : « Je parcours la ville (5) ne faisant rien autre chose que vous persuader, jeunes et vieux, de ne point vous préoccuper des soins du corps et de l'amour des richesses (6), ni de rien autre aussi fortement que des *moyens de rendre* (7) votre âme aussi parfaite que possible; vous disant que la vertu ne résulte pas pour les hommes de [la] richesse, mais que la richesse [vient] de [la] vertu, ainsi que tous les autres avantages, tant publics que particuliers.

---

(1) *Tourn.* : si Dieu donne un jour des enfants être nés à nous.

(2) *Tourn.* : car ces éléments sont les premiers, etc.

(3) Voyez la *Méthode*, §. 338, 1°.

(4) *Tourn. ainsi tout le passage* : Aristote dit que les amis de Satyrus le Samien ayant (*gén.*) un procès, [lui] *bouchèrent* de cire les oreilles, *afin qu'il ne troublât* pas l'affaire par colère étant injurié par les ennemis.

δύναιντο καὶ οὗτοι μηδὲν ἧττον τῶν ἡβώντων στρατιωτικοὺς πόνους ὑποφέρειν [1].

II.

186. Τέκνα ἢν Θεός ποτε διδῷ ἡμῖν γενέσθαι, τότε βουλευσόμεθα περὶ αὐτῶν, ὅπως ὅτι βέλτιστα παιδεύσομεν αὐτά· ἡμῖν γὰρ τοῦτο τἀγαθὸν συμμάχων καὶ γηροβοσκῶν τυγχάνειν [2].

Βασιλεὺς καλῶς δημαγωγήσει, ἐὰν σκοπῇ ὅπως οἱ βέλτιστοι μὲν τὰς τιμὰς ἕξουσιν, οἱ δ' ἄλλοι μηδὲν ἀδικηθήσονται· ταῦτα γὰρ στοιχεῖα πρῶτα καὶ μέγιστα χρηστῆς πολιτείας ἐστί [3].

Γέλων ὁ τῆς Σικελίας τύραννος ἐξῆγε πολλάκις τοὺς Συρακουσίους ὡς ἐπὶ στρατείαν καὶ φυτείαν, ὅπως ἥ τε χώρα βελτίων γένηται γεωργουμένη, καὶ μὴ χείρονες αὐτοὶ σχολάζοντες [4].

Ἀριστοτέλης φησὶ Σατύρου τοῦ Σαμίου τοὺς φίλους φράξαι τὰ ὦτα κηρῷ δίκην ἔχοντος, ὅπως μὴ συγχέῃ τὸ πρᾶγμα διὰ θυμὸν ὑπὸ τῶν ἐχθρῶν λοιδορούμενος [5].

[Φάβιος Μάξιμος διαπαντὸς ηὐλαβεῖτο, ὅπως μὴ ὑπὸ τοῦ Ἀννίβου ἐν τόπῳ ἀνεπιτηδείῳ βιασθῇ συμβαλεῖν.]

III.

187. Ὁ Σωκράτης ἀπολογούμενος πρὸς τοὺς Ἀθηναίους ἔφη· «Οὐδὲν ἄλλο πράττων ἐγὼ περιέρχομαι, ἢ πείθων ὑμῶν καὶ νεωτέρους καὶ πρεσβυτέρους μήτε σωμάτων ἐπιμελεῖσθαι, μήτε χρημάτων πρότερον, μήτε ἄλλου τινὸς οὕτω σφόδρα, ὡς τῆς ψυχῆς, ὅπως ὡς ἀρίστη ἔσται· λέγων ὅτι οὐκ ἐκ χρημάτων ἡ ἀρετὴ γίνεται, ἀλλ' ἐξ ἀρετῆς τὰ χρήματα, καὶ τἄλλ' ἀγαθὰ τοῖς ἀνθρώποις ἅπαντα καὶ ἰδίᾳ καὶ δημοσίᾳ [6]. »

---

[1] Xenoph. *R. L.*, c. **IV**. — [2] Ibid. *Œcon.* VII, 12. — [3] Isocr. *ad Nicocl.* §. 5, p. 15. — [4] Plut. *Apoph.*, t. I, 304, Steph. — [5] Stob. XVIII. — [6] Plat. *in Apol.*, §. 18, et Stob. III, 46.

(5) *Tourn.* : je vais à la ronde (*circumeo*) ne faisant rien autre que persuadant les vieux et les jeunes de vous.

(6) *Tourn.* : vous préoccuper des corps et des richesses.

(7) *Tourn.* : que de votre âme, comment elle sera aussi parfaite, etc.

Démosthène *luttait pour que* les républiques grecques *atta-quassent* d'un commun accord les Macédoniens et les *expulsassent* de la Grèce.

IV.

188. La concorde paraît être le plus grand des biens pour les états, où les sénats et les hommes les plus recommandables exhortent fréquemment les citoyens à rester unis; partout aussi dans la Grèce il existe une loi qui porte que les citoyens jureront de vivre dans l'union, et partout ils prêtent ce serment. Or cela se pratique, je crois, non *pour que* les citoyens *portent* un [même] jugement sur les mêmes chœurs, ni *pour qu'ils applaudissent* aux mêmes joueurs de flûte, ni *pour qu'ils donnent* la préférence aux mêmes poëtes, ni *pour qu'ils* (1) se plaisent aux mêmes objets, mais *afin qu'ils obéissent* aux lois. En effet, tant que les citoyens les observent (2), les états jouissent du plus haut degré de puissance et de prospérité; mais sans la concorde, ni un état ne saurait être bien gouverné, ni une maison bien dirigée.

II.

ADVERBES CONJONCTIFS OU RELATIFS.

Les *adverbes conjonctifs* ou *relatifs* sont ceux qui ne vont jamais sans avoir pour antécédent un *adverbe démonstratif*, exprimé ou sous-entendu. Comme : Je reste *là où* je me trouve bien : Ὅπου καλῶς ἔχω, ἐκεῖ ἐνδιατρίβω. Je vais *là où* vous allez : Ἐκεῖσε ἐγὼ πρόςειμι, ὅπου σὺ πρόςει, ou bien en renversant : ὅπου σὺ πρόςει, ἐκεῖσε κἀγὼ πρόςειμι; et avec l'ellipse de l'antécédent : ὅπου σὺ, κἀγὼ πρόςειμι. Nous disons de même : Je vais *où* vous allez.

Emploi des modes avec les adverbes conjonctifs.

RÈGLE 1. Les adverbes conjonctifs de lieu sont soumis aux règles que nous avons posées précédemment (p. 256) pour les pronoms conjonctifs ou relatifs. Avec un *lieu précis*, on emploie *l'indicatif;* avec un *lieu indéterminé*, on se sert de *l'optatif*

---

(1) Employez ἵνα dans cette phrase et la suivante.
(2) *Tourn.* : les citoyens les observant; *génit. absolu.*

Δημοσθένης ἠγωνίζετο ὅπως αἱ [ἑλληνικαὶ] πόλεις συνεπιθήσονται τοῖς Μακεδόσι, καὶ συνεκβαλοῦσιν αὐτοὺς τῆς Ἑλλάδος[1].

IV.

188. Ὁμόνοιά γε μέγιστόν τε ἀγαθὸν δοκεῖ ταῖς πόλεσιν εἶναι, καὶ πλειστάκις ἐν αὐταῖς αἵ τε γερουσίαι καὶ οἱ ἄριστοι ἄνδρες παρακελεύονται τοῖς πολίταις ὁμονοεῖν, καὶ πανταχοῦ ἐν τῇ Ἑλλάδι νόμος κεῖται, τοὺς πολίτας ὀμνύναι ὁμονοήσειν, καὶ πανταχοῦ ὀμνύουσι τὸν ὅρκον τοῦτον· οἶμαι δ' ἐγὼ ταῦτα γίγνεσθαι, οὐχ ὅπως τοὺς αὐτοὺς χοροὺς κρίνωσιν οἱ πολῖται, οὐδ' ὅπως τοὺς αὐτοὺς αὐλητὰς ἐπαινῶσιν, οὐδ' ὅπως τοὺς αὐτοὺς ποιητὰς αἱρῶνται, οὐδὲ ἵνα τοῖς αὐτοῖς ἥδωνται, ἀλλ' ἵνα τοῖς νόμοις πείθωνται. τούτοις γὰρ τῶν πολιτῶν ἐμμενόντων, αἱ πόλεις ἰσχυρόταταί τε καὶ εὐδαιμονέσταται γίγνονται· ἄνευ δὲ ὁμονοίας, οὔτ' ἂν πόλις εὖ πολιτευθείη, οὔτε οἶκος καλῶς οἰκηθείη[2].

II.

ADVERBES CONJONCTIFS OU RELATIFS.

sans ἄν, si le premier verbe est au passé, et du *subjonctif avec* ἄν, si le premier verbe est au présent ou au futur.

EXEMPLES : Je ferai un voyage à *Rome*, où je *dois* avoir une entrevue avec César : Εἰς Ῥώμην ἀποδημήσω, ὅπου Καίσαρι μέλλω ἐντυγχάνειν.

Les soldats ont coutume d'aller *là où* ils *doivent* recevoir le plus d'argent : Ἐνταῦθ' ἀπιέναι οἱ στρατιῶται εἰώθασιν, ὅπου μέλλουσιν ἀργύριον πλεῖστον λήψεσθαι.

Suivez *où* l'on vous *conduit* : Ἕπεσθε ὅποι ἄν τις ἡγῆται.

Les ennemis s'*emparaient* des endroits *où* le terrain se *rétrécissait* : Οἱ πολέμιοι ὅπη εἴη στενὸν χωρίον προκατελάμβανον.

RÈGLE II. 1°. Les adverbes conjonctifs de temps, tels que ὅτε, ὁπότε, *quand, toutes les fois que,* ἕως, *jusqu'à ce que, tant que,* ἐπεί, ἐπειδή, *après que, depuis que,* gouvernent l'*indicatif,* lorsque l'action exprimée par le verbe dont ils dépendent, a lieu dans un *temps fixe, écoulé* et *passager.*

---

[1] Plut. *in Demosth.*, c. 23. — [2] Xenoph. *Mem. S.* IV, 4, 16.

EXEMPLES : Il avait vécu beaucoup d'années et il était fort avancé en âge, *lorsqu'il mourut* : Ἐβίω πολλὰ ἔτη, καὶ ἦν πρεσβύτατὸς, ὅτε ἐτελεύτα.

Lorsque vous étiez venu en ambassade vers nous : Ὁπότε πρὸς ἡμᾶς ἦλθες πρεσβεύων.

Tant qu'il a été parmi les vivants : Ἕως ἦν μετ' ἀνθρώπων.

Il le soigna jusqu'à ce qu'il fut guéri : Αὐτὸν ἐθεράπευσεν ἕως ἐξεσώθη τῆς νόσου.

2°. Ces adverbes régissent l'*optatif*, lorsque l'action du verbe dont ils dépendent est *passée*, et qu'elle *a lieu plusieurs fois*, ou *dans plusieurs lieux*, ou *par plusieurs personnes à la fois*.

EXEMPLES : *Je le recevais* chez moi *toutes les fois* qu'il *venait* : Αὐτὸν ἐξένιζον ἐν οἴκῳ, ὁπότε ἴκοιτο.

Ils *attendaient souvent* à jeun, *jusqu'à ce que* le soleil *fût* couché : Πολλάκις περιέμενον νηστεύοντες, ἕως ὁ ἥλιος δεδύκοι.

THÈMES.

I.

189. Taisez-vous (1) *où* il faut, et parlez *où* il est utile.

Où il faut (2) vivre, *là* aussi il faut bien vivre.

Où vous vivez honnêtement, restez-y, et vous prospérerez en tout (3).

Les Argiens lapidèrent Thrasylle dans le Charadron, *où*, avant de rentrer [en ville], ils jugent les délits commis à la guerre.

Homère appelle Thèbes [la ville] aux cent portes, et dit qu'il s'*y* trouve de grandes richesses.

La vanité, comme un berger, mène le vulgaire *où* elle veut.

On dit qu'Apollon et Neptune bâtirent Ilion. Mais il n'en est point ainsi (4). Ce fut Laomédon qui construisit la ville d'une manière impie (5). Il y avait dans la citadelle un temple d'Apollon et de Neptune, singulièrement honoré, d'*où* Laomédon enleva les richesses qu'il dépensa (6) pour la construction des murs d'Ilion.

---

(1) Employez ici l'*infin.* pour l'*impérat.* d'après le §. 367, 3.
(2) Tourn. : *ubi est vivere, ibi et benè vivere.*
(3) Sous-entendez κατά, *secundùm.*
(4) *Tourn.* : mais cela (τὸ δὲ) ainsi n'est pas.
(5) *Tourn.* : mais Laomédon construisit la ville non pieusement.

3°. Lorsque le verbe dont ces adverbes dépendent, exprime une action qui se répète actuellement, qui arrive accidentellement, conditionnellement, ou qui a rapport à l'avenir, alors on compose ces mots de la particule ἄν, et l'on en forme ὅταν, ὁπόταν, qui gouvernent le subjonctif. Ἐπεί et ἐπειδή font ἐπήν et ἐπειδάν, pour ἐπεὶ ἄν, ἐπειδὴ ἄν. Avec ἕως, on emploie ἄν séparément.

Exemples : *Lorsque* les rois des Barbares *établissent* leur camp, ils l'environnent d'un fossé : Οἱ βάρβαροι βασιλεῖς ὁπόταν στρατοπεδεύωνται, τάφρον περιβάλλονται.

L'amitié des hommes dure *tant* qu'ils *sont* vertueux : Διαμένει ἡ ἀνθρώπων φιλία, ἕως ἂν ἀγαθοὶ ὦσιν.

Il faut que tout le monde travaille avec zèle *jusqu'à ce que* le vaisseau, petit ou grand, *soit sauvé* : Ἕως ἂν σώζηται τὸ σκάφος, ἄν τε μεῖζον, ἄν τ' ἔλαττον ᾖ, χρὴ πάντ' ἄνδρα πρόθυμον εἶναι.

Nota. En faisant les thèmes suivants, il faut avoir sous les yeux le tableau qui se trouve dans la *Méthode*, §. 291, 2, p. 235.

THÈMES CORRIGÉS.

I.

189. Οὗ δεῖ, σιωπᾶν, καὶ λαλεῖν, ὅπου χρεών [1].

Ὅπου ζῆν ἐστὶ, ἐκεῖ καὶ εὖ ζῆν [2].

Ὅπου καλῶς βιοῖς, παράμενε, καὶ εὐτυχεῖς τὰ πάντα [3].

Οἱ Ἀργεῖοι τὸν Θράσυλλον ἐν τῷ Χαράδρῳ, οὗπερ τὰς ἀπὸ στρατείας δίκας, πρὶν ἐσιέναι, κρίνουσιν, ἔλευσαν [4].

Τὰς Θήβας Ὅμηρος ἑκατομπύλους καλεῖ, καὶ πλεῖστα ἐκεῖ κτήματα κεῖσθαι λέγει [5].

Ὁ τῦφος, ὥσπερ ποιμὴν, οὗ θέλει τοὺς πολλοὺς ἄγει [6].

Τὸν Ἀπόλλωνα καὶ τὸν Ποσειδῶνα λέγουσι τειχίσαι τὴν Ἴλιον· τὸ δὲ οὐχ οὕτως ἔχει· ἀλλ' ὁ Λαομέδων ἐτείχισε τὴν πόλιν, οὐχ ὁσίως· ἦν δὲ ἐν τῇ ἀκροπόλει ἱερὸν Ἀπόλλωνος καὶ Ποσειδῶνος, διαφερόντως τιμώμενον, ὅθεν συλῶν ἀνήλισκε τὰ χρήματα εἰς τὴν τοῦ τείχους κατασκευήν [7].

---

[1] *Gnom. Monost*, 458. — [2] *Marc. Aurel.*, V, 16. — [3] *Stob. I.* — [4] *Thuc.* V, 60. — [5] *Strab.* XVII, 816. — [6] *Stob.* XX. — [7] *Anon. De incred.*, c. 4, p. 86, apud Th. Gale.

(6) *Tourn.* : de là pillant il dépensa l'argent pour la construction de la muraille.

II.

190. Un chasseur ardent court après les bêtes fauves *partout où elles* le *guident* (1).

Minos feignait d'apprendre ses lois de Jupiter même, allant pendant neuf ans sur une montagne, dans laquelle était un antre appelé l'antre de Jupiter (2), et rapportant toujours *de là* quelques lois aux Crétois.

Le roi Agis disait que les Lacédémoniens ne demandaient pas, Combien sont les ennemis, mais, *Où* sont-ils?

Diogène revenait de Lacédémone à Athènes. « *Où* [vas-tu] et d'*où* [viens-tu]? » lui demanda-t-on (3). « De l'appartement des hommes, dit-il, dans celui des femmes. »

Qui pourrait être heureux (4) [en] vivant au gré de la multitude? En effet, *où* est mort Miltiade? *où* [est mort] Thémistocle?

Le Scythe Toxaris disait : « Nous n'examinons point d'*où* sont (5) les gens de bien. »

Nous rendons grâces aux dieux *là où* nous trouvons notre bien.

Les Célères des Romains étaient cavaliers [*là*] *où* la plaine *était* (6) propre à combattre à cheval, et fantassins [*là*] *où* le terrain *était* inégal et impropre à la cavalerie.

Diogène disait que, de même que le bon médecin doit aller *là où* il y a le plus de malades pour leur porter ses secours (7), de même le sage doit se rendre *là où* il y a le plus de gens déraisonnables pour les convaincre et les guérir de leur folie.

Le destin des harpies était de périr de la main des fils de Borée, et [celui] des fils de Borée de mourir *lorsque*, [en les] poursuivant, ils ne [les] auraient pas atteintes.

----

(1) *Tourn.* : le chasseur ardent *par où* les bêtes guident, *par là* il court après.

(2) *Tourn.* : dans laquelle un antre était dit de Jupiter.

(3) *Tourn.* ; au s'étant donc informé : Où et d'où? De l'appartement des hommes, dit-il, etc. De même Hor. : *Unde et quò Catius?*

(4) Εὐδαιμονέω, à l'*aor.*, avec ἄν.

(5) Les Grecs, différents des Latins, emploient ici l'*indic.*, comme les Français.

(6) Sur le *mode* ici du verbe en grec, voy. p. 310, 2°.

(7) *Tourn.* : devant secourir, *auxiliaturum.*

II.

190. Κυνηγὸς ὁ πρόθυμος ὅπη τὰ θηρία ὑφηγῆται, ταύτη μεταθεῖ [1].

Προςεποιεῖτο Μίνως παρὰ τοῦ Διὸς αὐτοῦ [τοὺς νόμους] μεμαθηκέναι, δι᾽ ἐννέα ἐτῶν εἴς τι ὄρος φοιτῶν, ἐν ᾧ Διὸς ἄντρον ἐλέγετο, κἀκεῖθεν ἀεί τινας νόμους φέρων τοῖς Κρησί [2].

Ἆγις ὁ βασιλεὺς οὐκ ἔφη (*) τοὺς Λακεδαιμονίους ἐρωτᾶν πόσοι εἰσίν, ἀλλὰ ποῦ εἰσιν οἱ πολέμιοι [3].

Διογένης ἐπανήρχετο ἐκ Λακεδαίμονος εἰς Ἀθήνας· πρὸς οὖν τὸν πυθόμενον, « Ποῖ καὶ πόθεν; » « Ἐκ τῆς ἀνδρωνίτιδος, εἶπεν, εἰς τὴν γυναικωνῖτιν [4]. »

Τίς ἂν εὐδαιμονήσειε πρὸς ὄχλον ζῶν; ἐπείτοιγε ποῦ τέθνηκε Μιλτιάδης; ποῦ δὲ Θεμιστοκλῆς [5];

Τόξαρις ὁ Σκύθης ἔλεγεν· « Οὐκ ἐξετάζομεν ὅθεν οἱ καλοὶ καὶ ἀγαθοί εἰσιν [6]. »

Ἐκεῖ θεοῖς εὐχαριστοῦμεν, οἷ τὸ ἀγαθὸν τιθέμεθα [7].

Οἱ Κέλερες τῶν Ῥωμαίων ἱππεῖς μὲν ἦσαν ἔνθα ἐπιτήδειον εἴη πεδίον ἱππομαχῆσαι· πεζοὶ δὲ, ὅπου τραχὺς εἴη καὶ ἄνιππος τόπος [8].

Ὁ Διογένης ἔφη δεῖν τὸν φρόνιμον ἄνδρα, ὥσπερ τὸν ἀγαθὸν ἰατρὸν, ὅπου πολλοὶ νοσοῦσι, ἐκεῖσε ἰέναι βοηθήσοντα, οὕτως ὅπου πλεῖστοί εἰσιν ἀφρονέστεροι, ἐκεῖ μάλιστα ἀποδημεῖν ἐξελέγχοντα καὶ κολάζοντα τὴν ἄνοιαν αὐτῶν [9].

Ἦν ταῖς Ἁρπυίαις χρεὼν τεθνάναι ὑπὸ τῶν Βορέου παίδων· τοῖς δὲ Βορέου παισί, τότε τελευτήσειν, ὅτε ἂν διώκοντες μὴ καταλάβωσι [10].

---

[1] Xenoph. *Cyrop.*, lib. II, cap. ult., t. II, p. 234, *ed.* Gail. — [2] Nic. Damasc. *Hist. Voc.* Cret. p. 279, *ed.* Coray.— [3] Plut. *Apoph.*, p. 334, *ed.* Steph. — [4] Diog. Laërt. *in Diog.*, lib. VI, p. 152 A. — [5] Æschin. Socr. *Axioch.* 12. — [6] Luc. *Tox.*, c. 5, t. VI, p. 61, Bip. — [7] Arrian. *Dissert.*, lib. I, c. 19, §. 24. — [8] Dion. Halic. *An. Rom.*, lib. II, t. I, p. 263, l. 9-10. — [9] Dio Chrysost. *Or.* VIII, p. 131 B. — [10] Apollod. I, 9, 21.

(*) Sur cette construction de la négation, voy. M. Burnouf, §. 379, Rem. 4.

III.

191. Arcésilas disait que, de même que *où* il y a beaucoup de remèdes et beaucoup de médecins, *là* il y a un très-grand nombre de maladies; de même *où* il y. a le plus de lois, *là* aussi règne la plus grande injustice.

Platon dissertait sur quelque sujet, et Diogène, [qui était] présent, faisait peu d'attention à lui. Le [fils] (1) d'Ariston s'en indigna (2), et [lui] dit : « Ecoute mes discours, chien. » « Cependant moi, « répondit, Diogène sans s'émouvoir (3) », je ne suis pas retourné *là d'où* j'avais été vendu (4), comme les chiens; » indiquant [ainsi] à mots couverts le voyage de Platon en Sicile.

Les hommes cherchent le bonheur et le calme non *où* ils sont, mais *où* ils ne sont pas.

Ne laissez point le sommeil se répandre (5) sur vos yeux, avant d'avoir repassé [ainsi] trois fois chacune de [vos] actions de la journée : *Par où* ai-je transgressé? qu'ai-je fait? quel devoir n'ai-je point rempli (6)?

IV.

192. La coutume *existait* chez les Perses (7), *lorsque* le roi *mourait*, de suspendre les lois pendant cinq jours (8), afin (9) qu'ils sentissent de quel prix sont (10) la loi et le roi.

Cyrus, dans sa jeunesse (11), *était* rempli de modestie au point même de rougir *lorsqu'il se trouvait* avec de plus âgés que lui.

Socrate dit à quelqu'un qui se désespérait de se voir méprisé (12) *quand* les trente [tyrans] *furent établis* : « N' (13) avez-vous rien à vous reprocher? »

---

(1) Voy. la *Méthode*, §. 3io.

(2) *Tourn.* : s'indigna de cela.

(3) *Tourn.* : et lequel, [en] rien troublé, Mais moi, dit-il, etc.

(4) *Tourn.* : je fus vendu, à l'*aor.* 1 *pass.*

(5) *Tourn.* : ne point avoir reçu le sommeil sur les yeux. Sur l'*infin.* employé en grec pour l'*impératif*, voy. la *Méthode*, §. 367, 3.

(6) *Tourn.* : quel devoir à moi n'a point été rempli? Voy. la *Méth.*, §. 347. II.

(7) *Tourn.* : coutume était aux Perses; et le verbe suivant à l'*infin.*

(8) *Tourn.* : être une suspension de loi (ἀνομία) de cinq jours.

(9) Ἵνα; voy. plus haut, p. 294, Règle générale.

(10) *Tourn.* : *quanti* (ὅσου) *dignus est lex et rex*. Avec ὅσου, sous-entendez τιμήματος, *pretii*, comme en latin, avec *quanti*. Sur le *nombre*

III.

191. Ἀρκεσίλαος ἔλεγεν, ὥςπερ ὅ π ο υ φάρμακα πολλὰ καὶ ἰατροὶ πολλοὶ, ἐ ν τ α ῦ θ α νόσοι πλεῖσται· οὕτω δὲ καὶ ὅ π ο υ νόμοι πλεῖστοι, ἐ κ ε ῖ καὶ ἀδικίαν εἶναι μεγίστην [1].

Διελέγετο ὑπέρ τινων ὁ Πλάτων, παρὼν δ᾽ ὁ Διογένης ὀλίγον αὐτῷ προςεῖχεν. ἠγανάκτησεν οὖν ἐπὶ τούτοις ὁ Ἀρίστωνος, καὶ ἔφη· « Ἐπάκουσον τῶν λόγων, κύον. » καὶ ὃς, οὐδὲν διαταραχθείς· « Ἀλλ᾽ ἐγὼ, εἶπεν, οὐκ ἐπανῆλθον ἐκεῖσε ὅθεν ἐπράθην, ὥςπερ οἱ κύνες. » αἰνιττόμενος αὐτοῦ τὴν εἰς Σικελίαν ὁδόν (*) [2].

Οἱ ἄνθρωποι τὴν εὐδαιμονίαν καὶ ἀταραξίαν οὐχ ὅ π ο υ ἐστὶ ζητοῦσι, ἀλλ᾽ ὅπου μή ἐστιν [3].

  Μηδ᾽ ὕπνον... ἐπ᾽ ὄμμασι προςδέξασθαι,

Πρὶν τῶν ἡμερινῶν ἔργων τρὶς ἕκαστον ἐπελθεῖν·

Πῇ παρέβην; τί δ᾽ ἔρεξα ; τί μοι δέον οὐκ ἐτελέσθη [4];

IV.

192. Πέρσαις νόμος ἦν ὁπότε βασιλεὺς ἀποθάνοι, ἀνομίαν εἶναι πέντε ἡμερῶν, ἵν᾽ αἴσθοιντο ὅσου ἄξιός ἐστιν ὁ βασιλεὺς καὶ ὁ νόμος [5].

Ὁ Κῦρος πρόςηβος γενόμενος αἰδοῦς ἐνεπίμπλατο, ὥςτε καὶ ἐρυθραίνεσθαι, ὁπότε συντυγχάνοι τοῖς πρεσβυτέροις [6].

Ὁ Σωκράτης πρὸς τὸν ἀποδυςπετοῦντα ἐπὶ τῷ παρορᾶσθαι, ὁπότε ἐπανέστησαν οἱ τριάκοντα, « Ἆρα, ἔφη, μή τί σοι μεταμέλει [7] ; »

---

[1] Stob. XLI. — [2] Æl. *V. H.* XIV, 33. — [3] Arrian. *Dissert.* IV, 8, 30. — [4] Pythag. *Carm. Aur.*, v. 42. — [5] Stob. XLII. — [6] Xenoph. *Cyr.*, lib. I, c. 4, t. II, p. 53, *ed.* Gail. — [7] Diog. Laërt. *in Socr.*, lib. II, p. 41 F.

(*) Coray observe qu'Elien, au lieu de ὁδόν, aurait dû dire ici, ἐπάνοδον, *retour*, puisqu'il s'agit du second voyage de Platon en Sicile.

et sur le *mode* du verbe, ici en grec, voy. p. 114, Rem. I, et p. 256, Règle I.

(11) *Tourn.* : étant devenu adolescent.

(12) *Tourn.* : Socrate au (πρὸς, *acc.*) se désespérant pour le être méprisé, Est-ce que, dit-il, vous ne vous repentez pas de quelque chose

(13) Ἆρα μή, *indic.*

Antisthène disait que les états périssent *lorsqu'ils* ne peuvent [plus] discerner les méchants des bons.

Diogène répondit à quelqu'un qui lui demandait à quelle heure il faut dîner : « Si l'on est riche, *quand* on *veut* ; si l'on est pauvre, *quand* on *peut.* »

Il est honteux de laisser échapper le temps présent, et de rappeler trop tard le passé, *lorsqu'il* ne nous *servira* de rien de nous affliger (1).

*Lorsqu'*Eudoxe vint en Sicile, Denys lui avait su beaucoup de gré de son arrivée.

Lorsque les Indiens *meurent,* on brûle avec eux la plus aimée de leurs femmes, qui ambitionnent cet honneur (2).

Diogène essuyant un jour des reproches pour avoir fait (3) de la fausse monnaie : « C'était, dit-il, dans *le temps que* (4) *j'étais* tel que (5) tu es à présent ; mais tel que je [suis] aujourd'hui, toi [tu ne le seras] jamais. »

On demandait à Démonax (6) *quand il avait commencé* à devenir philosophe : « *Quand j'ai commencé*, dit-il, à me connaître moi-même. »

Celui qui s'irrite (7) à l'extrême pour des fautes légères, ne permet pas à celui qui s'égare de distinguer *quand* [il a fait] (8) moins et *quand il a fait* plus mal.

V.

193. *Toutes les fois* qu'Agésilas *entendait* quelques personner blâmer ou louer (9), il pensait qu'il fallait ne pas moins s'enquérir des mœurs de ceux qui parlaient (10), que de ceux dont (11) ils parlaient (12).

---

(1) *Tourn.* : il est honteux, ayant lâché (sur le *cas* voy. p. 230, §. 282, Régle) le moment présent, de rappeler plus tard un jour le passé, lorsque rien [de] plus ne sera à nous nous affligeant.

(2) *Tourn.* : et ambitionnent cela les femmes de l'homme.

(3) Voy. plus haut, p. 188, Règle II.

(4) *Tourn.* : était ce temps-là, *lorsque*, etc.

(5) Voy. plus haut, p. 268, Règle III.

(6) *Tourn.* : Démonax interrogé quand il commença.

(7) *Tourn.* : le s'irritant.

(8) Ici l'*indic.* en grec comme en français, et non le *subj.* comme en latin.

(9) *Tourn.* : louant ou blâmant.

Ἀντισθένης τότ᾽ ἔφη τὰς πόλεις ἀπόλλυσθαι, ὅταν μὴ δύνωνται τοὺς φαύλους ἀπὸ σπουδαίων διακρίνειν [1].

Διογένης πρὸς τὸν πυθόμενον ποία ὥρα δεῖ ἀριστᾷν· « Εἰ μὲν πλούσιος, ἔφη, ὅταν θέλῃ· εἰ δὲ πένης, ὅταν ἔχῃ. [2] »

Αἰσχρὸν τὸν παρόντα καιρὸν προεμένους, ὕστερόν ποτ᾽ ἀνακαλεῖσθαι τὸ παρελθόν, ὅτε οὐδὲν ἔσται πλέον ἀνιωμένοις [3].

Ὅτε εἰς Σικελίαν ἧκεν Εὔδοξος, χάριν αὐτῷ πολλὴν ὁ Διονύσιος τῆς ἀφίξεως ᾔδει [4].

Ἰνδοὶ συγκατακαίουσιν, ὅταν τελευτήσωσι, τῶν γυναικῶν τὴν προσφιλεστάτην· φιλοτιμοῦνται δὲ περὶ τούτου αἱ γυναῖκες τοῦ ἀνδρός [5].

Διογένης ὀνειδιζόμενός ποτε ἐπὶ τῷ παραχαράξαι τὸ νόμισμα, ἔφη· « Ἦν ποτε χρόνος ἐκεῖνος ὅτ᾽ ἤμην ἐγὼ τοιοῦτος ὁποῖος σὺ νῦν· ὁποῖος δ᾽ ἐγὼ νῦν, σὺ οὐδέποτε [6]. »

Δημῶναξ ἐρωτηθεὶς πότε ἤρξατο φιλοσοφεῖν, « Ὅτε καταγιγνώσκειν, ἔφη, ἐμαυτοῦ ἠρξάμην [7]. »

Ὁ ὑπὲρ μικρῶν ἁμαρτημάτων ἀνυπερβλήτως ὀργιζόμενος, οὐκ ἐᾷ διαγνῶναι τὸν ἁμαρτάνοντα πότε ἔλαττον, καὶ πότε μεῖζον ἠδίκησεν [8].

V.

193. Ἀγησίλαος ὁπότε ψεγόντων ἢ ἐπαινούντων τινῶν ἀκούοι, οὐχ ἧττον ᾤετο δεῖν καταμανθάνειν τοὺς τῶν λεγόντων τρόπους, ἢ περὶ ὧν λέγοιεν [9].

---

[1] Diog. Laërt. *in Antisth.* lib. VI, p. 139 C. — [2] Id. *in Diog.* VI, p. 147 D. — [3] Div. Basil. *Orat. ad Adolesc.* sub fin. — [4] Æl. *V, H,* VII, 17. — [5] Nicol. Damasc. *De mor. gent. Voc.* Indi; et Æl. *V. H.* VII, 18. — [6] Diog. Laërt. *in Diog.*, lib. VI, p. 151 C. — [7] Stob. XII. — [8] *Ibid.* XVIII. — [9] Plut. *Apoph. Lac.*, t. I, p. 268, *ed.* Steph.

(10) *Tourn.* : des parlant.
(11) Voy. plus haut, p. 252, Règle.
(12) Voy. plus haut, p. 258, III.

Lorsque (1) vous demandez aux dieux de vous faire prospérer et de vous accorder des biens (2), ne demandez *alors* rien autre chose que d'être honnête et vertueux.

Lorsque (3) Dieu *veut* qu'un état prospère, il y fait naître (4) des gens de bien; mais *lorsqu'*un état *doit* tomber dans l'adversité, Dieu en enlève (5) les hommes vertueux.

Que la beauté a de charme *lorsqu'elle est jointe* à la sagesse (6)!

Les femelles des cerfs mettent bas préférablement au bord du chemin, *où* les animaux carnassiers ne (7) s'avancent pas; et les mâles, *lorsqu'ils* se sentent devenus (8) lourds par la graisse et l'embonpoint, s'éloignent, et cherchent leur salut en se cachant (9), *quand ils* ne se *fient* plus (10) à la fuite (11).

VI.

194. Aucun de nous, pour ainsi dire, ne rend à l'âme un culte convenable, mais chacun croit le lui rendre (12). Par exemple, *lorsqu'*un homme à chaque occasion *rejette* ses fautes sur les autres (13) et *qu'il exalte* son innocence (14), il honore son âme, à ce qu'il croit du moins (15) : mais il s'en faut beaucoup qu'il y parvienne (16); car il [la] blesse. *Toutes les fois qu'il s'abandonne* aux voluptés, *alors* il ne [l']honore nullement, mais il [l']outrage [en] la souillant de vices et de remords. *Toutes les fois qu'*il ne (17) *supporte* pas avec persévérance les fatigues, les craintes, les souffrances et les peines, mais *qu'il* [y]

---

(1) Voy. les Règles précédentes, p. 311, 3°.

(2) *Tourn. :* et biens à vous être.

(3) Voy. les Règles précédentes, p. 311, 3°.

(4) A l'*aor.* marquant habitude. Voy. la *Méth.*, §. 255, II, à la fin.

(5) Voy. la note précédente.

(6) *Tourn. :* que la beauté est douce, quand elle a un esprit sage !

(7) Μή, avec l'*indic.* La négation ici n'est point absolue. Voy. la *Méth.*, §. 379.

(8) *Tourn. :* lorsqu'ils se sont sentis étant lourds. Voy. la *Méthode*, §. 369, 1.

(9) *Tourn. :* se sauvant en se cachant. Voy. p. 210, *Observ.* 2°.

(10) Πείθω; mais voy. la *Méthode*, §. 355, II.

(11) *Tourn. :* au fuir. Voy. plus haut, p. 206, 2°.

(12) *Tourn. :* aucun de nous, pour ainsi dire, n'honore l'âme convenablement, mais il [le] croit.

(13) *Tourn. :* lorsqu'un homme à chaque occasion juge non [μή] soi coupable des fautes, mais les autres.

Ὅταν εὔχῃ τοῖς θεοῖς εὖ πράττειν καὶ ἀγαθά σοι εἶναι, τότε οὐδὲν ἕτερον εὔχου, ἢ καλὸς κἀγαθὸς γενέσθαι [1].

Ὅταν βούληται θεὸς εὖ πρᾶξαι πόλιν, ἄνδρας ἀγαθοὺς ἐνεποίησεν· ὅταν δὲ μέλλῃ κακῶς πράξειν πόλις, ἐξεῖλε τοὺς ἀγαθοὺς ἐκ τοιαύτης τῆς πόλεως ὁ θεός [2].

Ὡς ἡδὺ κάλλος, ὅταν ἔχῃ νοῦν σώφρονα [3]!

Τῶν ἐλάφων αἱ θήλειαι μάλιστα τίκτουσι παρὰ τὴν ὁδὸν, ὅπου τὰ σαρκοβόρα θηρία μὴ πρόςεισιν· οἵ τε ἄρρενες, ὅταν αἴσθωνται βαρεῖς ὑπὸ πιμελῆς καὶ πολυσαρκίας ὄντες, ἐκτοπίζουσι, σώζοντες αὐτοὺς τῷ λανθάνειν, ὅτε τῷ φεύγειν οὐ πεποίθασιν [4].

VI.

194. Τιμᾷ τὴν ψυχὴν, ὡς ἔπος εἰπεῖν, ἡμῶν οὐδεὶς ὀρθῶς· δοκεῖ δέ. αὐτίκα, οὐδέ γε, ὅταν ἄνθρωπος τῶν αὑτοῦ ἑκάστοτε ἁμαρτημάτων μὴ ἑαυτὸν αἴτιον ἡγῆται, ἀλλ' ἄλλους, ἑαυτὸν δὲ ἀεὶ ἀναίτιον ἐξαίρῃ, τιμᾷ τὴν αὑτοῦ ψυχὴν, ὡς δὴ δοκεῖ· ὁ δὲ πολλοῦ δεῖ δρᾶν τοῦτο· βλάπτει γάρ. οὐδὲ, ὁπόταν ἡδοναῖς χαρίζηται, τότε οὐδαμῶς τιμᾷ· ἀτιμάζει δὲ, κακῶν καὶ μεταμελείας ἐμπιπλὰς (*) αὐτήν. οὐδέ γε ὁπόταν αὖ τοὺς πόνους καὶ φόβους καὶ ἀλγηδόνας καὶ λύπας μὴ θια-

---

[1] Æschin. Socr. *Dial.* II, 19. — [2] *Ibid.* I, 13. — [3] Gnom. *Monost.*, 259. — [4] Plut. *Utra anim.*, etc., t. III, p. 178, *ed.* Steph.

(*) En la souillant. Tel est le sens que je crois devoir donner ici à ἐμπίπλημι, en cet endroit synonyme, il me semble, de ἀναπίπλημι, qui, dans Platon, a le sens particulier de *gâter, souiller.* Voyez les notes de Ruhnken sur le Lexique de Timée, p. 31, et Suidas, au mot ἀναπλήσας,

(14) *Tourn.* : et qu'il exalte toujours soi innocent.
(15) *Tourn.* : du moins comme il pense.
(16) *Tourn.* : il manque beaucoup [de] faire cela.
(17) Μή, voy. la *Méthode*, §. 379.

cède, alors il n'honore point [son âme], mais il la dégrade [en] se permettant de pareilles faiblesses(1). *Toutes les fois qu'il juge* que vivre est le souverain bien, il n'honore pas non plus [son âme], mais il l'avilit aussi *alors. Toutes les fois* encore *qu'on préfère* la beauté à la vertu, certes ce n'est rien faire autre [chose], que réellement et complétement outrager l'âme (2) : car c'est déclarer faussement, par cette manière de voir, que le corps est plus estimable que l'âme (3). En effet, rien de ce qui est produit par la terre n'est préférable aux substances célestes ; et (4) celui qui porte un autre jugement (5) de l'âme, ignore qu'il néglige cette possession sublime.

VII.

195. L'avare jouit *quand il reçoit* lui-même ; l'envieux, au contraire, se faisant du malheur d'autrui une prospérité particulière, se réjouit *lorsqu'un* autre ne *reçoit* pas.

Une loi d'Athènes portait : Que le débiteur reste en prison *jusqu'à ce qu'il ait* payé ce à quoi (6) il a été condamné.

Manius Curius, le général des Romains, vécut constamment de choux ; et les Sabins lui envoyant (7) beaucoup d'or, il dit qu'il n'aurait pas (8) besoin d'or, *tant qu'il ferait* de pareils dîners (9).

Socrate *enseignait jusqu'à* quel point (10) il *fallait* que fût habile dans chaque chose tout homme qui a reçu une bonne éducation. Par exemple, il disait qu'il fallait apprendre de la géométrie *jusque-là que* (11) *l'on fût* capable, s'il était nécessaire (12), de mesurer exactement un terrain que l'on voudrait ou acheter, ou vendre, ou partager (13).

---

(1) *Tourn.* : commettant toutes les telles choses, *omnia talia.*

(2) *Tourn.* : cela (τοῦτο) est réellement et complétement un déshonneur de l'âme.

(3) *Tourn.* : car ce raisonnement dit mentant le corps être, etc.

(4) *Tourn.* : mais.

(5) *Tourn.* : le jugeant autrement sur l'âme.

(6) Sur le *mode*, avec ce pronom, voyez plus haut, p. 258, III.

(7) *Génit. absolu.*

(8) Sur la construction et l'emploi de la négation en cet endroit, voy. la *Méthode*, §. 379, 4.

(9) Tourn. : *quandiù talia cœnaret.*

(10) *Tourn.* : jusqu'à quoi, μέχρι ὅτου ; même règle que pour ἕως.

(11) *Tourn.* : jusqu'à cela que, μέχρι τούτου, ἕως.

πονῇ καρτερῶν, ἀλλ᾽ ὑπείκῃ, τότε οὐ τιμᾷ ὑπείκων· ἄτιμον γὰρ αὐτὴν ἀπεργάζεται, δρῶν τὰ τοιαῦτα ξύμπαντα· οὐδὲ, ὁπόταν ἡγῆται
τὸ ζῆν πάντως ἀγαθὸν εἶναι, τιμᾷ· ἀτιμάζει δ᾽ αὐτὴν καὶ τότε. οὐδὲ
μὴν, πρὸ ἀρετῆς ὁπόταν αὖ προτιμᾷ τις κάλλος, τοῦτ᾽ ἐστὶν οὐχ
ἕτερον, ἢ ἡ τῆς ψυχῆς ὄντως καὶ πάντως ἀτιμία. ψυχῆς γὰρ σῶμα
ἐντιμότερον οὗτος ὁ λόγος φησὶν εἶναι ψευδόμενος· οὐδὲν γὰρ γηγενὲς
ὀλυμπίων ἐντιμότερον· ἀλλ᾽ ὁ περὶ ψυχῆς ἄλλως δοξάζων, ἀγνοεῖ ὡς
θαυμαστοῦ τούτου κτήματος ἀμελεῖ [1].

VII.

195. Ὁ μὲν φιλάργυρος τότε ἥδεται, ὅταν αὐτὸς λάβῃ· ὁ δὲ
βάσκανος τότε ἥδεται, ὅταν ἕτερος μὴ λάβῃ, εὐεργεσίαν οἰκείαν νομίζων τὴν ἑτέρων κακοπραγίαν [2].

[Νόμος οὗτος Ἀθηναῖος· ὁ χρεώστης] δεδέσθω τέως ἕως ἂν ἐκ-
τίσῃ ὅ τι ἂν αὐτοῦ καταγνωσθῇ [3].

Μάνιος Κούριος, ὁ Ῥωμαίων στρατηγός, ἐπὶ γογγυλίσι (*) διεβίω
πάντα τὸν χρόνον· καὶ Σαβίνων αὐτῷ πολὺ χρυσίον προςπεμπόντων,
οὐκ ἔφη (**) δεῖσθαι χρυσίου ἕως ἂν τοιαῦτα δειπνῇ [4].

Ὁ Σωκράτης ἐδίδασκε μέχρι ὅτου δέοι ἔμπειρον εἶναι ἑκάστου
πράγματος τὸν ὀρθῶς πεπαιδευμένον, αὐτίκα, γεωμετρίαν μέχρι τούτου ἔφη δεῖν μανθάνειν, ἕως ἱκανός τις γένοιτο, εἴ ποτε δεήσειε,
γῆν μέτρῳ ὀρθῶς ἢ παραλαβεῖν, ἢ παραδοῦναι, ἢ διανεῖμαι [5].

---

[1] Plat. *Leg.* V. p. 727 C. — [2] Div. Bas. *Serm. mor.*, t. III, *ed.* Be-
nedict. — [3] Demosth. *Contra Timocr.*, p. 721, *ed.* Reiske. — [4] Athen.,
lib. X, c. 4, p. 419 AB, *ed.* Cas., et t. IV, p. 31, *ed.* J. Schweigh.
— [5] Xenoph. *Memor.* IV, 7, 2.

(*) Voyez plus haut, p. 203, note 1.
(**) Voy. plus haut, p. 313, note (*).

(12) Εἴ ποτε, et δέω, à l'*opt. aor. éol.*
(13) *Tourn.* : s'il était par hasard nécessaire, ou de prendre, ou de
livrer, ou de partager un terrain exactement avec mesure. Ces trois
infin. à l'*aor.*

Antigone ordonnant (1) à Eumène de lui parler comme à son supérieur : « Je ne reconnais, dit-il, personne pour mon supérieur, *tant que je suis* maître de mon épée. »

VIII.

196. Alexandre avait envoyé de l'argent à Xénocrate (2). Le philosophe, après avoir reçu à sa manière ceux qui le lui avaient apporté, leur dit : « Rapportez à Alexandre que *tant que je vivrai* ainsi, je n'aurai (3) pas besoin de cinquante talents. » En effet, la somme envoyée était aussi considérable (4).

Euxithée, le Pythagoricien, disait que les âmes de tous [les hommes] ont été attachées au corps et à la vie d'ici-bas par punition ; et que Dieu a prononcé que, si tous n'y (5) restent pas *jusqu'à ce qu'il* les [en] *délivre* à son gré, ils seront *alors* livrés à des maux plus nombreux et plus grands.

Tachos le roi d'Egypte, *tant qu'il* suivit le régime de son pays, et qu'il vécut frugalement, fut toujours (6) le mieux portant des hommes ; mais après (7) qu'il fut allé chez les Perses, et qu'il fut tombé dans leur luxe, n'ayant pu supporter une nourriture à laquelle il n'était point accoutumé (8), il termina ses jours par une maladie d'entrailles, ayant payé de la vie sa sensualité.

Hercule, ayant mis son bras autour du cou du lion de Némée, [le] *retint* [en l']étranglant *jusqu'à ce qu'il* [l']*eût étouffé*, et [l']ayant mis sur ses épaules, il [le] porta à Mycènes (9).

REMARQUES.

ATTRACTION AVEC L'ADVERBE DE LIEU.

I. Les adverbes relatifs sont susceptibles d'attraction (p. 254, §. 287) comme les adjectifs ὅς, ἥ, ὅ, dont ils sont tirés (§ 291).

---

(1) *Génit. absolu.*

(2) *Tourn.* : Xénocrate, de l'argent ayant été apporté à lui (*génit. abs.*) de la part d'Alexandre, ayant reçu les apportant, etc.

(3) *Tourn.* : tant que je vis ainsi, je n'ai pas besoin, etc.

(4) Tourn. : *tot* (τοσοῦτος, §. 201, 3°.) *erant missa* ; sous-entendez τάλαντα, *talents.*

(5) *Tourn.* : s'ils ne (εἰ μή) resteront pas (*fut. indic.*) en ceux-ci (ἐπὶ τούτοις), etc.

(6) Διάγω, *dego*, à l'*imparf.*

Ὁ Εὐμενὴς, τοῦ Ἀντιγόνου κελεύοντος ὡς κρείττονι λαλεῖν, « Οὐδένα, εἶπεν, ἐμαυτοῦ κρείττονα νομίζω, μέχρις ἂν ὦ τοῦ ξίφους
κύριος [1]. »

VIII.

196. Ξενοκράτης, χρημάτων αὐτῷ κομισθέντων ἀπ᾽ Ἀλεξάνδρου,
ἑστιάσας τοὺς κομίζοντας τὸν αὐτοῦ τρόπον, «Ἀπαγγείλατε, ἔφη, Ἀλεξάνδρῳ ἔστ᾽ ἂν οὕτω ζῶ, οὐ δέομαι ταλάντων πεντήκοντα. » Τοσαῦτα
γὰρ ἦν τὰ πεμφθέντα [2].

Εὐξίθεος ὁ Πυθαγορικὸς ἔλεγεν ἐνδεδέσθαι τῷ σώματι καὶ τῷ δεῦρο
βίῳ τὰς ἁπάντων ψυχὰς τιμωρίας χάριν· καὶ διειπᾶσθαι τὸν Θεὸν,
ὡς, εἰ μὴ μενοῦσιν ἐπὶ τούτοις ἕως ἂν ἑκὼν αὐτοὺς λύσῃ, πλέοσι καὶ
μείζοσιν ἐμπεσοῦνται τότε λύμαις [3].

Ταχὼς ὁ Αἰγύπτιος, ἕως μὲν ἐχρῆτο τῇ ἐπιχωρίῳ διαίτῃ, καὶ
εὐτελῶς διεβίω, ὑγιεινότατος ἀνθρώπων διῆγεν· ἐπεὶ δὲ εἰς Πέρσας
ἀφίκετο, καὶ εἰς τὴν ἐκείνων τρυφὴν ἐξέπεσε, τὸ ἄηθες τῶν σιτίων οὐκ
ἐνέγκων, ὑπὸ δυσεντερίας τὸν βίον κατέστρεψε, τῆς τρυφῆς ἀλλαξά-
μενος θάνατον [4].

Ἡρακλῆς περιθεὶς τὴν χεῖρα τῷ τοῦ Νεμέου λέοντος τραχήλῳ, κατ-
έσχεν ἄγχων, ἕως ἔπνιξε, καὶ θέμενος ἐπὶ τῶν ὤμων, ἐκόμιζεν
εἰς Μυκήνας [5].

REMARQUES.

ATTRACTION AVEC L'ADVERBE DE LIEU.

EXEMPLE : Ils ramenèrent aussitôt leurs enfants *de l'endroit
où* ils les avaient déposés : Διεκομίζοντο εὐθὺς, ὅθεν ὑπεξέθεντο,
παῖδας. (Thuc. I, 89.) Ici ὅθεν pour ἐκεῖθεν οὗ, *de là où.*

---

[1] Plut. *in Eum.*, t. II, p. 1075, *ed.* Steph. — [2] Stob. III, p. 44. —
[3] Athen. IV, p. 157 C. = t. II, p. 112. — [4] Æl. *V. H.*, V, 1. —
[5] Apol od. *Bibl.* II, 5, 1.

(7) Ἐπεί. Voyez plus haut, p. 309, Règle II, 1°., et mettez les
verbe à l'aor.

(8) *Tourn.* : n'ayant pas supporté l'inaccoutumé des aliments.

(9) A l'*imparf.*; voy. la *Méthode*, §. 358

THÈME.

Le Dragon de la fontaine Dircé.

197. On dit que Cadmus tua le dragon de la fontaine Dircé (1), qu'[en] ayant pris les dents, il [les] sema dans sa propre terre, et qu'il en poussa des hommes armés. Mais voici la vérité (2). Cadmus était Phénicien de naissance. Il vint à Thèbes, ayant avec lui beaucoup d'objets précieux, tels qu'en peut avoir un roi (3), et entre autres des dents d'éléphant. Dracon, fils de Mars, était alors roi de Thèbes (4), Cadmus l'ayant tué (5), régna [à sa place.] Les amis et les enfants de Dracon prirent les armes contre le meurtrier. Ayant eu le dessous (6), ils enlevèrent les richesses de Cadmus, avec les dents d'éléphant (7) déposées dans le temple, et s'enfuirent *dans les lieux d'où* ils étaient partis pour attaquer (8). Ils se dispersèrent les uns d'un côté, les autres d'un autre; ceux-ci dans l'Attique, ceux-là dans le Péloponnèse; les uns dans [la] Phocide, d'autres dans [la] Locride. Venant de ces contrées (9), ils faisaient la guerre aux Thébains, et se montraient guerriers redoutables. Comme ils s'étaient donc enfuis enlevant (10) les dents d'éléphant que possédait Cadmus, les Thébains disaient : Cadmus nous a attiré de tels maux pour avoir tué (11) le dragon (12); et des guerriers valeureux semés [de là] nous font la guerre. Tel fut l'événement qui donna lieu à la fable (13).

----

(1) *Tourn. :* celui dans Dircé, ὁ ἐν Δίρκῃ. Dircé était une fontaine de Thèbes, en Béotie.

(2) *Tourn. :* mais le vrai ainsi est.

(3) *Tourn. :* ayant beaucoup d'autres choses, autant qu'un roi, mais aussi des dents d'éléphant.

(4) *Tourn. :* le roi de Thèbes était alors Dracon.

(5) *Tourn. :* lequel Cadmus ayant tué.

(6) *Tourn. :* après qu'ils eurent été inférieurs. *Après,* ἐπεί; voy. plus haut, 309, Règle II, 1°.

(7) *Tourn. :* et les dents d'éléphant.

(8) *Tourn. :* d'où ils s'élançaient.

(9) *Tourn. :* desquelles contrées venant.

(10) *Tourn. :* comme donc ils s'enfuirent ayant enlevé.

(11) *Tourn. :* ayant tué.

(12) C'est-à-dire, Dracon, à la faveur de la double entente que présente le mot grec δράκων, qui signifie un *dragon.*

(13) *Tourn. :* cela donc tel étant arrivé, la fable fut forgée.

THÈME CORRIGÉ.

Ὁ Δίρκαιος δράκων.

197. Λέγεται ὡς ὁ Κάδμος, ἀποκτείνας τὸν ἐν Δίρκῃ (*) δράκοντα, καὶ τοὺς ὀδόντας ἐκλεξάμενος, ἔσπειρεν ἐν τῇ ἰδίᾳ γῇ· ἔπειτα ἐξεφύησαν ἄνδρες ὁπλῖται. τὸ δὲ ἀληθὲς οὕτως ἔχει. Κάδμος τὸ γένος ἦν Φοῖνιξ. ἀφίκετο δὲ εἰς Θήβας, ἔχων ἄλλα τε πολλά, ὅσα βασιλεύς, ἀλλὰ δὴ καὶ ὀδόντας ἐλεφάντων. ἦν δὲ ὁ βασιλεὺς τῶν Θηβῶν Δράκων, Ἄρεως παῖς· ὃν ὁ Κάδμος ἀποκτείνας, ἐβασίλευσεν· οἱ δὲ φίλοι τοῦ Δράκοντος καὶ οἱ παῖδες ἐπολέμουν αὐτῷ· ἐπεὶ οὖν ἥττους ἐγένοντο, ἁρπάσαντες τὰ χρήματα τοῦ Κάδμου καὶ τοὺς ἐλεφαντίνους ὀδόντας, κειμένους ἐν τῷ ἱερῷ (**), ἔφυγον ὅθεν ὡρμῶντο· ἄλλοι δὲ ἀλλαχῇ διεσπάρησαν, οἱ μὲν εἰς τὴν Ἀττικήν, οἱ δὲ εἰς τὴν Πελοπόννησον, ἄλλοι δὲ εἰς Φωκίδα, ἕτεροι δὲ εἰς Λοκρίδα. ἀφ' ὧν χωρῶν ἐρχόμενοι, ἐπολέμουν τοῖς Θηβαίοις, καὶ ἦσαν ἀργαλέοι πολεμισταί. ἐπεὶ οὖν τοὺς ἐλεφαντίνους ὀδόντας, οὓς εἶχεν ὁ Κάδμος, ἁρπάσαντες ἔφυγον, ἔλεγον οἱ Θηβαῖοι, ὅτι (***) τοιαῦτα δεινὰ ὁ Κάδμος ἐπήγαγεν ἡμῖν, ἀποκτείνας τὸν Δράκοντα· καὶ ἀγαθοὶ ἄνδρες σπαρτοὶ πολεμοῦσιν ἡμῖν. τούτου δὴ τοιούτου συμβάντος, ὁ μῦθος προςανεπλάσθη [1].

---

[1] Palæph., c. VI.

(*) Le texte ordinaire porte ἐν Λέρνῃ. J'ai corrigé ἐν Δίρκῃ.
(**) J'ai ajouté ces mots d'après un mst. d'Arundel.
(***) Voy. la *Méthode*, §. 386, 6.

Τῇ, ᾗ, οὗ, *Quà, ubi, quò.*

II. Τῇ, ᾗ, οὗ sont des cas de l'article et du relatif, employés adverbialement. (Voy. la *Méthode*, §. 155.)

THÈME.

198. Il ne (1) faut point, ayant abandonné entièrement aux auteurs anciens le gouvernail de votre raison, comme [celui] d'un vaisseau, [les] suivre *partout où* ils vous dirigent (2). Mais il vous importe, [en] prenant tout ce qu'ils ont de bon (3), de savoir aussi ce qu'il faut laisser.

En quelque lieu qu'on (4) se soit placé soi-même, ayant cru qu'il était le plus honorable, ou qu'on ait été placé par le général, il faut, y restant, s'exposer au danger, ne tenant compte ni de la mort ni de rien autre chose, en comparaison de la honte.

Ποῦ, ποθέν, ποί, ποτέ, πῶς, πως.

III. Les adverbes interrogatifs, employés après d'autres mots, deviennent indéfinis, et signifient : ποῦ, quelque part, *alicubi;* ποθέν, de quelque part, *alicunde;* ποί, quelque part, *aliquo;* ποτέ, un jour, *aliquando.*

Alors ces mots perdent ordinairement leur accent en le reje-

THÈMES.

I.

199. Il n'y a point *quelque part* un être plus misérable que l'homme.

Il y a onze beaux chars *quelque part* dans le palais de Lycaon.

Les Lacédémoniens établirent, dans les villes grecques, une forme de gouvernement qui ne ressemble ni à celui [qui est établi] chez eux, ni à ceux qui existent *quelque part ailleurs :* mais ils créèrent dix hommes maîtres absolus de chaque ville.

Les lois nous parlent *à peu près* ainsi : Il est permis à celui de

---

(1) Μή.
(2) Tourn. : *quà ducant, illàc sequi.* Sur le mode, voy. plus haut, p. 258, III.
(3) *Tourn.* : tout ce qui (ὅσον) d'eux est bon.
(4) Sur le mode à employer ici, voy. plus haut, p. 258, III.

Τῇ, ἦ, οὗ, *Quà, ubi, quò.*

REMARQUE. Ces adverbes sont soumis aux mêmes règles de syntaxe, que les autres adverbes conjonctifs. Voy. p. 308, Règle I.

THÈME CORRIGÉ.

198. Μὴ δεῖ εἰς ἅπαξ τοῖς ἐλλογίμοις τῶν παλαιῶν ἀνδρῶν, ὥσπερ πλοίου, τὰ πηδάλια τῆς διανοίας ὑμῶν παραδόντας, ᾗπερ ἂν ἄγωσι, ταύτῃ συνέπεσθαι· ἀλλ' ὅσον ἐστὶ χρήσιμον αὐτῶν δεχομένους, εἰδέναι τί χρὴ καὶ παριδεῖν [1].

Οὗ ἄν τις ἑαυτὸν τάξῃ, ἡγησάμενος βέλτιστον εἶναι, ἢ ὑπὸ ἄρχοντος ταχθῇ, ἐνταῦθα δεῖ μένοντα κινδυνεύειν, μηδὲν ὑπολογιζόμενον μήτε θάνατον, μήτε ἄλλο τι μηδὲν, πρὸ τοῦ αἰσχροῦ [2].

Πού, ποθέν, ποι, ποτέ, πῶς, πως.

tant sur le mot qui précède, d'après les règles de l'accentuation grecque. (Voy. les *Exercices préliminaires*, p. 52 et suiv.).

Il en est de même de πῶς, comment, *et de* πως, en quelque sorte, en quelque manière.

La syntaxe est la même que celles des adverbes précédents.

THÈMES CORRIGÉS.

I.

199. Οὔ τί πού ἐστιν ὀϊζυρώτερον ἀνδρός [3].

Ἐν μεγάροις που Λυκάονος ἕνδεκα δίφροι καλοί [4].

Λακεδαιμόνιοι [ἐν ταῖς ἑλληνικαῖς πόλεσι] πολιτείαν κατέστησαν, οὔθ' ὁμοίαν τῇ παρ' αὐτοῖς, οὔτε ταῖς ἄλλοθί που γενομέναις, ἀλλὰ δέκα μόνους ἄνδρας κυρίους ἑκάστης πόλεως ἐποίησαν [5].

Οἱ νόμοι ἡμῖν ὧδέ πως λέγουσιν· Ὧ ἂν μὴ ἀρέσκωμεν ἡμεῖς,

---

[1] Div. Basil. *Orat. ad adolesc., in init.* — [2] Plat. *Apol.*, §. 16. — [3] Hom. *Il.* ρ', 446. — [4] *Ibid.* ε', 193. — [5] Isocr. *Panath.*, §. 18, p. 243.

vous à qui (1) nous ne plaisons pas, de prendre (2) ses biens avec lui, et de s'en aller *où* il veut ; si quelqu'un de vous veut aller fonder un colonie, *quelque part ailleurs*, dans le cas où (3) nous et la ville nous ne [lui] conviendrions pas, aucune de nous, lois, [ne l'] empêche et [ne lui] défend de se rendre *là où* il lui plaît, emportant avec lui ce qu'il possède. Mais aussi celui de vous qui reste (4), [en] voyant la manière dont nous rendons la justice, et dont nous gouvernons l'état sous les autres rapports, nous déclarons dès lors que celui-là s'est, par le fait, engagé envers nous à faire tout ce que nous lui prescrivons.

Souvent notre ennemi ne devient pas puissant *de quelque autre part* que de la nôtre même (5).

II.

200. Aristippe contraint *un jour* par Denys de traiter quelque matière philosophique, lui dit : « Il est ridicule que (6) vous appreniez de moi à parler (7), et que vous m'enseigniez *quand il faut* (8) parler. »

Diogène demanda *une fois* à Platon trois figues (9) sèches de son jardin. Il lui [en] envoya (10) un boisseau. « C'est ainsi, lui dit Diogène, que, lorsqu'on vous demande une chose, vous en répondez aussi mille (11). »

Antisthène (12) ayant *un jour* disserté longuement dans l'école : « Vous ignorez, lui dit Platon, que la mesure du discours est, non pas celui qui parle, mais celui qui écoute (13). »

On demandait à Solon (14) *comment* les états pourraient être le mieux gouvernés (15) : « Si (16) les citoyens, dit-il, obéissent aux magistrats, et les magistrats aux lois. »

---

(1) *Tourn.* : *cui non placeamus.* Voy. sur le *relat.*, p. 252, Règle, et sur le *mode*, p. 258, III.

(2) *Tourn.* : ayant pris (sur le *cas* voy. p. 181, Rem.) ses biens, s'en aller.

(3) Εἰ μή, *si non*, avec l'*optat. prés.*

(4) Voy. p. 258, III ; et mettez le verbe à l'*aor. du subj.*

(5) *Tourn.* : que de nous-mêmes.

(6) Rendez ici *que* par εἰ, *si*, suivi de l'*indic.* Sur cet emploi de εἰ, voy. la *Méthode*, §. 386, 2.

(7) *Tourn.* : le parler. Voy plus haut, p. 188, II.

(8) A l'*indic.* comme en français.

(9) *Tourn.* : trois des figues sèches.

(10) *Tourn.* : or, comme (ὡς, *indic.*) celui-là lui envoya, etc.

ἔξεστι, λαβόντα τὰ αὑτοῦ, ἀπιέναι, ὅποι ἂν βούληται · καὶ οὐδεὶς ἡμῶν τῶν νόμων ἐμποδών ἐστιν, οὐδ' ἀπαγορεύει, ἐάν τέ τις βούληται ὑμῶν εἰς ἀποικίαν ἰέναι, εἰ μὴ ἀρέσκοιμεν ἡμεῖς τε, καὶ ἡ πόλις,
ἄλλοσέ ποι ἐλθὼν, ἰέναι ἐκεῖσε ὅποι ἂν βούληται ἔχων τὰ αὑτοῦ ·
ὃς δ' ἂν ὑμῶν παραμείνῃ, ὁρῶν ὃν τρόπον ἡμεῖς τάς τε δίκας δικά-
ζομεν, καὶ τἄλλα τὴν πόλιν διοικοῦμεν, ἤδη φαμὲν τοῦτον ὡμολογη-
κέναι ἔργῳ ἡμῖν, ἃ ἂν ἡμεῖς κελεύωμεν, ποιήσειν ταῦτα [1].

Πολλάκις οὐκ ἄλλοθέν ποθεν ἰσχυρὸς γέγονεν, ἢ παρ' ἡμῶν αὐτῶν, ὁ ἐχθρός [2].

Η.

200. Ἀρίστιππος ἀναγκαζόμενός ποτε ὑπὸ Διονυσίου εἰπεῖν τι τῶν
ἐκ φιλοσοφίας, « Γελοῖον, ἔφη, εἰ τὸ λέγειν μὲν παρ' ἐμοῦ μανθάνεις,
τὸ δὲ πότε δεῖ λέγειν σὺ μὲ διδάσκεις [3]. »

Διογένης ᾔτησέ ποτε Πλάτωνα τῶν ἐκ τοῦ κήπου ἰσχάδων τρεῖς. ὡς
δ' ἐκεῖνος μέδιμνον ἀπέστειλεν, « Οὕτως, ἔφη, καὶ ἀποκρίνῃ ἐρωτηθεὶς
μυρία 4. »

Πλάτων, Ἀντισθένους ἐν τῇ διατριβῇ ποτε μακρολογήσαντος,
« Ἀγνοεῖς, εἶπεν, ὅτι τοῦ λόγου μέτρον ἐστὶν, οὐχ ὁ λέγων, ἀλλ' ὁ
ἀκούων [5]. »

Σόλων, πῶς ἄριστα αἱ πόλεις οἰκοῖντο ἐρωτηθεὶς, εἶπεν · « Ἐὰν
μὲν οἱ πολῖται τοῖς ἄρχουσι πείθωνται, οἱ δὲ ἄρχοντες, τοῖς νόμοις [6]. »

---

[1] Plat. *Crit.*, §. 13. — [2] Demosth. — [3] Laërt. *in Aristip.* — 4 Stob.
XXXIV. — [5] *Ibid.* — [6] *Ibid.* XLI.

(11) *Tourn.* : ainsi, dit-il, interrogé, vous répondez dix mille
choses.
(12) *Tourn.* : Platon, Antisthène ayant longuement disserté, etc.,
génit. absolu.
(13) *Tourn.* : est, non le disant, mais l'écoutant.
(14) *Tourn.* : Solon interrogé comment, etc., dit.
(15) A l'*optat. prés.*
(16) Voy. plus haut, p. 137, 2°.

Nous sommes en *quelque sorte* dignes de blâme [en] faisant du bien aux méchants.

Lorsque quelqu'un nous semble s'être entretenu (1) franchement avec nous de ses affaires, nous sommes en *quelque façon* excités aussi nous-mêmes à lui communiquer les nôtres.

DES INTERJECTIONS.

§. 292.

RÈGLE. Les interjections en grec gouvernent ordinairement le génitif, en vertu d'un verbe et d'une préposition sous-entendus.

THÈMES.

I.

201. Les Lacédémoniens ayant vaincu les Athéniens et les alliés à Corinthe, Agésilas ayant appris le nombre des ennemis morts : « *Malheur à la Grèce*, dit-il, qui a perdu [en combattant] contre elle-même (2) autant d'hommes qu'il [lui] en faut pour vaincre tous les barbares ensemble! »

Ninive a disparu, et il n'y en a déjà plus de vestige; vous ne pourriez dire (3) où elle fut (4) autrefois. Cette fameuse Babylone, aux belles tours, à la vaste enceinte, on en cherche aujourd'hui l'emplacement, comme celui de Ninive (5). Je rougirais de vous montrer Mycènes et Cléones, mais surtout Ilion. Elles furent autrefois florissantes ; maintenant elles sont mortes. [Les] villes, en effet, meurent aussi comme [les] hommes. *Oh!* [quelles] *louanges*, Homère, et [quels] *noms* [que ceux d']Ilion sacrée et aux larges rues (6), de Cléones bien bâtie!

---

(1) Διαλέγομαι, *moyen*, à mettre au *parf. pass.* de l'infin. Voy. la *Méthode*, §. 2o3, PRINCIPES, 1°. ; et §. 2o6, III.

(2) *Tourn.* : qui a perdu par elle-même.

(3) Οὐδ' ἂν εἴπης.

(4) *Tourn.* : elle était; et observez que les Grecs, comme les Français, emploient l'*indic.* dans cette tournure, au lieu du *subj.* des Latins.

(5) *Tourn.* : mais cette Babylone, etc., est elle-même cherchée aujourd'hui, comme Ninive.

(6) Epithètes homériques. Voy. *Il.* IV, v. 164; II, v. 141, etc.

Μέμψεώς πώς ἐσμεν ἄξιοι, εὖ ποιοῦντες [κακούς][1].

Ὅταν τις ἡμῖν ἀπλῶς δόξῃ διειλέχθαι περὶ τῶν ἑαυτοῦ πραγμάτων, ἐξαγόμεθά πως καὶ αὐτοὶ πρὸς τὸ ἐκφέρειν πρὸς αὐτὸν τὰ ἑαυτῶν (*)[2].

DES INTERJECTIONS.

---

§. 292.

EXEMPLE : *Ah!* quel discours! Φεῦ τοῦ λόγου! sous-entendu περί ou ἕνεκα, *à cause*; Ah! je m'étonne à cause de ce discours. Pour plus de développements, voy. ici la *Méthode*.

THÈMES CORRIGÉS.

I.

201. Ἀγησίλαος, Λακεδαιμονίων νικησάντων Ἀθηναίους καὶ τοὺς συμμάχους ἐν Κορίνθῳ, πυθόμενος τὸ πλῆθος τῶν πολεμίων νεκρῶν· « Φεῦ τᾶς Ἑλλάδος, εἶπεν, ἁ τοσούτους ὑφ' ἑαυτᾶς ἀπολώλεκεν ὅσοις ἀρκεῖ τοὺς βαρβάρους νικῆν (**) ἅπαντας[3]! »

Ἡ Νῖνος ἀπόλωλεν ἤδη, καὶ οὐδὲν ἴχνος ἔτι λοιπὸν αὐτῆς· οὐδ' ἂν εἴπῃς ὅπου πότ' ἦν. ἡ Βαβυλὼν δὲ ἐκείνη, ἡ εὔπυργος, ἡ τὸν μέγαν περίβολον [ἔχουσα (***)], καὶ αὐτὴ ζητεῖται, ὥσπερ ἡ Νῖνος. Μυκήνας δὲ, καὶ Κλεωνὰς αἰσχυνοίμην ἂν δεῖξαί σοι· καὶ μάλιστα τὸ Ἴλιον. πάλαι μὲν ἦσαν εὐδαίμονες· νῦν δὲ τεθνήκασι καὶ αὗται. ἀποθνήσκουσι γὰρ καὶ πόλεις, ὥσπερ ἄνθρωποι. παπαὶ τῶν ἐπαίνων, Ὅμηρε, καὶ τῶν ὀνομάτων, Ἴλιον ἱρήν, καὶ εὐρυάγυιαν, καὶ ἐϋκτίμεναι Κλεωναί[4].

---

[1] Xenoph. *Cyr.* IV. — [2] Arrian. *Dissert.* IV, 13, 1. — [3] Plut. *Apoph. Reg. et Imp.*, t. I, p. 335, *ed.* Steph. — [4] Luc. *Contempl.*, c. 23-54, t. III, p. 63-64, Bip.

(*) Sur ce pronom, voy. plus haut p. 253, note (*).

(**) On voit qu'Agésilas parle ici le dorien, dialecte de Lacédémone.

(***) Tel est le mot que suppléent ici Guyet et Brodeau. On pourrait sous-entendre aussi περιβεβλημένη, *circumdata*.

II.

A ceux qui veulent être admirés.

202. Lorsque l'on garde dans la vie la situation qu'il faut (1) [garder], on n'aspire point sans cesse aux choses du dehors (2). Homme, que veux-tu qui t'arrive? Pour moi, je suis satisfait quand (3) je ne forme que des désirs, quand je n'ai que des aversions conformes (4) à la nature. Pourquoi donc te promènes-tu raide comme si tu avais avalé une broche (5)? — Je veux que même ceux qui me rencontrent m'admirent, et [en] me suivant s'écrient : *Oh! le grand philosophe!* — Qui sont donc ceux dont tu veux être admiré? ne sont-ce pas ceux dont tu as coutume de dire qu'ils sont fous? Quoi donc? tu veux être admiré par des fous!

III.

203. J'ai entendu dire que Timothée, fils (6) de Conon, le général des Athéniens, lorsqu'il était au comble du bonheur et qu'il prenait si facilement (7) les villes, rencontra (8) un jour Platon, fils d'Ariston, qui se promenait (9) hors des murs avec quelques disciples. Ayant remarqué l'air imposant que lui donnaient ses larges épaules, la sérénité qui régnait sur son front, et l'ayant entendu disserter (10), non sur [les] contributions, ni sur [les] flottes, ni sur [les] besoins de la marine, ni sur [les] équipages des vaisseaux, ni sur la nécessité des secours à porter (11), ni sur [les] tributs des alliés, ni sur [les] insulaires, ni sur quelqu'autre misère semblable; mais sur les matières que traitait

---

(1) Sur la construction ici du relatif *que*, voy. plus haut, §. 285, p. 248, Règle.

(2) Ἔξω χαίνω, *extra inhio*, au *parf. moy.* Voy. la *Méth.*, §. 124, 2°.

(3) *Tourn.* : si je forme des désirs et j'ai des aversions.

(4) *Tourn.* : suivant la nature.

(5) *Tourn.* : pourquoi à nous te promènes-tu ayant avalé une broche?

(6) Voy. la *Méthode*, §. 310.

(7) *Tourn.* : très-facilement.

(8) *Tourn.* : ayant rencontré.

(9) *Tourn.* : se promenant.

II.

Πρὸς τοὺς θαυμάζεσθαι θέλοντας.

202. Ὅταν τις ἣν δεῖ στάσιν ἔχῃ ἐν τῷ βίῳ, ἔξω οὐ κέχηνεν. Ἄνθρωπε, τί θέλεις σοι γενέσθαι; ἐγὼ μὲν ἀρκοῦμαι, ἂν ὀρέγωμαι καὶ
ἐκκλίνω κατὰ φύσιν. τί οὖν ἡμῖν ὀβελίσκον καταπιὼν περιπατεῖς;
Ἤθελον, ἵνα με καὶ οἱ ἀπαντῶντες θαυμάζωσι, καὶ ἐπακολουθοῦντες
ἐπικραυγάζωσιν, Ὦ μεγάλου φιλοσόφου! Τίνες εἰσὶν οὗτοι, ὑφ᾽ ὧν
θαυμάζεσθαι θέλεις; οὐχ οὗτοί εἰσι, περὶ ὧν εἴωθας λέγειν ὅτι μαί-
νονται; τί οὖν; ὑπὸ τῶν μαινομένων θέλεις θαυμάζεσθαι[1];

III.

203. Τιμόθεον ἀκούω τὸν Κόνωνος, τὸν Ἀθηναίων στρατηγόν, ὅτε
ἐν ἀκμῇ τῆς εὐτυχίας ἦν, καὶ ᾕρει τὰς πόλεις ῥᾷστα, τοῦτόν ποτε
Πλάτωνι τῷ Ἀρίστωνος περιτυχόντα, βαδίζοντι ἔξω τοῦ τείχους μετά
τινων γνωρίμων, καὶ ἰδόντα σεμνὸν μὲν ἰδεῖν τὸ πλάτος, ἵλεων δὲ τῷ
προσώπῳ, διαλεγόμενον δὲ, οὐχὶ περὶ εἰσφορᾶς χρημάτων, οὐδὲ ὑπὲρ
τριηρῶν, οὐδὲ ὑπὲρ ναυτικῶν χρειῶν, οὐδὲ ὑπὲρ πληρωμάτων, οὐδὲ
ὑπὲρ τοῦ δεῖν βοηθεῖν, οὐδὲ ὑπὲρ φόρου τοῦ τῶν συμμάχων, οὐδὲ ὑπὲρ
τῶν νησιωτῶν, ἢ ὑπὲρ ἄλλου τινὸς τοιούτου φληνάφου · ὑπὲρ ἐκεί-

---

[1] Arrian. *Dissert.* I, 21.

(10) *Tournez ainsi tout ce passage* : et [l'] ayant vu grave à avoir (*plus
haut*, p. 211, Observ. 3°.) [quant] à la carrure (à l'*accus.* Méth.
§. 344, I), serein au front (*dat.* Méth. §. 338), dissertant non sur, etc.

(11) *Tourn.* : ni sur le falloir secourir.

Platon, et qui étaient l'objet habituel de ses études (1), Timothée s'arrêta (2), et dit : « *Oh!* [quelle] *vie!* et [quel] *vrai bonheur* (3)! »

IV.

204. Cléanthe, le philosophe, fut d'abord athlète au pugilat. S'étant rendu à Athènes avec quatre drachmes (4) vaillant, il s'attacha à Zénon, et s'appliqua à la philosophie avec la plus grande ardeur. Il fut renommé pour son amour du travail : en effet, excessivement pauvre, il ne craignit point de servir pour un salaire ; la nuit, il puisait de l'eau dans les jardins, et le jour, il se livrait à l'étude. Aussi reçut-il de là le nom de Phréantlès (5). *Oh! l'âme invincible et heureuse!* Quelle mâle résolution, [quelle] prévoyance vraiment philosophique d'avoir toujours dans ses mains le gage de son indépendance.

---

(1) *Tourn.* : mais sur ces choses-là (*plur. neut.*) que disait Platon, et sur lesquelles il était accoutumé à étudier.

(2) *Tourn.* : Timothée s'étant arrêté, avoir dit.

(3) *Tourn.* : oh ! la vie et réellement bonheur !

(4) Environ trois francs cinquante-deux centimes de notre monnaie.

νῶν δὲ, ὧν ἔλεγε Πλάτων, καὶ ὑπὲρ ὧν εἴθιστο σπουδάζειν, ἐπι-
στάντα τὸν Τιμόθεον, εἰπεῖν· « Ὦ τοῦ βίου, καὶ τῆς ὄντως εὐδαιμονίας [1]! »

IV.

204. Κλεάνθης ὁ φιλόσοφος πρῶτον ἦν πύκτης· ἀφικόμενος δὲ
εἰς Ἀθήνας, τέσσαρας ἔχων δραχμὰς, καὶ Ζήνωνι παραλαβὼν,
ἐφιλοσόφησε γενναιότατα. Διεβοήθη δὲ ἐπὶ φιλοπονίᾳ, ὥς γε πένης
ὢν ἄγαν ὥρμησε μισθοφορεῖν· καὶ νύκτωρ μὲν ἐν τοῖς κήποις ἤντλει,
μεθ᾽ ἡμέραν δὲ ἐν τοῖς λόγοις ἐγυμνάζετο· ὅθεν καὶ Φρεάντλης ἐκλήθη·
βαβαὶ τῆς ἀηττήτου ψυχῆς καὶ μακαρίας! ὡς ἀνδρεῖον μὲν
αὐτοῦ τὸ λῆμα, [φιλοσοφικὴ] δὲ [ὄντως] πρόνοια, μετὰ χεῖρα τὸ
πιστὸν τῆς ἐλευθερίας ἔχειν. [2].

---

[1] Æl. *V. H.* II, 1 o. — [2] Diog. Laërt. *in Cleanth. init.* Luc. *De-*
mosth. encom., 5o.

(5) C'est-à-dire qui tire de l'eau au puits (φρέαρ, *puits*, ἀντλέω,
puiser). Ce surnom était une parodie de son nom Κλεάνθης.

THÈMES GÉNÉRAUX

OU

RÉCAPITULATION,

Contenant quelques morceaux d'Histoire, de Morale et de Mythologie en latin et en français, destinés à mettre en parallèle la
Syntaxe grecque, latine et française.

Nota. L'élève doit ici suivre, en général, les tournures et les constructions
du devoir latin, quand des différences ne sont point indiquées dans les notes
du devoir français.

I. *Suevii.*

205. *Suevorum gens est longè maxima et bellicosissima Germanorum
omnium. Ii centum pagos habere dicuntur ; ex quibus quotannis singula
millia armatorum , bellandi causâ ,
suis ex finibus educunt : reliqui domi
manent ; pro se atque illis colunt.
Hi rursus invicem anno post in armis
sunt : illi domi remanent. Sic neque
agricultura , neque ratio atque usus
belli intermittitur ; sed privati ac sepa-*

I. *Les Suèves.*

205. Les Suèves (1) sont la nation la
plus puissante et la plus guerrière de
toute la Germanie. Ils passent pour
avoir cent bourgs, de chacun desquels
ils tirent tous les ans mille soldats,
qui vont porter la guerre chez les
peuples voisins : les autres restent
dans le pays, et le cultivent tant pour
eux, que pour ceux qui entrent en
campagne. L'année suivante, les premiers prennent les armes à leur tour,
et les derniers restent dans le pays.
Par ce moyen l'agriculture, l'étude
et la pratique de la guerre n'éprouvent (2) aucune interruption. Du reste,
les terres ne sont point divisées chez
eux, et personne n'en possède en

Α΄. Σουεῦοι.

205. Σουεῦοι ἔθνος ἐστὶ [μακρῷ] μέγιστον πάντων τῶν Γερμανῶν καὶ
πολεμικώτατον. Τούτων μὲν γὰρ ἑκατὸν φυλὰς διαιρεῖσθαι λέγεται· ἐξ ὧν
ἑκάστης χιλίους ἄνδρας κατ'· ἔτος ἐπὶ τὸν πόλεμον ἐξάγουσι· καὶ οἱ μὲν ἐν
τῇ πατρίδι καταμείναντες, ἑαυτούς τε καὶ ἐκείνους τρέφουσι· τῷ δ' αὖ ἐπιόντι
ἔτει, αὐτοὶ μὲν κατὰ μέρος ἐν ὅπλοις εἰσίν· οἱ δ' ἐν τῷ πρόσθεν ἔτει πολεμή-
σαντες, κατὰ χώραν μένουσιν· ὥςθ' οὕτως οὔτε μὲν ἡ γεωργία οὔτε γε [ἡ
τοῦ πολέμου μέθοδος καὶ ἄσκησις] διαλέλειπται. Ἀγροὺς γε μὴν ἰδίους , καὶ

---

(1) Ils habitaient le pays situé entre l'Elbe et la Vistule. Suivant Tacite, ils
s'étendaient au delà de l'Elbe, jusque dans la Sarmatie, hors des limites de la
Germanie, et même jusque dans la Scandinavie.

(2) Mettez le verbe au même nombre qu'en latin. Voy. p. 114, Rem. I.

rati agri apud eos nihil est; neque longiùs anno remanere uno in loco, incolendi causâ, licet.

propre. Il ne leur est pas permis non plus de résider plus d'un an dans le même endroit.

ἀπ' ἀλλήλων κεχωρισμένους οὐκ ἔχουσιν· οὐδ' αὐτοῖς πλεῖον ἔτους ἐν ἑνὶ τόπῳ, τοῦ κατοικεῖν γ' ἕνεκα, μένειν οὐκ ἔξεστι.

206. *Neque multùm frumento, sed maximam partem lacte atque pecore vivunt, multúmque sunt in venationibus : quæ res et cibi genere, et quotidianâ exercitatione et libertate vitæ (quòd a pueris nullo officio aut disciplinâ assuefacti, nihil omnino contra voluntatem faciant) et vires alit, et immani corporum magnitudine efficit. Atque in eam se consuetudinem adduxerunt, ut, locis frigidissimis, neque vestitûs, præter pelles, habeant quidquam, quorum propter exiguitatem, magna est corporis pars aperta, et laventur in fluminibus.*

206. Ils consomment peu de froment, mais ils se nourrissent en très-grande partie de lait, ainsi que de la chair de leurs troupeaux, et ils passent la plupart du temps à la chasse : ce genre de vie (1), joint à la nature de leurs aliments, à leurs exercices journaliers et à l'indépendance dont ils jouissent (car, habitués dès leur enfance à ne counaître ni devoirs ni soumission, ils ne font absolument rien contre leur gré), entretient leurs forces, et leur donne une taille prodigieuse. Ils ont aussi coutume, dans des contrées très-froides, de ne se vêtir que de peaux, qui, par leur défaut d'ampleur, laissent la plus grande partie du corps à découvert : de même qu'ils ne se baignent [que] dans les fleuves.

206. Καὶ ἐπὶ μὲν τὸ πλεῖστον, οὐ σῖτον, ἀλλὰ γάλα τε καὶ βοσκήματα σιτοῦνται· καὶ τὰ πλεῖστα ἐν τῇ θήρᾳ διατρίβουσι· τοῦτο διά τε τὸ τοῦ ἐδέσματος εἶδος, καὶ τὴν καθ' ἑκάστην ἡμέραν ἄσκησιν, [καὶ] τὴν τοῦ βίου ἐλευθερίαν (ἐκ παίδων μὲν γὰρ ἐν οὐδενὶ πράγματι, οὔτε διδασκαλίᾳ εἰθισμένοι, οὐδὲν ἔξω τῆς σφῶν ἐπιθυμίας ποιοῦσι) τήν τε ῥώμην τρέφει, καὶ πελωρίους, ὡς ἔπος εἰπεῖν, μεγέθους ἄνδρας παρέχει· εἰθισμένοι τε πρὸς τούτοις εἰσὶ, καὶ ἐν τοῖς ψυχροτάτοις τόποις, οὐδὲν ἄλλο, πλὴν μόνον βύρσας, ἔνδυμα ἔχοντες διαγενέσθαι, ὧν διὰ τὴν μικρότητα τὸ πλεῖστον μέρος τοῦ σώματος γυμνὸν ἔχουσι· καὶ λούονται μὲν ἐν τοῖς ποταμοῖς.

207. *Mercatoribus est ad eos aditus, eò magis, ut quæ bello ceperint, quibus vendant, habeant, quàm quò ullam rem ad se importari desiderent. Quin etiam jumentis, quibus maximè Gallia delectatur, quæque im-*

207. S'ils donnent chez eux accès aux marchands, c'est plutôt pour avoir un moyen de vendre le butin qu'ils ont fait sur l'ennemi, que par le désir d'introduire dans leur pays quelque produit étranger. Les Germains ne se procurent pas même par l'importation ces chevaux dont les Gaulois sont

207. Τοὺς δ' ἐμπόρους, μᾶλλον ἵνα, ἃ ἐν τῷ πολέμῳ εἰλήφασιν, οἷς πωλῶσιν ἔχωσι, ἢ ἵνα τι ἑαυτοῖς εἰσάγεσθαι ἐπιθυμῶσι, παρ' ἑαυτοῖς προςδέχονται· πρὸς τούτοις δὲ, ταῖς ἵπποις, αἷς μάλιστα ἀγάλλονται οἱ Γάλλοι, καὶ πολλοῦ

---

(1) *Tourn.* : cela à cause et du genre de nourriture et de l'exercice journalier... entretient, etc.

*penso parat pretio, Germani impor-
tatis non utuntur ; sed, quæ sunt
apud eos nata prava atque deformia,
hæc quotidianâ exercitatione, sum-
mi ut sint laboris, efficiunt. Equestri-
bus præliis sæpe ex equis desiliunt,
ac pedibus præliantur ; equosque
eodem remanere vestigio assue-
faciunt ; ad quos se celeriter, quum
usus est, recipiunt : neque eorum
moribus turpius quidquam, aut iner-
tius habetur, quàm ephippiis uti.
Itaque ad quemvis numerum ephip-
piatorum equitum, quamvis pauci,
adire audent. Vinum ad se omnino
importari non sinunt, quòd eâ re ad
laborem ferendum remollescere homines atque effeminari arbitrantur.*

fort amateurs, et qu'ils achètent si
cher : mais, tout mauvais et tout mal
faits que sont ceux de leur pays, ils
savent, par un exercice continuel, les
rendre infatigables. Dans les combats
de cavalerie, ils sautent souvent à
terre, pour combattre à pied. Ils ac-
coutument leurs chevaux à rester à la
même place, et, au besoin, ils re-
montent dessus avec une vitesse sur-
prenante. C'est chez eux la marque de
la plus honteuse mollesse, que de se
servir de selle : aussi n'hésitent-ils
point, quelque peu nombreux qu'ils
soient, d'attaquer tout corps de cavalerie montant des chevaux sellés. Ils
ne tolèrent d'aucune manière l'importation du vin chez eux : ils jugent que
cette liqueur amollit les hommes,
qu'elle les rend efféminés et incapables
de supporter la fatigue.

πρίανται, εἰσαγομέναις αὐτοὶ οὐ χρῶνται· ἀλλὰ τὰς παρὰ σφίσι, μικράς τε καὶ
δυσφυεῖς (*) γενομένας, τῇ καθ' ἑκάστην ἀσκήσει πολλὰ πονεῖν δυναμένας πα-
ρέχουσιν. Ἐν δὲ ταῖς ἱππομαχίαις ἀπὸ τῶν ἵππων ὡς ἐπὶ τὸ πλεῖστον καταπη-
δῶσι, καὶ πεζοὶ μάχονται· τοὺς δ' ἵππους σφῶν ἐν τῷ αὐτῷ ἴχνει μένειν
διδάξαντες, πρὸς αὐτοὺς, ὅταν καιρὸς ᾖ, [ὡς τάχιστα] ἀναχωροῦσιν· οὔτε,
κατά γε τὸ αὐτῶν ἔθος, αἰσχρότερον οὐδὲν, ἢ ῥαθυμότερον νομίζεται εἶναι, ἢ
ἐφιππίοις χρῆσθαι· καὶ εἰς πᾶν ἱππέων ἐφιππίοις χρωμένων πλῆθος ἐμβάλλειν
καὶ ὀλιγώτατοι τολμῶσιν. Πρὸς τούτοις δ' οἶνον μὲν εἰσάγεσθαι πρὸς σφᾶς οὐ
μὴ συγχωροῦσι, τοῦτον πρὸς τὸν πόνον μαλακοὺς παρέχειν ἀνθρώπους, καὶ
αὐτοὺς μάλιστα ἐκθηλύνειν ἡγούμενοι.

108. *Publicè maximam putant esse
laudem, quàm latissimè a suis finibus vacare agros ; hac re significari
magnum numerum civitatum suam
vim sustinere non potuisse. Itaque
unâ ex parte a Suevis circiter millia*

108. Ils se font ouvertement gloire
de n'être bornés que par de vastes
déserts (1) ; c'est, selon eux (2), la
marque qu'un grand nombre de cités
n'ont pu résister à leur puissance.
Aussi prétend-on que d'un côté de

108. Κοινῇ δὲ μέγαν τοῦτο εἶναι ἔπαινον δοκοῦσι, τὸ ὡς πλείστην ἀπὸ
σφῶν χώραν ἐρημοῦσθαι· τούτῳ φανεροῦσθαι λέγοντες πολλὰς καὶ μεγάλας μὴ
δυνηθῆναι πόλεις τὴν σφῶν ἀλκὴν ὑπομένειν· καὶ τοιγαροῦν καθ' ἓν τῆς τῶν
Σουεύων χώρας μέρος, πεντακιςχίλια διακοσίων δέοντα, στάδια χώρας ἐρημοῦ-

---

(*) Le texte porte δίφυεῖς, qui ne forme aucun sens. J'ai adopté δυςφυεῖς, correction de Jungermann.

(1) *Tourn.* : ils jugent cela être une grande gloire, le être désert à partir
d'eux un pays aussi grand que possible.

(2) *Tourn.* : disant par cela être indiqué beaucoup et de grandes cités n'avoir
pu, etc.

passuum sexcenta agri vacare di-cuntur; ad alteram partem succedunt Ubii, quorum fuit civitas ampla atque florens, ut est captus Germanorum, et paulò, qui sunt ejusdem generis, etiam ceteris humaniores, propterea quòd Rhenum attingunt, multique ad eos mercatores ventitant, et ipsi prop-ter propinquitatem gallicis sunt mo-ribus assuefacti. Hos quum Suevi, multis sæpe bellis experti, propter amplitudinem gravitatemque civitatis, finibus expellere non potuissent, ta-men vectigales sibi fecerunt, ac mul-tò humiliores infirmioresque reddi-derunt. (J. Cæs. De Bel. Gall. IV, 1-3.)

leur territoire les Suèves ont (1) sur leur frontière près de six cents milles (2) de pays inhabité; de l'autre côté, ils touchent aux Ubiens (3), état autre-fois puissant et florissant, autant que des Germains peuvent l'être, et dont les habitants sont aussi un peu plus civilisés que les peuples de même ori-gine; ils le doivent à leur position sur le Rhin, au concours des marchands qui se rendent chez eux, et à leur voisinage de la Gaule, dont ils ont pris les mœurs et les habitudes. Les Suèves, après s'être souvent mesurés avec eux dans beaucoup de guerres, ne purent parvenir à les expulser de leur territoire à cause de l'étendue et de la puissance de leur cité; mais ils les avaient cependant abattus, affai-blis, et rendus leurs tributaires.

σθαι λέγεται· κατὰ δὲ τὸ ἄλλο μέρος οἰκοῦσιν οἱ Οὔβιοι, ὧν ἐγένετό ποτε ἡ πόλις μεγίστη τε, καὶ, ὥς γε κατὰ Γερμανούς, εὐδαιμονεστάτη· καὶ ἡμερώτεροί τι τῶν ἄλλων ὁμοεθνῶν εἰσιν οἱ Οὔβιοι· τῷ τε γὰρ Ῥήνῳ συνάπτουσι, καὶ συ-χνῶς αὐτοῖς οἱ ἔμποροι ἐπιμίσγονται· καὶ ἅτε δὴ τῆς Γαλατίας πλησίον οἰκοῦν-τες, τοῖς τῶν Γάλλων ἔθεσι τὰ μάλιστα χρῶνται. Αὐτοὺς δὲ, καίπερ πολλάκις πολέμῳ ἐπιχειρήσαντες, μὴ δυνηθέντες, διά τε τὴν δύναμιν, καὶ τὴν τῆς αὐτῶν πόλεως μεγαλότητα, οἱ Σουεῦοι τῆς χώρας ἐξῶσαι, ὑποτελεῖς δ' ὅμως σφίσιν ἐποιήσαντο, καὶ τὴν αὐτῶν δύναμιν πολὺ ἐκόλουσαν.

II. *De Hercyniâ silvâ.*	**II.** *Descript. de la forêt Hercynie.*

109. Hercyniæ silvæ latitudo novem dierum iter expedito patet : non enim aliter finiri potest; neque mensuras

109. La forêt Hercynie (4) a deux journées de largeur pour un bon pié-ton : on ne peut (5) déterminer autre-ment son étendue; car les Germains ne

Β΄· Περὶ τοῦ Ἐρκυνίου δρυμοῦ.

109. Ὁ Ἐρκύνιος δρυμὸς ἐννέα μὲν ἡμερῶν ὁδὸν ἀνδρὶ εὐζώνῳ τείνει· ἄλλως μὲν γὰρ οὐκ ἔστιν αὐτὸν ὁρίζειν, οὐδ' οἱ Γερμανοὶ ἄλλα ὁδῶν ἔγνωσαν

---

(1) *Tourn* : c'est pourquoi d'un côté du territoire des Suèves, cinq mille stades de pays, manquant de deux cents (c.-à-d. moins deux cents ou 4,800) sont dits être déserts. Sur cette manière de compter des Grecs, voyez la première partie de ce Cours de Thèmes, p. 66, Observ. II, 3ᵉ. édition.

(2) Environ deux cents de nos lieues.

(3) Peuple du pays de Cologne.

(4) Appelé vulgairement la forêt Noire, *Schwartzwaldt*, dans laquelle on ne doit voir qu'une faible partie de la forêt Hercynie, qui autrefois occupait presque toute l'Allemagne, la haute Hongrie et la Pologne d'aujourd'hui.

(5) Tourn. : *aliter enim non est eam definire.* Voy. la *Méthode*, §. 388, 2, 2°.

* 22

itinerum noverunt. Oritur ab Helvetiorum, et Nemetum, et Rauracorum finibus; rectàque fluminis Danubii regione pertinet ad fines Dacorum et et Anartium : hinc se flectit sinistrorsus, diversis a flumine regionibus; multarumque gentium fines propter magnitudinem attingit : neque quisquam est hujus Germaniæ, qui se aut adisse ad initium ejus silvæ dicat, quum dierum iter sexaginta processerit, aut quo ex loco oriatur, acceperit. Multa in eá genera ferarum nasci constat, quæ reliquis in locis visa non sint, ex quibus quæ maximè differant ab ceteris, et memoriæ prodenda videantur, hæc sunt.

connaissent point les mesures itinéraires. Commençant (1) aux frontières des Helvétiens (2), des Némètes (3) et des Rauraces (4) elle s'étend en droite ligne le long du Danube jusqu'au pays des Daces et des Anartes (5). De là, tournant à gauche, dans des contrées dont la direction est opposée à celle de ce fleuve, elle va, par sa vaste étendue, toucher aux limites de beaucoup de peuples différents (6). Il n'y a point de Germain qui, après soixante jour de marche (7), dise être parvenu au commencement de cette forêt, ou avoir appris en quel lieu elle prend naissance. Il est certain qu'elle produit plusieurs espèces d'animaux sauvages, qu'on ne voit point ailleurs. Voici celles qui diffèrent le plus des autres, et qui méritent le plus d'être remarquées (8).

μέτρα· ἀπὸ δὲ τῆς Ἐλβητίων, καὶ τῶν Νεμήτων, καὶ τῶν Ῥαυράκων ἀρχόμενος χώρας, ὀρθίως διὰ τῆς πρὸς τῷ Ἴστρῳ, μέχρις ἐπὶ τὴν τῶν Δακῶν, καὶ Ἀναρτίων τείνει· ἐντεῦθεν δὲ πρὸς ἀριστερὰν καμπτόμενος, τοῦ Ἴστρου ἀποτρέπεται, διά τε τῆς πολλῶν ἐθνῶν γῆς μέγας φέρεται. Οὐδεὶς δ' ἐν τῇ Γερμανίᾳ ἐστὶν, ὅστις, ἑξήκοντα ἡμερῶν ὁδὸν κατὰ τὸ τοῦ δρυμοῦ προελθὼν μῆκος, ἢ ἀκοῦσαι, ἤ τ' οὖν εὑρεῖν ἑαυτὸν τὸ τοῦ δρυμοῦ τούτου πέρας λέγῃ. Πολλὰ δ' ἐν αὐτῷ θηρίων, ἀλλαχοῦ μὴ ὁρομένων, φύεται γένη· ὧν τὰ ἀπὸ τῶν παρ' ἡμῖν μάλιστα διαφέροντα, καὶ τοῦ ἀπομνημονεύεσθαι ἄξιά μοι δόξαντα, ταῦτ' εἰσί.

(1) Comme en français.

(2) Les peuples de la Suisse.

(3) Peuples qui occupaient le territoire correspondant aujourd'hui à celui de Spire.

(4) Les habitants du pays de Bâle.

(5) Les *Anartes* paraissent avoir occupé les contrées connues aujourd'hui sous les noms de Walachie, de Bulgarie et de Servie.

(6) *Tourn.* : de là se courbant, elle se détourne du Danube, et s'étend (φέρεται, *fertur*) grande entre le territoire de beaucoup de nations.

(7) *Tourn.* : s'étant avancé d'un chemin de soixante jours. Voy. §. 345.

(8) *Tourn.* : et m'ayant paru dignes du être mentionnées.

Bos cervi figurâ. | ### *Le Bœuf à figure de cerf.*

110. *Est bos, cervi figurâ ; cujus a mediâ fronte inter aures unum cornu exsistit excelsius, magisque directum his, quæ nobis nota sunt, cornibus. Ab ejus summo, sicut palmæ, rami quàm latè diffunduntur. Eadem est feminæ marisque natura ; eadem forma magnitudoque cornuum.*

110. Il s'y trouve (1) un bœuf qui a la forme d'un cerf (2). Du milieu du front, il lui sort, entre les oreilles (3), une corne plus élevée et plus droite que celles que nous connaissons (4). De la sommité de cette corne partent des rameaux qui se répandent en s'élargissant comme ceux des palmiers. Le mâle et la femelle ont le même caractère, leurs cornes ont la même conformation et la même grandeur.

Ὁ Βοῦς ἐλάφῳ τὴν μορφὴν ὅμοιος.

110. Πρῶτον μὲν βοῦς καλούμενος ἔνεστιν, ἐλάφῳ τῷ παρ' ἡμῖν τὴν μορφὴν ὅμοιος, οὗ ἐν μέσῳ τῷ μετώπῳ μεταξὺ τῶν ὤτων φύεται κέρας ὑψηλότερόν τε καὶ τῶν παρ' ἡμῖν ὁρωμένων κεράτων πάντων ὀρθιώτερον. Τοῦτο δὲ τὸ κέρας, κατ' ἄκρον σχεδὸν, εἰς πολλοὺς, ὡς δάφνη, διασχίζεται κλάδους · τούτων μὲν τῶν βοῶν ἡ αὐτή ἐστι τοῦ τε ἄρρενος καὶ τῆς θηλείας φύσις τε καὶ μορφή, καὶ τὸ αὐτὸ τῶν κεράτων μέγεθος.

Alces. | ### *L'Élan.*

111. *Sunt item, quæ appellantur Alces. Harum est consimilis capris figura, et varietas pellium ; sed magnitudine paulò antecedunt : mutilæque sunt cornibus, et crura sine nodis articulisque habent ; neque quietis causâ procumbunt, neque, si quo afflictæ casu conciderint, erigere sese aut sublevare possunt. His sunt arbores pro cubilibus ; ad*

111. On y voit (5) aussi d'autres animaux appelés Elans. Ils ont la figure d'une chèvre et la peau tachetée ; mais ils sont un peu plus grands. Ils n'ont point de cornes, point de jointures, point d'articulations aux jambes, et ne peuvent, par conséquent (6), ni se coucher pour dormir, ni se relever, quand ils sont tombés. Les arbres leur servent de lit ; ils s'y appuient,

Οἱ Ἄλκες (*).

111. Δεύτερον δ' ἔνεισιν ἐν αὐτῷ καὶ ἄλκες, μορφῇ μὲν καὶ τριχῶν ποικιλότητι ταῖς παρ' ἡμῖν αἰξὶν ὅμοιοι · ὀλίγον δὲ τῷ σώματι μείζονες · οὗτοι κέρατα οὐ φέρουσι, καὶ τὰ γόνατά εἰσιν ἄναρθροι · ὥστε τοῦ καθεύδειν ἕνεκα οὐ μὴ κατάκεινται (ἢν γὰρ τυχόν ποτε πίπτωσιν, ἀνίστασθαι οὐχ οἷοί τέ εἰσιν) · ἀλλὰ τοῖς δένδροις εὐναῖς χρῶνται · αὐτοῖς μὲν γὰρ προςερειδόμε-

---

(1) *Tourn.* : d'abord est là dedans (ἔνεστι, *inest*) un bœuf appelé.
(2) *Tourn.* : semblable au cerf quant à la forme. Voy. §. 344.
(3) Sur l'accent de ce mot au génit. plur., voy. plus haut, p. 22, Except. 3°.
(4) *Tourn.* : que les cornes vues chez nous.
(5) *Tourn.* : deuxièmement, or sont aussi dans elle des élans.
(6) *Tourn.* : de sorte qu'ils ne se couchent point à cause du dormir (voy. p. 188, II) ; car si par hasard ils tombent, ils sont incapables de se relever ; mais ils se servent des arbres [pour] lits ; *apposition* ; voy. §. 295, 1.

(*) Sic interpr. gr. Cæs. Rectius, αἱ ἀλκαί, seu ἄλκαι. Vid. *Thes. Steph.* Didot, vol. I, p. 1499 B.

eas se applicant, atque ita paulùm modò reclinatæ quietem capiunt: quarum ex vestigiis quum est animadversum a venatoribus quò se recipere consueverint, omnes eo loco aut a radicibus subruunt, aut accidunt arbores tantùm, ut summa species earum stantium relinquatur. Hùc quum se ex consuetudine reclinaverint, infirmas arbores pondere affligunt, atque unà ipsæ concidunt.

et se reposent en s'inclinant un peu. Lorsque les chasseurs ont découvert, à leurs traces, les lieux où ces animaux ont leur gîte, ils y sapent tous les arbres par les racines, ou bien ils les scient autant qu'il faut pour leur laisser seulement l'apparence de se tenir debout (1); et quand l'élan vient, suivant son habitude, s'appuyer contre l'arbre, trop faible alors pour supporter son poids, il le renverse, et tombe d'une chute commune.

νοι, καὶ ὀλίγον προςκύπτοντες, οὕτω καθεύδουσιν· ἐκ δὲ τῶν ἰχνῶν αὐτῶν, ὅπου ἀναχωρεῖν καθήμερον εἰώθασιν, οἱ θηρευταὶ γνόντες, τὰ ἐνταῦθα ὄντα δένδρα πάντα πρόῤῥιζα ὑπονομεύουσιν, ἤγουν κόπτουσι, τοσοῦτο μόνον διαλιπόντες, ὅσον πρὸς τὸ δόκησιν ἔτι ἱσταμένων παρέχειν· ὥςτ' ἐπειδὰν κατὰ τὴν συνήθειαν σφῶν τοῖς δένδροις οἱ ἄλκες προςερείδωσιν, ἀσθενῆ αὐτὰ τῷ σφῶν βάρει ἀνασπῶσι, καὶ αὐτοὶ ἅμα ξυμπίπτουσι.

Urus, seu Taurus silvestris.

112. *Tertium est genus eorum, qui Uri appellantur. Ii sunt magnitudine paulò infra elephantos; specie et colore et figurâ tauri. Magna vis est eorum, et magna velocitas; neque homini neque feræ, quam conspexerint, parcunt. Hos studiosè foveis captos interficiunt. Hoc se labore durant adolescentes, atque hoc genere venationis exercent; et qui plurimos ex his interfe-*

L'Urus ou Taureau sauvage (l'aurosch).

212. La troisième espèce renferme les animaux appelés Urus (2). Ils sont un peu au-dessous de la taille de l'éléphant : pour l'apparence, la couleur et la forme ils ressemblent au taureau. Ils sont d'une grande force et d'une grande vitesse ; et il n'y a ni homme ni bête qu'ils épargnent dès qu'ils l'ont aperçu. Les habitants s'appliquent à les prendre dans des fosses, où ils les tuent. C'est par cette sorte de chasse que les jeunes gens s'exercent et s'endurcissent au travail. Ceux qui tuent

Ὁ Ὗρος (*) ἢ ταῦρος ἄγροικος.

212. Τρίτον δ' ἔνεισιν ἐν αὐτῷ Ὗροι καλούμενοι, ὀλίγον μὲν τῶν ἐλεφάντων τὸ σῶμα μικρότεροι, καὶ τῇ αὐτῇ χροίᾳ τε καὶ μορφῇ τοῖς παρ' ἡμῖν ταύροις εἰσίν· ἰσχυρότατοι δὲ, καὶ μάλ' ἐλαφροί, οὔτε ἀνθρώπου, οὔτε γ' ἄλλου τινός, οὗ [ἂν] κατίδωσι, φείδονται. Τούτους δὲ κρυπταῖς τάφροις, καὶ ὀρύγμασι γῇ ἐπιπολαίως κεκαλυμμένοις αἱροῦσιν οἱ Γερμανοί, καὶ ἀποκτείνουσι· τούτῳ μὲν τῷ πόνῳ, καὶ τῇ σκληρότητι σκληραίνονται ταύτῃ οἱ νεανίαι Γερμανοί, τὸν τρόπον τε τῆς θήρας ἀσκοῦσι τοῦτον· καὶ οἱ ἐξ αὐτῶν πλείστους ἀποκτείναν-

---

(1) *Tourn.* : ou ils [les] coupent ayant laissé tant seulement que pour le donner apparence de [arbres] se tenant encore debout.

(2) *Tourn.* : troisièmement. or sont dans elle les appelés *urus* (voy. §. 321); à la vérité, un peu plus petits de corps (§. 344, I) que les éléphants, ils sont et de la même couleur et de la même figure (dat., §. 338, 2°.) que (§. 335) les chez nous taureaux (voy. plus haut, p. 108, §. 269) : mais ils sont très-vigoureux, etc.

(*) Sic interpr. Sed rectius, οὖρος. Vid. Schneid. Lex. gr. allem.

cerunt, relatis in publicum cornibus, quæ sint testimonio , magnam ferunt laudem : sed assuescere ad homines, et mansuefieri , ne parvuli quidem excepti, possunt. Amplitudo cornuum, et figura , et species multùm a nostrorum boum cornibus differt. Hæc studiosè conquisita ab labris argento circumcludunt , atque in amplissimis epulis pro poculis utuntur.
(*J. Citæ.* D. Bell. gall. VI, 25-28.)

le plus de ces animaux, et qui en rapportent les cornes pour preuve, reçoivent de grands éloges. L'Urus ne se peut apprivoiser, quelque jeune qu'on le prenne. La grandeur, la forme et la nature de ses cornes diffèrent beaucoup de celles de nos bœufs. Elles sont fort recherchées (1) : on en garnit le bord d'argent, et l'on s'en sert pour boire dans les plus grands festins.

τες ὕρους, τὰ κέρατα οὗτοι δημοσίως εἰς μαρτύριον ἐνεγκόντες, ὑπὸ πάντων μάλιστα ἐπαινοῦνται· τοὺς ὕρους δὲ τούτους, οὐδὲ νεογνοὺς λαβόντες, δύνανται ἐθάζειν. Κέρατα ἔχουσι, τό τε πλάτος, καὶ τὴν μορφὴν, καὶ τὸ εἶδος ἀπὸ τῶν κεράτων τῶν παρ' ἡμῖν βοῶν πολὺ διαφέροντα [1]· ταῦτα μὲν οἱ Γερμανοὶ σπουδαίως συζητοῦσι τὰ κέρατα, καὶ ἀπὸ τῶν χειλῶν ἀργύρῳ περιλαμβάνουσιν, ἔν τε τοῖς πολυτελεστάτοις δείπνοις πώμασιν αὐτοῖς χρῶνται.

II. *Ascalabus in stellionem mutatus.*

II. *Ascalabe métamorphosé en lézard.*

213. *Quum Ceres errabunda filiam quærens universam obiret terram, conquievit in Attica ; eamque magno æstu languentem Misma excipit, potumque aquam præbet , in quam pulegium et farinam hordaceam injecit. Quem quum ob sitim Ceres confertim ebibisset , filius Mismæ Asca-*

113. Lorsque Cérès , errant à l'aventure, parcourait la terre entière pour chercher (2) sa fille, elle se reposa dans l'Attique. Épuisée par l'excès de la chaleur, elle fut accueillie (3) par Mismé, qui lui donna à boire de l'eau dans laquelle elle avait jeté (4) du pouliot et de la farine d'orge. Cérès , pressée de la soif (5), avala le breuvage d'un seul trait. A

Β΄. Εἰς Ἀσκάλαβόν.

213. Δημήτηρ ὅτε πλανῆτις ἐπῄει γῆν ἅπασαν κατὰ ζήτησιν τῆς θυγατρός, ἀνεπαύσατο ἐν τῇ Ἀττικῇ· καὶ αὕην [2] ὑπὸ πολλοῦ καύματος ὑποδέχεται Μίσμη, καὶ διδοῖ ποτὸν ὕδωρ, ἐμβαλοῦσα γλήχωνα καὶ ἄλφιτον εἰς αὐτό· καὶ ἡ Δημήτηρ ἐξέπιε κατὰ τὸ δίψος τὸ ποτὸν ἀθρόον· ὁ δὲ παῖς ὁ τῆς Μίσμης Ἀσκάλαβὸς ἰδὼν, ἐποιήσατο [3] γέλωτα, καὶ αὖθις ἐκέλευεν [4] ὀρέγειν αὐτῇ

---

(1) *Tourn.* : les Germains recherchent ces cornes avec ardeur, [les] garnissent d'argent (§. 338 , 1°) par les bords , et se servent d'elles [pour] gobelets, etc.

(2) *Tourn.* : à la recherche.

(3) Suivez ici la tournure latine, d'après la règle des déponents, *Illum omnes admirantur.*

(4) *Tourn.* : ayant jeté dans elle , etc.

(5) *Tourn.* : comme en latin.

1 Vulgo διαφέρουσαι. — 2 Vulg. αὐτήν. Toutes les autres leçons ou corrections que nous présenterons encore plus bas, sont tirées de la *Lettre Crit.* de Bast. — 3 Vulg. ἐποίησε. — 4 Vulg. ἐκέλευσεν.

labus in risum se convertit , eique denuò lebetem profundum aut doliolum proponi jussit. Ceres irata , quod reliquum potionis erat , statim ei infudit ; qui , mutatá naturá , in variegatum corpore stellionem abiit, diis hominibusque exosum. Degit juxta cloacas ; et qui eum interficit , Cereri gratus habetur.

cette vue (1), Ascalabe, fils de Mismé, se prit à rire , et ordonna de présenter (2) à la déesse encore un grand chaudron ou un baril. Cérès irritée, versa à l'instant sur lui le restant de la boisson. Ayant changé de forme, il devint un lézard au corps bariolé. Cet animal , détesté des dieux et des hommes, fait sa demeure dans les cloaques , et celui qui le tue se rend agréable à Cérès.

λέβητα βαθὺν, ἢ πιθάκνην. Δημήτηρ δὲ κατ' ὀργὴν ὡς εἶχε τὸ ποτὸν αὐτῷ τὸ καταλειπόμενον προςέχεεν· ὁ δὲ μεταβαλὼν (*), ἐγένετο ποικίλος ἐκ τοῦ σώματος ἀσκαλαβός *, καὶ ὑπὸ θεῶν καὶ ὑπὸ ἀνθρώπων μεμίσηται· καὶ ἔστιν αὐτῷ δίαιτα παρ' ὀχετόν · ὁ δ' ἀποκτείνας κεχαρισμένος γίνεται Δήμητρι. (Anton. Liber. *cap.* XXIV.)

Lamia sive Sybaris.

214. *Ad Parnassi pedem , meridiem versùs , mons est qui vocatur Cirphis , juxta Crissam , inque eo etiamnum antrum prægrande, in quo fera degebat ingens et monstruosæ magnitudinis , quam alii Lamiam , alii Sybarim nominabant. Ea fera singulis diebus in agros grassabatur, pecus hominesque rapiens. Jamque Delphi de mutandis sedibus cogitabant , et oraculum consulebant de loco in quem migrarent. Tum deus*

Lamie ou Sybaris.

214. Au pied du Parnasse , et au midi , s'élève , près de Crissa , une montagne appelée Cirphis. On y voit encore de nos jours une caverne immense , où une bête féroce , d'une grandeur prodigieuse , avait son repaire. Les uns la nommaient Lamie, les autres Sybaris. Ce monstre , parcourant chaque jour les campagnes, ravissait les troupeaux et les hommes. Déjà les Delphiens songeaient (3) à quitter leur pays, et consultaient l'oracle sur la contrée où ils iraient s'établir. Le dieu leur répondit qu'ils

Λαμία ἢ Σύβαρις.

214. Παρὰ τὰ σφυρὰ τοῦ Παρνασσοῦ πρὸς νότον, ὄρος ἐστὶν ὃ καλεῖται Κιρφὶς, παρὰ τὴν Κρίσαν, καὶ ἐν ᾧ ἐστιν ἔτι νῦν σπήλαιον ὑπερμέγεθες, ἐν ᾧ θηρίον ᾤκει μέγα καὶ ὑπερφυὲς, καὶ αὐτὸ [οἱ μὲν] Λαμίαν, οἱ δὲ Σύβαριν ὠνόμαζον. Τοῦτο καθ' ἡμέραν ἑκάστην τὸ θηρίον ἐπιφοιτῶν ἀνήρπασεν ἐκ τῶν ἀγρῶν τὰ θρέμματα καὶ τοὺς ἀνθρώπους. Ἤδη δὲ τῶν Δελφῶν βουλευομένων ὑπὲρ ἀναστάσεως, καὶ χρηστηριαζομένων εἰς ἥντινα παρέσονται

---

(1) *Tourn.* : ayant vu.

(2) Tournez par l'*infin. act.*, comme en français.

(3) *Tourn.:* déjà les Delphiens délibérant sur leur émigration (ἀνάστασις), et consultant l'oracle ; *gén. abs.*

(*) Vulg. μεταλαβών. — 2 Vulg. Ἀσκάλαβος.

malo eos isto liberatum iri pronun-tiavit, si manentes vellent ad antrum exponere puerum unum de civium filiis; illique numinis mandata peragebant.

seraient délivrés de cette calamité, si, restant dans leur patrie, ils consentaient à exposer dans l'antre un jeune garçon, fils d'un de leurs concitoyens. Ils exécutèrent les ordres du dieu.

χώραν, ὁ θεὸς ἀπόλυσιν ἐσήμανε τῆς συμφορᾶς, εἰ μένοντες ἐθέλοιεν ἐκθεῖναι παρὰ τῷ σπηλαίῳ ἕνα κοῦρον τῶν πολιτῶν · κἀκεῖνοι καθάπερ ὁ θεὸς εἶπεν ἐποίουν.

215. *Quum autem sortiti essent, sors Alcyoneum contigit, Diomi et Meganiræ filium, quem unum pater genuerat, et vultu et indole prædditum eleganti. Eum coronis redimitum sacerdotes ad Sybaridis speluncam abducebant. At forte fortunâ Eurybatus, Euphemi filius, ab Axio fluvio genus ducens, generoso animo juvenis, a Curetide proficiscens, in Alcyoneum puerum, quum in antrum duceretur, incidit : atque causam viæ sciscitatus, indignum facinus se facturum putavit, si puerum ita miserè interfici sineret, neque ei pro viribus suis opitularetur. Itaque Alcyoneo detractas coronas suo imposuit capiti, seque ejus loco duci jussit.*

215. Le sort, qu'ils avaient pris pour arbitre (1), désigna Alcyonée, fils unique de Diomus et de Méganire, et aussi distingué par sa beauté (2) que par les qualités de son âme. Les prêtres, après l'avoir couronné (3), le conduisirent à l'antre de Sybaris. Par un effet de la volonté divine, un jeune homme courageux, Eurybate, fils d'Euphémus et descendant du fleuve Axius, revenait alors de la Curétide. Il rencontra l'enfant qu'on menait (4) à la mort. Informé de la cause pour laquelle on s'avançait, il se fit un crime de ne point secourir l'infortuné (5) de tout son pouvoir, et de le laisser périr d'une manière aussi cruelle. Ayant donc arraché les couronnes de la tête d'Alcyonée, il les mit sur la sienne, et ordonna aux prêtres de l'emmener à la place de la jeune victime (6).

215. Κληρουμένων δ', ἔλαχεν Ἀλκυονεὺς ὁ Διόμου καὶ Μεγανείρης παῖς, μονογενὴς ὢν τῷ πατρὶ, καὶ καλὸς κατὰ τὴν ὄψιν, καὶ τὸ τῆς ψυχῆς ἦθος· καὶ οἱ μὲν ἱερεῖς τὸν Ἀλκυονέα στέψαντες, ἀπήγαγον εἰς τὸ τῆς Συβάριδος σπήλαιον. Εὐρύβατος δὲ κατὰ δαίμονα ἐκ τῆς Κουρήτιδος ἀπιὼν ὁ Εὐφήμου παῖς, γένος μὲν ἔχων Ἀξίου τοῦ ποταμοῦ, νέος δ' ὢν καὶ γενναῖος, ἐνέτυχεν ἀγομένῳ τῷ παιδὶ, καὶ πυθόμενος καθ' ἥντινα πρόφασιν ἔρχονται, δεινὸν ἐποιήσατο μὴ οὐκ ἀμῦναι πρὸς δύναμιν, ἀλλὰ περιϊδεῖν οἰκτρῶς ἀναιρεθέντα τὸν παῖδα. Περισπάσας οὖν ἀπὸ τοῦ Ἀλκυονέως τὰ στέμματα, καὶ αὐτὸς ἐπὶ τὴν κεφαλὴν ἐπιθέμενος, ἐκέλευεν ἀπάγειν ἑαυτὸν ἀντὶ τοῦ παιδός.

---

(1) *Tourn.* : ayant tiré au sort (*sortitis*), gén. abs., Alcyonée fut désigné.

(2) *Tourn.* : étant né seul (μονογενής) à son père, et beau de (κατὰ) visage et de qualités de l'âme.

(3) *Tourn.* : ayant couronné.

(4) *Tourn.* : mené.

(5) *Tourn.* : il se fit un crime [de] ne point avoir secouru selon son pouvoir, mais [d'] avoir vu avec indifférence l'enfant tué misérablement.

(6) *Tourn.* : de l'enfant, *pro puero.*

216. *Adductus autem ad antrum a sacerdotibus, irrupit, Sybarimque e lustro vi abreptam in lucem protulit, ac de saxis præcipitem egit. Ea devoluta, capite ad imos Crisæ processus alliso, eo ex vulnere evanuit: verùm isto e saxo fons erupit, qui ab incolis Sybaris dicitur. Inde etiam Locri urbem Sybarim dictam in Italiá condiderunt.*

116. Conduit à l'antre par les prêtres, il s'y élance, arrache Sybaris de son repaire, la montre au grand jour, et la précipite du haut des rochers. Le monstre va dans sa chute (1) se briser la tête au pied de la ville de Crissa, et disparaît à la suite de sa blessure ; mais du rocher jaillit une source, que les habitants appellent Sybaris, et d'où les Locriens ont tiré le nom de la ville qu'ils ont fondée en Italie (2).

216. Ἐπεὶ δὲ αὐτὸν οἱ ἱερεῖς ἀπήγαγον, εἰσδραμών, καὶ τὴν Σύβαριν ἐκ τῆς κοίτης συναρπάσας, παρήνεγκεν εἰς ἐμφανές, καὶ κατὰ τῶν πετρῶν ἔῤῥιψεν· ἡ δὲ καταφερομένη προσέκρουσε τὴν κεφαλὴν παρὰ τὰ σφυρὰ τῆς Κρίσης· καὶ αὐτὴ μὲν ἐκ τοῦ τραύματος ἀφανὴς ἐγένετο· ἐκ δὲ τῆς πέτρας ἐκείνης ἀνεφάνη πηγή, καὶ αὐτὴν οἱ ἐπιχώριοι καλοῦσι Σύβαριν· ἐκ δὲ ταύτης καὶ Λοκροὶ πόλιν ἐν Ἰταλίᾳ Σύβαριν ἔκτισαν. (Anton. Liberal., *cap.* VIII.)

Dædalus et Icarus.　　*Dédale et Icare.*

216. *Dædalus interea Creten longumque perosus*
Exsilium, tactusque soli natalis amore,
Clausus erat pelago. « Terras licet,
inquit, et undas
Obstruat, at cælum certè patet, ibimus illac :
Omnia possideat, non possidet aera Minos. »
Dixit, et ignotas animum dimittit in artes,
Naturamque novat : nam ponit in ordine pennas
A minimá cæptas, longam breviore sequente,

116. Cependant Dédale, qui avait pris en horreur le long exil où il gémissait dans la Crète, enflammé du désir de revoir sa patrie, se trouvait de toute part arrêté par la mer. « Que Minos, dit-il, nous ferme les routes de la terre et des ondes; celles de l'air nous sont ouvertes ; nous les suivrons. Que Minos règne sur tout le reste : le ciel, du moins, ne lui appartient pas. » Il dit, et il imagine un art jusqu'alors inconnu, il crée une nature nouvelle. Il range des plumes dans un ordre tel, que la plus courte suive la plus longue, représentant la pente insensible d'une colline. C'est

Περὶ Δαίδαλος καὶ Ἴκαρος.

216. Ὁ Δαίδαλος ἐντεῦθεν, τήν τε Κρήτην καὶ τὴν μακρὰν ὑπερστυγήσας ὑπερορίαν, τῷ τε πόθῳ τοῦ γενεθλίου ἐδάφους βαλλόμενος, καὶ καθειργνύμενος τῷ πελάγει πάντοθεν· « Εἰ καὶ γῆν, εἶπε, καὶ θάλασσαν ὁ Μίνως ἐπιτειχίσει μοι, ἀλλ' ὁ οὐρανὸς δήπουθεν ἀναπέπταται [ταύτῃ οὖν πορευσόμεθα¹]· κἂν εἰ πάντα κατέχῃ, ἀλλ' οὐ δήπου καὶ τὸν ἀέρα κατέχει. » Εἶπε, καὶ εἰς τέχνας μήπω γνωσθείσας τὸν νοῦν ἀφῆκε, καὶ τὴν φύσιν καινοτομεῖ. Συντίθησι γὰρ πτερὰ κατὰ στίχον, ἀπὸ τῶν ἐλαχίστων ἀρξάμενος, αἰεὶ τοῦ βραχυτέρου ἐπο-

---

(1) *Tourn.* : roulée en bas, elle se brisa la tête.

(2) *Tourn.* : et de (ἐκ) celle-ci les Locriens fondèrent une ville [de] Sybaris en Italie.

¹ Hæc addidimus cum doctissimo Planudis editore.

Ut clivo crevisse putes : sic rustica quondam
Fistula disparibus paulatim surgit avenis.
Tum lino medias, et ceris alligat imas,
Atque ita compositas parvo curvamine flectit,
Ut veras imitetur aves.

ainsi qu'on vit autrefois la flûte champêtre s'élever graduellement en tuyaux d'inégale grandeur. Dédale attache ces plumes au milieu, avec un fil de lin, et, à leur extrémité, avec de la cire ; puis, quand elles sont ainsi disposées, il y donne une légère courbure, pour imiter les véritables ailes des oiseaux.

μένου τῷ ἐπιμηκεστέρῳ· ῷήθης ἂν καθ' ὁδὸν κατάντη ταῦτα προκεκορέναι, ὃν τρόπον ἡ τῶν ἀγροτῶν πάλαι σύριγξ ἀνίσοις κατ' ὀλίγον ὀπαῖς ἐπεδίδου. Τότε δὴ λίνῳ μὲν τὰ μέσα, κηρῷ δὲ τὰ κατώτερα συνδεῖ, καὶ τούτου συντεθέντα τὸν τρόπον ὀλίγῳ κυκλώματι κάμπτει, ὡς μιμοῖτο τὰς ἀληθεῖς πτέρυγας.

217. *Puer Icarus unà*
Stabat, et ignarus sua se tractare pericla,
Ore renidenti, modò quas vaga moveral aura,
Captabat plumas, flavam modò pollice ceram
Molli..., lusuque suo mirabile patris
Impediebat opus. Postquam manus ultima cœpto
Imposita est, geminas opifex libravit in alas
Ipse suum corpus ; motáque pependit in aurá.
Instruit et natum : « Medioque ut limite curras,
Icare, ait, moneo ; ne, si demissior ibis,
Unda gravet pennas ; si celsior, ignis adurat :
Inter utrumque vola : nec te spectare Booten,

217. Icare, son jeune fils, était auprès de lui, et, sans savoir qu'il maniait l'instrument de sa perte, tantôt il courait en riant après les plumes qu'enlevait le souffle incertain des vents, tantôt pétrissant la cire vermeille, il l'amollissait, et retardait par ses jeux l'admirable ouvrage de son père. Après y avoir mis la dernière main, l'artiste se balance sur ses ailes, les agite, et reste suspendu dans l'air. Ensuite il instruit son fils. « Icare, lui dit-il, suis, je t'en préviens, la région moyenne, de peur que, si tu voles trop bas, l'humidité n'appesantisse tes ailes, et que, si tu t'élevais trop haut, le feu ne les consume ; vole entre les deux [éléments] : ne regarde ni le Bouvier, ni la grande Ourse, ni l'épée étincelante d'O-

217. Ἅμα δ' ὁ παῖς Ἴκαρος ἵστατο, καὶ ἀγοῶν ὡς τὸν αὐτὸς αὑτοῦ μεταχειρίζεται κίνδυνον, φαιδρῷ τῷ προσώπῳ νῦν μὲν τῶν πτερῶν, ἅπερ ἄστατος αὖρα διεκίνει, ἐπαφώμενος ἦν, νῦν δὲ τὸν ξανθὸν κηρὸν δακτύλοις ἡπάλυνε, καὶ τοῖς ἀθύρμασιν ἑαυτοῦ τῷ θαυμαστῷ τοῦ πατρὸς ἔργῳ ἐμποδὼν ἵστατο. Ἐπεὶ δ' ὑστάτη τῷ ἔργῳ χεὶρ ἐπετέθη, ἐν μέσαις μὲν ταῖς πτέρυξιν ὁ τούτων αὐτουργὸς τὸ ἑαυτοῦ σῶμα ἐταλάντευε, καὶ πρὸς τὸν ἀέρα κινήσας ἑαυτόν, ἐμετεωρίσθη. Γυμνάζει δὲ καὶ τὸν παῖδα, καὶ « Μέσην ὁδὸν τρέχειν, Ἴκαρε, φησί, παραινῶ, ὡς μήτε χθαμαλώτερον ἰόντι σοι βαρύνῃ τὸ ὕδωρ τὰς πτέρυγας, μήτε μετεωρότερον τὸ πῦρ καταφλέξῃ· μεταξὺ δ' ἀμφοτέρων δίίπτασο. Ἐπὶ δὲ τούτοις, οὔτε πρὸς τὸν Βοώτην ὁρᾶν, οὔτε πρὸς τὴν Ἑλίκην κελεύω,

Aut Helicen jubeo, strictumque Orionis ensem.
Me duce carpe viam.» Pariter præcepta volandi
Tradit, et ignotas humeris accommodat alas.
Inter opus monitusque genæ maduere seniles,
Et patriæ tremuere manus. Dedit oscula nato
Non iterum repetenda suo, pennisque levatus
Antevolat, comitique timet; velut ales, ab alto
Quæ teneram prolem produxit in aera nido;
Hortaturque sequi, damnosasque erudit artes;
Et movet ipse suas, et nati respicit alas.

rion (1). Prends-moi pour guide dans ta route…» Il lui donne en même temps des leçons pour lui apprendre à se diriger dans les airs, et il attache à ses épaules les ailes dont l'usage était encore inconnu. Au milieu de ces soins et de ces avis, les joues du vieillard se mouillèrent de larmes et ses mains paternelles tremblèrent : il donne un baiser à son fils pour la dernière fois, et, prenant son essor, il vole devant, et ne craint que pour le compagnon [de sa fuite]; semblable à l'oiseau qui fait sortir du nid sa tendre couvée et la conduit dans les airs, Dédale exhorte Icare à le suivre ; il lui enseigne un art qui doit lui être funeste, agite ses ailes, et se retourne l'œil fixé sur celles de son fils.

καὶ τὸ τοῦ Ὠρίωνος ὀξὺ ξίφος· ἐμοὶ δ' ἡγεμόνι τὴν πορείαν τέμνε.» Κατὰ ταῦτα δὲ καὶ τὰς τῆς πτήσεως παραδέδωκεν ἐντολάς, καὶ ἀγνώστους πτέρυγας τοῖς τοῦ παιδὸς ὤμοις ἐφαρμόζει [1]. Μεταξὺ δὲ τοῦ ἔργου καὶ τῆς ὑποθήκης αἱ γηραλέαι κατεβρέχοντο παρειαὶ, καὶ αἱ πατρικαὶ χεῖρες ἔτρεμον. Δέδωκε δὲ καὶ φιλήματα τῷ υἱῷ, ἅπερ οὔκουν εἰσαῦθις εὑρήσει δοῦναι. Ἀρθεὶς δὲ ταῖς πτέρυξι πρόσθεν διίπταται· καὶ δέδοικε δῆτα περὶ τῷ συνεμπόρῳ, οἷάπερ ὄρνις, ἐξ ὑψηλῆς καλιᾶς ἁπαλὸν νεοσσὸν ἄρτι πρὸς τὸν ἀέρα προσαγαγοῦσα, θαρρύνει τε ἕπεσθαι καὶ τὴν ἐπισφαλῆ παιδοτριβεῖ τέχνην, καὶ αὐτὸς τὰς αὐτοῦ κινεῖ καὶ πρὸς τὰς τοῦ παιδὸς πτέρυγας ἀφορᾷ.

218. *Hos aliquis tremulâ dum captat arundine pisces,*
Aut pastor baculo, stivâve innixus arator,
Vidit, et obstupuit; quique æthera carpere possent,
Credidit esse deos. Et jam Junonia lævâ (*)
Parte Samos fuerant, Delosque, Parosque relictæ.

218. Le pêcheur, qui tend aux poissons sa ligne tremblante ; le berger appuyé sur sa houlette, le laboureur sur le manche de sa charrue, les voient voler et restent interdits : ils croient qu'il n'y a que des dieux qui puissent traverser les airs. Déjà [les deux fugitifs] avaient laissé à leur gauche Samos, chère à Junon, et Délos et

218. Καί τις ἁλιεὺς τούτους, τρομερῷ καλάμῳ ἰχθῦς ἀγκιστρεύων, ἢ ποιμὴν καλαύροπι, ἢ γηπόνος ἀρότρῳ ἐπερειδόμενος, εἶδε, καὶ ἐξεπλάγη, καὶ τοὺς ἀέρα τέμνειν δυναμένους θεοὺς ἐπίστευσεν εἶναι. Ἤδη μὲν οὖν ἡ τῆς Ἥρας Σάμος ἀριστέρα γέγονε, Δῆλόν τε καὶ Πάρον παρήμειψαν, δεξιὰ δ' ἦν Λέβινθος [2],

---

(1) Le Bouvier et la grande Ourse sont des constellations voisines du pôle arctique. Orion est proche du Taureau.

1 Πιστεύει, Planud. — 2 Λέβεδος, Plan. Male, ut observat Boisson.

(*) Ovide commet ici plusieurs erreurs géographiques. Dédale et Icare, volant de la Crète vers le nord, avaient à gauche Délos, Paros et Lébynthe ; à leur droite était Samos, et au milieu s'étendait, au-dessous d'eux, la mer appelée depuis mer Icarienne.

Dextra Lebynthos erat , fecunda- / que melle Calymne ,	Paros ; Lébynthe, et Calydna, [si] féconde en miel, étaient à leur droite,
Quum puer audaci cœpit gaudere / volatu ,	lorsque le jeune Icare , devenu témé- raire dans son vol, abandonne son
Deseruitque ducem , cœlique cupi- / dine tactus ,	guide ; égaré par le désir d'atteindre aux cieux, il s'élève trop haut. Les
Altiùs egit iter. Rapidi vicinia solis	rapides rayons du soleil , dont il est
Mollit odoratas , pennarum vincula, / ceras.	proche, amollissent la cire odorante qui liait les plumes de ses ailes ; la
Tabuerant ceræ ; nudos quatit ille / lacertos ,	cire se fond, et ses bras, dégarnis de leurs rames [empennées], battent en
Remigioque carens non ullas perci- / pit auras ,	vain l'air sur lequel ils n'ont plus de prise. Il appelle son père , et sa bouche
Oraque cœruleá patrium clamantia / nomen	boit l'onde verdâtre , qui de lui prit son nom.
Excipiuntur aquá, quæ nomen traxit / ab illo.	
(Ovid. *Metam.* Lib. VIII.)	

καὶ ἡ γονιμωτάτη τῷ μέλιτι Κάλυμνος· καὶ ὁ παῖς τῇ τολμηρᾷ πτήσει γάν-
νυσθαι ἤρξατο, καὶ τὸν ἡγεμόνα χαίρειν ἐᾷ, καὶ, τῷ τοῦ οὐρανοῦ βαλλόμενος
ἔρωτι, ὑψιπετεστέραν τὴν πορείαν ποιεῖται. Ἡ δὲ τοῦ ἡλίου γειτνίασις τῇ τῶν
ἀκτίνων ὀξύτητι τὸν τῶν πτερῶν σύνδεσμον τὸν εὐώδη μαλθάσσει κηρόν· ὁ δὲ
κηρὸς τήκεται, καὶ ὁ παῖς γυμνὰς ἐπαράσσει τὰς χεῖρας, καὶ, τῆς ἐρεσίας
ἐπιλειπούσης, οὐδ᾽ ὁτιοῦν ἀέρος ἀπολαμβάνει, καὶ οἱ τὸ στόμα, τὸ τοῦ πατρὸς
ἐπιβοώμενον ὄνομα, τὸ γλαυκὸν περιέσχεν ὕδωρ, ὃ δὴ καὶ ἐξ ἐκείνου τῆς
κλήσεως ἔτυχεν.

III. *De amore patriæ.*	**III.** *Sur l'amour de la patrie.*
219. *Quò sis alacrior ad tutandam rempublicam , sic habeto : omnibus , qui patriam conservaverint, adjuve- rint, auxerint, certum esse in cœlo definitum locum , ubi beati œvo sem- piterno fruantur. Nihil est enim illi principi Deo , qui omnem hunc mundum regit , quod quidem in terris fiat acceptius , quàm concilia cœ-*	219. Afin que vous soyez plus zélé pour le service de l'état, croyez ce que je vous dis (1) : il existe pour tous ceux qui ont défendu (2), soutenu, agrandi la patrie, un lieu réservé dans le ciel, où ils jouissent d'un éternel bonheur. Car, de tout ce qui se fait sur la terre, il n'est rien de plus agréable au dieu suprême, qui régit cet univers, que ces corps, que ces

Γ΄. Περὶ φιλοπατρίας.

219. Ἵν᾽ εὐθυμότερος εἴης τῆς πολιτείας ἐπιμελεῖσθαι, οὕτως ἔχειν σε
χρὴ καὶ πιστεύειν· πᾶσι τοῖς τὴν πατρίδα φυλάξασι, βοηθήσασιν, αὐξήσασιν,
ἀποδεδειγμένον τυγχάνειν ἐν οὐρανῷ τόπον καὶ ὡρισμένον, ἔνθαπερ οἱ μακά-
ριοι ἀτελευτήτου αἰῶνος καταπολαύουσιν. Οὐδὲν γάρ ἐστιν [ἐν τοῖς ἀνθρώ-
ποις], ὅπερ ἐκείνῳ τῷ ἄρχοντι Θεῷ, καὶ πάντα διοικοῦντι τὸν κόσμον ἀσμε-

---

(1) Tourn. : *sic habere te oportet credere.*

(2) *Tourn.* : à tous ceux (τοῖς) la patrie ayant défendu, ayant secouru, ayant accru, est un lieu désigné, etc.

tusque hominum jure sociati, quæ civitates appellantur: harum rectores et conservatores hinc profecti, illuc revertuntur. (Cic. Somn. Scip. III.)

sociétés, constitués par les lois, et que l'on appelle cités. C'est dans ce lieu, d'où ils sont descendus, que reviennent ceux qui les dirigent et qui les conservent.

νέστερον γένοιτο, ἢ συνέδρια καὶ στίφη ἀνδρῶν, νόμοις συναγελαζόμενα, ἅπερ πόλεις προσαγορεύονται. Τούτων οἱ διοικηταί τε καὶ φύλακες, ἐνθένδε προελθόντες, ἐκεῖσε ἐπανίασιν αὖθις.

Vita nobis a Deo credita.

La vie est un bien qui nous est confié par le ciel.

220. *Nisi Deus is, cujus hoc templum est omne quod conspicis, istis te corporis custodiis liberaverit, cœli tibi aditus patere non potest. Homines enim sunt hac lege generati, qui tuerentur* (*) *illum globum, quæ* (**) *terra dicitur; hisque animus datus est ex illis sempiternis ignibus, quæ sidera et stellas vocant. Quare tibi et piis omnibus retinendus est animus in custodiá corporis; nec injussu ejus, a quo ille est nobis datus, ex hominum vitá migrandum est, ne munus humanum assignatum a Deo defugisse videamini. Sed*

220. Si Dieu, dont tout ce que vous voyez est le temple, ne vous affranchit des entraves du corps, l'accès du ciel ne peut vous être ouvert. Les hommes ont été créés à charge de prendre soin de ce globe, qu'on nomme terre; et il leur a été donné une âme, portion de ces feux éternels (1), appelés astres et étoiles. Vous devez donc, vous, et tous ceux qu'inspire la piété, laisser votre âme dans la prison du corps, et ne point sortir de la vie sans avoir reçu votre congé de celui par qui cette âme vous fut donnée; autrement, craignez (2) de paraître avoir déserté le poste que Dieu vous assigna sur la terre. Respectez, au contraire, la

Τὸν βίον ὑπὸ Θεοῦ πεπιστεύμεθα.

220. Εἰ μὴ Θεὸς, οὗ νεώς ἐστι τόδε τὸ πᾶν, ὃ βλέπεις, ταύτης σε τῆς τοῦ σώματος ἐλευθερώσει φρουρᾶς, εἰς τὸν οὐρανόν σοι πάροδον ἀνοιχθῆναι οὐχ οἷόν τε. Οἱ γὰρ ἄνθρωποι τῷδε τῷ νόμῳ γεγέννηται, οἱ τηροῦντες¹ τὴν σφαῖραν ἐκείνην, ἣ γῆ προσηγόρευται· καὶ τούτοις ὁ νοῦς δέδοται ἐξ ἐκείνων τῶν ἀϊδίων πυρῶν, ἅπερ ἄστρα καὶ ἀστέρες καλεῖται. Ὅθεν σοι καὶ τοῖς εὐσεβέσι πᾶσι κατεκτέον ἐστὶ τὴν ψυχὴν ἐν τῇ τοῦ σώματος φυλακῇ, καὶ μὴ δίχα προστάγματος τούτου, παρ' οὗ ὑμῖν αὕτη δέδοται, ἐκ τῆς τῶν ἀνθρώπων ζωῆς μεταστατέον, ὡς ἂν μὴ τὴν τοῖς ἀνθρώποις διωρισμένην ἀπὸ τοῦ Θεοῦ λειτουργίαν² δόξητε πεφευγέναι. Ἀλλὰ τὴν δικαιοσύνην τίμα, καὶ τὴν εὐσέβειαν· ἣ μεγάλη περί τε τοὺς γονεῖς, καὶ τοὺς καθ' αἷμα προσήκοντας οὖσα, μεγίστη

(*) Voy. plus haut, p. 257, Rem., et p. 286, Règle et Rem. I.

(**) Voy. p. 264, §. 288, Règle.

(1) Nous n'avons pas besoin de rappeler ici que cette opinion est celle d'un auteur profane, et que le christianisme assigne à l'âme une plus noble origine.

(2) *Tourn.* : afin que vous ne paraissiez pas avoir fui le service assigné aux hommes par Dieu.

1 Ou bien οἱ τηρήσουσι. — 2 Théod. Gaza traduit ici *munus humanum assignatum a Deo*, par τὸ τοῖς ἀνθρώποις ἐσφραγισμένον ἐκ τοῦ Θεοῦ δῶρον: traduction qui nous a paru fort inexacte, et que nous avons cru devoir corriger.

justitiam cole et pietatem ; quæ, quum sit magna in parentibus et propinquis, tum in patriá maxima est. Ea vita, via est in cælum et in hunc cœtum eorum, qui jam vixerunt, et corpore laxati, illam deorum incolunt sedem. (*Cic. Somn. Scip.* III.)	justice et la piété, qui, grande envers nos parents et nos proches, doit être plus grande encore envers la patrie. Voilà la vie qui ouvre le chemin du ciel et qui nous réunit à ceux qui ont déjà vécu, et qui, dégagés des liens du corps, habitent le séjour de la divinité.

περὶ τὴν πατρίδα καθίσταται · ὁδὸς γὰρ ᾖδε κατὰ τὸν οὐρανόν ἐστιν ἡ ζωή, καὶ τοῦτο τὸ σύστημα τῶν ἤδη βεβιωκότων, οἱ τοῦ σώματος ἀφειμένοι [τὰ τῶν θεῶν οἰκήματ' ἔχουσι].

Honores senibus habiti.	*Honneurs rendus à la vieillesse.*
221. *Honestè acta superior ætas fructus capit auctoritatis extremos. Hæc enim ipsa sunt honorabilia, quæ videntur levia atque communia, salutari, appeti, decedi, assurgi, deduci, reduci, consuli; quæ et apud nos, et in aliis civitatibus, ut quæque optimè morata, ita diligentissimè observantur. Lysandrum Lacedæmonium dicere aiunt solitum, Lacedæmonem esse honestissimum domicilium senectutis ; nusquam enim tantùm tribuitur ætati, nusquam est senectus honoratior : quin etiam memoriæ proditum est, quum*	221. On recueille en respects dans l'arrière-saison les fruits d'une vie honorablement passée (1). Car il y a de l'honneur attaché à ces distinctions mêmes qui paraissent insignifiantes et banales, comme d'être salué, recherché; de voir chacun nous céder le pas et se lever devant nous (2); d'être conduit, reconduit, consulté; usages pratiqués chez nous et chez les autres peuples, qui s'en montrent, chacun, d'autant plus fidèles observateurs, qu'ils ont plus de respect pour les mœurs (3). On rapporte que Lysandre le Lacédémonien disait souvent que Lacédémone était pour la vieillesse la résidence la plus honorable. Nulle part, en effet, on n'a plus d'égards pour l'âge, nulle part on ne porte plus de respect à la vieillesse : le souvenir même s'est conservé, qu'un vieillard chargé d'années étant venu

Γέροντες διὰ τιμῆς ἐχόμενοι.

221. Ὁ προτοῦ καλῶς διηγμένος βίος καρποὺς τελευτῶν δρέπεται ἀξιώματος. Ταυτὶ γάρ ἐστιν αὐτά που τὰ ἔντιμα, ἅπερ ἐλαφρά, καὶ κοινά πως δοκεῖ, ἀσπάζεσθαι, ἐφίεσθαι, ἐξίστασθαι, ὑπανίστασθαι, προπέμπεσθαι, ἐπαναπέμπεσθαι, ἃ δὴ καὶ ἐν ἡμῖν καὶ ἐν ταῖς ἄλλαις τῶν πόλεων, ὡς ἄριστα ἐθῶν ἔχει ἑκάστη, οὕτω τοι καὶ ἀκριβέστατα διασώζεται. Λύσανδρον οὖν τὸν Λακεδαιμόνιον λέγειν εἰωθέναι φασίν, ὅτι εὐσχημονέστατον γήρως δωμάτιον ἐν Λακεδαίμονι εἴη · οὐδαμοῦ γὰρ ἀπονέμοιτο ἡλικίᾳ τοσοῦτον, οὐδαμοῦ τὸ γῆρας ἐντιμότερον εἴη. Οὐ μὴν ἀλλὰ καὶ παραδέδοται εἰς μνήμην, ὡς, Ἀθήνησιν θεα-

---

(1) *Tourn.* : la auparavant bien passée vie recueille finissant fruits de considération.

(2) Tournez comme dans le latin.

(3) Suivez ici la tournure latine.

Athenis ludis quidam in theatrum grandis natu venisset, in magno consessu locum ei a suis civibus nusquam datum : quum autem ad Lacedæmonios accessisset, qui legati quum essent, in loco certo consederant, consurrexisse omnes, et senem illum sessum recepisse. Quibus quum a cuncto consessu plausus esset multiplex datus, dixisse ex iis quemdam, Athenienses scire quæ recta essent, sed facere nolle. (Cic. *De Senect.* c. XVIII, § 62-63.)

au théâtre d'Athènes un jour où l'on y célébrait les jeux, dans une assemblée aussi nombreuse; il ne se rencontra, parmi ses concitoyens, personne qui lui donnât une place quelque part; mais, dès qu'il fut parvenu à l'endroit où se trouvaient les Lacédémoniens, qui, à titre d'ambassadeurs, avaient une place réservée, tous se levèrent, et le firent asseoir parmi eux. Cette conduite leur ayant attiré de toute part les applaudissements de l'assemblée, un d'entre eux dit à ce sujet : « Les Athéniens savent ce qui est bien, mais ils ne veulent pas le mettre en pratique. »

μάτων ἐπιτελουμένων, τινὸς τῶν πρεσβυτάτων εἰς τὸ θέατρον παρεληλυθότος, οὐδαμοῦ τοῦ μεγάλου συνεδρίου τόπος αὐτῷ δοθείη ὑπὸ τῶν αὐτοῦ πολιτῶν· ὡς δὲ πρὸς Λακεδαιμονίους παρεγένετο, οἳ πρέσβεις ὄντες ἐν ἀποδεδειγμένῳ τόπῳ ἐτύγχανον συνεδρεύοντες, πάντας ὑπαναστῆναι λέγεται, καὶ εἰς ἕδραν παρειληφέναι τὸν γέροντα· ἐφ' οἷς κρότου συχνοῦ παρὰ παντὸς γενομένου τοῦ συνεδρίου, φάναι τινὰ αὐτῶν, ὡς Ἀθηναῖοι ἐπίστανται μὲν τὰ ὀρθῶς ἔχοντα, ποιεῖν δὲ ἥκιστα αἱροῦνται.

Agricultura summos etiam viros delectatos fuisse.

L'Agriculture a fait les délices même des plus grands hommes.

223. *Multas ad res perutiles Xenophontis libri sunt; quos legite, quæso, studiosè, ut facitis. Quàm copiosè ab eo agricultura laudatur in eo libro qui est de tuendâ re familiari, qui OEconomicus inscribitur! Atque ut intelligatis nihil ei tam regale videri, quàm studium agri*

223. Les ouvrages de Xénophon ont plus d'un genre d'utilité (1) : je vous exhorte à continuer de les lire avec application (2). Comme il s'étend sur les louanges de l'agriculture dans son livre intitulé l'*Economique*, où il traite des moyens de conserver sa fortune! Pour faire comprendre qu'il n'est point, à ses yeux (3), d'occupation, plus digne d'un roi, que la culture

Ὅτι πολλοὶ καὶ τῶν ἀρίστων ἀνδρῶν φιλογέωργοι ἦσαν.

223. Ἐν πολλοῖς γε μὴν τὰ Ξενοφῶντος βιβλία τυγχάνει χρήσιμα ὄντα, ἃ δὴ καὶ σπουδαίως ἀναγιγνώσκειν ὑμᾶς ἀξιῶ, καθάπερ δὴ καὶ ποιεῖτε. Ὅσον οὖν φιλοτίμως πρὸς αὐτοῦ γεωργία ὑμνεῖται ἐν τῷ περὶ ἐπιμελείας τῶν κατὰ τὴν οἰκίαν πραγμάτων, ὅπερ Οἰκονομικὸς ἐπιγράφεται! καὶ ἵν' εἰδῆτε μηδὲν

---

(1) *Tourn. :* les de Xénophon livres se trouvent étant utiles en beaucoup de choses, *in multis.*

(2) *Tourn. :* lesquels donc je vous recommande de lire avec application, comme vous faites.

(3) Suivez ici la tournure latine.

colendi, Socrates in eo libro loquitur cum Critobulo, Cyrum minorem, regem Persarum, præstantem ingenio atque imperii gloriá, quum Lysander Lacedæmonius, vir summæ virtutis, venisset ad eum Sardis, eique dona a sociis attulisset, et ceteris in rebus comem erga Lysandrum atque humanum fuisse, et ei quemdam conseptum agrum, diligenter consitum, ostendisse : quum (*) autem admiraretur Lysander et proceritates arborum, et directos in quincuncem ordines, et humum subactam atque puram, et suavitatem odorum, qui afflarentur e floribus ; tum eum dixisse, mirari se (**) non modò diligentiam, sed etiam solertiam ejus a quo essent illa dimensa atque descripta ; et ei Cyrum respondisse : » Atqui ego omnia ista sum dimensus ; mei sunt ordines, mea descriptio ; multæ etiam istarum arborum meá manu sunt satæ. » Tum Lysandrum, intuentem ejus purpuram, et nitorem corporis, ornatumque persicum multo

des champs, il introduit dans ce traité Socrate, qui, s'entretenant avec Critobule, lui fait ce récit (1). Lysandre de Lacédémone, homme d'un mérite éminent, s'était rendu à Sardes auprès de Cyrus, roi des Perses, pour lui apporter (2) des présents de la part des alliés. Ce prince, également distingué par les qualités de son esprit et l'éclat de son règne, entre autres marques de politesse et de bienveillance, lui fit voir un parc planté avec soin. Lysandre, émerveillé de la beauté des arbres, de leur disposition en quinconce, de la propreté des allées bien battues et bien unies, de la suavité des odeurs que les fleurs exhalaient (3), dit à Cyrus qu'il voyait avec admiration, non-seulement le travail, mais encore l'habileté de celui qui avait conçu et tracé ce plan. « Eh bien ! » répondit le prince, « c'est moi qui ai tout conduit : ces alignements sont mon ouvrage ; et, parmi ces arbres que vous voyez, il y en a plusieurs que j'ai plantés de ma propre main. » Lysandre, à ces mots (4), jetant les yeux sur la magnificence asiatique, la pourpre, l'or et le nombre des pierreries, qui relevaient en ce

αὐτῷ βασιλικὸν οὕτω δοκεῖν, ὡς τὴν περὶ γεωργίας σπουδὴν, Σωκράτει λόγος ἦν, ἐν αὐτῷ πρὸς Κριτόβουλον, Κῦρον τὸν νεώτερον βασιλέα Περσῶν, ἀγχινοίᾳ τε καὶ ἡγεμονίας εὐκλείᾳ διάφορον, ὅτε Λύσανδρος ὁ Λακεδαιμόνιος, ἀνὴρ ἐπ' ἀρετῆς ἄκρον ἐληλακὼς, ἀφίκετο πρὸς αὐτὸν εἰς Σάρδεις, κομίζων τὰ παρὰ τῶν συμμάχων δῶρα, τά τε ἄλλα κοινῶς καὶ φιλανθρώπως Λυσάνδρῳ προσενεχθῆναι, καὶ τινα συμπεφραγμένον ἀγρὸν πεφυτευμένον πρὸς ἀκρίβειαν ἐπιδεῖξαι. Ἐπεὶ δὲ ἐθαύμαζεν ὁ Λύσανδρος τάς τε τῶν δένδρων εὐθυωρίας, καὶ τοὺς ὀρθοὺς εἰς πεντάδα εὐγώνιον στίχους, καὶ τὸ τῆς γῆς μαλθακὸν καὶ ὑποχουφον, καὶ τῶν ἀνθέων ἀποπνεομένην καθαρῶς ἡδεῖαν ὀσμήν· καὶ θαυμάζων εἶπε, μὴ μόνον τὸ ἀπηκριβωμένον, ἀλλὰ καὶ τὸ φιλότεχνον θαυμάζειν τοῦ καταμετρήσαντος ἐκεῖνα καὶ διατάξαντος, τὸν Κῦρον ἀποκρίνασθαι· « Ἐγὼ τοίνυν ταῦτα διεμέτρησα πάντα· ἐμοί εἰσιν οἱ ὄρχοι, ἐμὴ ἡ διάταξις· πολλὰ δὲ τῶν δένδρων αὐτῶν καὶ χειρὶ πεφύτευται τῇ ἐμῇ. » Καὶ τὸν Λύσανδρον ἀποβλέποντα εἴς τε τὸν πορφυροῦν κάνδυν καὶ τὸν πολλοῦ χρυσοῦ καὶ πολλῶν λίθων περσι-

---

(1) *Tourn.* : discours était dans lui à Socrate à (πρός, acc.) Critobulé, Cyrus le jeune, ... lorsque Lysandre, ... vint vers lui à Sardes, s'être comporté quant aux autres choses avec Lysandre civilement, etc. Le reste comme dans le latin.

(2) *Tourn.* : apportant les de la part des alliés dons.

(3) *Tourn.* : de la douce odeur purement exhalée des fleurs.

(4) Tournez comme dans le latin.

(*) Ἐπεὶ δέ ; sur le mode, voy. plus haut, p. 3o9, Règle II, 1°.

(**) Voy. ici, p. 174, §. 280, Règle.

Thèm. Gr. IIme Part. Corrigés.   23

auro, multisque gemmis, dixisse :
« Rectè verò te, Cyre, beatum fe-
runt, quoniam virtuti tuæ fortuna
conjuncta est. »

(*Ibid.* XVIII. 59.)

prince l'éclat de la beauté, s'écria
« Ah! Cyrus, c'est à juste titre qu'on
vous nomme heureux, puisque chez
vous la fortune accompagne la vertu. »

χὸν κόσμον, εἰπεῖν· « Ὀρθῶς ἄρα, ὦ Κῦρε, μακάριόν σε εἶναί φασι· τύχη
γὰρ παρέζευκταί σου τῇ ἀρετῇ. »

Mira terræ vis ac natura.

*Puissance et propriétés merveil-
leuses que renferme la terre.*

224. *Terra nunquam recusat imperium, nec unquam sine usurâ red-
dit quod accepit ; sed aliàs mino-
re, plerumque majore cum fœnore.
Quanquam me quidem non fructus
modò, sed etiam ipsius terræ vis ac
natura delectat: quæ quum gremio
mollito ac subacto semen sparsum
excepit, primùm id occæcatum co-
hibet ; deinde tepefactum vapore et
compressu suo diffendit et elicit her-
bescentem ex eo viriditatem ; quæ,
nixa fibris stirpium, sensim adole-
scit, culmoque erecta geniculato,
vaginis jam quasi pubescens inclu-
ditur ; e quibus quum emerserit,
frugem spici, ordine structam, et
contra avium minorum morsus muni-
tur vallo aristarum.*

224. La terre, qui jamais ne se
montre rebelle à l'empire de l'homme,
jamais non plus ne lui rend qu'avec
usure ce qu'elle en a reçu ; et l'intérêt qu'elle lui paie, quelquefois plus
faible, est ordinairement plus fort
[que le capital]. Mais ce qui me charme
dans la terre, ce ne sont pas seulement ses produits, c'est encore sa
vertu et sa nature même. Quand elle
a reçu dans son sein, ramolli et soumis par la charrue, la semence dis-
persée [à sa surface], elle la renferme
d'abord et la dérobe aux regards (1) ;
ensuite elle la dilate par l'action de
sa chaleur humide et par la pression
qu'elle exerce; elle en fait sortir un
jet verdoyant, qui, tenant toujours à
ses racines, grandit insensiblement ;
élevé sur une tige noueuse, déjà comme
parvenu à l'âge de la pudeur, il s'en-
toure de ses enveloppes, d'où il jaillit
enfin pour étaler aux yeux les richesses
d'un épi de forme symétrique, qu'un
rempart de barbes piquantes défend
contre les insultes des moineaux.

Ὡς θαυμαστὴ ἡ τῆς γῆς δύναμίς τε καὶ φύσις.

224. Ἡ γῆ τὸ κελευόμενον οὐδέποτ' ἀναίνεται, οὐδ' ἔστιν ὅτε χωρὶς τόκου
ἀποδίδωσι τὸ ληφθέν, ἀλλ' ὅτε μὲν σὺν ἐπικαρπίᾳ ἐλάσσονι, ὡς τὰ πολλὰ δὲ,
σὺν μείζονι ἀμείβεται. Καί τοι ἐμέ γε οὐχ ὁ καρπὸς μόνον, ἀλλὰ καὶ αὐτὴ
ἡ τῆς γῆς δύναμίς τε καὶ φύσις εὐφραίνει, ἥτις, εἰς κόλπον μεμαλαγμένον τε
καὶ διειργασμένον τὸ σχεδασθὲν σπέρμα ὑποδεξαμένη, πρῶτόν μὲν βωλοκοπηθὲν
συνίσχει πιέσασα· ἔπειτα δὲ νοτίδι τε καὶ πιλώσει διαχεῖ θερμαινόμενον, καὶ
χλωρὰν ἀπ' αὐτοῦ ἐφέλκεται πόαν· ἢ δὴ, ῥιζίοις προσφυεῖσά τε καὶ παγεῖσα,
λεληθότως αὐξανομένη μειρακιοῦται, καὶ καλάμῃ εὐγονάτῳ ἀνατεθεῖσα, λέμ-
μασιν ἤδη καὶ θήκαις, ὥσπερ ἡβῶσά τε καὶ ἰουλοφύουσα περικλείεται· τούτων
δ' ἀναδῦσα, ἀποχεῖ τὸν καρπὸν σταχύος εὐταξίᾳ συντεταγμένον, καὶ πρὸς τὰ
τῶν ἐλασσόνων ὀρνίθων δήγματα ἀθέρων σταυροῖς ὀχυρῶς κεχαρακωμένον.

---

(1) Suivez la tournure latine.

225. *Quid vitium satus, ortus, incrementa commemorem? Omitto enim vim ipsam omnium, quæ generantur e terrâ; quæ ex fici tantulo grano, aut ex acino vinaceo, aut ex ceterarum frugum ac stirpium minutissimis seminibus tantos truncos ramosque procreat. Vitis quidem, quæ naturâ caduca est, et, nisi fulta sit, ad terram fertur, eadem, ut se erigat, claviculis suis, quasi manibus, quidquid est nacta, complectitur : quam serpentem multiplici lapsu et erratico, ferro amputans coërcet ars agricolarum, ne silvescat sarmentis, et in omnes partes nimia fundatur. Itaque ineunte vere, in iis, quæ relicta sunt, exsistit, tanquam ad articulos sarmentorum, ea quæ gemma dicitur, a quâ oriens uva sese ostendit; quæ, et succo terræ, et calore solis augescens, primò est peracerba gustatu (*), deindè maturata dulcescit; vestitaque pampinis, nec modico tepore caret, et nimios solis defendit ardores : quâ quid potest esse tum fructu lætius, tum adspectu pulchrius?*

(*Ibid.* XV, 51-53.)

225. Que dire des plants, de la pousse et de l'accroissement de la vigne ? Je mets à part même la vertu de toutes les autres productions de la terre, qui, d'un grain aussi petit que les pepins de figue ou de raisin, et d'autres semences presque imperceptibles, fait naître des troncs si puissants, de si vastes branches. La vigne, qui d'elle-même, ne pouvant se soutenir, penche vers la terre, si elle n'a des supports, la vigne se redresse, en s'accrochant avec ses vrilles, comme avec des mains, à tout ce qu'elle rencontre. Ses jets exubérants et vagabonds ramperaient sur le sol, si l'art du vigneron ne réprimait avec le fer cet excès de fécondité, et ne l'empêchait de se répandre de tous côtés en un branchage superflu (1). Mais, au commencement du printemps, on voit, des branches qui restent, poindre, comme aux articulations du bois, ce qu'on appelle le bourgeon, d'où sort et se montre la grappe, qui, développée par la séve, et par la chaleur du soleil, n'a d'abord qu'un goût âpre, mais que la maturité corrige. A l'abri de ses feuilles, elle jouit d'une douce température, et se dérobe aux rayons brûlants du soleil. Est-il alors un fruit plus réjouissant, un spectacle plus gracieux ?

225. Τί δ' ἀμπέλων περὶ γενέσεως, καὶ φυτεύσεως, καὶ αὐξήσεως ἀναμιμνήσκω; Παρίημι γὰρ τὴν δύναμιν αὐτῶν πάντων τῶν ἐκ γῆς φυομένων, ἥτις ἐκ τηλικαύτης κεγχραμίδος, ἢ γιγάρτου, ἢ ἑτέρων καρπῶν, ἢ ῥιζοφύτων τινῶν ἐλαχίστων σπερμάτων, τηλικαῦτα στελέχη καὶ κλάδους δημιουργεῖ. Ἄμπελος δὲ φύσει εὐκατάπτωτος οὖσα, καὶ, εἰ μὴ ἐπερειδομένη που τύχοι, ῥαδίως ἐπὶ τὴν γῆν καταφερομένη, ἢ δ' ὅπως ἑαυτὴν ἀνορθοῖ συμφύτοις ἕλιξιν, οἷον χερσίν, ὅτου ἂν λάβηται, περιπτύσσεται· εἶτ' ἀφέρουσαν ὀλίσθῳ πολυσχιδεῖ τε καὶ πλάνητι, σιδήρῳ τέχνη γεωργῶν περιαιρουμένη κατίσχεται, μὴ κληματίσιν ὑλομανῇ, καὶ πανταχόσε διαχέηται πλείστη. Ἔαρος δ' ὑποφαίνοντος, ἐν τοῖς καταλοιποῖς αὐτοῖς, ὥσπερ ὑπὸ μέτωπα (**) τῶν κλημάτων, ἀνέῳγεν ὁ καλούμενος ὀφθαλμός, ὅθεν ὁ βότρυς ἑαυτὸν δεικνύει ἀνίσχων· ὁδ' αὖ γῆς εὐτροφίᾳ, καὶ θάλπει ἡλίου αὐξανόμενος, πρῶτα μὲν στρυφνότατός ἐστι γεύσασθαι, ἔπειτα δὲ γλυκαίνεται πεπαινόμενος, οἰναρά τε περικείμενος, οὔτε θέρμου συμμετρίας ἀμοιρεῖ, καὶ τὸν τοῦ ἡλίου ἰσχυρὸν καύσωνα διαφεύγει· καὶ τίποτ' ἂν ἢ εὐκαρπίᾳ τοῦδε ἁβρότερον, ἢ εὐμορφίᾳ περικαλλέστερον γένοιτο;

---

(1) Adoptez ici, et pour le reste du morceau, les tournures latines.

(*) Sur la manière de rendre ce supin, voy. plus haut, p. 220, IV.

(**) Sic Gaza, sensu mihi inaudito. Reponi potest, τὰ ἔναρθρα.

FIN DE LA TABLE DES MATIÈRES.

TABLE DES MOTS GRECS.

FIN DE LA TABLE DES MOTS GRECS.

ADDITIONS ET CORRECTIONS.

Nota. Les fautes relevées ici ne se trouvent pas dans l'édition destinée aux élèves.

P.   L.

3, 15. νε, *lis.* : νέ.

17, 19. ὁ πώγων, τὸν πώγωνα, οἱ πώγωνες, τῶν πωγώνων, τοῖς πώγωσι. Placer ces mots à la lig. dern., après δηγμάτων, de même que les mots correspondants de la p. 16 de regard.

29, lig. dern., *ajoutez* : Remarque. Au pluriel le nominatif féminin en αι de l'adjectif reprend toujours l'accent du nominatif masculin : ἅγιος; fém. sing. ἁγία; pl. ἅγιαι (*).

40, 11, régulièrement 1°. *Effacez* 1°.

42, lig. dern. IV, 2°, *lis.* : IV, 4°.

46, 17. προς-ῳ, *lis.* : πρός-ω.

— 25. ἔπεσι, *lis.* : ἔπεστι.

47, 16. προςῷ, *lis.* : προςῶ.

— 25. sont excepté, *lis.* : sont exceptés.

53, 13. αὖθις, *lis.* : πάλιν.

74, 2. ῥωδέω, *lis.* : ῥοφέω.

75, 3. καταῤῥωδέω, *lis.* : (καταῤῥοφέω).

80, pénult., à deux ou plusieurs, *lis.* : à deux ou à plusieurs.

82, 7. ὁ πατὴρ ἅγιος, *lis.* : ἅγιος ὁ πατήρ.

120, 1. fautes [-le], *lis.* : faites [-le].

148, *reportez* le renvoi (1) à la p. 146, l. dern., après le mot Eumolpe.

164, renvoi (3), au lieu de p. 58, 5°., *lis.* : p. 137, 2°.

170, 28. ἀκούω αὐτὸν ἐπικαλοῦντα, *lis.* : ἀκούω αὐτοῦ ἐπικαλοῦντος.

— renvoi (5), *après* appelant *ajoutez* : sur le gén. ici en grec, voy. la Méth., §. 328, II.

196, 25. *Exemples*, lis. : *Exemple*.

206, 2. *Exemples*, lis. : *Exemple*.

212, 1. refermant, *lis.* : renfermant.

214, 26. leurs discours, *lis.* : leur langage.

230, 5. me [en], *lis.* : m' [en].

232, renvoi (4), lig. dern., des choses les plus grandes, *lis.* : des choses plus grandes.

233, renvoi (5), au lieu de p. 160, I, *lis.* : p. 160, II.

257, 20. REMARQUES I, *lis.* : REMARQUE.

258, 7. II. *lis.* : RÈGLE II.

— 22. III. *lis.* : RÈGLE III.

262, 16. être, *lis.* : êtres.

266, 27. au lieu de 256-159, *lis.* : 256-259.

269, 37. ἔστι, *lis.* : ἐστίν.

278, 8. qui se faisait, *lis.* : en usage.

296, 10. Χρήσῃ, *lis.* : Χρύσῃ.

297, 25. ὄφρα Ἕκτωρ, *lis.* : ὄφρα καὶ Ἕκτωρ.

— 27. Il. υ', 312, *lis.* : 301.

(*) Arcadius pose ainsi cette règle : Αἱ εἰς αι εὐθεῖαι παρεσχηματισμέναι ἀρσενικοῖς ὁμοτονοῦσι ταῖς εὐθείαις τῶν ἰδίων ἀρσενικῶν; c'est-à-dire, « Les nominatifs en αι, formés sur des masculins, ont le même accent que le nominatif de leur masculin. » *De Accentib.*, p. 133, 5.